한 권으로 읽는 인류의 역사 교양 세계사

문지사

머리말

오늘날의 세계는 하루가 다르게 급속도로 변화하고 있다.

미국에서는 역사상 최초로 흑인 대통령이 탄생되었고, 환경 오염으로 인한 지구촌 곳곳이 엄청난 재앙을 입어 수많은 인명과 재산을 한순간에 빼앗아 가는 일이 자주 발생하여 우리들에게 경각심을 일깨우고 있으며 이라크를 비롯하여 세계 곳곳에서 크고 작은 전쟁들이 벌어지고 있다.

이제 우리의 지구촌은 인종과 언어 그리고 이념을 뛰어넘어 마치 한 가족처럼 되었고, 세계 곳곳에서 일어나는 일들은 최고로 발달된 정보 통신 혁명으로 한눈에 쉽게 파악할 수 있는 현실에 살고 있다.

이렇게 급속도로 변화하는 세계에 대처하기 위해서는 세계 각국의 역사를 반드시 알아야 능동적으로 슬기롭게 대응할 수 있다.

세계에는 200여 개의 나라가 존재하는데 그 나라마다 독특한 역사와 문화를 창조했고, 나름대로 살아남기 위해 투쟁과 저항, 그리고 외국을 침략하는등 수많은 전쟁을 되풀이하면서 흥망성쇠를 거듭하였다.

그들이 남긴 수많은 역사적 발자취는 오늘을 살아가는 우리들에게 큰 영향을 끼쳤으며, 그 가운데는 우리들이 반드시 받아들여야 할 장점, 그리고 버려야 할 단점들이 망라되어 있다.

현대를 살아가는 우리들이 세계사를 배우는 목적은 세계 각국 사람들이 남긴 발자취를 돌아보고 분석하여 그들의 장점을 배우고, 단점은 반성하여 세상를 살아가는 데 반드시 필요한 지혜를 일깨우고 용기를 북돋아 미래를 예견하는 안목을 기르기 위해서다.

이 책은 동서양의 고대로부터 현대에 이르는 세계사를 모두 수록하였고, 각 나라의 역사의 흐름과 역사적 사실에 중점을 두었으며, 그 시대의 유물들과 활동했던 사람들의 도록을 실었기 때문에 독자들에게 한껏 생동감을 불러일으킬 것이다.

방대한 세계사를 한 권으로 엮기에는 한계가 있었음을 인정하며 앞으로 부족한 내용은 계속해서 보완, 수정할 것을 약속한다.

이 책은 누구나 알기 쉽고 재미있게 단숨에 내리읽을 수 있도록 이야기식으로 꾸몄기 때문에 중 · 고교 학생은 물론 일반 독자들이 세계사를 이해하는 데 큰 도움이 될 것으로 믿는다.

엮은이

차 례

I_고대 오리엔트 세계

인류의 탄생
메소포타미아 문명
이집트 문명
중동의 새로운 문명

지구상에서 가장 먼저 문명이 시작된 것은 메소포타미아 문명과 이집트 문명이다. 두 문명은 기원전 3500년경에 시작되었다.

나일 강 하구와 메소포타미아 두 지역 사이에 펼쳐져 있는 동부 지중해 연안의 '기름진 초승달' 지역에서 최초의 도시가 나타났고 이와 함께 최초의 문명이 발생했다. 이곳은 인간들이 한곳에 자리잡고 농경사회를 이루려고 정착한 기름진 곳이었다.

메소포타미아 문명과 이집트 문명의 뒤를 이어 인도의 인더스 강 유역과 중국의 황하 유역에서도 문명이 발생했는데, 이 네 가지 지역을 인류 문명의 4대 발상지라고 한다.

이들 4대 문명이 일어난 곳은 모두 지구의 북반구로서 큰 강을 끼고 있었고, 또 좋은 기후와 함께 기름진 토양을 갖추고 있었다.

1. 인류의 탄생

4대 문명의 발생

인류의 문명이 태어난 것은 지금으로부터 2만 년에서 1만 년 전이었으며 그 후 발전을 계속하여 오늘날에 이르게 되었다.

이때의 인류를 호모 사피엔스라고 일컫는데 이는 현명한 사람이라는 뜻으로서 동물학상 오늘날의 인류를 가리키는 학술적인 용어이다.

인류에 가까운 특징을 보인 것은 1924년에 아프리카 남부의 보츠와나에서 발견된 오스트랄로피테쿠스로 약 1백만 년 전에 나타난 화석인류로서, 유인원적인 특징이 있으나, 완전히 곧게 서서 걸어다녔다는 점에서 인류에 가까운 특징을 보였다.

라스코 동굴 벽화

처음으로 돌을 다루어 생활에 필요한 도구를 만들었던 이들은 도구를 만드는 기술이 그다지 발전하지 못했으며, 키도 1미터 30센티미터 정도로 작았고 뇌도 고작 원숭이의 뇌 정도였다.

그 후 60만년 전에 이르러서는 호모 에렉투스가 나타났으며 이는 직립인이란 뜻으로서, 꼿꼿이 서서 걸어다녔는데, 오늘날 인류의 조상으로 인정하는 화석인류이다. 이들은 불을 사용했으며 발달한 석기를 비롯하여 토기도 만들었다.

그 다음에 나타난 것이 네안데르탈인으로서 1857년에 독일 네안데르탈이란 곳의 석회 동굴에서 두개골이 발견되어 이런 이름이 붙었다. 네안데르탈인은 인류와 유인원의 중간인 존재로 이미 석기를 비롯하여 동물의 뼈와 뿔 · 엄니 등으로 만든 골각기를 사용했다.

그러던 중 1868년에 프랑스 도르도뉴 지방에 있는 크로마뇽이라는 동굴 안에서 후기 구석기 시대의 화석 인류로 보이는 두개골이 발견되었는데, 이를 크로마뇽인이라고 한다.

크로마뇽인은 두개골의 특징으로 보아서 오늘날 유럽인의 조상으로 여겨지고 있으며, 그들은 동굴 안에 소와 말 · 사슴 등의 벽화를 남겼다. 2만 년 전에, 인간은 고작 사냥이나 식물 채집으로 살아오다가 대략 1만 년 전에 이르러서야 일정한 자리를 잡고 가축을 기르며 식물을 재배하였다.

인류는 그들이 살고 있는 곳에 그들 나름대로의 독특한 문명을 탄생시켰다.

그 중에서 가장 일찍 태어난 것은 기원전 3500년경에 시작된 메소포타미아 문명과 이집트 문명이다.

메소포타미아는 서남 아시아의 티그리스 강과 유프라테스 강 사이에 있는 아르메니아 고원에서 페르시아 만에 걸친 지역을 말하며, 이집트는 나일 강 하류에 자리잡고 있는데, 이 두 지역 사이에 펼쳐져 있는 동부 지중해 연안의 '기름진 초승달' 지역이라 불리는 곳에서 최초의 도시가 태어났고, 이와 함께 최초의 문명도 시작되었다.

그리고 메소포타미아 문명과 이집트 문명의 뒤를 이어 인도의 인더스 강 유역과 중국의 황하 유역에서도 새로운 문명이 일어났다.

이들 4대 문명이 일어난 곳은 모두 지구의 북반구로서 큰 강을 끼고 있었고, 또 좋은 기후와 함께 기름진 토양을 갖추고 있었다.

그 후 메소포타미아 문명과 이집트 문명은 차차 넓은 지역으로 퍼져서 기원전 1천 년 무렵에는 오리엔트 전 지역에 영향을 끼쳤고, 인도에서 일어나 아시아와 인도네시아까지 퍼졌으며, 중국의 황하 유역에서 일어난 문명은 극동 지역, 즉 동아시아 지역까지 퍼지게 되었다.

2. 메소포타미아 문명

최초의 문명 발생

최초의 도시가 태어남과 함께 최초의 문명이 시작된 기름진 초승달 지역이란, 남쪽으로는 아라비아 사막, 서쪽으로는 지중해와 맞닿아 있고, 동쪽으로는 이란의 자그로스 산맥, 북쪽으로는 터키의 타우루스 산맥을 경계로 하고 있는 지역을 가리킨다.

이 중에서도 지중해 연안의 티그리스 강과 유프라테스 강이 합쳐지는 유역인 메소포타미아 평원은 두 강의 상류로부터 흘러온 흙이 해마다 유역에 쌓여 땅을 기름지게 만들었다.

메소포타미아

그러나 메소포타미아 지역에는 강물이 흐르는 양을 짐작할 수가 없었고, 변화가 심했으며, 해마다 강물의 넘쳤기 때문에 쉽게 농사를 지을 수가 없었다.

또한, 강물이 넘친 뒤에는 땅이 늪과 못으로 변했는데, 농사를 짓기 위해서는 물을 빼야 했고, 여름철의 가뭄에 대비하려면 물을 다스리는 관개 시설이 필요했다.

기원전 27세기 이전에는 메소포타미아 지역의 남동쪽으로 이주한 수메르인들은 북쪽에 자리 잡고 있던 아카드인들보다 이러한 어려움을 지혜롭게 헤쳐 나갔다.

이들은 물길과 저수지를 만들었는데, 이 시설들은 그 후 투르크족들에게 파괴될 때까지 농사를 짓는 데에 큰 도움을 주었다.

수메르 문명

수메르인들은 기름진 초승달 지역의 동쪽 산악 지대에서 살다가 메소포타미아 지역의 남동쪽 지역으로 옮겨 왔다.

설형문자

수메르인들은 거주지를 옮기기 전부터 어느 정도 문명이 발달한 상태였으며, 그들이 새로 이주한 메소포타미아 남동쪽 지역 또한 완전한 미개지는 아니어서 몇몇 지역은 쇠붙이와 돌을 함께 사용하는 문명이 상당히 발달해 있었는데, 이곳에 수메르인들이 나타난 것은 기원전 3500년경이었다.

이 무렵에 수메르인들은 문자를 쓰고 있었는데, 그들이 처음으로 썼던 문자는 상형문자였으며, 이것은 형체가 있는 물건의 모양을 본떠서 만든 글자로 낱말의 뜻을 나타내는 것이었다.

예컨대 사람을 나타내기 위해서는 사람의 모양을 그리고, 나무를 나타내기 위해서는 나무의 모양을 그려야 했다. 그렇지만 나타내기가 어려운 표현, 즉 '의심한다' '생각한다' 등의 표현은 나타내기가 어려웠기 때문에 연구를 거듭한 끝에 쐐기 모양으로 뜻을 나타내는 설형문자를 만들어 내기에 이르렀다.

이렇게 설형문자를 만들어 낸 수메르인들은 그들이 알고 있는 많은 전설과 영웅들의 이야기 등을 영원히 남기기 위해 뼈나 쇠붙이 · 갈대 줄기를 깎은 다음 이것을 펜으로 삼아 진흙판에 문자를 새긴 다음에 불에 구워서 간직했다.

그 후로 페니키아인들은 설형문자를 편리하게 사용할 수 있도록 간단하게 만들었으며, 이것이 22자의 자음으로 된 페니키아 문자로서 여기에 모음이 보태져서 오늘날 사용되고 있는 알파벳의 바탕이 되었다.

인간이 안정된 생활을 하기 위해서는 집이 필요했는데, 메소포타미아 지역에는 튼튼한 집을 지을 만한 석재가 몹시 귀했기 때문에 수메르인들은 진흙을 빚어 만든 벽돌로 집이나 필요한 건물들을 짓고, 배수와 관개 시설도 만들었다.

그리고 수메르인들은 여러 개의 도시 국가를 세웠는데, 이러한 도시 국가들은 인구가 약 1만 명이었으며, 각각 독립해 있었다. 이들 도시 국가들은 적의 침입을 막기 위해 저마다 성을 쌓고 성 밖으로는 못도 파 놓았다.

도시 국가의 주민들은 대부분 도시 주변의 땅을 일구어 농사를 짓고 사는 농민들이었으나 개중에는 자신의 손재주로 살아가는 목수 · 도자기공 · 대장장이 등도 있었다.

도시국가를 다스리는 사람들은 사제 계급이었고, 화폐가 쓰이는 대신 물물교환이 이루어졌다.

수메르인들은 우주는 신에 의하여 맨 처음으로 창조되었으며 정해진 질서를 지키면서 신의 뜻에 따라 움직이고 있다고 믿었는데, 이러한 믿음은 그들의 전설과 신화 속에서 이해할 수가 있다.

수메르인들은 '안' 을 우주 최고의 신으로 섬겼는데, 안은 신들의 회의를 이끌었고, 그의 아들인 '엔릴' 은 대기와 폭풍과 홍수 등 자연 현상을 다스리는 신이었다.

엔릴이 다스리는 이러한 것들은 수메르인들이 몹시 두려워했으므로 그들은 모든 신들 중에서 엔릴을 가장 강력한 신으로 떠받들었으며, 엔릴은 전쟁의 신으로도 떠받들어지고 있었다.

그 밖에 대지의 여신 닌후르사그, 물 · 물고기, 문화의 신 에아, 사랑의 여신 이난나 등이 있었다.

수메르인들이 떠받드는 신들 중에는 자신만의 도시를 가지고 있는 신도 있었는데, 그 중에 엔릴은 디푸르 시를 다스렸고, 이난나는 우르크를 다스렸다.

신은 인간을 처음으로 만들면서 자기에게 봉사하라고 명령했으므로, 만일에 그 뜻을 거스르면 곧 파멸을 맞게 된다고 믿었다. 그 예로, 메소포타미아의 초기 역사 시대의 대홍수와 관련된 신화를 들 수가 있다.

그 밖의 기본적인 신화나 의식, 그리고 신들도 수메르인의 계승자들에게 고스란히 이어져서 메소포타미아 문명의 중요한 요소가 되었다.

길가메시 서사시

수메르인의 문학 작품에는 신화를 바탕으로 한 것이 많은데, 이러한 신화와 전설들은 도시를 세운 사람들과 유명한 왕들에 관한 것으로서, 문학 작품의 주제나 내용은 이들과 신과의 관계에 중점을 두었다. 그리고 이러한 신화와 전설들은 수메르의 도시 우르의 제3 왕조가 계속되는 동안에 서사시로 쓰여져서 진흙판에 기록되었는데, 그 중에서 가장 유명한 것은 우르크의 길가메시 왕에 대해 기록된 이야기이다.

'아주 오랜 옛날, 서아시아의 유프라테스 강가의 우르크 시는 길가메시라는 왕이 다스리고 있었는데, 그는 싸움터에서는 용감했으나 백성들을 무자비하게 다루었다. 그러자 백성들은 길가메시의 무자비함을 견딜 수가 없어 마침내 신들에게 기도를 올렸고, 신들은 회의를 열어 의논한 끝에 길가메시를 혼내 주기로 결정했다.

회의가 끝나자 신들은 진흙으로 엔키두라는 인간을 만들어 맹수들이 날뛰는 밀림에 보내 자라게 했으며, 이때부터 엔키두는 맹수들과 함께 살면서 마치 자신도 맹수인 것처럼 용맹하게 자랐다.

엔키두의 소문을 들은 길가메시는 그를 무력하게 만들기 위해 미녀를 밀림 속으로 보냈으며, 맹수들과 함께 자라서 아무것도 모르는 엔키두는 난생 처음으로 보는 미녀에게 정신이 팔려 그녀와 날마다 빈둥거리며 지냈다.

그러자 이 사실을 알게 된 신들은 엔키두가 정신을 차리도록 깨우쳐 주었고, 엔키두는 그제야 정신을 차려 미녀를 뿌리치고 길가메시를 혼내 주기 위해 우르크 시를 향해 떠났다.

엔키두가 우르크 시에 다다랐을 때는 마침 축제가 열리고 있어서 거리에는 수많은 사람들로 인산인해를 이루고 있었는데, 바로 그때 징과 피리 소리가 들리면서 신전에 제사지내러 가는 길가메시의 행렬이 나타났다.

이윽고 길가메시의 행렬이 신전 앞에 이르러 왕이 가마에서 내려 신전 안으로 들어가려고 하는 순간 군중들 속에서 엔키두가 뛰어나와 왕을 가로막으며 싸움을 걸었고, 길가메시는 엔키두의 도전을 받아들여 싸움을 벌였다. 그런데 두 사람의 실력이 뛰어나서 좀처럼 승부가 나지 않았으며, 이상하게도 싸우는 도중에 길가메시는 엔키두에게 호감을 가지게 되어 싸우지 말고 서로 친구가 될 것을 제안했다. 엔키두 역시 길가메시와 같은 생각을 하고 있었으므로 그의 제안을 기쁘게 받아들였다.

두 사람은 싸움을 그만 둔 다음에 길을 떠나 모험을 하게 되었는데, 그들의 모험은 시간이 흐를수록 점점 심해져서 마침내 신들의 노여움을 샀다. 그러던 중 이슈탈 여신의 황소를 죽인 사건이 발생하자 신들의 노여움이 폭발하여 엔키두는 죽임을 당하고 말았다.

길가메시

길가메시는 엔키두가 신들에 의해 죽음이라는 처벌을 받자 인생의 허무함을 느낀 나머지 영원한 생명의 비밀을 찾기 위해 길을 떠났다. 그리고 온갖 고생을 겪은 끝에 슈룻파크라는 마을에 사는 우트나피슈팀이라는 노인을 만나게 되었다.

길가메시는 그 노인에게 영원한 생명의 비밀을 가르쳐 달라고 간청했다. 그러나 노인은 길가메시의 청을 거절했으므로 끈질기게 애원을 하여 마침내 영원한 생명의 비밀을 알게 되었다.

노인은 길가메시에게 자신이 겪었던 홍수 이야기를 들려주고, 먹으면 영원히 죽지 않는 약초가 있는 곳을 가르쳐 주었으며, 길가메시는 곧바로 노인이 가르쳐 준 곳으로 가서 약초를 손에 넣었다. 그리고 기쁜 마음으로 우르크 시로 향했는데, 그가 우르크 시 근처에 이르렀을 때는 이미 어두워지고 있었다.

길가메시는 할 수 없이 그곳에서 하룻밤을 묵으려고 주위를 살피다가 냇물을 발견하고, 우선 피곤한 몸을 냇물로 씻기 위해 옷을 벗어

약초와 함께 두고 냇물에 들어갔다. 그런데 이때 뱀 한 마리가 약초 냄새를 맡고 그곳으로 기어가 약초를 먹어 버리고 말았다.

뒤늦게 냇물에서 나온 길가메시는 이 사실을 알고 엔키두가 죽었을 때와 마찬가지로 또 한 번 인생의 허무함을 느끼며 우르크 시로 돌아갔다. 이때부터 길가메시는 영원히 사는 길을 버리고 이 세상의 즐거움을 찾으며 살았다고 한다.'

바빌로니아

메소포타미아 남동쪽은 아모리인과 엘람인의 침입으로 말미암아 정치질서가 완전히 무너졌으며, 수메르인의 도시 국가들이 남아 있었으나 그 세력은 몹시 약했다.

그리고 유프라테스 강가의 도시인 마리, 티그리스 강가의 도시인 아쉬르 등이 중요한 위치를 차지하게 되어 메소포타미아의 세력은 북쪽으로 이동했다.

그리고 셈족 계통의 아모리인이 바빌론에 자리를 잡았는데, 이 무렵 바빌론은 별로 중요하지 않은 곳이었다. 그러다가 수메르와 아카드 문명을 끌어들여 바빌로니아 왕국을 건설한 후에 함무라비 왕 때 크게 일어났으며, 메소포타미아 전 지역이 바빌로니아 세력 밑으로 들어갔다.

바빌로니아 왕국은 행정 조직이 잘 갖추어져 있고 모든 시민에게 공평한 법률을 적용하고 있었다.

수도 바빌론은 메소포타미아 지역의 남쪽과 북쪽 사이에 교역이 이루어지는 중심지였으나, 메소포타미아의 다른 도시 국가들처럼 바빌로니아 왕국도 오래 계속되지는 않았다. 북쪽에서 인도 게르만 어족 계통의 새로운 민족들이 무리를 지어 들어왔기 때문이다.

인도 게르만 어족에 딸리는 민족에는 그리스 어족 · 인도-이란 어족 · 알바니아 어족 · 볼트-슬라브 어족 · 아르메니아 어족 · 게르만 어족 · 켈트 어족 · 이탈리아 어족 등인데, 이들은 아리아 계의 산악 민족인 카시트족과 손을 잡고 바빌로니아를 정복했던 것이다.

그러나 이들 민족들은 바빌로니아의 문명만은 그대로 두었는데, 왜냐하면 그들 민족이 스스로 메소포타미아 문명 속으로 들어갔기 때문이다.

함무라비 법전

함무라비 법전은 바빌로니아의 제1왕조 제6대 왕인 함무라비가 남긴 가장 훌륭한 유산으로서, 기원전 1700년경에 함무라비가 제정한 세계에서 가장 오래된 성문 법전이며 설형문자로 쓰여졌다.

태양의 신 샤마쉬와 함무라비 대왕

함무라비 법전은 높이가 약 2.25미터이며 둥근 기둥처럼 생긴 현무암에 민법 · 상법 · 소송법 등 282조의 법을 새겼으며, 여기에는 '눈에는 눈, 뼈에는 뼈, 이에는 이' 라는 규정도 들어 있다.

한편, 수메르 · 아카드인들도 함무라비 법전이 제정되기 전에 그들의 법률을 가지고 있었는데, 함무라비는 그 법조문을 한데 모은 뒤에 다듬어서 세계 최초의 성문 법전을 펴낸 것이다.

함무라비 법전은 그 무렵의 사회가 세 계층으로 이루어졌음을 보여주고 있다.

지배 계층은 사제와 대대로 뒤를 잇는 귀족들이고, 일반 서민 계층은 상인과 농민들이며, 제일 낮은 계층은 노예들이었다. 그리하여 함무라비 법전은 각 계층에 따라서 법률이 다르게 적용되었다.

고대 사회의 형법을 살펴보면 각 개인의 신분에 따라서 형벌이 달랐으며, 함무라비 법전의 특색은 이러한 신분의 차이를 법으로 확실하게 정해 놓은 데 있다.

함무라비 법전은 죄에 대한 형벌이 원시적인 성격을 띠고 있었는데, 귀족 계급들에게는 형이 몹시 무거웠으며, 만일 어떤 귀족이 다른 귀족에게 피해를 입혔다면 그 귀족에게도 똑같은 피해를 입게 하였다. 그러나 귀족이 다른 계층에게 피해를 입혔을 경우에는 형벌이 조금 가벼워서 어떤 귀족이 평민의 눈을 멀게 하거나 뼈를 부러뜨렸을 때는 1마나의 벌금을 내도록 하였다.

또 귀족이 노예의 눈을 멀게 하거나 뼈를 부러뜨렸을 때는 2분의 1마나를 벌금으로 내게 했는데, 이처럼 피해자의 신분에 따라서 가해자에 대한 형벌이 각기 달라서 똑같은 피해를 입혔을 경우에도 가해자의 신분이 낮을수록 형벌이 무거웠다.

함무라비 법전에는 여자도 재산을 가질 수 있다고 규정하고 있으며, 또한 노예도 돈을 내면 자유를 얻을 수가 있다고 규정했다.

3. 이집트 문명

고왕국 시대

고왕국이란 기원전 3000년경부터 기원전 2160년경까지의 고대 이집트를 가리키는 말로서, 국왕의 권력이 막강하여 거대한 피라미드가 많이 세워졌으므로 피라미드 왕조라고도 일컫는다.

메소포타미아에서 수메르 문명이 나타날 무렵, 이집트에서도 문명이 발달하기 시작하여 수메르처럼 일찍부터 농사를 짓기 시작했는데, 그것은 나일 강의 강변을 따라 기름진 땅이 많았기 때문이었다.

나일 강은 해마다 홍수로 강물이 넘쳐 강변에 기름진 땅을 만들어 놓았으므로 많은 사람들이 메마른 사막 지대에서 나일 강변으로 옮겨와서 그들만의 부락을 이루었다.

이러한 현상은 메소포타미아와 비교할 때 큰 차이가 있어서 나일 강은 티그리스 강이나 유프라테스 강보다는 훨씬 유리하였다. 나일 강은 해마다 홍수로 인해 강물이 넘쳐 모든 것을 진흙 속에 묻어 버리기는 했으나 해마다 홍수가 규칙적으로 일어났기 때문에 그때를 미리 알 수가 있었다.

기자의 피라미드

또한 규칙적으로 강물이 넘쳤으므로 메소

포타미아의 삼각주와는 달리 이집트인들은 농사의 시기를 조절할 수 가 있었다.

이 무렵, 고대 이집트인들은 히에로글리프라는 상형문자를 쓰고 있었으므로 그때의 역사를 알아보는 데 도움을 주며, 주로 기념비나 묘비 등에 사용되었다.

이집트는 일찍부터 상하 두 왕국으로 이루어져 있었는데, 상왕국을 다스리던 메네스 왕이 하왕국을 점령한 뒤에, 나일 강 하류의 멤피스까지 약 1,000 킬로미터에 이르는 지역을 다스리는 통일 왕국을 세웠다. 이 통일 왕국은 2,000년 동안 계속되었으며 그 시대 어떤 수메르의 도시 국가들보다도 훨씬 크고 강했다.

로마 시대까지 쓰였던 히에로글리프는 왕의 업적이나 신, 그리고 사후 세계 등을 신전과 묘지의 기둥에 조각하는 데 널리 사용되었다.

이집트는 한 지배자에 의해 다스려지고 하나의 종교와 하나의 정부 아래에서 외부의 세력을 물리치며 통일 왕국을 지켜 나갔다.

고대 이집트의 역사는 기원전 3000경부터 2160년까지의 고왕국 시대와 2052년부터 1600년경 힉소스의 침입으로 멸망한 중왕국 시대, 그리고 1567년에 힉소스를 물리치고 일어섰다가 기원전 1085년에 다시 외적의 침입으로 쇠퇴해진 신왕국 시대 등 셋으로 나눌 수가 있다.

고왕국 시대에는 고대 이집트 문명의 바탕이 마련되었는데, 그 중의 하나로 거대한 피라미드의 건축을 들 수가 있다.

최초의 피라미드는 거대한 왕의 무덤으로서, 이를 완성하기 위해서는 무척 많은 사람들이 필요했는데, 그 까닭은 규모도 큰 데다가 원시적인 도구들뿐이었기 때문이다.

피라미드 가운데 가장 큰 것은 높이가 145미터이고, 건축에 쓰인 돌의 무게가 무려 600만 톤에 이르렀으며, 밑변은 229미터의 정방형으로 각 변도 동서남북의 각 방위로 향하고 있다.

이집트인들은 피라미드야말로 그들이 신처럼 떠받드는 왕이 세상을 떠난 뒤에 편하게 머무는 곳이라고 믿었으므로 많은 노력과 정성을 기울였다.

그런데 메소포타미아는 이집트와 달랐다. 이집트의 왕은 절대적인 신처럼 떠받들어졌고, 우주의 중심이라고 여겨지는 반면에 메소포타미아의 왕은 신의 대리자 역할을 하는 존재로 여겨졌기 때문이다.

이집트인들은 다른 민족들과 마찬가지로 모든 자연 현상을 신화를 통해 설명했는데, 파라오라고 불리는 왕은 이집트 신화에 나오는 최고의 태양신 라의 아들이었다.

파라오란 큰 집이라는 뜻으로, 파라오가 죽으면 의학 · 결혼 · 곡물의 여신인 이시스의 오빠이자 남편이며 저승의 왕인 오시리스와 한몸이 된다고 믿었다. 그리하여 파라오는 저승에서 신으로 되살아나 나일 강의 강물이 넘치는 것을 조절하여 농작물이 열매를 맺는다고 하였다.

이렇게 파라오를 신처럼 떠받드는 것은 그만이 크나큰 관개 사업을 일으켜 나일 강의 강물을 조절하여, 농사를 지을 수 있게 해 주는 능력이 있다고 생각했기 때문이다. 그리하여 고왕국의 파라오들은 사제들보다 더 높은 위치에서 권력을 차지했고, 신처럼 우러름을 받게 되었다. 이집트에는 피라미드 외에도 무덤이나 죽은 자를 기리는 기념비 등 많은 건축물들이 세워졌다. 왕이나 부자들이 스스로 자신의 무덤을 만들었고, 그들의 가족은 이집트인의 일상 생활을 무덤에다 그려 아름답게 꾸몄다.

이집트인들은 석재를 수메르인보다 쉽게 구했으나 값이 몹시 비쌌으므로 가난한 시민들은 흙벽돌이나 갈대로 오두막을 짓고 살았다.

이집트에서 피라미드 다음으로 잘 알려진 것은 미라이다.

고대 이집트인들은 인간이 죽은 후에도 영혼만은 영원히 존재한다고 믿었기 때문에 죽은 사람을 미라로 만들거나 무덤을 정성스럽게 꾸몄다. 이때 시체가 썩는 것을 막기 위해 골과 내장을 뽑아내고 약품을 써서 말린 뒤에 방부제를 다져 넣은 다음에 흰 천으로 온 몸을 싸서 보존했다.

이들 미라 중에는 얼굴 모습을 그대로 간직하고 있는 것도 있어서, 수천 년 전의 인간들의 모습을 생생하게 보여 주고 있다.

이집트의 종교

이집트는 신들이 수없이 많은 다신교 국가였다.

이집트인들은 많은 신화가 모여서 우주 현상을 전체적으로 설명하는 것이라고 생각했으므로 수없이 일어나는 자연 현상에 각각 다른 신을 만들어 내게 되었다.

이집트의 가장 큰 신은 '라'인데, 라는 최고의 태양신으로 창조신 아툼의 권위를 물려받았다. 라의 밑에는 아툼의 자식들인 대기의 신 슈와 습기의 신 테프누트가 있었다.

이들 신들은 서로 결합하여 대지의 신 게브와 하늘의 여신 누트를 낳았으며, 게브와 누트가 또 결합하여 세트 · 네프티스 · 오시리스 · 이시스를 낳았다.

이어서 오시리스는 이시스와 결혼하여 아들인 태양신 호루스를 낳았고, 세트는 네프티스와 결혼하여 죽은 자의 신인 아누비스를 낳았다.

그런데 오시리스의 아들 호루스와 세트 사이에 격렬한 싸움이 벌어지자, 오시리스의 아우인 세트가 형과 적이 되어 계략으로 그를 죽인 후에 시체를 나일 강에 버렸다.

그러나 오시리스의 아내 이시스는 남편의 시체를 자신의 날개로 부채질하여 다시 살아나도록 했으며, 오시리스는 저승의 왕이 되어 죽은 자의 죄를 심판하게 되었다.

한편, 오시리스의 아들 호루스는 아버지의 원수인 세트와 싸워서 그를 죽이고 신들의 법정에 서자, 신들은 호루스의 행위가 옳다고 인정하고 그를 아버지인 오시리스에 이어 대지의 신으로 있게 하였다.

이집트의 미라

이와 같은 이집트의 신화에서 알 수 있듯이 파라오는 죽을 수도 있지만 영원히 죽는 것이 아니라 저승에서 되살아나 오시리스처럼 저승의 왕이 되는 것이다.

이처럼 파라오는 죽은 후에 다시 살아나기 때문에, 생활에 필요한 모든 도구들이 미라와 함께 피라미드와 같은 거대한 무덤 속에 넣어졌다.

고왕국 초기에는 시종들까지도 미라와 함께 산 채로 무덤 속에 묻혔으나, 차츰 산 사람 대신에 그들의 모습을 본뜬 조각상들을 묻게 되었다.

고왕국 시대에는 파라오만이 죽은 후에 오시리스와 결합한다고 믿었으나, 중왕국 시대에는 귀족들도 주은 후에 오시리스와 결합할 수 있다고 생각했다.

그런가 하면, 일반 서민들도 신의 뜻에 따라 종교적인 계율을 열심히 지키다가 일생을 마친 뒤에는 다음 세상에서 되살아나 행복한 생활을 누릴 수 있다고 믿게 되었다.

이집트 문명의 몰락

고왕국과 중왕국으로 나뉘어져 있던 이집트는 기원전 7세기에 아시

라호텝 왕자와 아내 노플렛

리아의 침입을 받아 정복되었는데, 아시리아 왕은 삼각주 지역을 점령한 뒤에, 자기 아들인 네코에게 다스리도록 하였다. 그 후, 네코의 아들 프사메티쿠스 1세는 따로 독립하여 다시 이집트 왕국을 세우고 사이스를 서울로 정했는데, 이를 사이스 왕조라고 부른다.

사이스 왕조는 아마시스 2세가 다스리던 기원전 569년에서 기원전 526년 사이에 전성기를 맞았으며, 무역의 도시인 나우크라티스가 번영했다.

그 뒤, 이집트는 기원전 526년에 페르시아의 왕인 캄비세스 2세가 다스리게 되어 페르시아 제국에 딸린 한 주가 되면서 멸망하고 말았다.

4. 중동의 새로운 문명

히타이트

지중해와 흑해 사이에 끼여 있는 서아시아의 반도 지역인 소아시아는 아시아와 터키의 대부분을 차지하여 이란 · 파키스탄 · 이라크 · 아라비아 반도 · 아프카니스탄 등 중동의 문화 발전에 크게 이바지하였다.

소아시아는 나일 강 유역과 같은 단일 문명을 거치지 않았으며, 수많은 섬들이 흩어져 있는 에게 해와 산맥으로 둘러싸인 중앙 고원 지대와 빽빽한 삼림 지대인 흑해 연안 등의 여러 지역으로 각기 이루어져 있다.

이 지역의 문명은 4,000년 전에 시작되었으며, 통일된 정치조직이 이루어진 것은 인도 게르만 어족 계통의 히타이트인이 나타난 다음부터였다.

히타이트 유적

히타이트인은 기원전 2,000년경에 할리스 강이 시작되는 중앙 고원 지대의 일부를 섬령하면서 소아시아 반도에 자리를 잡고 살기 시작했다. 이들은 정복지의 여러 문명을 받아들였는데, 그 중에서도 북부 시리아를 다스리던 후리인들에게서 많은 것을 배웠다.

히타이트의 역사는 고왕국 시대와 제국 시대로 구분되는데, 고왕국 시대에는 정치와 문화적인 체제가 어지러운 상태였고, 중앙의 권력도 바로서지 못했다. 그러나 제국 시대에는 중국에서 제일 강한 세력이 되었다.

히타이트는 왕이 다스렸는데 일반 회의에서 뽑았으며, 귀족들 중의 우두머리에 지나지 않았다. 그러다가 하투사스를 수도로 정하면서 차차 중앙 집권 체제가 되었고, 왕의 권력이 강화되면서 전제 국가로서의 모습을 갖추게 되었다.

히타이트는 왕의 권력과 함께 국력이 강해지자 정복 사업을 벌여 기원전 16세기 말에는 바빌로니아를 정복했고, 기원전 14세기경에는 강대했던 미탄니 왕국도 정복했으며, 남부 시리아까지 세력을 넓혔다.

그 후 기원전 1286년에 무와탈리시 왕이 카데시에서 시리아를 차지하기 위해 이집트의 람세스 2세와 싸우게 되었는데, 이 싸움에서 철기와 전차를 사용한 히타이트가 청동기를 사용한 이집트를 이김으로써 히타이트 제국은 그 세력이 매우 강대해졌다.

그러나 기원전 1200년경에 새로 일어난 철기 민족이 쳐들어옴으로써 강대했던 히타이트 제국은 멸망당하고 말았다.

히타이트 문화의 특징은 옛 문화들을 한데 모았다는 데에 있는데, 그들은 수메르 · 아카드 어를 쓰면서 설형문자로 기록했으며 상형문자를 쓰기도 하였다.

그리고 역사적 사건은 물론 종교와 신화에 얽힌 사실들을 문학적으로 다루어 진흙판에 새겼다.

히타이트인들은 풍요의 신인 텔레피누가 땅 위에 머무르며 자연물들이 활기를 얻어 번창하지만 그가 떠나면 자연물들이 시드는 황폐한 시기가 찾아온다고 믿었는데, 이것은 계절의 변화에 대한 신화적인 설명이기도 했다.

텔레피누 신은 수메르의 도무지 신, 이집트의 오시리스 신과 비슷하며, 히타이트의 샤르샤 신은 수메르의 이슈탈 신과 같다. 그 밖에도 히타이트인은 후리인의 신화 속에 나오는 테슙과 그의 아내이며 태양의 여신인 헤바트도 섬겼다.

팔레스타인과 시리아의 역사

팔레스타인과 시리아 지역을 살펴보면 팔레스타인은 동쪽으로 유프라테스 강과 아라비아 사막, 남쪽으로 시나이 사막, 서쪽으로 지중해, 북쪽으로 레바논 산맥에 둘러싸여 있다. 그리고 시리아 지역은 티그리스 강 · 유프라테스 강 · 나일 강 사이에 자리를 잡았다.

팔레스타인과 시리아 지역은 오리엔트 초기 문명의 중심지였고, 특히 오론테스 강을 중심으로 하여 내륙 지방의 해상 교역이 활기를 띠었으며, 해안의 굴곡이 커서 좋은 항구가 생겨났지만, 교통이 편리해서 이민족의 침입을 받을 우려도 있었다.

요르단의 옛 도시 여리고와 내륙에 처음으로 와서 정착한 민족들이 이 지역에 문명의 막을 올렸는데, 유프라테스 강변의 도시인 마리는 셈족 계통의 민족들에게 다스려지다가 기원전 1550년경 이후에는 후리인이 다스리게 되었다.

유프라테스 강 오른쪽 연안에는 카르케미시라는 도시가 있었고, 서쪽으로는 페니키아의 도시들이 번성하고 있었으며, 그 중에서 우가리트는 국제 상업의 중심지이자 에게 해의 그리스인들이 동방으로 나가는 문이었다. 특히, 비블로스는 이집트의 수공예품 · 자색 염료 · 목재 등의 특산물을 교환하는 중심 항구였다.

그 밖의 다른 도시들로는 내륙의 다마스쿠스, 오론테스 강가의 카데시 등이 있었다.

기원전 1200년경에는 이 민족이 쳐들어와서 우가리트와 대부분의 지역을 쑥대밭으로 만들었으나, 다음 세기로 들어서면서 모든 것이 제자리를 찾아 안정되었고 철을 사용하는 새로운 문화가 싹텄다.

그러나 번영을 누리던 우가리트는 이민족의 침입과 함께 청동기 문화가 사라지자 역사 속에서 영원히 모습을 감추어 버렸고, 튀르가 비블로스를 대신하여 주요 무역항으로 떠올랐다.

페니키아의 함선들은 기원전 11세기에 이르기까지 지중해 여러 곳을 항해하며 해안을 따라 중요한 무역항을 건설하여 오리엔트 문명을 지중해 영역 안에 퍼뜨렸다.

페니키아 신상

특히 히람 1세가 다스리던 기원전 969년에서 기원전 936년에 이르는 동안에는 튀르가 번영의 절정을 이룬 가운데 히람 1세는 헤브라이의 왕인 솔로몬과도 동맹을 맺었으며, 그리고 카르타고에 식민지를 두기도 하였다.

페니키아인들이 인류 문명에 크게 이바지한 것은 알파벳을 만들어 낸 일이다.

본디 상업을 위주로 하는 페니키아에서는 설형문자나 상형문자가 쓰기에 너무 불편하고 번거로웠으므로 상업 활동을 하는 데 편리한 표음 문자를 생각해 냈다.

그런데 이 표음 문자가 지중해 연안에 퍼지고, 기원전 8세기에 그리스인에게 전해진 후에 모음이 덧붙여져서 오늘날의 알파벳이 태어난 것이다.

기원전 12세기경에는 아람인이 시리아 지역을 다스리고 있었으나,

시리아의 북쪽에서는 시리아와 히타이트 계통의 왕국들이 여전히 남아 기원전 8세기에 아시리아에 정복당할 때까지 번영을 누렸다.

아람인들은 페니키아인들과는 달리 내륙 지방에서 상인으로 세력을 키웠는데, 그들의 수도인 다마스쿠스는 이 지역에서 가장 중요한 도시가 되었으며, 낙타를 탄 대상들이 지나다니는 길의 끝에 자리를 잡고 있었다. 사막 지대의 오아시스에 있는 다마스쿠스는 오늘날 시리아 공화국의 수도이며, 세계에서 가장 오래된 도시의 하나가 되었다.

헤브라이인

헤브라이인의 기원이나 역사는 《구약성서》에서 찾을 수가 있다.

팔레스타인 지방으로 이주했던 헤브라이인들이 무슨 까닭인지 알 수는 없으나 이집트에 머문 적이 있었고, 헤브라이인들의 지도자인 모세가 기원전 1300년경에 이집트의 삼각주 지대에서 그들을 이끌고 팔레스타인으로 돌아갔다.

헤브라이인들이 모세를 따라 '약속된 땅'에 돌아왔으나 그곳에는 이미 가나안인들이 살고 있었으므로 헤브라이인들은 그 후 모세의 후계자인 여호수아 때에 이르러서야 비로소 팔레스타인 지역을 거의 다 차지하여 12개 부족이 자리를 잡고 살게 되었다.

헤브라이인들은 여호와만을 그들의 단 하나뿐인 신으로 믿고 다른 민족들의 신은 믿지 않았으나 원주민들은 많은 신들을 섬겼다.

헤브라이 왕국의 정치는 각 부족마다 의견이 달라 통일이 되지 않다가 기원전 1020년경에 그들의 예언자인 사무엘의 추천으로 사울이 최초의 왕으로 뽑혀 마침내 정치적인 통일을 이룩했다.

헤브라이 왕국의 초대 왕 사울은 전쟁을 할 때마다 적을 무찔러 큰 공을 세웠으나, 마음이 어질지 못하고 질투심이 강해서 다윗과 자주 다투었으므로 백성들의 미움을 받았다. 그러던 중 요단 강 서쪽에 있는 길보아 산에서 필리스틴족과 싸우다가 패하여 맏아들 요나단과 함께 전사했다.

헤브라이 왕국은 길보아 산의 싸움에서 진 다음에 국토의 대부분을 필리스틴인들에게 빼앗겼는데, 이때 나타난 사람이 다윗이었다.

다윗은 사울의 부하로서 싸움터에서 많은 공을 세워 백성들에게 인기가 높아지자 사울이 이를 시기하여 쫓아냈으므로 헤브라이 왕국의 남쪽 지방에 숨어 살았다. 그러다가 사울이 죽고 뒤를 이어 헤브라이 왕국의 제2대 왕에 오른 다윗은 모든 부족들을 모아 필리스틴인들과 싸워서 국토를 되찾았고, 수도를 예루살렘으로 정한 다음에 요단 강 동쪽 지역과 다마스쿠스를 비롯한 시리아의 일부 지역까지 세력을 크게넓혔다.

헤브라이 왕국은 다윗의 아들인 솔로몬 왕이 다스릴 때에 가장 크게 번영했는데, 이렇게 번영한 것은 페니키아의 항구 도시인 튀르와 동맹을 맺으면서부터였다.

그 무렵 페니키아의 왕인 히람은 헤브라이 왕과 동맹을 맺고, 예루살렘의 성곽과 궁전, 사원 등을 세우는 데 도움을 주었으며, 그 대신 페니키아는 예루살렘을 지나 홍해로 나갈 수가 있었다.

그런데 솔로몬은 대토목 공사를 벌여 수많은 백성들을 노역에 끌어들였고 무리하게 세금을 거두었으므로 백성들의 불만은 커졌고 사회는 불안하였다.

그 후 솔로몬이 죽고 그의 아들 르호보암이 왕위에 오르자, 북부의 부족들이 강제 노역과 세금을 줄여 달라고 간청했으나 왕은 거절했을 뿐만 아니라 그전보다도 더욱 심하게 다루었다. 이에 분노한 북쪽의 10개 부족이 사마리아 지방을 중심으로 하여 반란을 일으켜 이스라엘이라는 새로운 나라를 세웠고, 남쪽의 두 부족은 예루살렘 왕에게 충성을 계속하였으므로 이 나라를 유대 왕국이라고 하였다.

이스라엘 왕국과 유대 왕국은 그 뒤로 싸움을 거듭하다가, 이스라엘 왕 아합과 유대 왕 요샤 파테가 싸움을 그치고 서로 동맹을 맺어 마침내 친하게 지냈다.

그 후 아시리아가 새로운 강국으로 나타나자 이스라엘 왕국과 유대 왕국의 운명은 몹시 위태롭게 되었는데, 결국 기원전 722년에 이스라엘 왕국은 아시리아에 정복당했고, 유대 왕국은 아시리아에 딸린 나라가 되었다. 그러다가 유대 왕국은 요시아 때 강력한 저항 운동을 벌였으며, 아시리아가 신바빌로니아 왕국의 네부카드네자르 왕에 의해 정복되자 유대 왕국은 다시 신바빌로니아 왕국을 상대로 처절하게 대항했으나, 결국 기원전 587년경에 멸망하고 말았다.

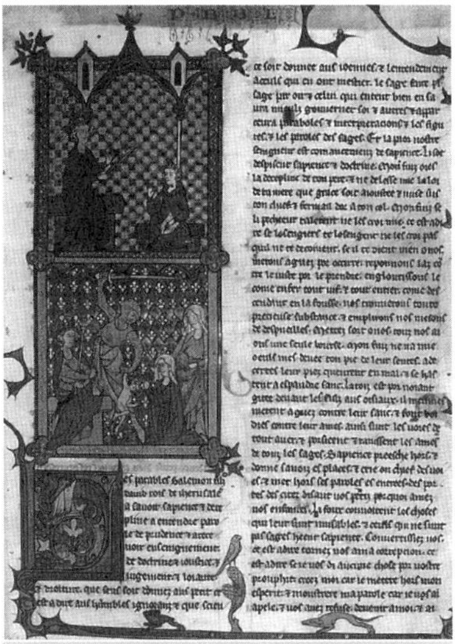
솔로몬과 르호보암에 관한 기록

이로써 헤브라이 민족의 왕국은 자취를 감추고 지도자를 포함한 많은 백성들이 포로로 바빌론에 끌려갔다가 페르시아 왕 키루스가 신바빌로니아 왕국을 정복한 뒤에야 고국으로 돌아올 수 있었다.

팔레스타인으로 돌아온 헤브라이인들은 부족주의를 버리고 그들을 대표한 유대족을 중심으로 뭉쳤는데, 그 후로 이들을 유대인이라고 불렀다.

헤브라이인의 종교

헤브라이인의 전설 · 역사 · 법률 · 신의 계시 등이 모두 실린 《구약성서》는 기원전 1200년경에 시작되었으며 헤브라이 종교의 성장 과정이 잘 나타나 있다.

이 성서에 나오는 여호와는 세상에서 오직 하나뿐인 신이며 헤브라이인들은 이 신, 즉 유일신으로부터 선택받은 민족이라고 하였다.

시나이 산에서 모세에게 내려졌다는 십계명은 헤브라이 민족에 대한 여호와의 도덕적인 요구이기도 하며, 처음에는 여호와를 섬기는 일정한 장소가 없다가 솔로몬 왕 때에 신전이 예배의 중심지가 되었다.

헤브라이 왕국이 두 왕국으로 나뉘어진 후에, 이스라엘 왕국이 다른 신을 섬기자 예언자들이 나타나 여호와의 십계명을 따르지 않을 때에 일어날 재앙을 경고했다. 그 중에서 엘리야는 예제벨의 이교도 신전 건축을 반대했고, 유대 왕국의 최후 예언자인 예레미아는 헤브라이 민족의 죄에 대한 벌로 예루살렘이 무너진다고 예언하면서 종교는 사랑과 정신적인 것이라야 한다고 강조했다.

헤브라이인이 뒷날에 끼친 영향은 종교밖에 없다. 그러나 기독교가 서양 문화의 기본임을 생각할 때, 헤브라이인의 종교는 고대 오리엔트 문명의 유산 가운데서 가장 위대하다고 할 수 있다.

모세와 십계명

이집트에 사는 유대인들의 수가 자꾸 불어나고 세력이 커지자, 이집트 왕은 이들을 강제로 끌고 와서 길을 닦고 궁궐을 짓는 등 온갖 힘든 일을 시켰다. 또한, 만일 이민족이 쳐들어오면 유대인들이 그들을 도울 것이라고 생각하고 군사들을 풀어서 유대인들이 아들을 낳으면 죽이라고 명령했다.

이 무렵에 태어난 모세도 잘못하면 목숨을 빼앗길 위험에 처하게 되었으므로 그의 부모는 모세를 살리기 위해 집 안에 숨겨 두고 키웠다. 그러나 이웃 사람들이 눈치를 채고 소문을 퍼뜨렸기 때문에 모세의 어머니는 광주리 안에 흙을 발라서 물이 새는 것을 막은 뒤에 모세를 광주리 안에 넣어 나일 강에 띄워 보냈다.

광주리는 강물을 따라 떠내려가다 갈대가 우거진 강가에 이르렀는데, 이때 이집트 공주와 함께 목욕을 하던 시녀가 광주리를 발견하고 그것을 건져서 공주에게 가지고 갔다. 그러자 공주는 광주리 안에서 잠든 모세를 발견하고 자기가 키우기로 마음먹고, 궁궐로 몰래 데려간 다음에 시녀에게 유모를 구해 오라고 명령했다.

한편, 모세가 걱정되어 광주리를 뒤쫓아온 모세의 누나 미리암은 모세를 키울 유모를 구한다는 소문을 듣고, 부랴부랴 집으로 돌아가 어머니를 데리고 와서 유모로 추천했다.

이리하여 친어머니를 만난 모세는 무럭무럭 자랐으며, 모세가 철이 들자 어머니는 아들에게 틈이 날 때마다 모세에게 그가 유대인임을 알렸고 아브라함 · 이삭 · 야곱 같은 조상들의 이야기도 들려주었다.

이윽고 어른으로 자란 모세가 어느 때 공사장 감독을 하고 있었는데, 어느 날, 이집트인이 늙은 유대인을 채찍으로 사정없이 때리는 것을 보고 말렸으나 말을 듣지 않아 그를 주먹으로 가볍게 때렸다.

그런데 이때 모세의 힘이 얼마나 강했던지 모세의 주먹을 맞은 이집트인은 그 자리에서 죽어 버렸고, 이 소문이 왕의 귀에 들어가자 모세는 이집트를 떠나게 되었다.

얼마 후 홍해 가까이에 있는 사막에 다다른 모세는 그곳의 유목민 딸과 결혼하여 양을 치며 살아가던 어느 날이었다.

모세는 불타는 가시 덤불 속에서 '빨리 이집트로 가서 고통을 당하고 있는 유대인을 구출하라' 는 하나님의 목소리를 듣고 곧바로 이집트를 향해 떠났다.

이 무렵, 이집트는 새로운 왕이 다스리고 있어서 붙잡힐 염려가 없었으므로, 모세는 형인 아론을 찾아가서 유대인들이 이집트를 떠날 수 있게 해 달라고 부탁했다.

그러나 아론의 말을 들은 왕은 모세의 청을 거절했고 오히려 유대인들을 더욱 심하게 다루었다. 이리하여 유대인들은 모세를 원망하게 되었고, 모세는 큰 실망을 안고 괴로워하고 있을 때 하나님이 다시 모세에게 "왕에게 내 말을 전하되 만일 그가 듣지 않으면 무서운 재앙을 내리겠다"고 말했다.

이 말을 들은 모세는 아론과 함께 왕을 찾아가서 유대인들이 이집트를 떠나게 해 달라고 간청했으나 또다시 거절당하자 분노한 아론은 나일 강으로 가서 지팡이로 물을 쳐 핏빛으로 변하게 했다.

그러자 사람들은 모두 목이 말라 아우성쳤으나 왕은 모세에게 유대인을 보내려고 하지 않았다.

이때부터 모세는 온갖 수단 방법을 가리지 않고 왕을 설득한 끝에 마침내 유대인을 데려가도 좋다는 허락을 받게 되었다.

왕의 허락이 떨어지자 유대인들은 모두 벌판에 모여 12대열로 나누었는데, 왜냐하면 그들의 선조가 12형제였고, 후손도 12부족으로 나뉘어져 있었기 때문이었다. 모세는 유대인들을 이끌고 이집트를 떠나 가나안으로 향했으나 그들이 가는 길은 몹시 험난했다.

이집트에서 가나안으로 가려면 지중해 연안을 거쳐야 하는데, 그 길목에는 싸움을 좋아하는 블레셋인들이 있어서 지나가기가 어려웠다. 그래서 모세와 아론은 홍해 바닷가를 지나서 시나이 산을 돌아 가나안으로 가는 먼 길을 택하여 고된 행군을 계속했다.

한편, 유대인들을 떠나보낸 이집트 왕은 뒤늦게 후회하고 몸소 군사를 거느린 채 모세 일행을 뒤쫓기 시작했다.

이때에 모세 일행은 홍해 강변에 천막을 치고 야영을 하다가 멀리서 먼지를 일으키며 이집트의 군사들이 나타나자, 순식간에 아수라장으로 변했다.

모세는 백성들을 안심시키는 한편, 하나님에게 백성들을 구해 달라고 간절히 기도를 올린 다음에 바다를 향해 손을 내밀었다. 그러자 바닷물이 둘로 갈라지면서 길이 나타나는 기적이 일어났다.

유대인들은 그 길로 들어서서 부지런히 걸었다. 그들이 모두 홍해를 건너 뭍에 이르렀을 때 뒤쫓아온 이집트의 군대가 그 길로 들어섰다.

이집트 군대가 모두 길에 들어서자, 건너편에 있던 모세는 바다를 향해 손을 내밀었다. 그 순간 갈라졌던 바닷물이 순식간에 합쳐지고, 이집트 군대는 모두 그 속에 빠져 죽었으며, 유대인들은 모두 땅바닥에 엎드려 하나님께 감사하였다.

홍해를 건넌 유대인들은 이제 노예의 굴레에서 완전히 벗어났으나, 그들 앞에서 끝없는 사막이 펼쳐졌다. 보이는 것은 모래와 바위뿐이었고, 햇볕이 뜨겁게 내리쬐었으며, 물 한 모금도 구할 수 없었으나, 유대인들은 이러한 고통을 이겨 내면서 사막을 계속 걸었다.

유대인들 중에는 고통을 견디다 못해 차라리 이집트로 되돌아가겠다는 사람도 있었으나 모세는 그럴 때마다 백성들을 달래면서 행군을 계속한 끝에 마침내 시나이 산의 기슭에 이르렀다.

모세는 백성들에게 당분간 이곳에서 살자고 설득하여 시나이 산 기슭에 천막을 치고 가축을 기르면서 살았다.

그 후, 모세는 백성들에게 하나님은 오직 여호와밖에 없다는 것을 가르쳐 주기 위해 자주 시나이 산에 올라가 하나님께 기도를 드렸다.

왜냐하면, 유대인들은 이집트에서 살 때 갖가지 신을 섬겼으며, 아브라함이나 이삭, 야곱처럼 여호와만이 참다운 하나님이라는 것을 알지 못했기 때문이다.

어느 날, 모세는 여호수아를 데리고 산으로 올라가서 기도를 올리기 시작했는데, 이때 모세는 유대인들이 앞으로 지켜야 할 하나님의 율법을 계시받았다. 이것이 바로 '십계명'으로서, 모세가 기도를 마치고 산에서 내려왔을 때는 십계명이 새겨진 석판 2개가 손에 들려 있었다.

십계명은 다음과 같은데 첫째, 여호와 외에 다른 신을 섬기지 말 것

둘째, 우상을 만들어 절하고 섬기지 말 것 셋째, 여호와의 이름을 망령되게 부르지 말 것 넷째, 안식일을 지킬 것 다섯째, 어버이를 공경할 것 여섯째, 살인하지 말 것 일곱째, 간음하지 말 것 여덟째, 도둑질을 하지 말 것 아홉째, 거짓말을 하지 말 것 열째, 남의 아내나 하인, 가축을 탐내지 말 것 등이었다.

그런데 모세가 하나님으로부터 십계명을 계시받고 40일 만에 산에서 내려와 보니, 유대인들이 금으로 송아지를 만들어 놓고 그 주위에 술을 마시고 춤을 추며 노래를 부르고 있었다. 이들은 모세가 오랫동안 자리를 비운 사이에 금송아지로 우상을 만들어 섬겼던 것이다.

이에 모세는 화가 나서 손에 들고 있던 석판을 던지자 금송아지가 불에 녹아 버렸다. 모세는 우상을 섬기는 사람들을 모두 죽여 버렸는데, 그 수는 무려 3,000명이 넘었다. 모세는 다시 시나이 산 위로 올라가서 40일 동안 기도를 올리며 백성들의 용서를 구한 다음에 다시 석판에 십계명을 새겨 들고 내려왔다.

산에서 내려온 모세의 얼굴에는 백성들이 똑바로 바라볼 수 없을 정도로 눈부시게 반짝였으며, 백성들은 다시는 우상을 섬기지 않겠다고 모세에게 굳게 맹세했고, 모세는 백성들에게 십계명을 설명해 준 다음에 이 계명을 잘 지키라고 하였다. 그리하여 십계명은 유대교의 계율이 되었다.

모세는 석판을 넣어 두는 궤를 만들었는데, 이것을 '언약의 궤'라고 불렀으며, 유대인들은 이 궤를 아주 정성껏 보관했다.

그들은 언약의 궤를 모신 주위에 장막을 쳤으며, 장막 앞에는 제단을 만들어 제사장인 모세의 형 아론의 인도로 하나님에게 예배를 드렸다.

얼마 후, 모세는 다시 백성들을 이끌고 약속된 땅을 찾아 여행의 길을 떠났는데, 유대인들은 언약의 궤를 앞세우고 사막과 들판을 지나서 마침내 애타게 그리던 가나안 가까이에 이르게 되었다.

모세는 그곳에 천막을 치고 가나안을 가리키며 백성들에게 가나안은 젖과 꿀이 흐르는 곳이라고 외쳤으며, 백성들은 기뻐서 모두 감격의 눈물을 흘렸다.

백성들은 빨리 가나안으로 들어가자고 재촉했지만 모세는 그곳에 어떤 사람들이 살고 있는지 알아보기 위해, 12명의 청년을 뽑아 보냈으며 그들은 가나안을 살펴보고 돌아와서 "가나안은 녹음이 우거지고 꽃이 피어 있으며, 나무마다 과일이 주렁주렁 매달려 있습니다. 그러나 성은 몹시 튼튼하고 험상궂은 사람들이 살고 있어서 들어가기가 어려울 것 같습니다"라고 말했다.

이 말을 들은 백성들은 웅성거리며 위험한 곳으로 들어가느니 차라리 이집트로 돌아가는 것이 낫겠다면서, 가나안으로 들어가려는 모세를 따르려고 하지 않았다.

백성들의 불평과 반대가 점점 더 심해지자 여호수아와 갈렙이 모세와 더불어 백성들을 달랬으나 그들은 모세의 말을 끝내 들으려고 하지 않았다.

이때 예배를 드리는 천막 위에서 "아직도 너희들은 정신을 차리지 못했으므로 그에 대한 벌로 이후 40년 동안 사막을 떠돌아다녀야 한다"는 하나님의 목소리가 들려 왔다.

이때부터 유대인들은 40년 동안 사막을 떠돌아다니며 양을 치면서 살아야 했다.

모세는 백성들을 위로하고 가나안으로 들어갈 날을 기다렸다. 그 동안에 백성들은 차례로 죽어 갔고, 새로 태어난 아이들이 유대인들의 핏줄을 이었으며, 모세의 형 아론과 누나인 미리암도 세상을 떠났다.

마침내 유대인들이 가나안으로 들어갈 때가 되었다.

모세는 백성들은 이끌고 요르단 강가에 다다랐다. 강만 건너면 가나안 땅이었다. 이때 모세는 100세였고, 이집트에서 출발한 유대인들

가운데 모세와 여호수아와 갈렙 세 사람만이 살아 있었고, 그 밖에는 모두 새로 태어난 사람들이었다.

모세는 몹시 늙어서 가나안에 들어가지 못하고 죽는다는 것을 알고 있었으므로 백성들에게 십계명을 잘 지키면서 살아가라고 간곡하게 부탁한 뒤에 여호수아와 갈렙을 인도자로 지명했다.

모세가 느보 산으로 올라가자 멀리 가나안이 한눈에 내려다보였으며, 그곳에서 세상을 떠났는데 아무도 그의 시체를 발견하지 못했다.

모세를 대신한 여호수아는 이때 가나안의 형편을 살펴보기 위해 척후병 두 사람을 보냈는데, 그들은 가나안에서도 가장 번화한 여리고를 비롯하여 여러 곳을 두루 살피고 4일 만에 돌아왔다.

척후병들은 여호수아에게 "우리가 언제 쳐들어올지 몰라서 모두 겁을 먹고 있다"고 보고했다. 이 보고를 받은 여호수아는 군대를 조직한 뒤에 언약의 궤를 든 제사장을 앞세우고 진군하여 군대가 요르단 강가에 이르렀으며, 흐르던 강물이 멈추었기 때문에 군사들은 걸어서 강을 건널 수 있었다.

여호수아는 군사들을 이끌고 여리고가 바라보이는 들판에 이르러 하나님에게 기도를 올려서 전투 방법을 계시받았다.

여호수아는 하나님으로부터 계시받은 대로 6일 동안 군사들로 하여금 매일 아침 한 차례씩 여리고 성의 주위를 조용히 돌게 했고, 7일째 되는 날에는 성 주위를 일곱 번 돌고 멈추게 하였다.

그런 다음에 앞장섰던 제사장이 뿔피리를 불자 군사들은 하나님을 찬송하며 일제히 함성을 지르면서 쳐들어가 성을 점령했고 이어서 서쪽으로 진군했으나 곧 쫓기는 처지가 되었다.

한참을 쫓기던 여호수아는 군사를 둘로 나누어 밤중에 아이성이 가까운 언덕 밑에 3만 명을 매복시켜 놓고, 나머지 5,000명을 이끌고 공격했다. 그러자 성 안에 있던 군사들은 여호수아가 거느린 군사가 적은 것을 보고는 성문을 활짝 열고 돌격해 왔다.

아이성의 군사들이 여호수아의 군사를 뒤쫓자 여호수아는 한참 쫓기다가 미리 매복시켜 놓은 군사들에게 신호를 보냈으며 그들은 갑자기 나타난 유대인의 군사를 맞아 허둥거리다가 전멸당했다.

이리하여 아이성을 점령한 여호수아의 군사들은 그 뒤로도 쫓고 쫓기는 싸움을 계속하다가 마침내 가나안을 완전히 점령하여 비로소 자기들의 나라를 세울 수 있게 되었다.

다윗 왕과 솔로몬 왕

예언자 사무엘에 의하여 이스라엘의 초대 왕이 된 사울은 길보아 산에서 필리스틴족과 싸우다가 맏아들과 함께 전사했다. 그리고 뒤를 이어 제2대 왕이 된 다윗은 아들인 솔로몬과 함께 왕국의 전성기를 이루었는데, 이 무렵의 이스라엘 왕국은 여러 지방으로 나뉘어져서 서로 세력을 다투고 있었다.

다윗은 나라의 기강을 바로세우고, 백성들에게 여호와를 깊이 믿도록 하면서 수도를 예루살렘으로 옮기고 성을 쌓았다.

다윗 왕에게는 맏아들 압살롬과 둘째아들 아도니야, 셋째아들 솔로몬이 있었는데 왕은 솔로몬을 몹시 사랑하여 그를 후계자로 세우자, 압살롬이 이에 반발하여 예루살렘 백성들이 자기를 따르도록 마음을 썼다. 그리하여 많은 백성들이 압살롬을 따르자 그는 자기를 따르는 백성들을 이끌고 예루살렘의 남쪽 지방인 헤브론으로 갔는데, 이때 예루살렘 백성들 사이에는 압살롬이 다윗 왕과 싸우려고 한다는 소문이 나돌았다.

이 소문을 들은 다윗 왕은 아들과 싸운다는 것은 생각만 해도 끔찍한 일이었기 때문에 몹시 괴로워하다가 아들과 싸우는 것을 피하려고 요단 강 건너의 마을로 갔다.

이리하여 나라 안은 다윗 왕을 따르는 무리와 압살롬을 따르는 무리로 나뉘어 마침내 싸움이 벌어졌다.

이 싸움은 다윗 왕의 승리로 끝났고, 패배한 압살롬은 말을 타고 달아나다가 머리카락이 나뭇가지에 걸리는 바람에 다윗 왕의 군사에게 발견되고 말았다.

그러나 그 군사는 압살롬을 붙잡아도 죽여서는 안 된다는 다윗 왕의 명령이 있었기 때문에 죽이지 않았으나, 한 장교가 이를 어기고 창으로 찔러서 죽여 버렸다. 다윗 왕은 이 보고를 받고 몹시 슬퍼했다. 비록 아들과의 싸움에서 이기기는 했으나 패배자의 마음이 되어 차차 몸이 약해졌는데, 다윗 왕이 무기력해진 것을 안 블레셋 군사들이 쳐들어왔다. 그런데다가 둘째아들인 아도니야까지 반란을 일으키고 말았다.

이에 다윗 왕은 솔로몬에게 왕위를 물려주고 그로 하여금 나라를 다스리라고 명령했고, 솔로몬이 왕위에 오르자 그의 형인 아도니야는 순순히 항복했다. 왜냐하면 자기보다 훨씬 뛰어난 솔로몬의 지혜를 당해 낼 수 없음을 깨달았기 때문이다. 솔로몬은 항복한 형을 너그럽게 용서해 주고 후하게 대하였다.

솔로몬 왕은 곳곳의 요새 지대에 전차와 기병을 두어 국방을 튼튼히 하면서 아라비아와 아프리카 지방의 여러 나라와 무역도 꾀하여 왕국의 최전성기를 이루었다. 이에 뒷날의 사람들은 그가 다스렸던 시대를 가리켜 '솔로몬의 영화'라고 크게 칭송했으며, 《구약성서》 중의 〈잠언〉은 그가 지은 것으로 알려지고 있다.

그 후, 솔로몬이 죽자 강성하던 왕국도 점점 혼란을 거듭하다가 얼마 후 마침내 남북으로 나뉘어져 이스라엘의 민족 통일은 물거품이 되고 말았다.

아시리아 왕국

샬마네세르 왕

인류의 역사가 시작되면서 문명이 발달한 중요한 곳으로 손꼽힌 데가 바로 기름진 초승달 지역이었다.

이 지역에는 기원전 3,000년경 이전부터 많은 도시 국가들이 나타났는데, 아슈르도 그 중의 하나였으며, 티그리스 강 유역의 중간에 있었으므로 메소포타미아와 아주 가까운 관계를 맺게 되었다.

아슈르라는 이름은 이 도시의 수호신인 아슈르에서 비롯되었으며, 아시리아인이라는 민족의 이름도 아슈르에서 비롯되었다. 아시리아인은 아모리인이나 바빌로니아인과 같은 셈족 계통의 민족이었다.

아시리아인은 기원전 1,400년대에 미탄니 왕국이 약해지면서 그 지역을 차지하기 시작했으며, 티쿨티니누르타 1세 때에 세력을 키워 바빌로니아까지 점령했다. 그러던 중 기원전 1200년에 이르러 아람인이 침입하자 아시리아의 세력 확장은 얼마 동안 중단되었다.

그 후, 아시리아는 꾸준히 세력을 키워서 유프라테스 강 유역의 주요 도시인 카르케미쉬를 점령한 후에 지중해까지 진출하여 페니키아의 연안 도시들로부터 해마다 조공을 받았다.

그러나 이렇게 세력을 떨치던 아시리아도 결국 기원전 612년에 메디아와 칼데아의 공격을 받아 끝내 멸망하고 말았다.

메소포타미아 문명은 수메르인과 아카드인에 의해 시작되고, 바빌로니아인에 의하여 발전되었으며, 아시리아인이 그 문화를 물려받았다.

아시리아의 왕들은 과거의 문헌들을 보존하기 위해 큰 도서관을 세웠고, 서기들은 정확한 사본을 편집한 후에 비평을 써넣었다.

또한, 아시리아인들은 과거의 문명과 가까운 소재들을 그들 나름대로 한데 모아 훌륭한 예술품들을 남겼으며, 대궁전을 짓기 위해서 메소포타미아의 벽돌과 히타이트의 석재를 함께 사용했다. 또한 궁궐의 문이나 성문에는 사람의 머리에 큰 날개를 가진 황소의 석상이 버티고 서서 왕의 위엄을 두드러지게 나타냈는데, 그 중에는 샬마네세르 3세 때에 만들어진 오벨리스크는 돋을새김의 조각으로 유명하며, 아시리아인들이 남긴 문화 유산은 뒷날에 페르시아 문명의 한 요소가 되었다.

페르시아

이란인이라고 불리는 인도 · 게르만 어족의 한 무리는 기원전 2천년 경에 중앙 아시아에 나타났으며, 기원전 1000년경에 기름진 초승달 지역에 이르러 자리를 잡고 살면서 오리엔트 문화를 끌어들였다.

다리우스 1세

다리우스 1세의 궁전

기원전 7세기에는 메디아인들이 아시리아로부터 독립하여 나라를 세웠고 중앙 아시아의 여러 지역을 차지했으며, 자그로스 산의 동쪽 지역을 다스리게 되었는데, 이곳은 기름진 초승달 지역의 동쪽 경계를 이르고 있었다.

메디아 왕국은 아시리아 제국을 무너뜨린 다음 메소포타미아 북쪽 지역을 차지한 뒤에 계속해서 영토를 넓혔고, 기름진 초승달 지역까지 빼앗으려고 하였다.

이에 신바빌로니아는 페르시아의 키루스 왕과 동맹을 맺고 메디아 왕국에 대항했으며, 결국 메디아 왕국의 아스티아게스 왕은 기원전 559년에 키루스 왕에게 쫓겨나 페르시아 왕국이 역사의 한 장을 꾸미기에 이르렀다.

키루스는 왕위에 오르자 대대적인 정복을 벌여 리디아 왕국과 소아시아 해안 지대의 그리스 등을 정복했으나, 이집트는 정복하지 못한 채 세상을 떠났는데, 그의 아들 캄비세스 2세가 이집트를 정복하여 페르시아 왕국에 합친 다음에 이집트 제27 왕조의 왕이 되었다.

그런데 캄비세스 2세가 이집트에 머무는 동안에 페르시아에서는 왕의 자리를 빼앗으려는 사건이 일어났고, 자신이 지휘한 이디오피아 원정이 실패하자 이를 비관한 끝에 스스로 목숨을 끊고 말았다.

이때에 국내의 혼란을 가라앉히고 새로 왕이 된 다리우스 1세는 페르시아의 재정을 정비하여 중앙 집권을 확립하고 동쪽의 인더스 강가에서 서쪽의 마케도니아에 이르는 페르시아 대제국을 건설했다.

페르시아인들은 본디 불을 섬겼으나 메소포타미아 문명을 가까이하게 되면서 메소포타미아의 여러 자연신들까지 섬기게 되었으며, 이들 신들에 대한 의식은 마기라는 사제에 의하여 행하여졌다.

페르시아의 종교는 기원전 6세기 무렵에 예언자인 조로아스터에 의하여 신학과 우주관을 갖춘 조로아스터교가 창시되었는데, 이 종교는 계속 발전하여 뒷날 태양 · 광명 · 전투의 신인 미트라가 인간의 구원을 돕는 신으로 더해졌으며 기독교의 발전에도 큰 영향을 끼쳤다.

문자로는 알파벳 모양의 아람어가 공용어로 사용되었다.

페르시아의 예술은 메소포타미아 문명을 이어받았고, 페르세폴리스에 세워진 대궁전은 아시리아적인 거대한 계단이 만들어진 높은 기단 위에 세워졌고, 벽은 왕의 업적을 기리는 돋을새김으로 꾸며져 정교함을 자랑한다.

II_ 고대 그리스의 세계

서양 최초의 문화는 고대 그리스에서 발생했다. 그리스 문화는 오리엔트 문화와는 성격이 다른 독창적인 문화를 만들었고 이것은 더욱 발전시켜 마침내 오늘날 유럽 문화의 밑 바탕이 되었다.

고대 동방에서 싹튼 오리엔트 문화가 에게 문명을 통하여 그리스에 영향을 끼치기도 했으나, 그리스 문화는 시민들의 공동체인 폴리스 즉 도시 국가를 밑바탕으로 삼아 민주 정치를 화려하게 꽃피웠다. 왕이 신과 같은 권력을 사용해 백성들을 다스렸지만, 그 성격은 오리엔트와 동양의 전제 국가와는 전혀 다른 것이었다.

그리고 그리스는 지리적 조건이 몹시 좋았고, 활동하기에도 편리했으므로 바다를 통해 해외로 나아갔다. 그 결과 세계 곳곳에 식민지를 세워서, 지중해 일대가 역사적 무대가 될 수 있도록 준비해 놓았다.

1. 에게 문명

미케네 문명

그리스의 크레타 섬을 중심으로 기원전 3,000년 무렵부터 에게 해 일대에는 이미 최고로 번영한 청동기 문명이있었다. 이 청동기 문명은 더욱 발전한 오리엔트 문명을 곧장 받아들여 기원전 1500년 무렵에 전성기를 이루었다.

그 중에서도 크레타 섬은 그리스 신화에 나오는 제우스와 그의 아내인 에우로페의 아들인 미노스 왕 때에 가장 번영을 누렸다.

오늘날 크레타의 문명을 미노아 문명이라고 일컫는 것은 바로 미노스 왕 때에 크레타 문명이 번창한 것으로 보기 때문이다.

기원전 2000년 무렵부터 인도 · 유럽 어족의 일파인 아카이아인이 발칸 반도를 거쳐 그리스로 들어왔을 때 그리스 본토의 원주민들은 미노아 문명을 받아들였다.

그러다가 아카이아인들의 세력이 점점 커지자, 그들의 북방적인 문명을 섞어 그들 나름대로의 독특한 문명을 만들어 발전시켰다.

아카이아인들이 세운 나라 중에서 가장 강대했던 나라는 미케네 왕국이었으므로 그들이 남긴 문명을 미케네 문명이라고도 일컫는다.

기원전 1400년경에 아카이아인들은 마침내 미노아 문명의 중심지였던 크레타 섬을 정복했고, 에게 해 일대에 크게 세력을 떨쳤다.

미케네 왕국은 기원전 1200년경부터 펠로폰네소스 반도에 들어온

미케네 성채 입구

도리아인에 의해 멸망하면서, 문명도 함께 파괴되고 말았다.

도리아인은 철제 무기를 사용했으므로 청동기를 쓰던 미케네 문화보다 앞서 있었는데, 미케네인의 먼 핏줄로서 같은 그리스어를 사용했다. 도리아인들은 처음에는 그리스 서북부에 머무르다가 기원전 1200년 무렵에 그들의 발달한 문명을 앞세우고 그리스 본토로 나아가기 시작했다.

그런 다음에 기원전 1200~1100년 사이에 미케네 왕국을 비롯하여 펠로폰네소스 반도에 미케네 문화가 깃들여 있는 중요한 곳들을 거의 다 차지함으로써 오리엔트식 사회 구조의 그리스 청동기 시대는 자취를 감추게 되었다.

2. 미노타우로스 전설

미노스 왕과 포세이돈

옛날 크레타의 크노소스에 미노스라는 왕이 있었는데 미노스는 왕이 되기 전에 바다의 신인 포세이돈과 약속을 하였다.

즉, 자기가 신들의 가호를 받고 있다는 증거를 사람들에게 보여 주기 위해 포세이돈이 황소 한 마리를 바다로부터 자기에게 보내 주면 그 황소를 제물로 바치겠노라고 약속하였다.

미노스의 간절한 기원을 들은 포세이돈은 황소 한 마리를 그에게 보내 주었는데, 바다에서 황소가 나타나는 것을 본 사람들은 모두 깜짝 놀라며 미노스를 그들의 왕으로 삼았다.

그런데 왕이 된 미노스는 잘 생긴 황소를 보자 제물로 바치기에는 매우 아깝다는 생각이 들어 포세이돈이 보내 준 황소는 외양간에 가두어 두고 다른 소를 제물로 바쳤다.

크노소스 왕궁의 유적

미노스가 약속을 어기자 화가 머리끝까지 오른 포세이돈은 미노스의 아내인 파시파에를 미치게 만

포세이돈

들어 자기가 보낸 황소와 자게 만들었다.

얼마 후, 포세이돈의 황소가 궁금하여 외양간을 들여다본 미노스는 그만 기절할 듯이 놀라고 말았다. 그것은 사람의 몸과 소의 몸을 반반씩 갖춘 괴물이 태어나 있었기 때문인데, 이 괴물이 바로 미노타우로스였다.

미노스는 포세이돈의 보복이 두려운 나머지 이 괴물을 죽이지 못하고, 손재주가 좋아서 무엇이든지 잘 만드는 장인인 다이달로스에게 괴물을 가두어 둘 미궁을 만들라고 명령했다.

미노스는 이 미궁에 미노타우로스를 가두고 해마다 젊은 남녀를 그곳에 들여보냈는데, 이들은 한번 들어가면 출입구를 찾지 못했고, 미노타우로스는 미궁 속에서 출입구를 찾지 못해 헤매는 그들을 잡아먹고 살았다.

이 무렵, 미노스의 아들인 안드로게오스가 아테네에서 열렸던 경기에 참가했다가 갑자기 죽은 사건이 일어났다. 그러자 미노스는 아테네인들이 아들의 우승을 시기하여 죽인 것이라고 여긴 나머지 아테네로 쳐들어가서 아테네인들에게, 자기와 화친을 맺는 조건으로 9년마다 한 번씩 남자 7명과 여자 7명을 공물로 바치라고 요구했다. 이 공물은 바로 미노타우로스에게 줄 먹이였는데, 이때 아테네인들은 이 조건을 받아들이지 않을 수가 없었다.

아테네의 아이게우스 왕은 미노스의 조건을 승낙했으나 공물이 미노타우로스의 먹이라는 사실을 알고 몹시 괴로워하고 있을 때 그의 아들 테세우스가 나서며 자기가 미노타우로스를 처치하겠다고 말했다.

테세우스

테세우스는 아이게우스가 젊은 시절에 트로이젠으로 가서 피테우스의 딸과 결혼하여 낳은 아들이었다. 아이게우스는 아내와 헤어져 아테네로 돌아갈 때 자기의 칼과 신발을 커다란 바위 밑에 감추어 두고, 앞으로 태어날 자식이 아들이거든 칼과 신발을 찾게 하여 그것을 가지고 자기를 찾아오게 하라고 부탁했다.

세월이 흘러 피테우스의 딸은 테세우스를 낳았고, 테세우스는 자라서 어머니로부터 아버지에 대한 이야기를 듣고 칼과 신발을 찾은 후에 떠날 준비를 하였다.

그런데 이 무렵에는 육로에 강도들이 많았으므로 피테우스는 손자인 테세우스에게 배를 타고 가라고 일렀다.

하지만 테세우스는 강도 따위를 겁낼 청년이 아니었으므로 할아버지의 말을 듣지 않고 육로를 택하여 에피마우로스에 이르렀다. 마침 이곳에는 페리페테스라는 성질이 포악한 사나이가 살면서 커다란 쇠몽둥이를 휘두르며 지나가는 나그네들을 괴롭히고 있었다.

페리페테스는 이 날도 여느 때처럼 나그네를 기다리며 숲 속에 숨어 있다가 테세우스가 지나가자 번개같이 뛰어나와 테세우스를 덮쳤으나, 오히려 그에게 쇠몽둥이를 빼앗긴 후에 맞아 죽고 말았다.

테세우스는 페리페테스의 쇠몽둥이를 승리의 기념물로 언제나 지니고 다녔다. 그 뒤에도 테세우스는 수많은 악한들과 싸울 때마다 승리를 거두었는데 악한들 중에는 프로크루스테스, 즉 '잡아당겨 늘리는 사나이'라고 불리는 자도 있었다.

그는 쇠 침대를 가지고 있다가 지나가는 나그네를 붙잡아 침대에 붙잡아 맨 다음에 나그네가 침대의 길이보다 짧으면 몸을 침대에 맞추어 잡아당기고 반대로 침대보다 길면 잘라 버렸다.

테세우스는 이 사나이도 그가 나그네들에게 했던 방법대로 처치해 버린 후에 무사히 아테네에 이르렀다.

그러나 이곳에서도 새로운 위험이 테세우스를 기다리고 있었는데, 그것은 마법사인 메디아가 코린토스에서 도망쳐 나와 아버지의 아내로 있으면서 테세우스를 없애려고 벼르고 있었다.

그녀는 아이게우스가 테세우스를 만나 자기의 아들임을 알게 될 때에는 모든 일을 자기 마음대로 할 수 없다는 사실을 깨닫고, 아이게우스를 나쁜 말로 꾀어 테세우스에게 독이 든 술을 권하도록 하였다.

그런데 테세우스가 술잔을 받아 마시려고 할 때 아이게우스는 테세우스가 허리에 찬 칼을 보더니 자기의 아들임을 깨닫고 그가 마시려던 술잔을 손으로 쳐서 떨어뜨렸다.

메디아는 자신의 죄가 발각되자 아시아로 달아나 버렸고 이로써 테세우스는 아이게우스의 뒤를 잇게 되었다.

아이게우스는 아들에게 미노타우로스의 처치를 맡기고 싶지 않았으나 테세우스가 계속해서 조르는 바람에 마침내 승낙하고 말았다.

테세우스는 공물로 보내는 남녀들과 크레타로 떠나면서 아버지에게 미노타우로스를 처치하면 배에 흰 돛을 올리고 돌아오겠노라고 약속하고 길을 떠났다.

테세우스가 크레타에 이르자, 그를 본 미노스의 딸 아리아드네는 첫눈에 반하고 말았다. 그녀는 테세우스에게, 자기와 결혼해 주면 미궁에서 빠져 나오는 방법을 가르쳐 주겠다고 하였다.

이에 테세우스가 그녀의 청을 받아들이자, 아리아드네는 그에게 실뭉치를 건네며 자기가 실의 끝을 잡고 있을 테니 당신은 실을 풀면서 미궁 안으로 들어가서 괴물을 없앤 뒤에 다시 실을 따라 나오라고 말하였다.

테세우스는 아리아드네의 말대로 실뭉치를 풀면서 미궁 안으로 들어가 마침내 미노타우로스를 처치한 뒤에 공물로 바쳐진 사람들을 데리고 실을 따라 무사히 미궁을 빠져 나와서 아리아드네와 함께 배에 올라 아테네로 향했다.

아테네로 향하는 도중에 아리아드네가 배멀미를 했으므로, 테세우스는 그녀를 안정시키기 위해 낙소스라는 섬에 배를 대고 내린 뒤에 어떤 물건을 찾기 위해 다시 배에 올랐다.

그때 갑자기 강풍이 휘몰아쳐서 테세우스가 탄 배는 바다 한가운데로 밀려 나가게 되었는데, 바람이 멎기를 기다렸다가 섬가로 가 보니 아리아드네가 시체로 변해 누워 있었다.

그녀는 아버지인 미노스의 뜻을 어기고 미노타우로스를 죽게 하여 신들의 노여움을 사서 죽은 것이다.

테세우스는 슬픈 나머지 배에 흰 돛을 올리는 것도 잊은 채 다시 아테네로 떠났다.

한편, 사랑하는 아들을 미궁으로 보낸 아이게우스 왕은 하루도 마음 편할 날이 없었다. 그는 날마다 마음을 졸이며 아크로폴리스의 언덕 위에 나가 테세우스가 흰 돛을 달고 나타나기를 기다렸다.

그러던 어느 날 멀리서 배 한 척이 아테네로 들어오고 있었는데, 테네스가 탄 것으로 보이는 그 배는 검은 돛을 올리고 있었다.

아이게우스는 검은 돛을 보자마자 정신이 아찔해지면서 비틀거렸다. 그리고는 자기에게 덕이 없어서 아들을 죽게 했다는 죄책감이 들어 절벽 아래로 몸을 던지고 말았다.

3. 트로이 전쟁

트로이 목마

헥토르와 파리스

스파르타 왕 메넬라오스의 아내인 헬레네가 트로이의 왕자 파리스의 꾐에 넘어가 남편과 딸을 버리고 파리스를 따라 트로이로 건너간 사건이 일어났다. 이에 메넬라오스는 모욕을 참지 못하고 자기의 형이며 그리스에서 가장 강한 나라였던 미케네 왕국의 아가멤논 왕을 찾아가 사건을 설명하고 아내를 찾아 달라고 요청했다.

메넬라오스의 하소연을 들은 아가멤논은 이 사건을 그리스 전체의 수치라고 여긴 나머지 트로이를 크게 혼내 주기로 마음먹었다.

아가멤논은 그리스의 여러 나라에 사신들을 보내 트로이 공격에 힘을 합쳐 달라고 부탁하자, 모든 왕들이 찬성하며 군사를 거느리고 보에오티아 지방의 항구인 아우리스로 모여들었다.

아우리스에 모인 왕들은 아감멤논을 그들의 지도자로 뽑은 다음, 수만 명의 군사들을 이끌고 토로이로 쳐들어갔으나 실패했는데, 그것은 그리스 군사들이 트로이로 가는 길을 몰라서 미시아라는 엉뚱한 곳에 상륙하게 되었고, 그곳의 왕 텔레포스가 백성들과 힘을 합쳐 그들을 몰아냈기 때문이었다.

아가멤논은 8년이 지난 뒤에 또다시 군사를 모았으나, 이번에는 순풍이 불지 않아서 뱃길이 막히고 말았는데, 그 까닭은 예언자 칼카스에 의해서 곧 밝혀졌다.

어느 날, 아가멤논이 사냥을 나가서 사슴 한 마리를 잡은 뒤에 "사냥을 잘 하는 아르테미스라도 나처럼 멋지게 사슴을 잡지는 못할 것이다" 라고 몹시 자랑하여 아르테미스를 분노하게 만들었다. 이 일로 아르테미스는 뱃길을 막고 아가멤논이 자기 딸 이피게네이아를 제물로 바라고 있었다.

아르테미스는 그리스 신화에 올림푸스 12신의 하나로 들짐승과 가축을 보호하며, 달과 사냥의 신으로 알려졌다.

아가멤논은 칼카스의 설명에 처음에는 깜짝 놀랐으나, 트로이를 공격하기 위해서는 어쩔 수 없다는 결정을 내리고 자신의 딸을 제물로 바쳤다.

그러자 바다에는 순풍이 불기 시작했으므로 그리스 함대는 순조롭게 항해하여 트로이에 무사히 다다라 이윽고 전쟁이 시작되었다. 하지만 전쟁이 시작된 지 9년이 지나도 좀처럼 승부가 나지 않았는데, 왜냐하면 올림푸스의 신들이 양편으로 갈라져서 자기들이 좋아하는 쪽을 도왔기 때문이었다.

그런데 파리스와 헬레네가 달아난 지 10년째로 접어들었을 때 그리스군 총사령관 아가멤논과 영웅 아킬레스와의 사이가 벌어진 사건이 일어났다.

그 까닭은 여자 포로 때문으로 아가멤논의 포로 중에 크리세이스라는 여자가 있었는데, 그녀는 태양의 신 아폴로의 늙은 신관인 크리세스의 딸이었다.

크리세스는 아가멤논에게 찾아와서 딸을 풀어주라고 애원했는데도 거절당하자 아폴로에게 간절히 기도를 올렸는데, 그의 기도가 받아들여졌는지 얼마 후 그리스 진영에는 무서운 전염병이 퍼지기 시작했다.

그러자 칼카스는 아킬레스에게, 아가멤논이 포로로 붙잡고 있는 신관의 딸을 풀어주어야 아폴로의 노여움이 풀려 전염병이 사라진다고 알려 주었다.

헥토르의 시체를 매달고 달리는 아킬레스

아킬레스는 곧바로 아가멤논에게 가서 예언자의 말을 전했다. 이에 아가멤논은 화가 났으나 예언자의 말을 따르기로 하고, 아킬레스에게 한 가지 조건을 내걸었다.

그 조건은 신관의 딸을 풀어주는 대신에 아킬레스의 포로인 브리세이스라는 여자 포로를 자기에게 넘겨 달라는 것이었다.

아킬레스는 참으로 어이가 없었지만 아가멤논의 조건을 승낙하면서 이 전쟁에서 손을 떼겠다고 선언한 뒤에 자기 진지로 돌아가 버렸다.

그 뒤 전세는 그리스군에게 불리해지면서 아킬레스가 없는 그리스군은 계속 패하여 거의 전멸당할 정도가 되었어도 아킬레스는 모른 체하였다.

이때 아킬레스의 친구이며 그리스군의 영웅 중 한 사람인 파트로클로스는 그리스군이 계속 패배하는 것을 보고 참을 수가 없어 아킬레스에게 전투에 참가하도록 요청했다.

그래도 아킬레스의 마음이 움직이지 않았으므로 그는 아킬레스에게 갑옷과 군사들을 빌려 달라고 하여 군사들을 거느리고 트로이군과 싸웠다.

이것을 목격한 그리스군은 아킬레스가 다시 싸움터에 나온 줄 알고 사기가 크게 올랐고, 트로이군은 사기가 꺾여 달아나기 시작했다. 트로이의 왕자 헥토르마저도 그리스군에 포위될 정도였는데, 이때 파트로클로스는 트로이 최고의 용장인 헥토르와 싸우다가 전사하고 말았다.

트로이 목마

이 소식을 들은 아킬레스는 통곡한 끝에 파트로클로스의 원수를 갚기 위해 다시 싸움터에 나서자, 그리스군은 싸울 때마다 이겼으며, 트로이군은 궁지에 몰리고 말았다. 이것을 본 헥토르는 죽음을 각오하고 아킬레스에게 달려들었지만 헥토르는 아킬레스의 상대가 되지 못했다.

헥토르는 아킬레스의 창을 맞아 숨을 거두면서 자기의 시체를 거두어 부모에게 보내 줄 것을 부탁했다.

그러나 복수심에 눈이 멀어 있었던 아킬레스에게 이런 부탁이 통할 리 없었다. 아킬레스는 헥토르의 시체를 전차 뒤에 매달고는 트로이의 성벽 주위를 마구 달렸다.

성벽 위에서 이 광경을 지켜보고 있던 헥토르의 아버지 프리아모스 왕은 가슴이 찢어지는 것처럼 아파 성벽에서 몸을 던져 죽으려고 했으나 뜻을 이루지 못하고, 며칠이 지나 한밤중에 아킬레스를 찾아가 무릎을 꿇고 아들의 시체를 돌려 달라고 눈물로 호소했다.

이때 복수심으로 눈이 멀어 있었던 아킬레스는 크게 감격하여 꿇어앉은 프리아모스의 손을 잡아 일으키고 헥토르의 시체를 돌려주었다.

헥토르의 시체가 성 안으로 들어오자, 트로이 백성들은 모두 슬픔에 젖었고 10일 동안 성대한 장례식을 치렀다.

그 뒤로도 전쟁은 계속되어 헥토르를 죽인 아킬레스도 파리스가 쏜 화살에 발뒤꿈치를 맞아 죽었다.

그런 가운데 마침내 트로이에게 운명의 날이 찾아왔다.

오랫동안의 전쟁에 지친 그리스군은 페넬로페의 남편이자 그리스의 영웅인 오디세우스의 계략에 따르기로 하였다. 그리하여 그리스군은 거대한 목마를 만들어 해변에 놓아 둔 채 트로이인들이 지켜보는 가운데 배에 올라 물러가는 체하며 트로이 앞에 있는 테네도스 섬에 닻을 내렸다. 이때 그리스군은 시논이란 자를 혼자 떼어 놓고 갔는데, 이 사나이는 스스로 트로이군의 포로가 되어 트로이 진영으로 끌려간 뒤에 자기는 오디세우스 때문에 버림을 받았다고 거짓으로 간절히 호소했다.

그런 다음, 목마는 그리스인이 여신 아테네에게 바치기 위해 만들었으며, 트로이인이 목마를 성 안으로 끌어가는 것을 막기 위해 크게 만들었다고 태연히 거짓말을 하였다.

트로이인들은 시논의 말을 곧이듣고 매우 기뻐하며 성벽을 부순 뒤에 목마를 성 안으로 끌어들였으며, 잔치를 크게 베풀어 술을 마시고 몹시 취해서 미친 듯이 춤을 추었다.

이것을 본 시논은 때가 되었음을 느끼고 성벽 위에 올라가 그리스군에게 횃불로 신호를 보냈고, 그리스군은 다시 트로이에 상륙하여 맹렬히 공격했다.

이와 때를 같이하여 목마 속에 숨어 있던 그리스의 군사들도 밧줄을 타고 내려와 마침내 트로이를 점령하고 말았다.

4. 도시 국가의 출현

도시 국가의 특성

미케네 문명이 사라진 뒤 폐허 속에서 새로운 국가가 세워지면서 이와 함께 새로운 문화도 싹을 틔웠다.

그 후, 기원전 8세기에 이르러서는 산맥으로 떨어져 나간 골짜기나 해안의 들판에 폴리스라 일컫는 작은 도시 국가들이 세워졌다.

이들 도시 국가는 도시 그 자체가 정치적으로 독립한 공동 생활체였으며, 시민들은 작은 언덕 위에 성벽을 쌓고 아크로폴리스라는 이름을 붙인 다음에 그들의 수호신을 섬기고 있었다.

도시 국가들은 자유로운 시민들이 혈연의식으로 맺어져 있으며, 그들은 아크로폴리스의 중앙 광장인 아고라에 신분을 가리지 않고 모여서 나랏일을 의논했다.

그리스인은 기원전 8세기 후반부터 다시 해외로 많이 나아가 지중해와 흑해 연안 지역에 식민지 활동을 펼쳐 곳곳에 도시 국가를 세웠다.

하지만, 그것은 어디까지나 도시 국가라는 작은 공동체에 지나지 않았고, 정치적으로 통일된 대제국이 세워진 것은 아니었다.

혈연으로 맺어진 도시 국가들의 시민들은 충성심이 대단했지만 폐쇄적이고 배타적이어서 이방인을 시민으로 받아들이지 않았고, 다른 도시 국가들과 합치지 않았으며, 기껏해야 종교와 군사 동맹을 맺는 것뿐이었다.

5. 올림피아 제전

제우스 신전의 운동 경기

그리스인들은 많은 도시 국가들로 나누어 살았으나, 동일한 언어를 사용하고 동일한 종교를 믿었기 때문에 한 민족이라고 생각했다.

그런 정신은 그리스의 남부 펠로폰네소스 반도의 올림피아에서 열렸던 대 제전에서 찾아볼 수가 있다. 그리스인들은 여러 곳에 제우스 신을 받드는 사원을 베풀어 놓고 제사를 지낼 때마다 운동 경기와 여러 가지 문화 행사를 벌였다.

원반을 던지는 사람

그 중에서 4년마다 한 번씩 올림피아의 제우스 신전에서 열리는 운동 경기가 가장 큰 행사였다. 초여름의 5일 동안에 열린 올림피아 제전이 언제부터 시작되었는지는 알 수 없으나, 가장 크고 화려하게 열린 때는 기원전 776년경이므로 보통 이때를 올림피아 제전의 기원으로 삼고 있다.

제전에 참가할 수 있는 자격은 그리스인만이 가지고 있었다. 따라서 제전은 그리스 민족이 한데 뭉치는 구실을 하였고, 한편으로는 그들의 자주 독립 정신을 드높이게 되었다.

경기는 5종목으로 나누어 달리기 · 투창 · 경주 · 씨름 · 원반던지기였으며, 이를 다시 여러 종류로 나누었다. 예를 들면 달리기에는 장거리와 단거리에 있었고, 씨름에도 내던지는 것과 잡아 누르는 것이 있었으며, 경주에도 경마 및 이륜 전차 · 사륜 전차 경주가 있었다.

이들 경기에서 우승한 선수에게는 월계수로 만든 관이 머리위에 씌워졌으며, 월계관은 부모가 모두 살아 있는 아이가 금으로 만든 칼로 자른 나뭇가지로 만들었다.

월계관은 제우스 신전에 옮겨 놓았다가 우승한 선수를 신전으로 데리고 가서 머리 위에 씌워 주었으며, 그리스인들은 이 월계관을 쓰는 것을 평생의 영광으로 여겼다.

월계관을 쓴 사람은 신전에 마련된 특별 잔치에 참석한 다음에 각각 그들의 고향으로 돌아가 대대적인 환영을 받았다.

올림피아 제전에서는 운동 경기뿐만 아니라 시 낭송과 연설 등도 함께 행해졌고, 여기에서 우승한 사람에게는 상패가 주어졌다.

올림피아 제전은 그 후 그리스를 멸망시킨 로마 세국의 테오도시우스 대제가 기독교를 국교로 선포하면서, 이 행사가 이교도들의 종교

올림피아

행사라고 하여 394년에 폐지시켰다.

그러다가 1896년에 이르러 프랑스의 교육자요 체육가인 쿠베르탱 남작에 의하여 근대 올림픽 대회로 부활되어 오늘에 이르고 있다.

6. 스파르타의 군국주의

아테와 스파르타

고대 그리스의 도시 국가들은 도시와 그 주변의 농촌 지역으로 이루어져 있었기 때문에 도시 국가는 도시에 사는 사람들만으로 이루어졌다고는 볼 수 없다.

도시 국가의 시민들 중에는 많은 수의 농민들이 자리를 차지하고 있었고, 그런 도시 국가 중에서도 세력이 가장 강했던 곳은 아테네와 스파르타였다.

스파르타는 그리스의 도리아인이 펠레폰네소스 반도에 침입하여 원주민을 쳐부수고 세운 국가로서, 국민은 도리아인의 후손인 시민, 정복자에 의하여 노예가 되어 버린 헬로트, 반자유민인 페리오이코이 등 세 계급으로 이루어져 있었다.

스파르타군

그 중에서 시민만이 정치에 자유롭게 참여할 수 있었으며, 노예와 반자유민은 시민들의 의 · 식 · 주 활동에 도움을 주는 일에 나서야 했다.

스파르타는 귀족 정치 체제로서 형식적으로 내세운 두 사람이 왕이 있었고, 그 밑에 평의회와 민회가 있었으나, 실제로는 5명의 감독관이 정권을 잡고 있었다.

스파르타는 귀족 정치를 지탱하기 위하여 입법자인 리쿠르고스가 만든 법률에 의해 시민들을 교육시켰는데, 이것이 바로 스파르타 교육으로서, 국가는 시민의 행동 · 교육 · 결혼 등에 관해서 일일이 간섭하여 국가에 무조건 복종하도록 만들었다.

모든 시민은 어떠한 감정이나 욕망, 어려움을 반드시 이겨 내야 한다는 엄격한 규율 속에서 생활했고, 허약하거나 불구로 태어난 아이들은 동굴 속이나 깊은 산 속에 버렸으며, 건강한 아이들은 7세가 되면 부모를 떠나서 공동 장소에 들어가 신체를 단련하고 애국정신을 기르는 교육을 받았다.

아이들은 글과 음악도 배웠지만 정신 교육과 체육, 그리고 갖가지 무예도 배웠으며, 심한 추위와 더위에도 견딜 수 있는 힘을 길렀다. 또한, 오랫동안 먹지 않고 마시지 않아도 참을 수 있는 체력을 길렀고, 나라를 위해서는 언제라도 기꺼이 목숨을 바칠 수 있는 정신력도 길렀다.

스파르타에서는 아이들에게 이렇듯 엄격한 교육과 함께 어른들의 식탁에서 음식을 훔쳐 먹는 기술도 가르쳤는데, 아이들은 아무도 모르게 훔쳐 먹어야 하며, 들키더라도 끝까지 훔쳐 먹지 않았다고 버티게 하였다.

스파르타에서는 소녀들에게도 격렬한 육체 운동과 정신 교육을 시킴으로써 건강한 아이를 낳을 수 있게 하였다.

청년으로 자란 시민은 30세까지 엄격한 훈련을 받으며 군대 생활을 하였고, 30세가 지나면 비로소 관리 장교가 될 수 있었다.

그들은 음식도 적게 먹고, 옷도 검소하게 입었으며, 항상 무기를 가지고 다녔으며, 국가의 허락이나 명령이 없으면 마음대로 시외로 나갈 수가 없었는데 만일 이것을 어기면 탈주자로서 사형당했다.

7. 아테네의 민주 정치

참주 정치

그리스 남동쪽의 아티카 반도의 바닷가에 자리 잡고 있던 아테네는 기원전 7세기에 왕이 정치에서 손을 떼고 국가의 주요 관직은 귀족들이 차지했다.

귀족들 중에서는 주요 집정관인 9명의 아르콘이 뽑혔으며, 임기를 마친 아르콘은 주요 회의의 구성원이 되어 사법과 정책을 세우는 아레오파고스 회의에 나갔다. 이 밖에 민회도 있었지만, 민회는 중요한 권한을 갖지 못했다.

아테네는 식민지와 무역을 함으로써 상공업이 발달했고, 소아시아의 리디아처럼 화폐를 만들어 쓰게 되면서 지주인 귀족 외에도 상공업으로 인해 부자가 된 평민들이 나타났다.

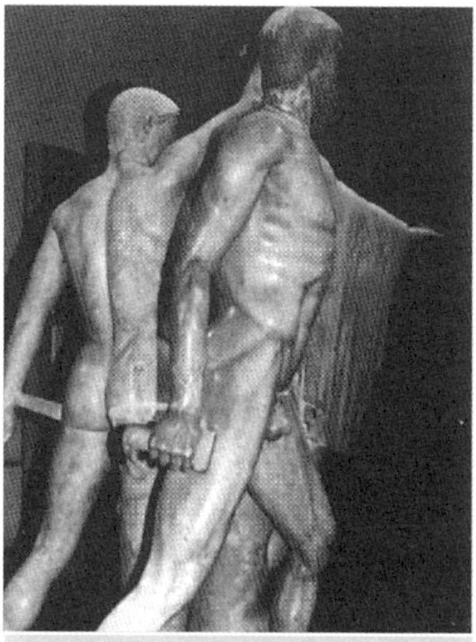
아테네 아고라에서 출토된 참주 살해상

기원전 621년경에는 지배층인 귀족들이 민중의 불만을 달래기 위해 아테네의 법률을 성문화했는데, 이는 드라콘에 의해 법전으로 편찬되었다.

이렇게 아테네 법률을 성문화하여 법의 공정함을 내세웠으나 귀족과 평민들의 대립이 사라지지 않았으므로 민중의 지도자가 나타나 폭력으로 귀족 정치를 무너뜨리고 독재 정권을 세우는 일이 많았다.

이처럼 권력을 쥔 독재자를 스스로 왕이라고 일컫는다 하여 참주라고 불렀는데, 이런 참주가 나타나는 것을 막고, 농민의 불만을 해결하기 위해 정치가인 솔론이 나서서 개혁을 시도했다. 그는 농민의 빚을 없애고 성문법을 만들어서 재산이 많고 적음에 따라 시민에게 정권을 나누어 주려고 했으나, 귀족과 평민의 불만을 사서 실패하고 말았다.

그 아테네에서는 기원전 560년경에 페이시스트라토스라는 참주가 나타나서 귀족들을 누르고 민중을 위한 정치를 펴면서 국가적인 제전을 마련하여 시민들의 단결을 꾀했다.

또한, 농민을 지원하고, 흑해 연안까지 나아가 상공업을 장려했으며, 아테네를 번영시켰으나 이런 참주 정치는 귀족들의 강한 반대에 부딪쳐 결국은 실패하고 맞았다.

기원전 6세기 말에는 정치가인 클레이스테네스가 나타나 제도를 개혁하고 민주 정치의 기초를 닦았으며, 참주가 나타나는 것을 막기 위하여 비밀 투표에 의한 추방 제도를 마련하였다.

이 제도가 오스트라키스모스, 즉 패각 추방으로서 조개껍질이나 질그릇 조각에 이름을 썼으며, 투표 결과 600표가 넘으면 10년 동안 국외로 추방되었다. 또한, 시민들의 총회인 민회로 하여금 최종 결정권을 갖게 하고, 여기에서 뽑힌 대표로 이루어진 평의회에게 정치를 맡겨 모든 시민이 평등하게 정치에 직접 참여할 수 있는 민주 정치를 시작했다.

8. 페르시아 전쟁

다리우스 1세

페르시아인들은 모험심이 강하여 고대 오리엔트 문명을 한껏 누리면서 페르시아라는 세계 최대의 제국을 세우고 있었다.

바빌로니아 왕국을 쳐부수고 위세를 떨쳤던 키루스 황제가 페르시아를 다스릴 때에는 바빌론과 리디아의 문명이 그들의 지배를 받았으며, 페니키아의 도시와 소아시아에 있는 그리스의 도시들도 그들의 간섭을 받았다.

페르시아 제국을 세 번째로 다스린 다리우스 1세는 페르시아를 대제국으로 만들었는데, 그가 거느린 군대는 다다넬즈 해협에서 인더스 강가까지 나아갔으며, 그의 세력은 이집트 북부와 중앙 아시아에까지 미쳤다.

다리우스 1세가 유럽을 침범한 것은 스키티아 정벌에서부터 비롯되었는데, 그는 스키티아인의 본거지인 러시아의 남부에 이르기 위해 대군을 이끌고 보스포러스 해협과 다뉴브 강을 건너서 북부로 밀고 나아갔다. 그러나 말을 탄 스키티아군을 당해 낼 수가 없어 수사로 물러났고 군대는 트라키아와 마케도니아에 남겨 두었다.

다리우스 1세가 스키티아의 싸움에서 실패하자, 소아시아에 있는 그리스의 식민지들이 반란을 일으켰으며, 그리스 본토인들도 그들을 돕게 되었다.

이때 다리우스 1세는 그리스인들을 정복하기로 결심하고 페니키아 함대를 이끌고 에게 해의 여러 섬들을 차례로 무찌른 후, 기원전 490년에 아테네 공격에 나섰다.

기원전 492년, 다리우스 1세는 아테네가 그리스의 식민 도시들이 일으킨 반란을 도왔다는 것을 구실로 자신의 사위인 마르도니우스를 총사령관으로 삼아 바다와 육지에서 그리스 본토를 공격하여 트라키아 해안을 점령했다. 그러나 폭풍으로 인하여 함대 300척이 부서지고, 군사 1만 명이 바다에 빠져 죽자 공격을 일단 중지되었다.

2년 뒤, 다리우스 1세는 제2차 원정군을 일으켜 먼저 에레트리아를 쳐서 점령한 후, 아테네를 직접 공격하려고 마라톤 들판에 상륙했다.

마라톤 들판의 전투

페르시아군을 맞은 아테네인들은 어떻게 해야 할지 의견을 한데 모으지 못했는데, 마라톤 들판에서 싸운다면 수가 많은 페르시아군에게 패할 것이 뻔했기 때문이었다.

다리우스 1세

이리하여 페르시아군에 항복하자는 쪽과 끝까지 싸우자는 쪽으로 의견이 맞섰는데, 정치가이자 장군인 테미스토클레스가 나서서 싸우자고 강력히 주장하는 바람에 결국 싸우는 쪽으로 결정되었다.

이 소식이 전해지자 아테네의 모든 시민들이 나서서 무기를 들고 나갈 준비를 하였고, 총지휘관이 된 밀티아데스가 1

만여 명의 아테네군을 이끌고 2만여 명이나 되는 페르시아군과 싸우러 나섰다.

마라톤 전투

밀티아데스는 들판에서 싸우면 페르시아의 기병에게 틀림없이 패할 것이라고 생각하여 마라톤에서 아테네로 통하는 골짜기에 진을 치고, 며칠 동안 적군을 살폈다. 그러는 사이에 가끔 적은 군사들을 내보내 페르시아군을 집적거리자, 이때 페르시아군은 아테네군의 수가 많지 않다고 얕보고 공격했다.

페르시아군이 정면에서 덤비는 적은 수의 아테네군과 싸우고 있는 사이에 양쪽에서 기회를 노리고 있던 아테네군이 나타나 공격하는 바람에 페르시아군은 그들에게 에워싸여 쩔쩔매다가 6,400명의 전사자를 내고 물러났으며, 아테네군은 고작 192명이 전사했다.

이때 아테네에서는 시민들이 광장에 모여 전투 결과에 대해 몹시 궁금해하고 있었는데, 이때 마침 한 병사가 기진맥진하여 달려오고 있었다. 이 젊은 병사는 승전 소식을 시민들에게 알려 주려고, 41.6킬로미터나 되는 거리를 한 번도 쉬지 않고 달려왔던 것이다.

광장에 이른 병사는 "우리가 싸움에서 이겼다"고 한 마디를 시민들에게 전한 다음에 쓰러져 숨을 거두었다.

이것이 바로 오늘날의 마라톤 경주로서 그 거리는 42.195킬로미터이며, 죽은 병사를 영원히 기리기 위해 시작된 것이다.

마라톤 전투에서 패한 페르시아군은 배를 타고 돌아가다가 수니온 곶을 돌아 다시 아테네를 치려고 했으나 아테네군의 철통 같은 방어 태세를 보고 뱃머리를 돌리고 말았다.

아테네군은 마라톤 전투에서 통쾌하게 페르시아군을 물리쳤으나, 페르시아의 위협에서 완전히 벗어난 것은 아니었고, 페르시아의 육군은 완전히 물러가지 않았으며, 그리스의 동북쪽에 있는 테살리아 지방에 머무르고 있었다.

플라타이아이의 전투

마라톤 전투에서 패한 것을 분하게 여긴 다리우스 1세는 또다시 그리스를 쳐부기 위해 모든 준비를 갖추던 중에 불행히도 죽고 말았다.

그 뒤를 이어 왕자인 크세르 크세스가 즉위했는데, 그도 역시 모든 준비를 마치고 그리스를 쳐부수기 위해 군대를 이끌고 나섰다. 그가 이끄는 페르시아군은 아테네 북동쪽 50킬로미터 지점인 플라타이아이의 들판에 진을 쳤으며, 이 소식을 들은 그리스도 서둘러서 연합군을 조직했는데 연합군의 총사령관은 스파르타의 왕 파우사니아스였고, 이때 총병력은 3만여 명이었다.

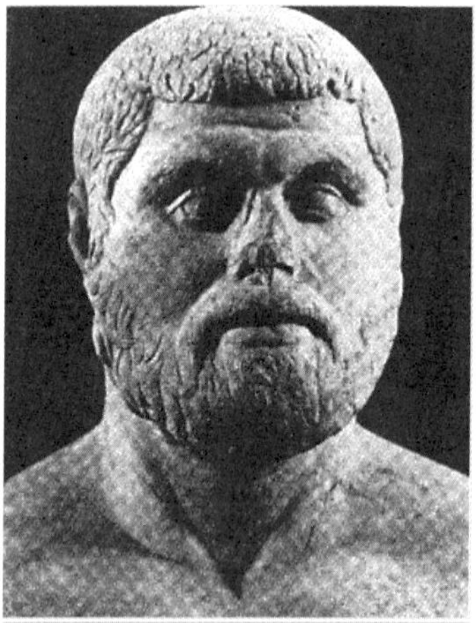
테미스토클레스

이윽고 플라타이아이의 들판에서 싸움이 벌어졌는데, 이때 그리스군은 긴 창과 방패를 갖고 공격하는 중무장의 보병이 앞으로 나섰고, 가벼운 무장의 보병들은 양쪽에서 도왔으며, 페르시아군은 기병과 궁수들을 중심으로 하여 싸웠다.

그러나 싸움은 중무장을 한 그리스의 보병들이 페르시아군을 물리쳐 승리했으며, 그리스 해군은 이오니아 해안에서 페르시아 해군을 물리침으로써 이오니아 지방의 그리스인들을 페르시아의 지배에서 해방시켰다.

이로써 모두 3회에 걸쳐서 20여 년 동안이나 그리스와 싸웠던 페르시아는 결국 뜻을 이루지 못하고 말았다.

그러나 그리스는 또다시 있을 페르시아군의 침략에 대비하여 그들의 지배에서 겨우 벗어난 이오니아의 그리스 도시 국가들을 보호하기 위한 조직을 만들어야 했다.

그때까지 스파르타는 그리스 제1의 도시 국가로 여겨졌다. 스파르타 왕 파우사니아스는 페르시아군을 플라타이아이의 전투에서 쳐부순 뒤로 행동이 거만했고 성품이 포악해졌기 때문에 이오니아의 미움을 샀다.

그 결과 이오니아인들은 스파르타 대신 아테네에게 연합 함대를 맡아 달라고 했으므로, 아테네의 아리스티데스가 에게 해 일대의 여러 도시 국가를 끌어들여 기원전 478년에 델로스 동맹을 맺었다. 그리고 이 동맹을 맺은 여러 도시 국가들이 낸 자금이 델로스 섬의 아폴로 신전에 보관되었으며, 동맹 회의도 이곳에서 열렸다.

델로스 동맹을 맺은 도시 국가는 함대와 군사들을 보내거나 그에 맞먹는 비용을 냈는데, 이때 대부분의 도시 국가들은 비용을 내는 방법을 택했다.

이리하여 아테네의 해군력은 날로 강해졌는데, 이 무렵에 아테네에서는 페르시아 전쟁의 영웅 테미스토클레스가 패각 추방의 위기에 놓여 있었다.

테미스토클레스는 전쟁이 끝난 뒤에도 아테네의 모든 시민에게 도시 주변에 성벽을 쌓게 하는 중노동을 시켰으므로 중노동에 시달리는 시민들은 그가 페르시아와 전부터 내통하고 있다는 헛소문을 퍼뜨렸다.

이에 아테네의 민회는 그의 체포를 결의했고, 이어서 추방 명령을 받은 그는 이곳저곳으로 몸을 피하다가 마지막에 페르시아로 망명하여 왕으로부터 후한 대접을 받다가 3년 후인 기원전 462년에 눈을 감았다.

9. 페리클레스의 등장

아테네의 황금 시대

테미스토클레스가 나라 밖으로 쫓겨난 뒤에 아테네에서는 키몬이 최고의 권력자로 떠올랐는데, 그는 마라톤 전투에서 총지휘관이었던 밀티아데스의 아들이었다. 키몬은 동지중해에서 페르시아 함대를 크게 무찔렀고, 델로스 동맹을 한층 더 굳건히 하는 등 많은 업적을 이루었다. 그런데 키몬은 아테네와 사이가 나쁜 스파르타에 대해 상당히 호감을 품고 있었다.

그때 메세니아 지역에서는 스파르타의 노예인 헬로트들이 스파르타가 대지진으로 나라 안이 어지러운 틈을 타서 자유를 찾기 위해 반란을 일으켰다.

이에 아테네는 스파르타를 돕기 위해 키몬을 보내 메세니아의 반란을 가라앉혔다. 그런데 이때 옛날에 아테네와 동맹을 맺었던 나라들은 모른 체했으며, 스파르타 시민들도 키몬 장군을 환영하지 않았고 오히려 빨리 떠나기를 바라는 분위기였다.

이리하여 인기가 크게 떨어진 키몬은 결국 테미스토클레스처럼 국외로 추방되고 말았다.

이 기회를 이용하여 나타난 사람이 바로 페리클레스로, 그는 보수파인 키몬이 스파르타를 도우러 떠나자 민주파의 우두머리인 에피알테스와 손을 잡고 민회의 결의를 통해 귀족 세력을 누르는 데 성공했다. 그 뒤, 에피알테스가 암살되자 페리클레스는 아테네 민주파의 최고 지도자가 되었다.

페리클레스

페리클레스는 정권을 잡자 안전을 핑계 삼아 델로스 동맹의 금고를 아테네로 옮긴 다음에 페르시아와 화해 조약을 맺었다.

이 조약에서는 페르시아의 육군이 이오니아의 여러 도시를 빼앗아 차지하는 대신에 해군은 에게 해로 나가지 않겠다는 약속이 양국 간에 이루어졌다.

이리하여 델로스 동맹은 필요가 없게 되었으며, 그리스의 각 도시는 아테네에 해마다 동맹의 자금을 내지 않아도 되었다. 그러나 페리클레스는 동맹을 맺은 도시들의 불만과 보수파들의 비난에도 불구하고 동맹의 자금을 계속 거두면서 아테네에 반대하는 도시들에게는 무력을 사용했다.

페리클레스는 이렇게 하여 거두어들이는 델로스 동맹의 풍부한 자금으로 파르테논 신전을 비롯하여 대규모의 건축물들을 세우는 한편으로 동맹 도시들에게 민주 정치를 보급했다.

또한, 그리스의 학자들을 초청하여 아테네를 문화의 중심지로 만들어 갔다. 이로써 아테네의 황금 시대가 이루어졌는데, 이를 '페리클레스 시대' 라고 일컫는다.

10. 펠로폰네소스 전쟁

아테네와 스파르타의 싸움

스파르타는 본디 그리스 최고의 강국이었고, 아테네는 페르시아 전쟁 때에 맺어진 델로스 동맹으로 크게 강해졌다.

그런데 에게 해 주변이 점점 평화롭게 되자 차츰 틈이 벌어지더니 사이가 몹시 나빠지기 시작했다.

페르시아가 침입했을 때에는 두 나라가 힘을 합쳐 싸웠지만, 전쟁이 끝난 뒤에는 군국주의를 행하는 스파르타와 민주주의를 행하는 아테네의 성격이 정반대여서 서로 못마땅하게 여겼던 것이다.

그때 아테네의 압박을 받던 코린토스가 스파르타의 도움을 청하자 스파르타는 이를 핑계로 아테네에 선전 포고를 한 뒤에 군대를 이끌고 아티카 지역으로 쳐들어갔다.

아테네인들은 페리클레스의 지휘를 받아 이미 마련한 성 안으로 피신했고, 해군은 스파르타 함대를 공격했으나, 기원전 430년부터 나돌기 시작한 페스트가 몇 년 동안 계속되는 바람에 인구가 4분의 1로 줄어들었으며 페리클레스마저 페스트에 전염되어 죽는 바람에 아테네의 정치가 어지러워지게 되었다.

게다가 아테네는 강화를 맺자는 귀족파와, 무슨 일이 있어도 전쟁을 계속하여 이기자는 민주파 사이에 다툼까지 일어났다.

이렇게 갈피를 잡지 못하고 있는 중에 다행히 새로운 민주파의 지도자를 맞이했는데, 그는 페리클레스의 조카이며 소크라테스의 제자인 알키비아데스로, 이때에 그는 스파르타와 싸우기로 결정했다.

정권을 잡은 알키비아데스는 스파르타와 동맹을 맺을 가능성이 많은 시칠리아 섬의 시라쿠사를 공격할 것을 민회에서 승인받아 3년 동안 시라쿠사원정을 계속 했으나 대실패로 끝나고 말았다.

그 결과 알키비아데스는 패전의 책임을 지고 반대파에 의해 아테네에서 쫓겨났다.

스파르타로 망명한 알키비아데스는 아테네를 최악의 위험에 빠뜨리는 행위를 저질렀는데, 스파르타는 이를 좋은 기회로 여기고 아테네의 식량 공급을 끊어 버리려고 아티카 지역의 교통 요지인 데켈레아를 점령했다.

그러자 아테네의 동맹국들은 차차 떨어져 나가고, 페르시아 전쟁 때 아테네에게 빼앗긴 이오니아 지역을 되찾으려는 페르시아가 스파르타 해군에게 자금을 보내기 시작했으므로, 위기에 처한 아테네는 알키비아데스 등 모든 망명자들에게 대사면령을 내려 돌아오게 한 뒤에 스파르타와 싸울 준비를 갖추었다.

아테네로 돌아온 알키비아데스는 몇 차례 해전에서 이겼으나 노티움 해전에서 패하자 다시 아테네를 떠나 버렸다.

그 후, 아테네는 모든 힘을 기울여 아르기누사이 해전을 치러서 스파르타군을 무찔렀으나, 돌아오는 도중에 폭풍을 만나 많은 군함과 병사들을 잃었으며, 지휘관들도 돌아온 후에 책임을 물어 사형을 당했다.

스파르타는 아루기누사이 해전에서 큰 피해를 입고 아테네와 강화를 맺으려고 했으나 거절당했으며, 이러는 사이에 아테네는 국력이 차차 약해지면서 무너지는 길로 들어서고 있었다.

한편, 강화를 거절당한 스파르타는 리산드로스가 이끄는 해군을 보내 아테네 해군을 무찔렀고, 이어서 아테네를 에워싸고 있던 스파르타의 육군은 마침내 도시를 점령했다. 이리하여 27년 동안 계속되었던 지루한 전쟁은 큰 상처만 남기고 막을 내렸는데, 아테네는 전쟁으로 인한 폐허만 남았고 델로스 동맹은 고작 12척의 함대만 가지게 되었다.

그런데다가 스파르타에 의해서 세워진 30인 참주정이라는 과두 정부의 지도자인 크리티아스는 많은 정적들을 죽였는데, 그는 아테네를 배반한 알키비아데스처럼 소크라테스의 제자였다.

그 뒤 기원전 402년부터 아테네는 트라시불루스의 지도로 민주정치가 되살아나기 시작했으나 이미 제국으로서의 경제적인 기반을 잃어 옛날처럼 왕성하게 일어날 수는 없었다.

11. 그리스의 쇠퇴

보이오티아 동맹

펠로폰네소스 전쟁 뒤에 그리스의 모든 권력을 차지한 스파르타는 그리스의 모든 도시에 번져 가는 민주 정치를 없애려고 귀족 정치를 실시하는 도중에 페르시아에서 내란이 일어났다는 소식을 들었다.

스파르타는 그 기회를 놓치지 않고 군사를 일으켜 페르시아를 공격했다. 그러나 페르시아는 스파르타의 압박을 받고 있던 그리스의 여러 도시들에게 뇌물을 주어 코린토스 동맹을 맺도록 했으며, 이 동맹도시들로 하여금 스파르타와 맞서게 하였다.

이때 스파르타는 기원전 387년에 안달기다스의 평화 조약에 따라 소아시아 지역의 그리스 식민지들을 페르시아에 넘기는 대신 코린토스 동맹도시와의 사이를 조정해 달라고 요청했다.

한편, 테베는 스파르타의 강요에 의해 귀족 정치를 펴다가 아테네의 도움으로 스파르타군을 내쫓고 민주정치를 되찾은 뒤에 보이오티아 동맹을 맺었다.

그 뒤, 테베는 기원전 371년에 보이오티아 동맹의 지지를 받아 레우크트라 싸움에서 스파르타의 대군을 무찌르고 그리스의 권력을 잡았으며, 그리스의 새로운 패자가 되었고, 전술에 있어서도 새로운 발전을 가져왔다.

본디 그리스가 진을 치는 방법은 가장 강한 부대를 오른쪽에 두고 적의 왼쪽을 공격하여 승리를 노렸다. 그러나 이러한 전술이 가끔은 양쪽이 다 무너져 승패가 나지 않는 경우도 있었으므로 비스듬히 진을 쳐서 오른쪽을 앞으로 더 나아가게 하여 적의 오른쪽이 아군의 왼쪽을 뚫기 전에 아군의 오른쪽이 적의 왼쪽을 깨뜨리는 전술을 개발했다.

이리하여 에파미논다스가 거느린 테베군은 강력한 스파르타군을 물리칠 수가 있었고, 기병을 훈련시켜 보병과 함께 움직일 수 있도록 기동력을 튼튼히 하였다.

그 후 테베군은 펠로폰네소스 반도에 쳐들어가서 스파르타군과 만티네이아에서 싸워 크게 이겼으나 이 싸움에서 에파미논다스가 전사했다.

만티네이아의 싸움 이후 그리스는 다시 중심을 잃은 채 통일을 이루지 못하고 서로 싸움만 일삼는 동안에 그리스인들이 오랑캐라고 깔보던 발칸 반도에 있는 마케도니아가 새로운 세력으로 나타났다.

12. 그리스의 종교와 철학 · 예술

종교

고대 그리스의 종교는 인간이 맨 처음에 동굴 속에 모여 살면서 믿었던 것과 차이가 없었다.

그리스인들은 신을 인간과 똑같이 생활을 하는 것으로 믿었다. 즉, 신은 죽지 않을 뿐만 아니라 인간보다 뛰어난 능력을 가지고 있지만 인간과 비슷한 생각과 행동을 한다는 것이다.

따라서 신들도 인간과 마찬가지로 서로 싸우고, 사랑과 미움의 감정으로 괴로워하고, 잔혹한 면도 지니고 있는 것으로 전해지고 있다.

이와 같이 사람과 가까운 신들을 즐겁게 해 주기 위해서는 큰 제사를 지내거나, 제사를 지낸 다음에 여러 가지 경기를 여는 것이었다.

그리스의 신은 모든 것을 다 알고, 모든 것에 능한 그런 신이 아니고, 하늘을 다스리는 가장 높은 제우스를 중심으로 각각 다른 일과 권리 및 능력을 지닌 12신들로 이루어졌다.

그리스인들은 많은 신들이 세계를 다스리고 있다고 믿었기 때문에 사회적이고 윤리적인 모든 문제에 대하여 신들의 뜻을 묻는 신탁에 의해 결정하고 해결했다.

철학

그리스의 철학은 소아시아 지방의 이오니아에서 비롯되었다. 이오니아는 도리아인이 쳐들어오자 아티카로 몸을 피했다가 되돌아와서 자리를 잡은 지역으로, 소아시아 연안 일대와 주위에 있는 여러 섬들을 가리킨다.

〈오디세이〉의 한 장면

이 일대에 자리를 잡은 도시들은 상공업이 발전하자 점점 번영을 누리게 되었는데, 개중에서 밀레투스라는 도시가 특히 번창했다.

밀레투스는 학문과 예술도 크게 발전하여 이오니아 학파 또는 밀레투스 학파로 불리는 탈레스와 아낙시만드로스 · 아낙시메네스 등의 철학자가 이곳에서 나왔다.

그들은 서양 최초로 우주의 문제를 이성에 의해 생각해 보려고 했던 철학자들로서, 탈레스는 만물이 생긴 근원은 물이라고 주장했다.

또한 탈레스는 이집트를 여행하는 도중에 기하학을 배워 그리스에 전했으며, 육지에 있는 두 관측 지점에서 바다 위에 떠 있는 배까지의 거리를 계산하는 방법과, 피라미드의 높이를 그림자의 길이로 계산해 내는 방법도 발견했다.

탈레스 · 아낙시만드로스 · 아낙시메네스 등의 밀레토스 학파를 시작으로 그리스 전 지역으로 유행했던 철학을 자연 철학이라고 일컫는다.

자연 철학자들은 그리스인들이 품고 있던 신화의 세계에서 벗어나, 인간의 생각하는 능력을 자연 현상의 연구에서 찾으려고 노력했는데, 그들이 자연적인 모든 현상을 통일적으로 이해하려는 것과는 다르게 기원전 5세기부터는 인간을 중심으로 연구하는 철학이 태어났다.

문학과 예술

그리스 문학의 대표적인 작품으로는 장편 서사시 《일리아스》와 《오디세이》를 꼽을 수 있다. 이 작품들은 호메로스가 트로이 전쟁을 소재로 한 시로서, 《일리아스》는 그리스 신화에 나오는 영웅 아킬레스의 분노와 트로이의 멸망을 읊었고, 《오디세이》는 트로이의 원정에 성공한 영웅 오디세우스와 그의 아내 페넬로페에 대한 이야기를 다룬 것으로 서양 문학의 으뜸을 차지한다.

호메로스의 뒤를 이어, 서사 시인인 헤시오도스가 서민들의 생활을 읊은 《일과 나날》을 펴냈다. 그리고 서정 시인인 사포와 아나크레온, 핀타로스 등이 사랑과 증오를 주제로 한 작품을 남겼다.

아이스킬로스는 신을 우러르고 섬기는 종교적인 작품을 썼고, 그리스 3대 비극 시인의 한 사람인 소포클레스는 진지하고 웅대한 작품을 썼으며, 역시 비극 시인인 에우리피데스는 새로운 사상의 영향을 받아 신화와 전설에 인간 중심의 새로운 해석을 붙인 작품을 썼다.

또한 시인이며 희극 작가인 아리스토파네스는 펠로폰네소스 전쟁 이후 아테네 동요기의 정치와 사회 · 학예 등의 문제를 풍자한 작품을 썼다.

그리스 예술 중에서 조각과 건축은 가장 주목을 끌었는데, 조각은 신과 인간을 주요 소재로 삼았으며, 그 사실적인 묘사는 우아함과 아름다움의 최고를 이룬다.

헤로도투스

건축 또한 웅장함과 아름다움이 최고의 경지를 이루었는데, 그 중에서 라오콘 군상에서는 살아 움직이는 생동감과 정교함을, 파르테논 신전에서는 소박하면서도 우아함을 자랑한다.

그리스인들이 인류에게 남긴 위대한 업적은 역사학이다. 그리스의 역사가인 헤로도투스는 그리스 · 이집트 · 시리아 · 소아시아 등을 여행하고 마침내 역사책 9권을 저술했다.

그의 저서 《역사》는 유럽 최초로 역사적 사실을 기록한 책으로 그는 서양의 '역사의 아버지' 로 불린다.

13. 소크라테스와 플라톤

소크라테스

소크라테스는 기원전 469년경에 아테네에서 조각가인 아버지와 조산원인 어머니의 아들로 태어났다.

이 무렵, 그리스는 100여 개의 작은 도시 국가들로 이루어져 있었는데, 아테네는 그리스의 중심지로 찬란한 문화의 꽃을 피우고 있었으며 뒷날 서양 문화의 발판이 되었다.

소크라테스는 튼튼한 몸에 이마는 약간 벗겨지고 눈은 툭 튀어나왔다. 또 코는 크고 넓적했으며, 양쪽 볼은 늘어졌다. 소년 시절의 소크라테스는 마치 오리처럼 뒤뚱거리며 걸었는데, 아이들은 소크라테스를 만날 때마다 그의 뒤를 따라가며 "실레누스야, 어디 가니?"라는 말을 되풀이하며 놀렸다. 실레누스란 그리스 신화에 나오는 산과 들을 다스리는 신으로서 괴상하게 생긴 늙은이였다.

소크라테스

소크라테스는 아이들이 마구 놀려도 아무렇지도 않다는 듯이 걸어가면서 '인간은 어디로부터 와서 어디로 가는가' 하는 생각만 골똘히 하였다.

소크라테스는 18세가 되자 그리스의 현

자로 알려진 아르케라오스를 찾아가서 그의 제자가 되기를 청했는데, 이때 아르케라오스는 그가 평범한 소년이 아님을 깨닫고, 제자로 삼는 대신 말벗이 되어 주겠노라고 하였다.

이리하여 소크라테스는 아르케라오스의 집에서 머무르게 되었는데, 날이 갈수록 아르케라오스는 소크라테스의 철학적 사고방식과 지혜와 겸손함에 감탄했다.

그 후 25세의 늠름한 청년이 된 소크라테스는 지식이 놀랄 만큼 쌓였으며, 기원전 431년에 스파르타와 싸우는 펠로폰네소스 전쟁이 일어나자 아테네군의 한 사람으로 참전했다.

그 후 전쟁에 참전하고 돌아온 소크라테스는 사람들 속에서 사람을 알고, 또 그들을 통해 무엇인가를 알기 위해 열심히 노력했다.

사람은 사람들을 올바르게 알아야 사람이 될 수 있다고 믿은 소크라테스는 모든 사람들을 빼놓지 않고 연구하면서 배우고 싶은 욕망을 불태웠다.

그러는 한편으로 욕심을 부리고 거짓말을 잘하는 사람들과도 사귀어 보면서 욕심이 죄를 부른다는 사실도 깨닫게 되었으며, 이들을 사귀는 것만으로 그치지 않고 문답식으로 대화를 나누면서 부드럽게 깨우쳐 주기도 하였다.

이 무렵의 아테네에는 소피스트라고 불리는 철학자들이 많았다. 소피스트란 그리스어로 지자 · 현인의 뜻으로서 이들이 나타난 때는 그리스가 페르시아 전쟁에 승리하여 자신감에 넘쳤으며, 실제로 번영을 맞이하던 시대였다.

소피스트 중에는 고르기아스 · 프로타고라스 · 프로디코스 등이 유명한데, 후기에는 자기의 이익을 위해 변론술을 나쁘게 이용하는 일이 있었으므로 궤변가를 뜻하는 말로 바뀌게 되었다.

어느 날, 소크라테스의 벗이며 제자이기도 한 카이레폰이 델포이의 아폴로 신전을 찾아가서 사라져 가는 아테네인의 정신을 깨우쳐 줄 수 있는 현인이 누구냐고 묻자 그는 오직 소크라테스뿐이라는 대답을 들었다.

카이레폰은 이 말을 듣고 매우 기뻐서 곧 아테네로 달려와 소크라테스에게 그대로 전하자 소크라테스는 소스라치게 놀랐다.

소크라테스는 자신에 대해서 아무것도 아는 것이 없는 사람이라고 믿었고, 아테네에는 자기보다 훌륭한 사람들이 많은데, 신이 그렇게 말했다는 것은 도무지 이해할 수가 없었던 것이다.

소크라테스는 기쁨보다는 커다란 의문을 품고 이 의문을 풀기 위해 유명한 정치가와 문학가 · 예술가 등을 만나 보기로 하였다.

그러나 소크라테스는 그들을 만나 보고 나서 모두가 자신의 명예와 이익을 위해서만 한결같이 애쓰는 모습을 보고 크게 실망하고 말았다.

이때 소크라테스는 유명한 사람보다는 그렇지 않은 사람이 더 현명하다는 사실을 깨닫게 되었다.

소크라테스는 델포이의 아폴로 신전을 찾아가서 아폴로 신에게 모든 것을 물어 보기 위해 델포이로 떠났다. 이윽고 델포이에 다다른 소크라테스는 아폴로 신전으로 들어가려고 하다가 입구에 '네 자신을 알라' 고 쓰여진 글을 보고 그 자리에 멈추었다.

소크라테스는 이 글을 보고 비로소 자기가 다른 사람과 다르다는 사실을 깨닫게 되었는데, 그것은 누구보다도 자신을 잘 알고 있으므로 많은 사람들 중에서 가장 현명하다는 것이었다.

아테네 백성들은 자기의 무지를 깨닫지 못한 채, 도덕이 무너지고 있었다. 소크라테스는 그들을 깨우치기로 결심하고, 어리석은 사람들을 대할 때마다 자기 자신을 알라고 충고해 주었다.

소크라테스는 51세 때에 결혼했는데, 아내는 악하기로 소문이 자자했으나 처음부터 그런 것은 아니었다. 그의 아내인 크산티페는 결혼 후에 생활이 몹시 어려웠고, 자기의 불 같은 성질을 다스릴 수가 없었기 때문에 그렇게 변해 갔던 것이다.

하루는 크산티페가 소크라테스에게 악담을 퍼부으며 행패를 부리는 것을 보고 있던 제자가 스승에게 "결혼을 해야 합니까, 하지 말아야 합니까?"하고 묻자 소크라테스는 "결혼을 해도 후회하고, 하지 않아도 후회한다"고 대답했다는 이야기도 전해진다.

아테네의 정치가나 귀족들은 사치스럽고 방탕한 생활을 했으며, 사회가 불안해져서 국력은 점점 약해져 갔다. 못난 사람들이 잘난 체했고 무식한 사람들은 아는 체했다.

소크라테스는 그런 사람들을 호되게 꾸짖었다. 그러자 꾸짖음을 당한 사람들은 소크라테스를 시기하고 미워했으며, 꾸짖음을 당하지 않은 사람들은 자기들의 참모습이 드러나는 것을 두려워하며 소크라테스를 피했다.

소크라테스를 존경하고 따르는 청년들은 정치가들이나 귀족들을 욕하고 비웃었기 때문에 그들은 소크라테스를 마치 징그러운 벌레를 대하듯 하였다.

그들은 자기네들보다 더 훌륭한 소크라테스가 나타난 것을 두려워하여 그를 없애려는 음모를 꾸미기 시작하여 기원전 399년 봄에 아테네의 법정에 소크라테스를 고소했다. 시인 엘레투스와 정치가 애니투스 그리고 연설가 리우콘 세 사람의 이름으로 된 고소한 내용은 첫째, 소크라테스는 폴리스의 신들을 헐뜯고 다이모니온이라는 신령적인 것을 만들어 국가의 신을 모독했고 둘째, 청년들의 정신을 타락시켜 헛된 생각을 하게 만든다는 것이었다.

고소인들은 이러한 이유를 들어서 소크라테스를 사형에 처해야 한다고 주장했다.

이리하여 소크라테스는 재판을 받게 되었는데, 그는 아무 잘못도 없으므로 법정으로 가는 도중에 신전을 지키는 관리인 에우티우프론을 만나 명랑하게 대화를 나누며 법정에 도착했다.

이윽고 재판이 시작되어 고소인들이 고소 내용을 낭독하자 법정을 가득 메운 방청객들이 고소인들을 향해 욕설을 퍼부었다.

재판을 받는 소크라테스는 이 기회에 아테네 시민들의 무지를 깨우쳐 주고 싶어서 입을 열었다.

"나는 죄를 짓지 않았으나 나를 해치기 위해 시기하고 모함하는 자들에 의해 이 법정에 섰습니다. 그러나 나는 조금도 두렵지 않습니다. 오직 악을 행하는 것이 두려울 따름입니다."

소크라테스의 진술이 끝나고 배심원들의 투표가 시작되어 280대 220표로 유죄 판결에 이어 사형 선고가 내려졌다.

재판을 지켜보던 소크라테스의 제자들이 엉터리 재판이라고 거세게 항의했으나, 한번 내려진 판결은 바꿀 수는 없었다. 소크라테스는 사형 선고를 순순히 받아들이면서, 자신에게 죄가 없음은 오직 신만이 알 것이라고 말했다.

아테네에서는 사형 선고가 내려지면 24시간 안에 형을 집행했으나 소크라테스만은 한 달 뒤로 미루어졌다.

아테네인들은 해마다 델로스 섬에 배를 보내 아폴로 신에게 제물을

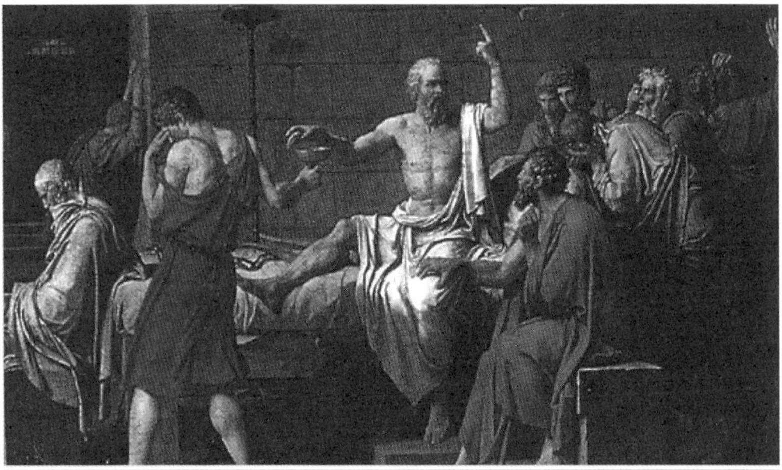

소크라테스의 죽음

바쳤는데, 그 배가 아테네로 돌아올 때까지는 사형을 집행하지 않았다. 그런데 소크라테스에게 사형 선고가 내려진 때가 마침 배가 떠난 뒤였다.

71세의 소크라테스는 한 달 동안 감옥살이를 하게 되었다. 어느 날, 그의 친구들이 감옥으로 찾아와서 간수들을 매수해 놓았으니 어두워지면 탈옥하라고 권했다. 그러나 소크라테스는 고개를 저으며, 법은 국민을 보호하기 위해서 있는 것인데, 그 법이 자기에게 사형을 선고했다고 해서 그 결정을 피하는 것은 국가에 더 큰 죄를 짓는 것이라며 단호하게 거부했다.

소크라테스의 말을 들은 친구들은 탈옥을 더 이상 권할 수가 없었다.

이리하여 기원전 399년의 어느 날 밤, 소크라테스는 친구와 제자들이 지켜보는 가운데 간수가 가져온 약사발에 든 독약을 마시고 세상을 떠났다.

플라톤

플라톤은 기원전 427년, 아테네 민주파의 이름 있는 집안에서 태어났다.

플라톤이 태어났을 무렵의 그리스는 펠레폰네소스 전쟁이 한창이었으며, 그의 아버지인 아리스톤은 아테네의 마지막 왕인 코드로스의 후손으로서 플라톤이 어릴 때에 세상을 떠났다.

플라톤은 소년 시절부터 정치에 관심을 가지고 있었으며, 17세에 군대에 들어가서 19세에 제대한 뒤에 이때부터 본격적으로 희곡을 쓰기 시작했다.

어느 날, 플라톤은 자신이 쓴 작품을 가지고 디오니소스 극장으로 가다가 허름한 옷을 걸친 소크라테스가 맨발로 군중들에게 설교를 하

아테네 학당

고 있는 것을 보았다.

이때 소크라테스는 군중들을 향하여 인간이 인간답게 살아가려면 먼저 자기 자신부터 알아야 한다고 설득하였다.

플라톤은 소크라테스의 열변에 감동을 받은 끝에 그때까지 정성을 다 기울여 쓴 희곡의 원고를 던져 버리고, 철학을 공부하기로 마음먹었다.

그리하여 플라톤은 며칠 후에 소크라테스를 찾아가서 제자로 삼아줄 것을 청했으며, 소크라테스는 그를 제자로 삼게 되었다.

소크라테스의 제자가 된 플라톤은 이때부터 9년 동안 그를 따라다니며 많은 것을 배웠다.

그런데 플라톤이 28세 되던 해에 스승인 소크라테스가 모함을 받아 고소당한 끝에 사형 선고를 받은 후 감옥 안에서 세상을 떠나고 말았다. 플라톤은 소크라테스가 억울하게 세상을 떠나자 정치에 실망을 느꼈고 이때부터 오직 철학 연구에만 몰두하면서 스승에 관한 이야기를 써서 책으로 펴내려고 하였다.

한편, 정치가들은 소크라테스의 제자들을 압박하고 있었으므로 플라톤은 항상 무엇에 쫓기는 듯한 불안감에 사로잡혀 아테네를 떠나기로 결심했다.

그리하여 아테네에서 멀지 않은 메가라로 떠나 몇 해를 지낸 다음에 북아프리카에 있는 카레나이카 지방의 고대 도시 퀴레네로 가서 수학자와 철학자들을 만났으며, 이어서 이탈리아 · 이집트 · 소아시아 지방을 돌아다녔다.

플라톤은 여행을 하면서도 부지런히 글을 써서 모두 30권 이상의 책을 펴냈는데, 거의가 소크라테스에 관한 내용들이었다.

플라톤은 아테네를 떠난 지 12년 만에 다시 돌아와서 국력이 쇠약해진 것을 보고 실망했다.

그는 곰곰이 생각한 끝에 아테네의 젊은이들을 가르칠 수 있는 학교가 필요하다는 사실을 깨닫고 아카데미아를 세웠는데, 이것이 오늘날의 아카데미로서 대학 · 연구소를 일컫는 말이다.

아카데미아에 들어온 학생은 수업료를 내지 않아도 되었는데, 그것은 많은 사람들이 기부금을 내서 플라톤을 도왔기 때문이다.

플라톤은 학생들에게 생각하고 탐구하는 공부를 시켰으므로, 그들은 서로 대화를 통하여 모르는 것을 배우고 깨달았다.

아카데미아는 날이 갈수록 유명해져서 심지어는 외국의 유학생이 있을 정도였으며, 아리스토텔레스는 18세 때 아카데미아에 입학하여 플라톤의 수제자가 되었다.

플라톤은 평생을 독신으로 살면서 학문을 연구하고 글을 쓰면서 학생들의 교육에만 정신을 쏟았다.

플라톤은 44세 때에 《국가론》을 집필했는데, 그는 이 책 속에서 유토피아는 스파르타적인 도시 국가임을 나타냈고, 철학자가 다스리는 정치와 신분 제도에 따른 정치를 주장했다.

플라톤은 계속해서 글을 쓰던 중 기원전 347년에 80세의 나이로 일생을 마쳤다.

14. 그리스 신화

그리스인과 신화

신화란 신들에 관해 전설과 비슷하게 엮은 이야기로서 아득히 먼 옛날에 그리스인들이 남긴 것이 그리스 신화이다.

그리스인들은 신화를 이야기로만 여기지 않고 신을 곧 신앙의 대상으로 삼았다.

고대 그리스인들은 지구가 편평하고 둥근 원반처럼 생겼다고 믿었으며, 그 한가운데 자기 나라가 있고, 자기 나라의 중앙에 있는 올림푸스 산에는 제우스를 비롯하여 12신이 살고 있다고 생각했다.

지구는 바다에 의해 남북으로 나뉘었는데 이 바다를 지중해라고 하였고, 지중해와 잇닿은 바다는 흑해라고 불렀다.

그리스 북쪽에는 올림푸스의 12신 중 아폴론을 섬기는 히페르보레이오스라는 종족이 살고 있다고 믿었으며 그들이 살고 있는 나라에는 병 · 노동 · 재난이 없으며 따뜻한 봄만 계속된다고 하였다.

또한 남쪽 끝에도 북쪽과 마찬가지로 행복한 나라가 있는데 신들은 남쪽 나라 백성들을 지극히 사랑하여 때때로 올림푸스 산을 내려와서 그들과 크게 잔치를 벌이기도 한다고 생각했다.

그런가 하면 지구의 서쪽 끝에는 '극락의 뜰' 과 '복받은 자의 섬' 이 있어서, 그곳에서 사는 사람들은 신들에게 온갖 귀여움을 받으며 영원히 죽지 않는다고 믿었다.

그리스인들은 자기 나라의 동쪽과 남쪽과 지중해 부근에 사는 사람들밖에 모르고 있었으므로 지중해 서쪽에는 거인이나 괴물 또는 요술쟁이들이 살고 있다고 생각했다.

그리스인들은 이러한 상상력으로 이 세상의 모든 것을 신으로 생각했고, 별이나 한 송이의 꽃 등을 신과 다름없는 것으로 여겼다.

그들은 해가 뜨는 것을 보고, 아폴론이 두 바퀴가 달린 황금 마차를 타고 하늘을 달리는 것이라고 했으며 포세이돈은 바다와 강과 샘을 다스리면서 바다 밑의 궁전에 산다고 하였다. 이처럼 여러 가지 자연현상이나 문화 현상 · 사회 제도 등을 신과 연결시켜 설명함으로써 신화가 생겨나게 되었다.

고대 그리스의 여러 나라가 망한 뒤에는 그 세력이 점차 로마로 옮겨지면서 그리스 신화도 함께 따라갔는데, 그 무렵의 고대 로마 신화는 특별하게 내세울 것이 없었다. 그러던 중 그리스 신화가 들어오자, 로마인들은 그들의 신화를 버리고 그리스 신화로 모두 바꾸어 버렸다. 이런 까닭으로 로마의 신들은 그리스 신들과 똑같이 여겨지게 되었다.

로마 신화는 대부분 그리스 신화에다 그들의 이야기를 보태고, 신들의 이름을 로마식으로 바꾸었기 때문에 오늘날에는 '그리스 · 로마 신화' 로 일컬어지고 있다.

올림푸스 12신

그리스 신화에 나오는 올림푸스 12신은 가장 높은 제우스를 비롯하여 그의 아내 헤라와 포세이돈 · 아테네 · 아폴론 · 아르테미스 · 아프로디테 · 헤파이스토스 · 아레스 · 헤르메스 · 데메테르 · 헤스티아이다.

제우스는 하늘 위를 다스리면서 구름 위에 높이 솟은 올림푸스 산꼭대기에 살며 나쁜 짓을 한 인간이나 적에게 천둥과 번개를 던진다고 한다. 또한 인간 사회의 모든 생활을 다스리는데, 로마 신화의 주피터와 같다.

헤라는 여신들의 우두머리로서 결혼과 가정 생활의 수호신이며, 로마 신화의 주노에 해당한다. 포세이돈은 크로노스와 레아의 아들로서 제우스의 아우이다. 포세이돈은 바다 · 강 · 샘을 다스리는 신으로, 황금의 갈기의 말을 타고 바다를 건너다니며 세 갈래의 창으로 바다와 육지를 들어 올려 지진을 일으킨다고 한다. 로마 신화의 네프투누스와 같다.

아테네는 지혜 · 전쟁 · 학예의 여신으로서, 제우스의 머리에서 무장을 하고 태어났다는 처녀신으로서, 로마 신화의 미네르바와 같다.

아폴론은 제우스와 레토의 아들로서 시를 비롯하여 음악과 의술 · 목축을 다스리며 태양신으로도 알려져 있다. 또한 남성미와 청춘의 상징으로서, 사랑에 관한 이야기가 많다.

아르테미스는 제우스의 딸로서 들짐승과 가축을 보호하며 여성을 수호하는 처녀신이며, 달과 사냥의 여신으로도 알려져 있다. 로마 신화의 디아나와 같은데, 영어 이름은 다이아나이다.

아프로디테는 사랑과 미의 여신으로, 제우스와 디오네의 딸인데 바다의 거품에서 태어났다고도 한다. 예로부터 예술 작품에 많이 이용되었으며 로마 신화의 베누스(비너스)에 해당한다.

헤파이스토스는 불과 대장장이의 신이며, 아프로디테의 남편이다. 얼굴이 못생겼고 절름발이라고 하는데, 로마 신화에 나오는 불카누스에 해당한다.

아레스는 제우스와 헤라의 아들로 군신인데, 특히 피비린내 나는 참혹한 싸움에서 군인의 무운을 비는 신이다. 로마 신화의 마르스에 해당한다.

헤르메스는 제우스의 아들로, 목축 · 상업 · 여행 · 경기 · 행운 · 음악 · 웅변의 신이다. 날개가 달린 모자를 쓰고 신을 신었으며 뱀이 감긴 짧은 지팡이를 짚고 다녔다. 죽은 사람을 저승으로 인도하는데, 로마 신화에 나오는 메르쿠리우스에 해당한다.

데메테르는 대지의 여신이며 곡물과 대지의 생산물을 맡았다.

헤스티아는 부뚜막과 아궁이의 여신으로 처녀신인데, 가정 생활을 맡았고, 로마 신화의 베스타에 해당한다.

15. 알렉산더 대왕

알렉산더 대왕의 출현

기원전 356년 여름, 마케도니아의 왕 필립 2세는 포티테아라는 도시를 공격하여 점령하였다.

이때 군사들은 승리의 기쁨에 들떠 있었으나 필립 2세에게는 세 가지 걱정이 떠나지 않았다.

첫째는 그의 군사들이 일리리아인과 어떻게 싸우고 있는가에 대한 것이고, 둘째는 자기의 애마가 올림픽 경기에 나가서 어떤 결과를 가져왔는가였으며, 셋째는 고국에 있는 아내 올림피아스가 무사히 아이를 낳았는가에 대한 걱정이었다.

바로 그때 마케도니아에서 반가운 소식이 잇달아 전해졌다.

첫째 소식은 마케도니아군이 일리리아군과 싸워서 이겼다는 것이었고, 둘째 소식은 자신의 사랑하는 말이 올림픽 경기에서 우승을 차지했다는 것이며, 그리고 마지막으로는 왕비가 마침내 아들을 낳았다는 것이었다.

군사들은 이 소식을 듣고 모두 만세를 불렀으며, 필립 2세는 무엇보다도 왕비가 아들을 낳았다는 소식을 듣고 뛸 듯이 기뻐했다.

세상에 태어난 알렉산더는 무럭무럭 자라서 두 스승을 섬겼는데 그 중 한 사람인 레오니다스에게서는 학문을 익혔고, 장군인 필로터스에게서는 무술을 갈고 닦았다.

그 후, 소년이 된 알렉산더는 그리스의 대철학자인 아리스토텔레스를 새로운 스승으로 삼았다. 아리스토텔레스는 알렉산더에게 정치와 도덕 · 경제 · 역사 · 문학 · 예술 · 과학 · 의학 등 모든 학문을 가르쳤으므로 알렉산더는 더욱 현명하게 자랄 수 있었다.

아리스토텔레스

기원전 336년 20세의 나이로 아버지의 뒤를 이어 왕위에 오른 알렉산더는 아버지의 뜻에 따라 마케도니아를 세계에서 제일 강한 나라로 만들 것을 결심했다.

알렉산더는 아버지가 다스릴 때보다 더욱더 국민과 신하들을 잘 보살폈으므로 그들은 모두 알렉산더에게 충성을 다하기로 맹세했으며, 이로써 마케도니아는 국력을 키워 대제국으로 발돋움할 바탕을 마련하기 시작했다.

그런데 알렉산더가 왕위에 오른 지 채 한 달도 안 되었는데 이때 그리스의 모든 도시 국가들이 마케도니아에 대항할 움직임을 보이고 있었다.

필립 2세가 죽고 알렉산더가 즉위하자 그전부터 필립 2세에게 나쁜 감정을 품고 있던 아네테의 웅변가 데모스테네스가 능숙한 말솜씨로 국민을 부추겼던 것이다.

그리스의 모든 도시 국가들을 억누르며 괴롭혔던 필립 2세가 죽고 아무것도 모르는 어린 알렉산더가 즉위했으므로, 이 기회에 마케도니아와 싸워서 자유를 찾자는 것이었다.

이 소식을 들은 알렉산더는 당황하지 않고, 부하를 보내 자세히 알아본 다음에 손수 편지를 써서 측근이 필로포스 장군에게 주어 테베로 보냈다.

전투하는 알렉산더대왕

그런데 알렉산더의 편지를 가지고 테베로 갔던 필로포스가 데모스테네스의 지지자들에게 붙잡혀 감옥에 갇히게 되었고, 이 소식을 들은 알렉산더는 대로하여 마케도니아군을 이끌고 테베로 쳐들어갔다.

이 싸움에서 테베군은 무려 6,000여 명이 죽고, 3만여 명이 붙잡혀 노예로 팔렸으며, 테베는 마케도니아군에게 점령되고 말았다.

한편, 이 소식을 들은 아네테는 알렉산더를 따르는 정치 평론가 이소크라테스의 말에 귀를 기울이기 시작했다.

데모스테네스

그는 마케도니아와 싸우는 것은 파멸을 부르는 길이며, 알렉산더는 그리스가 한데 뭉쳐 페르시아를 쳐부수고 번영을 누리자는 것이니 그의 뜻을 따르자고 역설했다.

그리하여 아테네가 스스로 알렉산더에게 항복을 청하자 이 소식이 그리스에 전해져 모든 도시 국가들이 알렉산더에게 무릎을 꿇었다.

알렉산더는 승리한 마케도니아 대군을

알렉산더와 디오게네스

이끌고 다뉴브 강까지 나아가 주위의 모든 나라들을 점령했고 코린토스에 이르러 동맹을 맺은 다음에 코린토스 동맹군의 총사령관이 되었다.

이 소식이 널리 전해지자 모든 정치가 · 학자 · 예술가 들이 알렉산더에게 문안 인사를 하러 찾아왔으나, 그리스의 철학자인 디오게네스만은 나타나지 않은 채 낮잠을 즐기고 있었다.

이상하게 여긴 알렉산더는 친위 대장인 쿠르타스에게 디오게네스를 데려오라고 명령했으나, 쿠르타스에게서 알렉산더의 명령을 전해 들은 디오게네스는 귀찮다는 듯이 아무 대꾸도 없이 꾸벅꾸벅 졸기만 했다.

얼마 후, 돌아온 쿠르타스로부터 보고를 받은 알렉산더는 문득 소년 시절에 스승으로 모셨던 아리스토텔레스에 대한 기억을 떠올렸다.

그래서 쿠르타스를 데리고 디오게네스를 만나러 갔는데, 쿠르타스의 보고대로 디오게네스는 통 안에 들어가서 마치 거지 같은 생활을 하고 있었다.

알렉산더는 감탄을 하며 디오게네스 앞으로 다가가 자기가 도와 줄 일이 없느냐고 물어 보았다. 그러자 디오게네스는 알렉산더를 올려다보면서 말했다.

"대왕께서는 지금 햇볕을 가리고 계시므로 비켜 주시면 감사하겠습니다."라고 말하고 입을 다물어 버렸다.

기원전 334년 봄, 알렉산더는 대군을 거느리고 페르시아 원정의 길에 올랐는데 이때 그의 나이는 고작 22세였다.

알렉산더는 각 나라의 연합군을 점검하고 기술자와 학자 · 예술가 · 의사들을 따르게 했는데, 그가 거느린 원정군은 싸우는 곳마다 승리를 거두면서 페르시아, 그리고 시리아와 이집트를 정복했다.

그러나 알렉산더는 이에 만족하지 않고 동쪽을 향해 나아갔으며, 그의 지혜와 용기는 빠르게 퍼져 나가 원정군은 가는 곳마다 구세주처럼 환영을 받았다.

헬레니즘 시대

기원전 327년, 인더스 강에 다다른 알렉산더는 이듬해에 그 지방의 포루스 왕과 싸워 승리를 거두었는데 알렉산더는 이때 원주민으로부터 갠지스라고 부르는 큰 강이 바다로 흘러간다는 말을 듣게 되었다.

이 무렵, 그리스인들은 구대륙을 실제보다 훨씬 작게 생각하고 있었고, 알렉산더도 그들과 같은 생각을 하고 있었다.

알렉산더는 이때 갠지스 강은 세계가 끝나는 곳이고, 그곳까지만 나아가면 세계를 모두 정복하는 것이라고 믿었다. 그리하여 군사들에게 그곳까지 나아가라고 명령했으나, 오랫동안 계속된 전쟁에 지친 데다가 장마가 계속되었기 때문에 어쩔 수 없이 되돌아가야만 했다.

군사들을 이끌고 페르시아의 수사로 돌아온 알렉산더는 대규모의

이수스 전투 때의 알렉산더

합동 결혼식을 올렸다.

이 결혼식에서 마케도니아의 귀족 80여 명은 페르시아 귀족 출신의 여자를 아내로 맞이했고, 이미 1만 명 이상의 마케도니아 병사들과 살고 있던 아시아 여인들도 본처로 인정을 받았다.

이때 알렉산더는 페르시아의 왕인 다리우스 3세의 딸을 아내로 맞이한 후에 페르시아 귀족 청년 3만 명을 뽑아서 그리스의 언어와 전투 방법 등을 가르쳐 자신의 친위대로 삼았다. 또한 마케도니아인과 그리스인이 반대하는 데도 불구하고 페르시아를 위한 정책을 펴는 한편, 아시아의 종교와 관습 등을 지키기 위해 힘을 쏟았다.

알렉산더는 또 이집트를 원정하여 나일 강의 삼각주에 무역항을 세우고 자기 이름을 따서 알렉산드리아라고 부르고 그리스 문화를 퍼뜨렸다.

이러한 알렉산더의 노력으로 오리엔트 문화와 그리스 문화가 합쳐진 새로운 문화가 생겨났는데, 이를 헬레니즘 문화라고 한다.

알렉산더는 자신이 세운 대제국의 수도를 바빌론으로 정하고 그곳에서 나라를 다스렸으나, 얼마 후 말라리아에 걸리고 말았다.

그리하여 기원전 323년, 33세로 세상을 떠났다.

알렉산더가 후계자 문제 등에 대해서 아무 유언도 없이 죽자, 그의 부하 장군들은 알렉산더의 이복 형제인 아리다에우스를 왕으로 세우려고 했고, 알렉산더와 정식으로 결혼하여 왕비가 된 로크나가 임신하고 있었으므로, 그녀가 왕자를 낳는다면 이 왕자와 아리다에우스가 공동으로 제국을 다스리도록 결정했다.

그러나 여러 장군들이 이미 곳곳에 그들의 세력을 심어 놓은 상태여서 서로 권력을 잡으려고 온갖 음모를 꾸며서 다투었고, 이런 다툼 속에서 왕족들은 어이없이 희생되어 갔다. 게다가 왕위 계승자로 정해졌던 두 사람과 왕비인 로크나, 알렉산더의 생모인 올림피아스 등 알렉산더의 가족과 친족들이 암살자들에게 모두 목숨을 잃었다.

마케도니아의 장군들은 스스로 알렉산더의 후계자라고 내세우면서 자기의 세력 안에서 왕의 칭호를 사용했으며 약 40년 동안 다툼을 계속했다. 그 결과 세 왕국 프톨레마이오스 · 셀레우코스 · 안티고노스 등 세 왕조로 나뉘었는데, 프톨레마이오스 왕조는 이집트와 남부 시리아를 차지했고, 셀레우코스 왕조는 시리아를 중심으로 서남 아시아를 차지했으며, 안티고노스 왕조는 마케도니아와 그리스 일부를 차지하여 다스렸다.

알렉산더의 동방 원정으로 그리스인의 세계가 넓어져서 세계 각지에 그리스식의 도시 국가가 세워졌으나 그것은 이름뿐이고, 예전의 그리스 도시 국가와는 성격이 완전히 달랐다. 그리스식 도시 국가 사회가 변해 고유의 특성을 잃어 버렸던 것이다.

헬레니즘 시대의 국가들

알렉산더 시대부터 약 300년 동안 이어진 그리스의 시대를 헬레니즘 시대라고 일컫는데, 이 무렵에 알렉산더의 부하 장군이었던 프톨레마이오스가 세운 프톨레마이오스 왕조는 그리스의 다른 통치자들보다 매우 유리한 처지에 놓여 있었다.

그것은 프톨레마이오스가 알렉산더의 시체를 손수 거두어 알렉산드리아에 묻었기 때문인데, 프톨레마이오스 왕조는 서쪽의 키레네를 정복하고, 동쪽의 페니키아와 소아시아의 해안 지역 일부를 차지했다.

이처럼 영토가 계속해서 넓어져 에게 해를 차지했으나 프톨레마이오스 3세 이후 셀레우코스 왕조와 안티고노스 왕조의 세력이 점점 커졌으므로 프톨레마이오스 왕조의 세력은 더 이상 커질 수가 없었다.

그 뒤, 프톨레마이오스 왕조는 그들이 정복한 곳을 차차 빼앗겼으며, 세력 또한 나일 강 유역으로 줄어들었다가 기원전 30년에 클레오파트라의 비극을 안은 채 로마에게 멸망당하고 말았다.

한편, 셀레우코스 왕조는 유프라테스 강과 티그리스 강 사이의 기름진 메소포타미아 지역에서 아시아 지역에 걸치는 넓은 지역을 차지하고 있었다.

그러나 기원전 304년경에 인도의 황제 찬드라굽타에게 아시아 지역을 빼앗겨 큰 타격을 입었고, 셀레우코스 2세 때는 아시아 대부분의 지역을 잃었는데, 뒷날 이 지역에 피르티아 왕국이 세워졌다.

이리하여 메소포타미아 지역에서 지중해 연안까지 영토가 줄어든 셀레우코스 왕조는 동쪽의 파르티아와 서쪽의 로마 세력에 의해 무너지기 시작했다.

그 후 시리아를 중심으로 버티다가 기원전 83년에 아르메니아에 정복되었으며, 아르메니아도 기원전 63년에 로마에 딸린 영토가 되어 버렸다.

안티고노스 왕조는 마케도니아의 본토에 자리를 잡고 알렉산더의 후계자로 행세하며 그리스를 다스리는 위치에 놓여 있었다. 그러다가 안티고노스 3세 때인 기원전 224년에 그리스 동맹을 맺어 그리스 지역의 대부분을 다스리게 되었다.

그러나 왕위를 이은 필립 5세의 팽창주의적 정치가 마케도니아에게는 맞지 않아서 그리스 세계에 로마의 세력을 불러들이는 결과를 가져왔고, 기원전 146년에 로마에 딸린 영토가 되고 말았다.

헬레니즘 문화

히포크라테스

헬레니즘 문화는 인도와 중앙 아시아를 거쳐 중국에까지 영향을 미쳤는데, 인도의 간다라 미술도 헬레니즘 문화의 영향을 받았다고 한다.

헬레니즘 문화는 이 무렵의 과학과 철학에서 그 특징을 찾아볼 수가 있는데, 이때의 과학은 보다 인간적인 세계를 깊이 연구했다.

프톨레마이오스 왕이 하루는 유클리드에게 수학을 쉽게 배우는 방법을 묻자, 그는 왕도가 없는 것이 수학이라고 말했다.

또한, 아르키메데스가 어느 날 벌거벗은 몸으로 왕궁에 뛰어들자 왕과 신하들이 기겁하여 미쳤느냐고 묻자, 그는 싱글벙글 웃으며 목욕을 하다가 부력의 원리를 알아냈다고 대답했다.

이 밖에도 그리스 시대의 과학자들로는 자국의 둘레를 거의 정확하게 계산해 낸 에라토스테네스와, 건강한 생활에 법칙이 있듯이 병도 몸 안의 혈액과 점액 · 담즙 · 흑담즙 등의 네 가지 체액이 조화를 이루지 못하는 데에서 생긴다는 체액설을 주장하여 '의학의 아버지' 라 불리는 히포크라테스 등이 있다.

그리고 철학에는 감성적 쾌락을 추구하는 에피쿠로스 학파와 쾌락과 욕망을 억제하는 엄격한 도덕설을 내세운 스토아 학파가 있었는데, 이 두 학파에게는 공통점도 있었다. 그것은 어떻게 하면 인간이 합리적으로 생활하며 행복과 만족을 얻는가에 대한 것이었다.

특히, 스토아 학파는 인간의 쾌락과 욕망을 억제하는 엄격한 도덕설을 내세움으로써 뒷날 로마와 기독교 사상에 큰 영향을 미쳤다.

III_ 고대 로마 시대

로마는 기원전 8세기 중엽에서 5세기 말까지 약 1,300년 동안 계속되었다.

로마 역사는 크게 둘로 나눌 수 있는데, 첫째는 공화정치, 즉 공화정 시대부터 황제가 다스리는 군주 제도의 정치이고, 둘째는 그 뒤부터 서로마 제국(395~476)의 멸망까지이다.

공화정치 시대의 로마는 차츰 평민이 정치에 참여할 수 있는 기회가 법적으로 늘어났으나, 아테네와 같은 민주정치는 이루어지지 못했다. 또 공화정치 시대의 로마는 이탈리아 반도의 통일에서부터 지중해 전역을 지배하는 데까지 발전했는데 이런 과정에서 농민 중심의 사회가 무너지고 그에 따른 문제점들이 곳곳에서 나타나기 시작했다.

1. 로마의 건국 신화

로물루스와 레무스

그리스군에 의해 한밤중에 함락된 트로이의 성 안은 말 그대로 불바다를 이루고 있었다.

이때 트로이의 영웅이었던 아이네아스는 걷잡을 수 없는 혼란 속에서 아내를 잃어버리고, 늙은 아버지와 아들, 그를 따르는 트로이의 시민과 부하들을 여러 척의 배에 나누어 태운 뒤에 가까스로 탈출하는데 성공하였다.

그 후, 아이네아스는 트로이를 다시 세울 목적으로 새로운 땅을 찾아 에게 해의 델로스 섬과 트라키아 등을 거쳐서 가까스로 이탈리아 근처에 이르렀다.

그때 갑자기 심한 풍랑이 일어났으므로 아이네아스의 일행은 파도에 시달리다가 아프리카 북쪽의 카르타고까지 밀려갔다. 카르타고는 기원전 9세기 말에 티루스의 이민들이 그들의 여왕을 받들어 세웠으며, 시칠리아 서쪽까지 세력을 뻗어 기원전 3세기 무렵에는 지중해에서 가장 부강한 국가가 되었다.

티루스의 여왕 디도는 베로스의 딸이며 아버지의 뒤를 이어 왕이 된 피그말리온의 여동생이었고, 디도의 남편인 쉬카이오스는 큰 부자였는데, 피크말리온이 그의 재산을 탐내어 죽여 버렸다. 그러자 디도는 그를 따르는 사람들과 죽은 남편의 재물을 배에 나누어 싣고 이곳

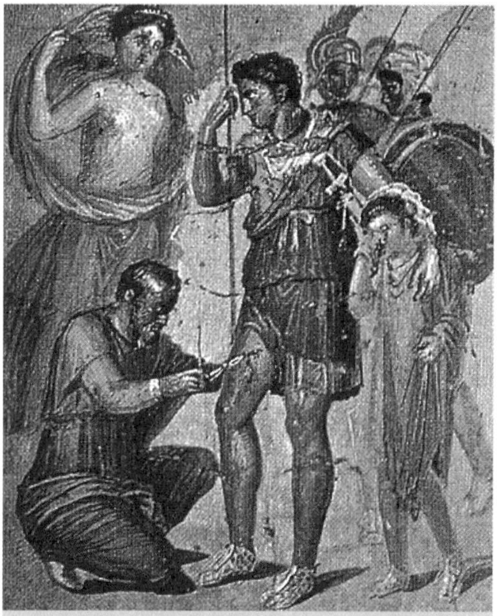

아이네아스

으로 온 뒤에 원주민들에게 부탁하여 땅을 조금 얻게 되었다.

디도는 궁리한 끝에 쇠가죽을 길다랗게 잘라서 몇 개의 끄나풀을 만들어 땅을 두른 뒤에 성을 세우고 쇠가죽이란 뜻의 비루사라는 이름을 붙였고, 이 비루사를 중심으로 하여 마침내 디도가 여왕이 된 카르타고가 태어났다.

아이네아스 일행이 카르타고에 이른 것은 바로 이 무렵으로서, 여왕은 그들을 아주 친절하게 맞이해 주었다.

여왕은 아이네아스 일행을 환영하는 축제를 열었는데, 이때 벌어진 경기에서 아이네아스의 실력에 마음을 빼앗긴 여왕은 그가 겪은 모험을 들려 달라고 했으며, 아이네아스의 모험담을 들은 여왕은 그의 용기에 반해 사랑하게 되었다. 이리하여 여왕과의 사랑에 빠진 아이네아스는 새로운 왕국을 건설해야겠다는 결심마저 잊은 듯하다가 다시 정신을 차리고 여왕 곁을 떠나기로 하였다.

그리하여 여왕의 온갖 유혹을 뿌리친 아이네아스는 일행들을 이끌고 카르타고를 떠나 이탈리아로 향했다.

아이네아스가 떠나자, 슬픔을 견딜 수 없었던 여왕은 장작을 쌓고 그 위에 앉아 불을 붙인 다음에 칼로 목숨을 끊고 말았다. 그녀는 장작더미와 함께 한 줌의 재로 변하고 말았다.

이때, 아이네아스 일행은 늙은 라티누스 왕이 다스리고 있는 이탈리아의 티베르 강가에 닻을 내렸다.

라티누스에게는 라비니아라는 예쁜 공주가 있었으며, 그녀는 이웃 나라의 투루누스 왕자를 비롯하여 여러 나라의 왕족들로부터 청혼을 받고 있었다.

그러던 어느 날, 라티누스의 꿈에 죽은 아버지가 나타나서 라비니아는 다른 나라에서 온 사람과 결혼해야 한다고 말한 뒤에 사라졌다.

이 무렵, 아이네아스는 일행들을 거느리고 라티누스가 다스리는 곳에 이르러 그에게 선물을 보냈다. 이때 라티누스는 선물을 갖고 온 아이네아스의 부하들을 반갑게 맞이한 다음에 그들로부터 아이네아스에 대한 이야기를 듣고 사윗감으로 결정했다.

그리하여 라티누스는 아이네아스의 부하들에게 먹을 것과 술을 대접하고 답례품을 주어 보냈는데, 이 소식을 들은 투루누스는 분노를 참지 못하고 아이네아스와 라티누스를 상대로 싸우게 되었다.

이 싸움은 서로 큰 피해를 입고 아이네아스 측의 승리로 끝났으나, 라티누스는 그만 전사하고 말았다.

패배한 투루누스는 그 무렵에 가장 부강한 에트루리아의 메젠티우스 왕에게 도움을 청했다. 그렇지 않아도 이방인들이 들어와서 자리를 잡고 세력을 키우는 것을 못마땅하게 생각하고 있던 메젠티우스는 투루누스의 요청을 단숨에 받아들여 싸울 준비를 하였다.

이 소식을 들은 아이네아스는 사태가 위급함을 깨닫고, 라티누스가 다스리던 국민과 힘을 합쳐 세력을 키우려고 하였다. 그리하여 자신이 이끌고 온 트로이인들에게 원주민처럼 이름을 바꾸게 하여 원주민과 트로이인들이 한데 뭉쳐서 강한 힘을 떨치게 되었다.

이때 메젠티우스는 결국 싸움을 포기해 버렸다.

그 후로 아이네아스의 후손들은 대대로 왕위를 물려받았으며 라틴인들을 다스렸고, 그의 13대 후손인 알바의 왕 프로카스가 누미토르와 아물리우스라는 두 아들을 남기고 죽자, 형인 누미토르가 왕위를 이어받았으나, 아우인 아물리우스가 반란을 일으켜서 왕위를 빼앗았다.

늑대의 젖을 먹는 로물루스와 레무스

그런 다음에 형을 나라 밖으로 쫓아냈으며, 형의 가족들 중에서 아들은 죽여 버리고 딸인 레아 실비아는 아궁이의 여신 베스타의 무녀로 만든 다음에 일생을 처녀로 살게 하여 형의 대를 끊으려고 하였다.

그러던 어느 날, 레아 실비아가 베스타의 신전에 바칠 물을 긷기 위해 군신인 마르스의 숲에 가자 마르스가 그녀의 아름다움에 반해 겁탈해 버렸다.

이리하여 레아 실비아는 처녀의 몸으로 쌍둥이 형제를 낳자, 이 사실을 안 아물리우스는 격분하여 두 아이를 죽여 버리라고 명령했으나, 신하는 차마 그들을 죽일 수가 없어서 광주리에 넣어 티베르 강에 띄워 보냈다.

두 아이를 담은 광주리는 강물을 따라 흘러가다가 어느 강가에 닿았는데, 이때 물을 마시러 왔던 늑대가 배가 고파 우는 아이들의 울음소리를 들었다.

늑대는 이상하게 여기고 광주리 곁으로 다가갔다가 두 아이를 발견하고 그들에게 자기의 젖을 빨린 다음에 굴로 데려갔다.

이때부터 쌍둥이 형제는 늑대의 젖을 먹으며 자랐는데, 하루는 파우스톨스라는 양치기가 두 아이를 보고 늑대가 없는 틈을 타서 그들을 훔쳐다가 자기의 아들로 키웠다.

그리하여 파우스톨스의 밑에서 자란 두 아이가 바로 로마를 건국한 로물루스와 레무스였다.

세월이 흘러 늠름한 청년이 된 형제는 파우스톨에게서 자기들의 출생에 관한 이야기를 듣고, 복수를 결심했다.

로물루스와 레무스는 이때부터 자기를 따르는 무리를 모아 모든 준비를 갖추고 마침내 아물리우스가 있는 곳으로 쳐들어가 그를 죽이고, 외할아버지인 누미토르르를 왕으로 삼았다.

로물루스와 레무스는 그 후 새로운 도시를 세우기로 했는데, 도시를 세울 장소를 놓고 뜻이 맞지 않아 서로 다투던 중에 레무스가 죽고 말았으므로, 로물루스는 카피톨리노 언덕 위에 로마라는 도시를 세우게 되었다.

그런데 로물루스가 세운 로마에 아이를 낳을 여자들이 없었기 때문에 그는 꾀를 내어 로마의 이웃에 있는 타티우스 왕과 사비니인들을 제사에 초대한 뒤에 이들이 정신을 팔고 있는 틈을 타서 그들의 도시로 쳐들어가 처녀들을 강제로 붙들어 왔다.

이 사실을 왕 타티우스 왕과 사비니인들이 격분하여 로마로 곧장 쳐들어갔으나, 사비니 처녀들이 양쪽을 화해시키는 바람에 싸우지 않고 타티우스와 로물루스가 로마를 함께 다스리게 되었다.

로마의 역사는 이처럼 티베르 강가를 중심으로 하여 시작되었다. 로마는 왕이 다스렸고 왕은 군사의 지휘권과 재판권 및 제사장을 맡았다. 또한 로마에는 씨족의 족장들로 이루어진 원로원이 있었으며, 평민들은 족장들의 보호를 받았다.

로마인들은 한때 에트루리아 왕의 다스림을 받기도 했으나, 기원전 6세기 말에 귀족과 평민이 힘을 합하여 에트루리아 왕을 몰아냈다. 이것은 그 무렵 귀족과 평민의 차별이 엄격하지 않았기 때문에 가능했던 것이다.

게다가 이 무렵에는 로마가 아닌 다른 지역에서 들어온 사람들도 귀족이 될 수 있었으나, 기원전 5세기 초부터는 평민이 귀족이 될 수 있는 길이 막히기 시작했고, 정치와 제사도 귀족이 독차지했다.

그리하여 귀족들은 자신을 중심으로 하는 정치적인 발판을 다져 나갔는데, 평민들은 이에 불만을 품고 귀족들과 똑같은 정치적 지위를 얻기 위해 싸우기 시작했다.

그리하여 기원전 494년, 평민들은 로마시에서 동북쪽으로 5킬로미터 떨어진 성산에 모여서 그들만의 새로운 공동체 국가를 세우려고 하였다.

이에 귀족들은 인구의 대부분을 차지하는 평민들이 없이 얼마 안 되는 귀족들로 국가를 움직이는 것이 어려웠기 때문에 이듬해에는 평민들을 로마로 끌어들이기 위해 그들의 요구를 많이 들어 주었다.

귀족들은 빚 때문에 외국에 노예로 팔린 평민들을 다시 데려왔고, 평민들만의 모임인 평민회에서 뽑힌 호민관의 활동을 인정했다.

그 후에도 귀족들은 차차 평민의 권리를 인정해 주었으며, 기원전 451년에는 로마 최초의 성문법인 12동판법을 만들었다.

12장의 청동에 새겨진 12동판법에는 민사소송법을 비롯하여 사법 · 형법 · 제사법 · 가족법 · 상속법 등이 들어 있었는데, 뒷날에 로마법 발전의 밑바탕이 되었다.

로마는 귀족과 평민과의 사이를 누그러뜨린 다음에 그들의 강적인 에트루리아인을 상대로 전쟁을 벌였는데, 이 전쟁에서 에트루리아군은 보병 전술을 써서 기병 전술을 쓰는 로마군을 곤경에 빠뜨렸다.

에트루리아군이 쓰는 전술은 그리스에서 기원전 8세기경에 생겨난 것으로서, 군사들은 온 몸을 갑옷으로 가리고 손에 둥근 방패를 든 병사들이 일렬로 바짝 붙어서 싸우는 것을 말한다. 가로로 늘어선 대열은 여러 줄이므로 제1열의 군사들이 앞으로 나아가 싸우다가 쓰러지면 제2열, 제3열이 계속해서 뒤를 이어 싸웠는데, 이 전술로 그리스군은 페르시아의 대군을 막아 냈다.

기병 전술을 쓰던 로마군은 에트루리아군과 맞서 싸우기 위해서는 그들도 보병 전술로 바꾸어야 했는데, 그렇게 하려면 무기를 갖추고 나와 싸울 수 있는 재산과 토지를 가진 농민들이 있어야 했다.

티베르 강

왜냐하면 군사들이 스스로 무기를 준비했기 때문이다.

이 무렵의 평민들은 빚 때문에 고통을 겪는 사람도 있었으나, 대개는 어느 정도의 토지를 가지고 있었으므로, 전술을 바꾼 다음부터 평민들이 나라를 지키는 중심 세력이 되었기 때문에 귀족들은 그들과 손을 잡아야 했다.

또, 귀족들은 평민들 중에서 가난한 사람들이 생기지 않도록 그들을 보살피고 돕는 정치를 할 수밖에 없었다.

이리하여 손을 잡은 그들은 힘을 합쳐 로마의 평화를 깨뜨리려는 주위의 산악 지대 종족들을 무찔렀으며, 기원전 396년에는 에트루리아의 중심 세력이던 베이이를 쳐부수었다.

그러나 베이이를 쳐부순 10년 뒤에는 북쪽에서 내려온 켈트인이 로마를 함락하여 모든 것을 빼앗고 파괴한 뒤에 황금을 바치겠다는 약속을 받고 물러났다.

로마는 전쟁에 패한 뒤에 귀족과 평민 사이가 나빠져서 혼란 속에 빠졌으나, 다행히도 기원전 367년에 정치가이자 호민관인 리키니우스와 섹스티우스가 내어 놓은 법으로 인해 혼란이 가라앉았다.

이 법은 첫째, 가난한 시민의 빚에 대한 이자를 없애 그들을 구하려고 했고 둘째, 부자들이 많은 토지를 갖지 못하게 하여 귀족과 평민

사이의 차이를 줄이려고 했으며 셋째, 귀족으로 이루어진 2명의 집정관 제도를 고쳐 1명은 평민이 맡도록 하여 민주 정치를 꾀했다.

로마에서는 집정관을 비롯하여 대부분의 고급 관리들을 민회에서 뽑았는데, 집정관이 내세운 후보자에 대해서만 찬반 투표를 했으므로 집정관과 사이가 나쁘면 후보자로 나설 수가 없었다.

이들 관리들은 급료가 없었으며, 평민은 재산을 많이 가지고 있어야만 정치에 나설 수가 있었다.

이 법이 실시된 뒤에 집정관이 된 평민은 세력이 있는 귀족과 손을 잡은 아주 적은 수의 상층 평민들밖에 없었는데, 이들을 신귀족이라고 불렀다.

이 신귀족은 전부터 있었던 귀족이나 평민 출신의 부자로 이루어져서 몇 세기 동안 정권을 잡았다.

로마의 민회는 그리스와는 달리 모든 시민이 똑같은 권리를 갖지 못하고 신귀족의 영향을 받는 불완전한 것이었다.

로마는 이처럼 귀족과 평민 사이의 대립을 조절하면서 밖으로 점점 세력을 키우고 있었다.

2. 이탈리아의 통일

코끼리 부대의 등장

로마가 꾸준히 나라의 기반을 다질 무렵에 세계 대제국을 세우려던 마케도니아의 알렉산더 대왕이 말라리아에 걸려 바빌론에서 세상을 떠났다.

그와 함께 알렉산더의 대제국은 나누어지기 시작했는데, 이것은 이탈리아 반도를 통일하려는 로마에게는 좋은 기회가 아닐 수 없었다.

이때 로마는 기원전 290년에 라틴인을 무찌르고 라티움 지방을 점령한 뒤에 에트루리아와 삼니움을 차례로 무너뜨린 뒤에 이탈리아 중부를 차지했고, 이탈리아 남부도 차지하기 위해 이곳을 다스리던 그리스의 식민 도시들과 싸웠다.

이 싸움에서 그리스 식민 도시들이 잇달아 패하자 타렌툼이 그리스 본토의 에페이로스의 왕 피로스에게 도움을 청했고, 피로스는 곧바로 대군을 이끌고 이탈리아 반도에 이르렀다.

피로스의 군사들은 모두 긴 창으로 무장했고 싸움에 쓰이는 코끼리도 있었는데, 코끼리를 이용한 전술은 알렉산더 대왕이 동방을 원정할 때 썼던 방법이다.

이때 로마군은 피로스군의 코끼리를 큰 소로 잘못 알고 갈팡질팡하다가 패배하고 말았다.

싸움이 끝난 뒤, 로마는 포로를 교환하기 위해 파브리티우스를 피

알렉산더의 코끼리 부대

로스에게 보냈다. 그러자 피로스는 그의 마음을 떠보려고 후하게 대접하고 많은 금은 보화를 주면서 선물로 받으라고 말했다.

이때 파브리티우스는 싸움터에서 금은 보화를 어디에 쓰겠느냐며 냉정하게 거절했다.

피로스는 파브리티우스의 말을 듣고 부끄러움을 감추지 못했으나, 그의 침착성을 시험해 보려고 이튿날 아침에 코끼리를 회의장 뒤에 데려다 놓고 포장을 쳐서 가려 놓았다. 그런 다음 파브리티우스가 회의장에 나타나자마자 갑자기 포장을 벗기게 했는데, 갑자기 나타난 코끼리를 본 파브리티우스는 조금도 놀라지 않고 "과연 큰 짐승이기는 하나 우리 로마를 움직이기에는 너무 가볍다"며 태연하게 웃었다.

그러자 감동을 받은 피로스는 아무 조건도 없이 포로가 된 로마군들을 모두 풀어주었다.

그 뒤에도 로마가 끈질기게 싸움을 걸자, 피로스는 지친 나머지 사자를 로마 원로원에 보내 평화롭게 지내자고 했으나 원로원은 로마군이 어려움을 견디며 싸우고 있는데도 피로스의 요구를 거절했다. 그 까닭은 피로스가 군사를 이끌고 이탈리아를 떠나지 않았기 때문이라는 것이었다.

피로스는 로마인의 기세가 대단함을 보고 로마를 쉽게 정복할 수 없음을 느꼈는데, 마침 시칠리아 섬의 시라쿠사가 카르타고군의 위협을 받고 구원을 청하자, 이를 기회로 여긴 피로스는 군사들을 이끌고 시칠리아 섬으로 떠났다.

로마는 곧 카르타고와 공수 동맹을 맺고 군사를 보내 피로스를 치기로 했으나 군사를 보내지 않은 채 피로스가 떠난 틈을 타서 빼앗겼던 이탈리아 남부를 되찾기 위해 군사를 보냈다.

한편, 피로스는 시칠리아군과 싸우던 중 이 소식이 전해지자 카르타고에 화해를 청했으며, 로마의 배신 행위를 괘씸하게 여긴 카르타고도 피로스의 요청을 받아들였다. 또한 군함까지 보내면서 피로스가 또다시 로마를 무찌르게 하였다. 이런 결과는 배신이 배신을 낳은 것으로서, 처음에는 로마가 카르타고를 배신하고, 그 배신에 분노한 카르타고가 이번에는 로마를 배신한 것이다.

이리하여 로마는 또다시 피로스군의 침략을 받았으나, 로마군은 이미 피로스군에 대해서 자세히 알고 있었으므로 피로스의 군사들과 싸울 모든 준비를 갖추고 있었다.

피로스는 코끼리를 앞세우고 쳐들어갔는데, 이제는 긴 코를 휘두르며 맹렬하게 달려오는 코끼리 떼들을 로마군이 두려워하지 않았다.

로마군들은 코끼리 떼를 향해 화살을 마구 쏘았고, 마차에 불을 붙여 굴렸다.

불덩어리 마차와 화살이 빗발치듯 하자 당황한 코끼리들은 되돌아서서 피로스의 군사들을 향해 달려들었다.

이때 힘을 얻은 로마군이 사방에서 공격하자 제2의 알렉산더 대왕을 꿈꾸던 피로스는 패배를 안은 채 본국으로 돌아가고 말았다.

이로써 티베르 강가를 중심으로 하여 태어난 로마는 마침내 이탈리아 반도의 대부분을 차지했으며, 그 세력이 시칠리아 섬을 마주보는 메사나 해협에까지 미쳤다.

3. 로마와 카르타고

포에니 전쟁

그 무렵, 이탈리아 반도의 남서쪽 끝에 있는 시칠리아 섬은 카르타고의 세력 안에 들어가 있었다.

서남 아시아에 있던 카르타고는 기원전 9세기 말경에 오늘날의 튀니지를 중심으로 하여 티루스시의 여왕이 아프리카 북쪽에 세운 페니키아의 식민지였다. 이곳은 지중해의 중앙에 자리 잡고 있어서 일찍부터 상업과 무역이 활발하게 일어났으며, 넓은 평야가 있어서 식량을 스스로 해결했기 때문에, 기원전 6세기경에는 지중해에서 가장 강한 나라가 되었다.

그들은 시칠리아의 서부 사르디니아 · 코르시카 · 이베리아 반도의 동남 해안 및 북아프리카의 서쪽까지 세력을 떨치고 있었으며, 브리타니아까지 멀리 나아가 청동의 주원료인 주석을 가져왔고, 아프리카 서해안에서 상아를 모으면서 지중해의 여왕처럼 행세하고 있었다.

카르타고는 이렇게 바다를 이용하여 발전했으므로 농업국인 로마와는 다투지 않고 지냈으나, 로마가 이탈리아 남부에까지 세력을 넓혀서 그리스의 식민 도시들과 동맹을 맺고 그들의 이익을 보호해 주면서부터 지중해 서쪽의 세력 균형이 깨어지게 되었다.

이 무렵, 시라쿠사의 왕을 섬기던 용병 대장 마메르티니가 이끄는 용병대가 왕이 죽은 뒤에 그리스 식민지인 메사나를 점령하여 시민들을 마구 죽이고 불을 지르는 등 난폭한 짓을 일삼았다.

이때 뒤를 이은 시라쿠사의 왕 히에론 2세가 이들을 공격했고, 궁지에 몰린 용병대가 로마에 구원을 요청하자 로마의 원로원은 의논을 거듭한 끝에 용병대의 청을 들어 주기로 하였다.

한편, 카르타고는 이 틈을 이용하여 시칠리아 섬을 완전히 차지하려고 군사들을 보내자, 로마도 이탈리아 남쪽 해안을 지키기 위해 재빨리 군대를 보냈다.

이로써 기원전 264년에 로마와 카르타고가 서로 지중해의 지배권을 차지하기 위해 싸움을 벌였는데 이것이 3차에 걸쳐 일어난 포에니 전쟁의 시작이었다.

포에니 전쟁은 주로 시칠리아 섬에서 벌어졌다.

로마가 밤을 이용하여 메사나를 점령하자, 시라쿠사의 왕은 별안간 태도를 바꾸어 로마를 돕는 바람에 로마는 메사나와 시라쿠사를 군사 진영으로 삼을 수가 있었다.

그 뒤, 로마군은 카르타고군과 치열하게 싸운 끝에 남쪽의 아그리겐툼을 점령했으나, 해군이 없어 바다로 나아갈 수가 없었으므로 부랴부랴 배를 만들기 시작했다.

이 무렵, 바다 위에서의 싸움은 배끼리 맞부딪쳐서 적의 배를 가라앉혀야 했으므로 뱃머리의 뾰족하게 나온 곳을 철판으로 덮어씌웠다. 그래야 적의 배를 들이받아 가라앉힐 수가 있었다.

레굴루스

철판을 만드는 기술이 카르타고보다

뒤떨어진 로마는 새로운 방법을 쓰기로 하였다.

즉, 카르타고의 함대가 나타나면 먼저 쇠갈고리를 적의 배에 던져 끌어당긴 후에 발판을 적의 배에 걸쳐 놓고 곧장 건너가서 공격하는 전술이었다.

이 전술은 큰 효과를 거두어서 로마는 기원전 256년에 시칠리아 섬 남쪽 바다에서 카르타고의 대함대를 쳐부수었고, 레굴루스가 이끄는 군사들은 북아프리카에 상륙했다.

카르타고는 로마의 대군들에게 포위되자 강화를 요청했는데, 이때 레굴루스가 강화 조건을 너무 지나치게 내세우는 바람에 실패하고 말았다.

카르타고는 강화에 실패한 뒤에 스파르타인으로서 전술과 실력이 뛰어난 크산티포스를 불러들여 싸우게 했는데, 그는 코끼리와 기병을 이용하여 로마군을 쳐부수고 레굴루스를 사로잡았다.

그런데다가 원정군을 구출하러 간 300여 척의 로마 함대마저 돌아오다가 폭풍우를 만나 거의 다 바다에 가라앉았고 고작 80여 척만 돌아왔다.

카르타고는 계속해서 로마를 반격하기 위해 젊고 용맹한 지휘관인 하밀카르 바르카를 시칠리아 섬으로 보내 그곳에서 군사를 모아 싸우게 함으로써 전세는 로마군에게 불리한 쪽으로 돌아갔다.

그러자 로마의 부유한 시민들은 돈을 모아 200여 척의 배를 만들어 로마군에게 보냈고, 이때 용기를 되찾은 로마군은 카르타고의 함대를 물리친 뒤에 항복까지 받았다.

로마는 이어서 사르디니아 섬을 점령하고 코르시카 섬마저 차지한 다음에 이탈리아 북부로 나아가서 켈트인을 친 후, 더욱 세력을 떨쳐 대제국의 길로 들어서게 되었다.

한편, 시칠리아 섬을 로마에게 빼앗긴 카르타고는 많은 보상금까지 물어 주어야 했으므로 국력이 많이 쇠약해졌다.

카르타고인들은 이때부터 오직 로마에 대한 복수심을 키웠으나, 한 번 기울어져 버린 국력을 다시 일으켜 세우는 것은 여간 힘든 일이 아니었다.

이때, 로마군과 싸운 적이 있는 하밀카르 바르카가 새로운 계략을 연구하던 끝에 문득 스페인을 머리에 떠올렸다.

스페인에는 은광이 무척 많은데다가, 카르타고의 식민지가 있었으므로, 그곳에서 캐낸 은으로 국력을 키우면서 원주민을 끌어들여 강력한 군대를 만들어 보자는 계획이었다.

그때 하밀카르 바르카에게는 9세 된 아들이 있었는데, 이 아이가 바로 한니발이다.

어느 날, 하밀카르 바르카는 아들인 한니발을 앉혀 놓고, "카르타고의 원수는 로마이며 로마군과 싸우기 위해 스페인으로 가니, 만약 아버지가 뜻을 이루지 못하고 죽더라도 아버지 대신 원수를 갚아야 한다"고 일러두었다.

스페인에 이른 하밀카르 바르카는 먼저 남쪽 지방부터 점령하고, 차차 북쪽으로 올라가서 원주민들의 항복을 받은 뒤에 그들을 달래어 군대를 만들었다. 그러는 한편, 광산에서 은을 캐내어 기원전 231년에는 제1차 포에니 전쟁으로 인한 배상금을 로마에게 모두 갚았다.

그 후, 하밀카르 바르카는 기원전 229년에 야만족과 싸우던 중 전사했다.

이때 한니발의 나이는 19세였는데, 그에게 아버지의 뒤를 이어 스페인의 총독을 맡아 달라는 주위의 요청이 있었으나, 그는 아직 어리다고 사양했고 자기의 매형인 하스드루발을 추천하여 총독에 앉혔다.

하스드루발은 전쟁준비와 군대에 대한 것은 한니발에게 맡기고, 자신은 오직 국력을 키우는 데에만 전념하여, 두 사람의 노력으로 스페인에서의 카르타고 세력은 나날이 커지고 강해졌다. 그리고 새로운 카르타고를 세워 스페인의 식민지를 다스렸다.

그런데 하스드루발이 많은 사람들의 원한을 사서 갑자기 암살당하자, 한니발은 주위의 권유를 받아들여 26세의 나이로 스페인의 총독이 되었다.

총독이 된 한니발은 아버지 하밀카르의 뜻을 이어받아 로마를 쳐부수기 위한 준비를 시작했는데, 총독이 되어서도 군사들과 함께 지내며 그들을 잘 보살폈으므로 그들은 한니발의 명령이라면 물불을 가리지 않을 정도였다.

이리하여 한니발의 계획대로 로마와 싸우기 위한 준비가 끝났으며, 마침내 기원전 218년에 제2차 포에니 전쟁이 시작되었다.

한니발의 원정군은 보병 7만 명과 기병 1만 2,000명, 코끼리 37마리, 함대 30척이었고 이 밖에도 카르타고를 로마로부터 지키기 위해 보병 2만 명과 기병 4,000명, 코끼리 20마리를 보냈다.

또한, 스페인에도 약간의 군사와 함대를 남겨두고 아우를 총독으로 앉혀 군대에서 필요한 보급품을 대어 주도록 하였다.

한니발은 대군을 이끌고 원정길에 나서 이탈리아 반도를 향해 나아갔는데, 4개월이나 걸린 끝에 피레네 산맥 기슭에 이르렀다.

이때 군사들은 하늘을 찌를 듯이 높이 솟은 피레네 산맥을 쳐다보고 겁을 집어먹은 끝에 밤중에 3,000여 명이 달아나 버렸다.

한니발은 군사들이 달아났다는 보고를 받고 모든 군사들을 모아 놓고 부모 형제가 그리운 사람은 고국으로 돌아가도 좋다고 말했는데, 이때 많은 사람들이 떠나 버려 남은 군사들은 보병 5만여 명과 기병 9,000여명밖에 안 되었다. 이때 군사들은 서로 도와주고 용기를 북돋우어 주면서 피레네 산맥을 넘어 지중해의 바닷가를 따라 마침내 론 강가에 다다랐다.

한편, 한니발이 대군을 이끌고 쳐들어온다는 소식을 들은 로마에서는 곧 군사를 보내 론 강 건너편 마살리아라는 곳에 진을 쳤으나, 한니발의 군사들은 물살이 센 론 강을 건너 로마군을 물리쳤다.

그러나 이탈리아로 쳐들어오려면 피레네 산맥보다 더 높은 알프스를 넘어야 했으므로, 로마군은 한니발의 군사가 알프스를 넘지 못할 것이라고 마음을 놓고 있었다.

왜냐하면 알프스는 매우 높고 험하며 온통 눈으로 덮여 있었고, 또한 살을 에는 듯한 매서운 추위와 싸워야 했기 때문이다.

그렇지만 한니발은 군사들을 격려하여 용기를 북돋우면서 알프스를 오르기 시작하여 9일째 되는 날 드디어 산꼭대기에 이르렀다.

한니발은 추위와 피곤에 지쳐 있는 군사들에게 산 아래에 넓게 펼쳐져 있는 롬바르디아 평원을 가리키며 군사들에게, "저 평원을 지나 로마로 쳐들어가면 승리는 우리의 것"이라고 외쳤다.

카르타고군들은 한니발의 말에 믿음과 용기를 얻어 모두 산을 내려가기 시작했다.

그러나 산을 내려가는 것은 오르는 것보다 더욱 힘들었고 어려워서 군사들은 온갖 고통을 참으며 코끼리와 함께 내려가는 길을 새로 만들었다.

그 결과 산꼭대기에서 평지까지 내려오는 데 15일이 걸렸으며, 군사들도 스페인을 떠날 때의 절반으로 줄어들었다.

한편, 한니발이 군사를 이끌고 알프스를 넘었다는 소식을 들은 로마군들은 기절할 듯이 놀랐다. 그들은 처음에는 곧이듣지 않았으나 이것은 틀림없는 사실이었으므로 한니발이 롬바르디아 평원의 포 강을 건너기 전에 물리치려고 했으나 패하고 말았다.

한니발의 카르타고군에게 패배했다는 소식이 전해지자, 로마는 걷잡을 수 없는 혼란에 빠졌으며, 원로원은 긴급회의를 연 끝에 카르타고군을 물리치기 위해 시칠리아 섬에 나가 있는 군사들을 불러들이기로 결정했다.

이 소식을 들은 한니발은 로마군과 정면으로 맞서 싸우는 것을 피하여 일부 군사를 포 강의 지류인 트레비아 강가에 숨겨 두고 자신은 적은 수의 군사로 로마군과 맞서서 싸우다가 일부러 지는 체하고 물러나기 시작했다.

이를 본 로마군이 그들을 맹렬하게 뒤쫓자 이때 숨어 있던 군사들이 모두 달려나와 로마군을 공격했기 때문에 또다시 패했으나 거듭되는 패배에도 불구하고 용기를 잃지 않았다.

로마군들은 카르타고군이 추위에 약하다는 것을 알고 겨울 동안에 전쟁 준비를 철저히 갖추기 시작했다.

이윽고 겨울이 되면서 하늘을 찌르던 카르타고군의 기세가 고개를 숙였다. 카르타고군은 큰눈 때문에 마음대로 움직이지 못했으며, 코끼리 37마리도 1마리만 남고 모두 얼어 죽어 버리자, 한니발은 할 수 없이 전진을 멈추고 이듬해 봄까지 기다리는 수밖에 없었다.

마침내 춥고 지루했던 겨울이 지나고 봄이 되자 로마군이 먼저 움직이기 시작했고, 한니발도 군사를 이끌고 로마로 향했으나, 눈이 녹은 길은 온통 진흙탕으로 변해서 군사들과 말을 괴롭혔다. 군사들은 지친 끝에 쓰러져 죽거나 병으로 죽었고, 한니발도 안질로 한 쪽 눈이 멀고 말았다.

카르타고군은 갖은 고생 끝에 드디어 아르노 강가에 이르렀고, 로마군도 얼마 멀지 않은 곳에 진을 치고 있었다.

넓은 평지에서 지친 군사들을 이끌고 싸운다는 것은 대단히 불리하다고 깨달은 한니발은 군사들에게 뒤로 물러나라고 명령했다.

이때 로마군의 총사령관은 카르타고군이 물러난다는 보고를 받고 그들을 뒤쫓으면서 코르토나 산과 트라시메노 호수 사이에 난 좁은 길로 들어섰는데, 그곳에는 이미 카르타고군이 숨어서 그들을 기다리고 있었다.

카르타고군이 로마군을 그곳까지 끌어들인 뒤에 갑자기 돌아서서 공격하자, 이를 신호로 숨어 있던 군사들이 고함을 지르며 뛰어나와 옆에서 공격했다.

로마군은 이 싸움에서 총사령관을 비롯하여 많은 군사를 잃었고 싸움도 패하고 말았다.

패전 소식이 잇달아 로마에 전해지자 시민들은 불안에 휩싸였고, 원로원은 시민들을 안심시키는 한편 카르타고군을 막기 위해 온 힘을 기울였다.

로마시로 통하는 성문에 걸쳐진 모든 다리가 사라지고 성벽 위에도 투석기를 마련한 뒤에 큰 돌들을 가득 쌓아 놓았다.

이때, 한니발은 로마군들이 철통같이 지키고 있다는 보고를 받고 공격을 멈춘 채 군량미를 준비하면서 군사들을 편히 쉬게 하였다.

로마군은 그 기회를 노려 계속하여 공격했으나 카르타고군은 그때마다 물리치면서 잇달아 승리를 거두었다.

기원전 216년, 카르타고군 4만 명과 로마군 8만 명은 마침내 이탈리아 남동쪽의 칸네에서 세계 역사에 길이 남을 큰 싸움을 벌였다.

한니발은 이때 초승달 모양으로 진을 쳐서 양쪽 끝에 있는 정예 부대가 로마군을 둘러싸고 공격하는 전술을 썼다. 이를 모르는 로마군이 카르타고군의 중앙으로 쳐들어오자 한니발은 중앙의 군사들에게 후퇴 명령을 내렸다.

진의 중앙에 있던 카르타고군이 물러가는 것을 로마군이 더욱 용기를 내어 뒤쫓고 있을 때, 한니발이 양쪽의 정예 부대에게 공격명령을 내렸다.

양쪽에서 카르타고군의 공격을 받은 로마군이 그제야 속은 것을 깨닫고 후퇴하려고 할 때 뒤에서 카르타고군의 기병대가 무서운 기세로 쫓아오고 있었으므로 로마군은 완전히 포위당하고 말았다.

이 싸움에서 로마군은 8만 명 중에서 5만여 명이 전사했고, 많은 군사들이 행방 불명되었으며, 살아서 로마로 돌아간 군사는 고작 1만여 명이었다.

이처럼 크게 참패를 당하여 로마의 지배력이 약해지자 시칠리아 섬

스키피오

과 이탈리아 남부의 여러 곳에서 잇달아 반란이 일어나서 로마의 세력은 차차 약해져 갔다.

로마의 시민들이 카르타고군의 진격 소식 때문에 불안하여 안절부절못하고 있을 때 카르타고군이 갑자기 진격을 멈추었다.

한니발은 이번 싸움으로 남은 군사가 3만 명도 안 되며 모두 지쳐 있었으므로, 카르타고에 지원군을 요청하고 그들이 올 때까지 기다리기로 하였다.

한편, 카르타고에서는 한니발이 잇달아 승리를 거두자 그를 시기하고 질투하는 자들이 생겨났다. 그들은 한니발이 국왕의 자리를 넘보고 있다는 헛소문을 퍼뜨리면서 지원군을 보내는 데 적극적으로 반대하고 나섰다.

그리하여 지원군을 보내지 않고 있다가 해가 바뀌어서야 고작 기병 4,000여 명과 코끼리 40마리를 보냈으므로, 한니발은 크게 실망하고 말았다.

이와는 달리 로마는 한니발이 원군을 기다리는 동안에 힘을 기르고 청년들을 끌어들여 군대를 새로 편성하여 먼저 한니발의 근거지였던 스페인을 공격하여 카르타고군의 군량보급을 끊어 놓기로 하였다. 로마는 정치가이자 장군인 스피키오를 총사령관으로 임명하여 군사를 이끌고 스페인으로 가게 하였다.

이때 스페인을 다스리고 있던 총독은 로마군이 쳐들어온다는 소식을 듣고 방어 태세에 들어갔다. 그런데 형인 한니발로부터 스페인의 군사들을 이끌고 로마로 오라는 연락을 받았다.

카르타고에서 보내 준 지원군의 수가 너무 적어서 아우에게 도움을 청하게 된 것이다.

한니발의 아우는 매우 어려운 처지에 놓이게 되었다. 형을 도우러 가면 스페인이 로마군에게 짓밟힐 것이고, 그렇다고 곤경에 처한 형을 모른 체할 수도 없는 노릇이었다.

기원전 208년 가을, 한니발의 아우는 마침내 형을 돕기로 결심하고 모든 군사를 이끌고 이탈리아로 떠나 피레네 산을 넘고, 론 강을 건넜다. 그는 그곳에서 겨울을 보내고, 이듬해 봄에는 알프스를 넘어 롬바르디아 평원으로 내려갔다.

이탈리아에 다다른 그는 작전을 세우기 위해 부하에게 편지를 주어 형에게 보냈으나 도중에 로마군에게 붙잡혀 편지를 빼앗기고 말았다.

이 편지에는 그의 작전이 자세히 적혀 있었으므로 이것을 알게 된 로마군은 곧바로 대군을 이끌고 그를 공격했으며, 갑자기 기습을 받은 그는 미처 손 쓸 사이도 없이 로마군에게 여지없이 패하고 자신도 전사했다.

한편, 아우에게서 소식이 오기만을 초조하게 기다리고 있던 한니발에게 어느 날 조그만 상자 하나가 배달되었으므로 이상하게 생각하고 상자를 열어 본 한니발은 그 자리에 주저앉고 말았다.

상자 안에는 칼에 잘린 아우의 머리가 들어 있었던 것이다.

한니발은 눈을 부릅뜬 채 죽은 아우의 머리를 껴안고 통곡했다.

한니발의 지원군을 무찔렀다는 소식에 로마는 온통 잔치 분위기에 젖어 있었다. 로마군들은 3일 동안 로마의 신들에게 감사의 제사를 올리고 스페인을 치는 대신에 카르타고를 치기로 하였다.

기원전 204년, 총사령관 스키피오가 이끄는 3,500명의 로마군은 400여 척의 배에 나누어 타고 카르타고로 향했다.

로마군은 먼저 시칠리아 섬으로 가서 모든 준비를 갖추고 아프리카 북쪽 해안으로 나아가 카르타고의 서북쪽에 있는 우티카라는 도시 근처에 상륙했는데, 이때 로마군이 쳐들어왔다는 소식이 전해지자 카르타고 시민들은 크게 놀랐다.

그들은 한니발을 원망했으나, 우선 로마군부터 막아야 했기 때문에 서둘러 군사들을 모집하여 우티카로 보냈다.

그러나 적은 수의 군사로 로마의 대군과 싸운다는 것은 어림도 없었으며, 로마군과 싸울 군사는 오직 한니발의 군사뿐인데, 이때 카르타고군은 이탈리아 남쪽의 크로톤 항구에 머무르면서 로마로 쳐들어가기 위해 한니발의 명령만 기다리고 있었다.

그러던 중 카르타고가 로마군의 침입으로 위기에 처해 있다는 뜻밖의 소식을 듣고, 한니발은 기원전 203년 가을에 군사를 이끌고 카르타고로 떠났다.

로마 시민들은 카르타고군이 떠나자 비로소 안도의 숨을 내쉬었다. 로마인들은 한니발을 그 정도로 두려워했던 것이다.

이때 카르타고에서는 서로 싸우지 말고 평화롭게 지내자는 의견이 대부분이어서 로마에 항복할 준비를 하던 중에 마침 한니발이 돌아오자 싸워야 한다는 의견이 힘을 얻었지만, 쉽게 결정이 나지 않고 혼란만 계속되었다.

한니발은 이러한 혼란을 가라앉히기 위해 로마군 총사령관 스키피오를 만나 회담을 하는 자리에서 스키피오에게 시칠리아와 사르디니아 등 두 섬과 스페인을 로마에게 넘겨 줄 테니 전쟁을 끝내자고 하였다. 그러나 스키피오는 카르타고의 함대도 넘겨 달라고 요구하여 회담은 깨어지고 말았다.

기원전 202년 가을, 카르타고군과 로마군은 자마에서 맞붙었다. 이때 카르타고군의 기병은 로마군의 절반도 안 되었으나, 한니발은 모든 것을 운명에 맡기고 칸네에서와 같은 작전을 벌였다.

그런데 스키피오는 이미 그 작전을 눈치 채고 있었으며, 양쪽 끝에서 공격할 기병의 수가 모자랐으므로 로마군은 쉽게 포위되지 않았다. 게다가 신병들로 이루어진 보병들이 로마군의 기병들에게 몰살당하는 바람에 카르타고군은 크게 패하고 말았다.

한니발의 최후

자마 전투

자마에서 크게 패한 카르타고는 로마에게 스페인을 비롯하여 해외의 모든 식민지를 로마에게 넘겨주고 항복했다.

함대도 20척만 남기고 모두 빼앗겼으며, 이후로 50년 동안 해마다 200 탈렌트의 배상금을 로마에 물어야 했다. 한니발은 패잔병들을 데리고 카르타고로 돌아왔으나 희망을 버리지 않고 정치가로 나서서 로마에 복수할 때만을 기다리고 있었다. 그러나 카르타고에는 그를 시기하고 질투하는 자들이 많아서 그들은 로마에 사람을 보내 한니발이 복수를 준비하고 있다고 몰래 알렸다.

한니발은 자신에게 위험이 점점 다가오는 것을 눈치 채고 카르타고를 몰래 떠나 소아시아의 여러 나라를 돌면서 로마를 공격하기 위해 동맹을 맺으려고 했지만 뜻을 이루지 못했다.

한니발은 그 후 비티니아에 머물고 있었다. 그런데, 로마의 위협이 비티니아의 왕국에까지 미쳤으므로 국왕은 할 수 없이 로마에서 온 사람들에게 한니발이 숨어 있는 곳을 가르쳐 주었다.

이리하여 한니발은 로마에서 온 사람들에게 포위되자 미리 준비한 독약을 마시고 스스로 목숨을 끊음으로써 카르타고의 영웅이었던 그는 기원전 183년에 64세를 일기로 역사 속으로 사라지고 말았다.

그러나 카르타고에는 어려움을 이겨 낼 힘이 아직 남아 있었다.

처음부터 상업이 발달했던 카르타고는 세월이 흐르면서 패전의 상처도 차차 사라졌으며, 나라 살림도 풍부해져서 50년 동안 물어야 할 배상금도 10년 만에 모두 갚았다.

이에 로마는 카르타고의 저력에 놀라면서 그들의 기세를 꺾어 버리려고 벼르고 있었으나, 공격할 만한 트집을 잡을 수가 없었다.

그런데 이때 카르타고가 큰 실수를 저지르고 말았다.

카르타고의 서쪽에 있던 누미디아의 마시닛사는 로마의 스키피오에게 도움을 받아 왕이 된 뒤에 국토 개발에 모든 정성을 쏟는 한편, 로마가 승낙하지 않으면 카르타고가 다른 나라와 싸울 수 없다는 약점을 이용하여 카르타고의 영토를 조금씩 건드렸다.

카르타고가 로마 원로원에 이 사실을 알리자, 마시닛사도 카르타고가 힘을 키우고 있다고 로마 원로원에 거짓말을 하여 로마 원로원과 카르타고 사이가 멀어지게 하였다.

그렇지 않아도 카르타고를 경계하고 있던 로마 원로원은 마시닛사의 편을 들어서 카르타고가 원로원의 승낙을 받지 않고 누미디아와 싸우기만을 기다리고 있었다.

그러던 중에 카르타고가 그만 로마 원로원의 승낙을 받지 않고 기원전 150년에 누미디아와 전쟁을 하는 실수를 범하고 말았다.

로마는 이 사건을 좋은 기회로 여기고 기원전 149년에 카르타고를 향해 선전포고를 했는데, 이것이 제3차 포에니 전쟁이다.

선전 포고에 당황한 카르타고가 화해를 요청하자, 로마는 자기들에게 볼모를 보내고 모든 군장비를 넘겨 줄 것을 요구했다. 또한 카르타고의 시민들은 해안에서 16킬로미터 이상 떨어진 곳으로 옮겨 가서 살 것을 요구했는데, 이런 요구 조건은 항구를 통한 무역을 주요 경제 기반으로 삼고 있던 카르타고를 스스로 멸망하게 만드는 것과 같았다.

격분한 카르타고 시민들은 로마와 싸우기로 결심하고 전쟁에 필요한 무기를 만드는 데에 온 힘을 쏟았다.

이렇게 카르타고가 로마군과 싸울 준비를 성 안에서 하고 있는 동안에, 성 밖에서는 성을 에워싼 로마군에게 카르타고군이 기습 작전을 감행하여 공격을 늦추고 있었다.

폐허가된 카르타고

이러한 싸움은 기원전 149년부터 기원전 146년까지 4년 동안이나 계속되었으며, 피로와 굶주림과 질병으로 많은 수의 카르타고 시민들이 죽거나 지쳐 있었다.

그러나 마침내 로마군의 총공격으로 카르타고의 성벽이 무너졌고, 이어서 피비린내 나는 시가전이 벌어졌는데, 카르타고인들은 집 안에 숨어 로마군에게 활을 쏘며 저항했다.

이 저항은 1주일 동안이나 계속되어 로마군들을 힘들게 만드는 동시에 점점 지치게 하였으므로, 참다못한 스키피오는 마침내 카르타고를 불태우라고 명령했다. 이 싸움에서 로마군을 이끈 스키피오는 제2차 포에니 전쟁에서 카르타고 본국을 습격한 스키피오의 맏아들에게 입양된 양자로서, 제2차 포에니 전쟁 때의 스키피오를 대 스키피오, 제3차 포에니 전쟁 때의 스키피오를 소 스키피오라고 부른다.

로마군이 카르타고를 불태울 때 심한 바람이 불었으므로 17일 동안이나 불에 탄 끝에 완전히 폐허가 되었다.

이 불로 인하여 지중해에서 가장 부강하고 번영했던 항구도시 카르타고는 잿더미로 변해 사라지고 말았으며, 이때 로마군에 항복한 카르타고 시민은 모두 5만 명뿐이었다.

그 후 로마는 이 5만 명의 시민을 노예로 팔아 버리고, 카르타고는 로마의 행정 구역인 주로 삼아 버렸다.

4. 노예들의 반란

에우누스와 클레온의 반란

로마가 제3차 포에니 전쟁 이후로 동방과 스페인으로 나아가 많은 나라들을 정복하여 세력이 커지면서 노예의 숫자도 엄청나게 많아졌는데, 로마인들은 이 노예들을 도구처럼 생각하고 마구 부려먹었다.

이 때문에 노예들은 더 이상 참을 수 없게 되어 곳곳에서 반란을 일으키기 시작했는데, 그 중에서 규모가 큰 것은 시칠리아 섬의 반란과 노예 검객인 스파르타쿠스의 반란이었다.

시칠리아 섬의 반란은 에우누스라는 시리아 출신 노예가 일으킨 것으로, 그는 입에서 불을 뿜어내는 요술을 부리고 예언을 하는 신통력까지 갖추고 있었다. 반란을 이끈 에우누스는 기원전 135년에 시리아의 여신으로부터 앞으로 자기가 왕이 될 것이라는 말을 들었다면서 주인으로부터 심한 학대를 받는 노예들을 이끌고 엔나라는 도시를 습격하여 빼앗았다. 그 후 노예들에 의하여 왕이 된 에우누스는 시리아 왕국을 세운 셀레우코스의 자손인 안티오

노예의 모습

코스 왕이라 칭하고, 반란을 일으킨 노예들을 시리아인이라고 하였다.

그뿐만 아니라 왕처럼 차려 입고 수많은 친위병을 거느렸으며 왕비를 정하는 등 왕의 행세를 하였다.

한편, 노예들의 반란 소식이 시칠리아 섬으로 퍼지자, 섬의 서남쪽에서도 시리아 출신의 노예인 클레온이 이끄는 새로운 노예 반란이 일어났다.

클레온은 반란을 일으킨 뒤에 노예들을 이끌고 에우누스를 왕으로 받들어 그의 부하가 됨으로써 시칠리아 섬에 노예 반란은 그 세력이 걷잡을 수 없이 커져 갔다.

로마는 노예들의 반란을 처음에는 대수롭지 않게 여기고 반란을 가라앉히기 위해 적은 수의 군사를 보냈으나 그들에게 패하여 도리어 노예들의 사기만 올려 주고 말았다.

그러자 로마는 사태가 심각함을 깨닫고 집정관에게 대군을 이끌고 가서 반란군의 본거지인 타우로메니움과 엔나를 공격하게 했는데, 이 싸움에서 클레온은 죽고, 에우누스는 사로잡혀서 반란을 일으킨 노예들과 함께 처형되었다.

이 무렵, 시칠리아 섬뿐만 아니라 이탈리아의 여러 곳에서 노예들의 폭동이 일어났으며, 아테네의 라우레이온 은광과, 노예 시장으로 유명한 델로스 섬까지 반란의 영향이 미쳤으나 곧 가라앉았다.

또한, 소아시아의 페르가몬 왕국에서도 기원전 132년에 아리스토니코스라는 자가 왕족임을 내세워 노예와 빈민들을 모아 반란을 일으킨 뒤에 태양국을 세웠으나 3년 만에 진압되었다.

5. 로마의 토지 개혁

티베이우스와 그라쿠스

로마를 다스리는 사람들에게 새로운 걱정거리로 나타난 것은 군사력이 약해지는 것이었다.

본디 로마의 군대는 재산을 가진 시민들로 이루어졌는데, 대토지 제도가 확대되면서 토지를 잃어버리는 시민들이 늘어나자 군사로 뽑을 수 있는 청년들의 수가 차차 줄어들었다. 로마는 이것을 막으려고 군사가 되는 자격을 자꾸만 낮추었는데 그에 따라 군대의 질도 점점 떨어져 갔다.

이렇게 되면 로마는 그 동안에 차지했던 영토와 노예, 정복지의 주민들을 뜻대로 다스리지 못할 뿐더러 적의 침입에 대해서도 마음을 놓을 수가 없었다.

그러자 양심 있는 로마의 지배층들이 농민에게 토지를 갖게 하여 군사력을 키우기 위해 토지를 개혁하자는 의견들이 나왔다.

이 무렵, 로마에는 신귀족들이 많이 나타나 대부분의 공유지를 멋대로 차지하고, 많은 노예들에게 농사를 짓게 했으며, 토지가 없는 농민들을 소작인으로 부리고 있었다.

이런 어려운 상황을 알게 된 로마의 장군이자 호민관이던 티베리우스 그라쿠스는 토지 개혁을 실행하기 위해 나섰다.

티베리우스그라쿠스는 신귀족 중에서도 아주 유명한 집안으로서,

그라쿠스 형제

그의 어머니는 카르타고의 한니발을 무찌른 대 스키피오의 딸이었고, 누이는 카르타고를 멸망시킨 소 스키피오의 아내였다.

티베리우스는 기원전 137년에 재무관이 되어 스페인의 누만티아 전장으로 가던 길에 에트루리아를 지나다가 농민들은 보이지 않고 노예들만이 일하고 있는 것을 보았다.

또 누만티아에 이르러서도 로마군이 허둥거리며 싸우는 것을 보고 그는 로마군의 질이 매우 낮아졌다는 사실을 뼈저리게 느꼈다.

게다가 그 무렵에 일어난 시칠리아 섬의 노예 반란은 그에게 있어서는 매우 큰 충격이었다.

이때 티베리우스는 중대한 결심을 하고 기원전 134년 말에 호민관에 뽑혀 이듬해에 곧바로 토지 개혁 법안을 민회에 내놓았다.

이 법안은 공유지를 차지할 수 있는 한도를 정하고, 한도를 벗어난 토지는 농민들에게 나누어 주도록 하였다. 이 한도의 결정은 특별위원회에서 하게 되어 있으며, 특별 위원으로는 티베리우스와 그의 아우인 가이우스, 장인인 압피우스 등 세 사람이 뽑혔다. 이 법안은 무리한 것이 아니었으나 실시하는 데 많은 어려움이 뒤따랐고, 또 이처럼 중대한 법안이 원로원을 거치지 않고 민회에 바로 들어갔기 때문에 원로원의 불만을 샀다.

이리하여 원로원은 티베리우스의 동료이며 호민관인 옥타비아누스를 구슬려서 거부권을 내놓게 하였다. 이에 티베리우스도 지지 않고 평민들의 절대적인 지원을 받으며 옥타비아누스의 해임안을 민회에 내놓았는데, 해임안은 대다수의 찬성으로 통과했으며, 이때 토지 개혁 법안도 통과되었다.

한편, 원로원은 호민관을 민회가 해임시킨 것은 그때까지 없었던 일이었으므로 티베리우스를 더욱 못마땅하게 여겼다.

그런데 농민들이 토지를 받더라도 곧바로 농사를 지을 돈이 없었기 때문에 이것이 큰 문제로 떠올랐는데, 마침 페르가몬 왕국의 아탈로스 3세가 죽으면서 왕국을 로마에 바쳤으므로, 티베리우스는 이 왕국의 돈을 농민들의 농사 자금으로 나누어 주는 법안을 민회에 내놓아 통과시켰다.

본디 이러한 외교에 관한 문제는 원로원의 권한에 속해 있었으나, 민회를 손에 넣고 있는 티베리우스그라쿠스는 이를 무시해 버렸다.

이처럼 그라쿠스가 강하게 나오자 그를 반대하는 무리들이 들고 일어날 낌새를 보였으며, 티베리우스도 여기에 맞서서 한 번밖에 지낼 수 없는 호민관의 선출방식을 깨뜨려 버리고 다시 출마했다. 이에 티베리우스에게 불만을 품은 스키피오 나시카와 그를 따르는 반대파들이 무장시위를 일으켜 티베리우스를 비롯한 그의 일파 300여 명을 무참히 죽여 시체들을 티베르 강에 던져 버렸다.

티베리우스가 죽은 뒤에도 3인의 특별 위원회는 새로운 위원들을 뽑아 임무를 계속했으나, 이때에도 문제가 생겼다.

즉 이탈리아 안에 있는 로마 동맹시의 부유한 시민들은 한정된 범위를 벗어나는 공유지를 빼앗기는 반면, 동맹시에서 망한 농민들은 로마 시민권이 없어서 토지를 받지 못해 불만을 품었다. 이에 그들의 불만을 잠재우기 위해 원로원이 나서서, 동맹시의 처분은 원로원의 권한이라고 주장하여 동맹시의 토지는 개혁 대상에서 뺐다.

그러자 개혁파의 집정관인 풀비우스는 이탈리아인에게도 로마 시민권을 주고 시민권을 바라지 않는 사람들에게도 민회에 재판을 걸 수 있는 권리를 주자는 법안을 원로원에 내놓았다. 이것은 동맹시의 불만을 없애고, 농민에게 나누어 줄 토지를 계속 마련하기 위해서였으나 심한 반대에 부닥쳐 실행되지 않았다.

그러던 중 티베리우스의 아우인 가이우스가 기원전 123년에 호민관에 뽑혀 형이 미처 이루지 못한 개혁들을 용감하게 실시했는데, 그 중의 하나가 곡물법이다.

곡물법이란, 로마의 시민들에게 일반 가격보다 더 싸게 곡물을 파는 것으로, 토지가 없는 시민들을 로마로 끌어들여서 민회의 표를 얻으려는 속셈이었다.

가이우스는 형이 무참히 살해된 것은 선거철이 농번기여서 농민들을 제대로 이용하지 못했기 때문임을 잘 알고 있었다. 그래서 곡물법을 통과시켜 자신의 지지자들을 많이 만들려고 하였다.

게다가 가이우스는 기사들을 자기편으로 만들어서 원로원이 시민들로부터 따돌림을 받게 만들 계획도 세웠다.

가이우스는 자신을 지지하는 사람들의 지원으로 이듬해에도 호민관에 다시 뽑혔으며, 동료 호민관과 함께 포에니 전쟁으로 파괴된 카푸아와 타렌툼, 카르타고 등을 다시 일으켜 세우기 위해 카르타고가 있었던 아프리카로 떠났다.

그런데 가이우스가 떠나자 그의 반대파들이 호민관 드루수스를 꾀어서 자기편으로 끌어들인 다음, 그에게 이탈리아 안에 로마 시민만으로 이루어진 12개의 식민도시를 세우자는 의견을 내놓게 하여 민심을 가이우스에게서 떼어 놓는 데 성공했다.

그 결과, 가이우스가 아프리카에서 돌아왔을 때는 민심이 그에게서 크게 멀어져 있었다.

그러나 가이우스는 실망하지 않고 3년 전에 풀비우스가 내놓았다가 실패한 시민권 법안을 다시 내놓았는데, 이번에는 그 내용을 부드럽게 고쳐서 라틴인에게는 로마 시민권을 주고 동맹시의 시민에게는 라틴 시민권을 주자고 하였다.

왜냐하면 이 문제가 해결되어야만 공유지를 제대로 다시 나누어 줄 수가 있었기 때문이다.

그런데도 그전처럼 로마의 원로원과 기사와 시민들이 모두 반대하고 나섰는데, 그들 모두가 다 로마 시민권을 독차지하려고 반대한 것이다.

이런 까닭으로 가이우스는 이듬해의 호민관 선거에서 떨어지고 말았으며, 가이우스의 반대파는 그에게 잔인한 복수를 시작했다. 즉, 로마 원로원은 한 시민이 개혁파의 손에 죽은 것을 이유로 국가 비상사태를 선포하고, 아벤틴 언덕에서 가이우스 지지자들을 습격하여 3,000여 명을 죽인 후 시체를 티베르 강에 던졌고, 그들의 재산을 모두 빼앗았다.

가이우스는 이때 몸을 피해 간신히 목숨을 건졌으나, 그의 지지자들이 모두 살해된 것을 알고 스스로 목숨을 끊음으로써 토지 개혁도 사라지고 말았다.

6. 정치 개혁

마리우스와 술라

티베리우스와 가이우스 및 그들을 따르던 무리들은 모두 살해되었으나, 그들로 인해 원로원의 권위는 크게 흔들렸고, 민회는 새로운 실력을 갖추게 되었다.

이로써 로마에는 민회를 중심으로 하여 새로운 정책을 펼치려는 대중적인 정치가 나타났고, 이와는 반대로 원로원을 중심으로 하여 정책을 펼치려는 정치가들이 나타났다.

그러나 로마의 민회는 정책을 실행하기 위한 수단으로 이용되었을 뿐으로, 민회가 민의를 반영했던 아테네의 민주 정치와는 거리가 멀었다. 또한 토지 개혁이 실패로 끝나면서 토지를 가진 농민들로 이루어진 로마 군사 조직은 차츰 더 약해져 갔다.

예를 들어 기원전 111년에 있은 아프리카의 누미디아와 전쟁이 시작되면서 누미디아에 살던 로마인이 많이 살해되었고 원로원 의원이 누미디아의 왕인 유그르타의 꾐에 넘어갔던 사건 등은 로마 원로원의 부패와 무능, 국방력이 약해졌음을 나타내는 좋은 증거이다.

누미디아와의 전쟁에서는 집정관이자 장군이던 마리우스가 로마군의 사령관이 되었다.

마리우스는 사령관이 되자 가난한 시민들 중에서 지원자를 뽑아 엄격하게 훈련시켰으며, 이렇게 훈련받은 군사들을 이끌고 가서 누미디아를 쳐부수고 유그르타를 사로잡아 로마로 개선했다.

이 무렵, 이탈리아 북쪽 국경 지대에 게르만 민족의 한 부족인 킴브리족과 데우토네스족이 쳐들어와서 로마군을 잇달아 쳐부수자 불안해진 로마의 시민들은 마리우스를 다시 집정관으로 뽑았다.

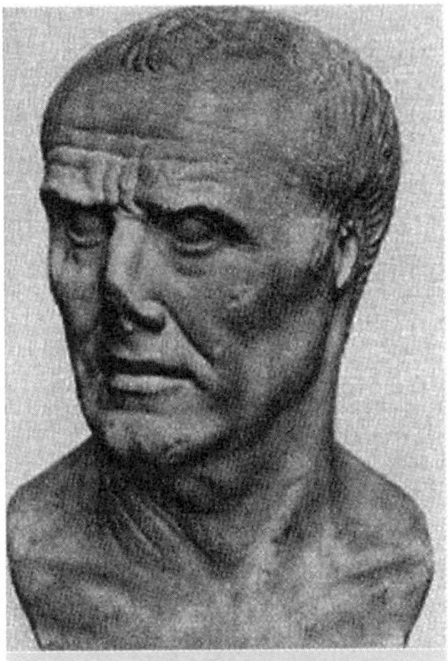
가이우스 마리우스

이리하여 두 번째로 집정관이 된 마리우스는 군사들을 이끌고 북쪽으로 가서 적들을 쳐부수고 돌아옴으로써 그의 인기는 하늘 높이 치솟았다.

마리우스는 그 뒤에 해마다 집정관에 뽑혀 기원전 100년에 6번째로 집정관이 되자, 자기와 함께 싸웠던 군사들에게 100유게라씩 토지를 나누어 주어 제대시킨 후에 북아프리카를 비롯하여 시칠리아와 마케도니아 등에서 살도록 하였다.

그런데 마리우스가 자기의 군사들에게 베풀었던 방법은 뒷날에 정치적으로 중대한 변화를 가져오게 되었다.

즉, 마리우스 이후에 조직된 군대는 국가에 충성하지 않고 자기를 뽑은 장군에게 충성하는 개인의 군대가 되어 버린 것이다. 또한, 장군은 병사들의 투표와 무력의 지지를 받으며 정치에 발을 들여놓게 되고, 병사들의 보호자로서 그들을 보살펴 주며 제대할 때에는 토지를 나누어 줄 책임도 지고 있었다.

그렇게 되자, 장군은 재산을 늘리기 위해서 정적의 토지를 빼앗거나 해외에 식민지를 만든 다음에 제대한 병사들을 그곳으로 보내는 수밖에 없었다.

따라서 마리우스 이후로 100여 년 동안 토지를 빼앗기 위한 장군들의 싸움은 그치지 않았고, 다른 나라와의 싸움도 계속되었다.

이처럼 혼란이 계속되자 로마와 동맹을 맺은 도시들이 반란을 일으켜 로마에서 100킬로미터 떨어진 동쪽에 코르피움에 새로운 수도를 세우고 나라의 이름을 이탈리아로 정한 뒤에 화폐도 새로 만들었다.

로마는 반란을 가라앉히기 위해 마리우스와 술라를 비롯한 모든 장군들이 나섰으나, 반란을 가라앉히기는커녕 도리어 그들에게 쫓기는 신세가 되었다. 왜냐하면 반란군은 오랫동안 로마군으로 있으면서 많은 싸움을 치러서 로마군의 전술을 환하게 알고 있었고 숫자도 로마군보다 훨씬 많았기 때문이었다.

반란이 쉽게 가라앉지 않자, 로마는 기원전 89년에 이탈리아인들에게 모두 로마 시민권을 주어 로마인과 똑같은 권리를 갖게 하여 반란을 가라앉혔다.

기원전 88년 소아시아에 있는 폰토스의 왕인 미트리다테스가 아시아의 로마 속주를 공격했는데, 로마의 무거운 세금에 시달리던 속주들이 폰토스군을 열렬히 환영했으므로 미트리다테스는 로마의 속주를 간단히 차지하였다.

미트리다테스는 이어서 그리스까지 나아가 아테네를 그들의 해군기지로 삼자, 이 소식을 들은 로마는 발칵 뒤집혔다.

이 무렵, 로마에서는 늙은 마리우스보다는 새롭고 공적이 많은 술라가 시민들의 인기를 독차지하고 있었다. 술라는 기원전 86년에 집정관이 된 뒤에 마트리다테스를 무찌르기 위해 곧장 로마군을 이끌고 떠났다.

그러자 마리우스가 이끄는 평민당은 민회를 움직여서 술라가 거느리는 군사를 마리우스에게 넘겨주도록 하는 법을 통과시켰다.

이 소식을 들은 술라는 군사를 거느리고 로마로 되돌아와서 마리우스 일파를 제거했는데, 이것이 로마의 군대가 일개 장군의 군대임을 보여 주는 뚜렷한 증거이다.

마리우스 일파를 무찌른 술라는 다시 미트리다테스 왕과 싸우려고 떠났다. 그런데 이때 술라에게 패하여 아프리카로 달아나던 마리우스가 군사를 이끌고 로마로 되돌아와서 술라의 일파를 모두 죽여 버렸다.

마리우스는 기원전 86년에 또다시 일곱 번째로 집정관이 되었으나, 집정관이 된 지 17일 만에 폐렴에 걸려 죽고 말았다.

한편, 미트리다테스의 군사와 싸워서 여러 차례 승리한 뒤에 화의를 맺고 로마로 돌아온 술라는 마리우스 일파를 죽이고 원로원의 권위를 되살렸으며, 민회와 호민관의 권력을 약하게 만들었다.

술라는 그 후 독재관이 되어 민주주의 제도를 없애고 공포 정치를 하다가 스스로 정치에서 물러나 기원전 78년에 무서운 병에 걸려 비참하게 최후를 마쳤다.

7. 검투사 스파르타쿠스

스파르타쿠스

로마에서 내란이 계속되고 있을 때 속주인 스페인에서도 반란이 일어났다.

반란은 술라의 부민당이 정권을 쥐고 있는 로마 정부에 대항하여, 마리우스의 일파였던 스페인의 총독 세르토리우스가 독립 정부를 세운 것이다.

세르토리우스는 기원전 83년에 마리우스의 힘으로 스페인의 총독이 되어 세금을 내리는 등 민심을 얻은 뒤에 원로원과 정무관 제도를 만들어 마리우스 일파를 끌어들였다.

검투사의 모습

그는 또 원주민으로 군대를 만들고 그리스 · 폰토스 왕국과 동맹을 맺어 로마군이 스페인으로 쳐들어올 때 그들을 막을 준비를 하고 있었다.

그러자 로마는 폼페이우스를 집정관 대리로 임명하여 세르토리우스를 치도록 했으며, 세르토리우스는 로마군을 맞아 게릴

라전으로 맞서 싸우던 중 부하에게 살해되는 바람에 폼페이우스는 어렵지 않게 반란을 가라앉히게 되었다.

이 무렵, 이탈리아에서 또다시 대규모의 노예 반란이 일어났다.

기원전 73년에 캄파니아의 카푸아에 있는 검투사 양성소에서 78명의 노예 검투사들이 달아났다. 그들의 지도자는 트라키아 출신의 노예 검투사인 스파르타쿠스로서, 이들이 베수비오 산으로 달아날 때에 근처의 농장과 목장에서 일하던 노예들이 그들을 따랐으므로 그 수가 7,000여 명이나 되었다.

로마군은 여러 번 이들을 치려고 했으나 그때마다 번번이 실패했고, 이듬해에는 로마의 빈민들까지 반란군에 들어가 그 수가 6만여 명이나 되었다.

반란군들은 로마의 2개 군단을 무찌르고 남부 이탈리아를 손에 넣었는데, 이들의 지도자인 스파르타쿠스는 반란군들에게 시민의 재물을 강제로 빼앗은 행위를 금지시켰으며, 로마군에게서 빼앗은 물건들을 골고루 나누어 주었다.

스파르타쿠스는 반란군을 정리하여 그들의 고향으로 보내려고 했으나, 노예들 중에는 고향으로 돌아가는 것보다는 로마를 공격하자는 의견이 많았다. 이때 스파르타쿠스는 할 수 없이 반란군을 이끌고 레기움까지 남하하여 시칠리아 섬으로 가려고 했는데, 싸움을 도와주기로 했던 그리스 해적들이 약속을 어기는 바람에 로마군에게 포위되고 말았다. 하지만 반란군들은 가까스로 포위망을 뚫었고 아드리아 해안의 부룬티움으로 가려고 하던 중, 맹렬히 뒤쫓아온 로마군과 아폴리아에서 싸운 끝에 스파르타쿠스를 비롯한 주력 부대가 전멸했다.

이때에 사로잡힌 6,000여 명의 반란군은 십자가에 매달려 처형되었으며, 북쪽으로 달아나던 5,000여 명은 세르토리우스를 무찌르고 돌아가던 폼페이우스에게 전멸당함으로써 스파르타쿠스의 반란은 마침내 막을 내렸다.

8. 폼페이우스

제1회 삼두 정치

그 무렵, 지중해에는 키리키아에 본거지를 둔 해적들이 자주 나타나 로마인의 재물을 빼앗고 집을 불태웠으며, 살인을 하는 등 온갖 만행을 저질렀다.

또 배를 타고 거리낌없이 지중해를 항해했으며, 세력이 점점 커져서 로마의 해외 속주가 로마로 보내는 곡물도 빼앗았기 때문에 식량 배급으로 목숨을 이어가는 빈민들의 불만은 날이 갈수록 쌓여 갔다.

그러던 중 기원전 67년에 호민관 가비니우스가 해적을 무찌르기 위한 새로운 법을 마련하였는데, 그것은 사령관을 임명하여 해적을 무찌르게 하되 이를 위해 3년 동안 지중해 전 지역과 내륙 75킬로미터 안 전 지역에서 아무런 간섭도 받지 않고 명령할 수 있는 권리를 주자는 법이었다.

이에 대해 원로원은 혹시 독재 정치가 나타날지도 모른다고 걱정하면서 반대했으나, 시민들은 수단 방법을 가리지 말고 해적을 무찔러 주기만 바랐다.

이리하여 법인이 통과되고 시민정치가이자 군인인 폼페이우스가 시민들의 열렬한 지지를 받으며 해적 토벌의 사령관에 임명되었다.

폼페이우스는 세르토리우스의 반란과 스파르타쿠스의 반란을 가라앉혔으므로 시민들이 영웅으로 떠받들고 있었다.

폼페이우스는 약 10만 명의 군사와 500척의 함대를 이끌고 지중해로 나아가서 49일 동안에 해적들을 모두 무찔렀다.

그런데 폰토스의 왕 미트리다테스가 여전히 로마를 괴롭히자 폼페이우스는 가비니우스에게, 폰토스 왕국을 무찌를 수 있는 권한이 자기에게 맡겨지도록 하는 법안을 내놓게 하였다. 그러자 원로원이 또다시 반대하고 나섰다.

폼페이우스

이때 법률가이자 정치가이며 웅변가인 키케로가 나서서 가비니우스가 내놓은 법안을 지지하는 훌륭한 연설을 한 덕분에 그 법안은 통과되었다.

한편, 미트리다테스는 로마와 오랫동안 싸웠기 때문에 건강이 몹시 나빠져 있을 때에 폼페이우스가 쳐들어오자 폰토스를 떠나 크림 반도로 달아나 버렸다.

폼페이우스는 이 사실을 알고 미트리다테스를 뒤쫓을 수 없어 실망했으나, 달아났던 미트리다테스가 얼마 후에 폰토스 왕국의 반란 소식에 큰 충격을 받고 자살했기 때문에 그와 싸우지 않아도 되었다.

폼페이우스는 그 후 아르메니아와 조약을 맺고 로마의 보호국으로 만들었으며, 왕가의 싸움으로 위기에 처해 있던 시리아 왕국을 속주로 삼았다.

또, 팔레스타인에 대해서는 각 지방의 특산물을 로마에 바치게 하는 공납국으로 만드는 등 3년 동안에 많은 공적을 쌓았고, 로마의 세력을 지중해 전역과 흑해 지방에까지 떨쳤다.

그런데 이 무렵에 로마에서는 몹시 충격적인 사건이 일어났다.

유명한 집안에서 태어났으나 방탕한 생활로 많은 빚을 지고 망한

카토

카틸리나라는 자가 귀족인 안토니우스와 기사 출신인 키케로 등과 함께 집정관 선거에 후보자로 나섰다.

그런데 선거에서 키케로가 당선되자, 카틸리나는 이듬해에도 집정관 선거에 나서면서 그와 비슷한 처지에 있던 몰락한 귀족과 이탈리아의 불평 분자들을 모아 자신에 대한 지지 운동을 벌이게 했으나 또다시 떨어지고 말았다.

이에 오기가 생긴 카틸리나는 무력으로 정부를 뒤엎고, 정권을 잡으려는 위험한 생각을 품고 술라의 부하로 있다가 제대하여 에트루리아에서 살고 있는 사람들을 모아서 로마로 쳐들어갈 준비를 하였다.

그러나 미리 이 음모를 알게 된 집정관 키케로는 원로원에게 계엄령을 내리게 하고 로마에 숨어 있는 카틸리나를 붙잡으려고 했으나, 그는 간신히 에트루리아로 달아나 반란군과 만났다.

한편, 로마에 있던 카틸리나의 무리는 소동을 일으켜 도시의 건물에 불을 지르고 혼란한 틈을 타서 요인들을 암살하려는 계획을 세운 뒤에 갈리아의 알로브게스족에게 도움을 요청하는 편지를 보냈으나, 도중에 키케로에게 들켜 빼앗기고 말았다.

키케로는 음모자 5명을 붙잡아 원로원에 곧바로 처형할 것을 요구했는데, 법무관인 카이사르가 반대하였다.

그는 음모는 꾸몄으나 실패한 시민을 처형해서는 안 되며, 시민의 권리는 존중되어야 하고 처벌은 너그러워야 하니, 그들에게는 종신 금고형이 알맞다고 하였다.

그러자 로마의 정치가이며 제2차 포에니 전쟁에서 전공을 세운 카토의 증손자인 카토가 "그들은 개인적인 욕심을 위해 무력으로 나라를 뒤엎으려는 반역자들이니 마땅히 사형해야 한다"면서 카이사르의 의견에 반대했다.

키케로

카토뿐만 아니라 원로원의 모든 의원들도 그렇게 생각하고 있었으므로 음모자들은 결국 사형되었다.

이때 카틸리나는 로마에서의 반란이 실패하자 갈리아로 달아나던 중 뒤쫓아온 로마군과 싸우다가 죽고 말았다.

이 사건으로 키케로의 이름이 로마 시민들 사이에 널리 퍼지게 되었고, 나라를 위기에서 구한 '조국의 아버지'라는 영예로운 칭호가 내려졌다.

기원전 61년 1월, 카틸리나의 반란을 미리 막은 키케로의 인기가 한창 치솟을 때, 동방을 평정한 폼페이우스가 시민들의 열렬한 환영을 받으며 로마로 개선했다. 폼페이우스는 마케도니아의 알렉산더 대왕이 사용했다고 전해지는 망토를 걸치고 군사들을 거느린 채 씩씩하게 시내로 들어왔으며, 미트리다테스 왕의 금은보화를 가득 실은 수레가 뒤따랐다.

시민들의 환호 속에서 개선 환영식이 끝나자 폼페이우스는 군대를 해산한 뒤에 원로원에 가서 보고를 한 다음에 동방에서 자신이 실시한 시책을 승인하고 약 4만 명에 이르는 제대 병사들에게 토지를 나누어 달라고 요청했다.

그러나 원로원은 폼페이우스의 세력이 커지는 것을 두려워하여 그의 청을 거절하는 바람에 어려운 처지에 몰렸다.

이때 스페인에서 개선한 카이사르도 환영식이 끝난 후에 원로원에 집정관 직책을 달라고 요청했다가 거절당했다.

이때 두 사람은 뜻을 모은 끝에 로마의 최고 부자인 크라수스를 끌어들였고, 폼페이우스와 크라수스는 카이사르를 집정관의 자리에 앉히기 위해 노력했다.

그리하여 카이사르는 이듬해에 집정관이 되었으며, 폼페이우스의 요구들을 다시 원로원에 내놓았으나 또다시 거절당하자, 그것들을 민회에 넘겼다.

그런 다음에 폼페이우스가 해산했던 병사들을 모아 반대파를 회의장에서 내쫓고 통과시켰으며, 이들 세 사람이 서로 힘을 합쳐 로마를 다스리게 되었는데 이를 가리켜 제1회 삼두 정치라고 한다.

9. 카이사르

크라수스의 도움을 받다

율리우스 카이사르는 그리스 신화에 나오는 트로이의 영웅인 아이네이아스의 계보에 딸리는 명문 귀족 집안에서 태어났다.

카이사르는 일찍이 이름난 집안의 아들들과 마찬가지로 말이나 글을 다듬고 꾸미는 수사학과 변론술을 배우기 위해 로도스 섬으로 가다가 에게 해에서 해적에게 붙들렸으며, 이때 해적이 몸값을 요구하자 요구한 금액의 두 배를 주고 풀려났다.

카이사르는 몸값을 내고 풀려나 로마로 돌아오자마자 곧바로 해적 토벌에 나서서 자기를 잡았던 해적들을 모두 무찔러 버렸다.

카이사르는 그 후 훌륭한 웅변으로 술라의 독재를 비난했고, 이때부터 여러 관직을 차례로 승진했으며, 많은 돈을 뿌려서 시민들의 인기를 끌기 시작했다.

이 무렵의 로마는 돈과, 개인적으로 군사를 가진 사람만이 정치에 나서서 권력을 휘두를 수가 있었다.

카이사르도 역시 돈과 군사를 이용하여 스페인의 총독이 된 뒤에 임지로 떠나려고 하자, 그에게 돈을 빌려 주었던 채권자들이 돈을 받기 위해 한꺼번에 몰려왔다.

그는 시민들의 인기를 끌기 위해 자신의 재산을 다 쓰고도 모자라서 빚까지 얻어 썼던 것이다.

카이사르

빚쟁이들의 성화에 시달리던 카이사르는 문득 크라수스를 떠올리고 로마의 최고 부자이자 폼페이우스의 정적인 크라수스를 찾아가서 자신의 어려움을 호소하고 도움을 청했다.

그러자 크라수스는 카이사르를 자기편으로 끌어들이면 폼페이우스쯤은 충분히 다룰 수 있을 것이라고 생각하여 카이사르의 빚을 갚아 주었으므로, 그는 빚쟁이들에게서 자유의 몸이 되어 스페인으로 떠날 수 있었다.

카이사르는 스페인에서 로마의 명령에 반항하는 원주민들을 닥치는 대로 무찌르고, 항복해 오는 자들에게는 인정을 베풀었으므로 그의 인기는 점점 올라갔다.

카이사르는 자신의 인기가 오를 때에 재산을 모아야 뒷날 중요한 일에 쓸 수 있다고 생각하고 열심히 재산을 모으는 한편, 부하들에게도 재물을 골고루 나누어 주었으므로 그들도 카이사르를 존경하며 진심으로 따랐다.

스페인의 총독으로서 인기를 얻고 많은 재산을 모은 카이사르는 로마로 돌아와 기원전 60년에 집정관 선거에 출마하여 당선되었다.

집정관이 된 카이사르는 원로원을 물리친 뒤에, 폼페이우스와 크라수스 등과 손을 잡고 이른바 제1회 삼두 정치를 실시했다.

이때 키케로는 그들과 손을 잡지 않았는데, 그는 세 사람 모두 독재자가 될 것이라고 내다보았기 때문에 로마 시민들에게 그들을 조심하라고 외쳤다.

이것이 말썽이 되어 키케로는 그들에 의해 로마에서 쫓겨났고, 로마의 정치는 세 사람의 손에서 요리되었다.

갈리아 원정

갈리아는 옛날에 켈트인이 살던 곳을 로마인이 이르는 말로서, 오늘날 북이탈리아 · 프랑스 · 벨기에에 걸친 매우 드넓은 지역이며, 갈리아인은 싸움을 잘 했다.

이 무렵에 북이탈리아와 지중해 연안은 이미 로마의 속주가 되었으나, 갈리아를 비롯한 다른 지역은 로마가 손을 대지 못하고 있었다. 게다가 북쪽의 게르만인들이 갈리아의 북동쪽으로 내려오기 시작했으므로 더 이상 갈리아를 그대로 둘 수가 없었다.

카이사르는 로마 집정관의 임기가 끝나자, 갈리아를 정복하여 5년 동안 총독으로 있겠노라고 민회에 요청하여 승낙을 받았다.

갈리아만 정복한다면 로마 시민들에게서 최고의 인기를 얻을 수 있었기 때문이다.

카이사르는 4개 군단의 병력을 이끌고 드디어 갈리아를 정복하기 위해 로마를 떠났다.

갈리아는 숲이 빽빽한 삼림 지대로서, 갈리아인들은 몰래 숨어 있다가 갑자기 공격하는 게릴라전을 폈기 때문에 그때마다 로마군의 희생이 컸다.

카이사르는 몸이 약한 군사와 병에 걸린 군사들을 간호해 주는 등 부하들을 따뜻하게 보살피며 계속해서 앞으로 나아갔다.

한번은 수많은 갈리아군이 한밤중에 로마군 진지로 쳐들어왔는데, 로마군은 자고 있다가 뜻밖의 공격을 받고 큰 혼란에 빠졌다.

이때 카이사르는 재빨리 무기를 들고 군사들을 독려하면서 제일 먼저 갈리아군 속으로 뛰어들자, 이것을 본 군사들이 용기를 내어 맞선 끝에 그들을 무찔렀다.

이런 일이 있은 뒤로, 카이사르는 군사들로부터 더욱 존경을 받았으며, 이 소식은 로마에까지 전해져서 시민들은 모이기만 하면 카이사르를 칭찬했다.

카이사르는 하루라도 빨리 로마로 개선하여 정권을 잡고 싶었으나, 그에게는 갈리아에서 풀어야 할 어려운 일이 남아 있었다.

그 중의 하나는 라인 강을 건너 갈리아로 쳐들어오는 게르만인들을 내쫓는 것인데, 게르만인들은 갈리아인들보다 더 거칠고 싸움을 좋아하는 민족이었다.

만약에 게르만인들을 그대로 둔다면, 수많은 희생을 무릅쓰고 정복한 갈리아를 빼앗길 것이고, 그렇게 되면 카이사르가 이제까지 이루어 놓은 자기의 정치적 기반이 물거품이 되고 말 것이다.

그래서 카이사르는 군사들에게 자신감과 용기를 북돋우어 주면서 게르만인과 처절한 싸움을 벌인 끝에 게르만인을 라인 강 건너편으로 물리쳤다.

그렇지만 카이사르는 게르만인들이 언제 다시 갈리아로 쳐들어올지 몰랐기 때문에 그들의 본거지를 무찔러 다시는 갈리아를 넘볼 수 없게 만들기로 작정했다.

라인 강 건너편의 게르만 지역은 갈리아보다 더 험했고 큰 나무와 수풀이 우거진 미개척지이며, 기후도 로마군이 견디기에는 힘든 곳이었으나, 카이사르는 그곳까지 쳐들어가서 게르만인들을 무찔렀다.

카이사르는 이에 만족하지 않고 미개한 섬나라인 브리타니아를 두 번씩이나 쳐들어가서 왕으로부터 로마의 지배를 받겠다는 약속을 받아냈다.

이렇게 5년 동안에 갈리아 지역을 모두 무찌른 카이사르는 그들에게서 로마의 명령에 무조건 따르겠다는 약속을 받고 곧장 로마로 개선했다.

그러나 카이사르에게 정복당한 나라들은 진심으로 로마에게 복종할 것을 약속한 것이 아니었다. 그들은 로마군을 그들의 땅에서 쫓아내려고 기회만 노리고 있던 중에 카이사르가 5년 동안의 임기를 끝내고 로마로 돌아갔다는 소식이 전해지자, 곧바로 로마에 반기를 들었다. 그들은 게르만 · 브리타니아 · 갈리아에서 아르베니족의 지도자 베르킨케토릭스를 중심으로 하여 일제히 반란을 일으켜 죽음을 두려워하지 않고 로마군과 맞섰으므로, 용맹을 떨치던 로마군도 곳곳에서 잇달아 패배했다.

한편, 이 소식이 로마의 카이사르에게 알려지자, 카이사르는 곧 갈리아로 돌아와 군사를 이끌고 반란군을 무찌르려고 나섰으나, 이번에는 뜻대로 되지 않아 반란군과 밀고 밀리는 싸움이 계속되었다.

그러는 사이에 반란군의 세력은 갈리아의 모든 지역으로 뻗었는데, 로마군은 반란군의 주력 부대 8만 명을 공격한 끝에 아레시아 성으로 몰아 넣고 포위했다.

그런데 아레시아의 성벽은 매우 튼튼했고, 성 안에 갇힌 반란군의 기세도 맹렬해서 용맹한 로마군도 쉽게 무찌를 수가 없었으므로 카이사르는 성을 계속 포위하고, 외부와의 연락을 모두 끊었다.

로마군이 아레시아 성을 포위하고 있는 동안에 24만 명이나 되는 원군들이 성 안에 갇힌 반란군을 구출하기 위해 로마군을 포위해 버렸다.

이리하여, 카이사르는 앞뒤로 적에게 포위당했고, 이 사실을 안 로마군들은 겁을 먹었으나, 카이사르는 군사들의 용기를 북돋우기 위해 앞장서서 적군에게 달려들었다.

이때 용기를 되찾은 로마군은 4일 동안 그들과 치열하게 싸워서 마침내 승리를 거두었다.

한편, 성 안의 반란군은 사태가 자기들에게 불리하여 더 이상 버틸 수가 없음을 깨닫고 성문을 열어 카이사르에게 항복했다. 이로써 9년에 걸친 카이사르의 갈리아 정복은 그 끝을 맺었다.

이 기간 동안에 갈리아인 3분의 1이 로마군과 싸우다 죽었고, 3분의 1은 사로잡힌 뒤에 노예로 팔렸다.

이와는 반대로, 카이사르는 싸움터에서 엄청난 무기 등을 얻었을 뿐만 아니라 정복지에서 세금을 거두어들여 많은 돈을 모았는데, 이 돈으로 그 동안에 진 빚을 모두 갚고, 부하들에게도 나누어 주어 자신의 군대처럼 만들어 놓았다.

카이사르는 갈리아 원정을 통해 유럽의 발전에도 큰 업적을 남겼으니 그것은 로마 문화가 군사들에 의해 지중해 주변으로부터 유럽의 내륙까지 전해진 것이다.

그 결과 그리스 · 로마 문화에 바탕을 둔 유럽의 문화가 태어날 수 있었다.

로마의 정권 싸움

카이사르가 로마군을 이끌고 정복 사업을 펼치고 있는 동안에 로마에서는 삼두 정치에 점점 틈이 벌어지고 있었다.

기원전 55년 말, 재물을 얻기 위해 군사를 이끌고 파르티아 원정을 떠났던 크라수스가 2년 뒤인 기원전 53년에 유프라테스 강을 건너다가 파르티아군과의 싸움에서 패하고 진영에서 살해되었다. 또 카이사르의 딸 율리아가 자기보다 30세나 더 많은 폼페이우스와 결혼해서 살다가 죽자, 카이사르와 폼페이우스의 사이를 끈끈하게 이어주었던 고리가 끊어지게 되었다.

이때부터 두 사람은 눈에 띌 정도로 자주 다투게 되었으며, 나중에는 두 사람을 따르는 무리들까지 서로 싸우기도 하였다.

이 혼란 때문에 집정관과 법무관을 뽑을 수가 없게 되자, 원로원은 폼페이우스 1명만을 집정관으로 뽑아 혼란을 가라앉혔다.

그러자 카이사르를 따르는 무리들은, 집정관의 정원은 2명이므로 카이사르도 집정관으로 뽑거나, 아니면 갈리아 총독을 더 지낼 수 있게 해 달라고 원로원에 요구했다.

그러자 폼페이우스와 그를 따르는 무리들은 카이사르를 갈리아 총독의 자리에서 물러나게 하자고 원로원에 건의하여 그대로 통과시키고 말았다.

갈리아에서 이 소식을 들은 카이사르는 폼페이우스와 정면으로 맞서기로 하고 군사들에게 자기의 결심을 말하자, 그들은 모두 카이사르를 위해 목숨을 바치겠다고 맹세했다.

카이사르는 마침내 4개 군단을 이끌고 로마로 향하던 중 루비콘 강가에까지 이르렀는데, 이 강은 갈리아와 이탈리아의 경계로서 로마의 속주인 갈리아의 총독을 내놓은 사람은 강을 건널 수가 없었다.

만일 카이사르가 군대를 이끌고 루비콘 강을 건넌다면 그는 국법을 어긴 죄인이 되고 만다.

카이사르는 폼페이우스를 치기 위해 루비콘 강까지 오기는 했으나, 국법을 어기고 죄인이 되는 데에는 머뭇거리지 않을 수가 없었다.

그러나 이제는 물러설 수 없다고 결심한 카이사르는 "주사위는 던져졌다"고 외치며 강물을 향해 말을 달렸다. 그러자 군사들도 서로 다투듯이 강을 건너 그날 밤에 아드리아 해 연안에 있는 아리미눔을 점령했다.

한편, 로마에서는 카이사르가 폼페이우스를 치기 위해 군사를 이끌고 쳐들어온다는 소식이 전해지자 큰 혼란이 일어났으며, 가장 놀란 사람은 폼페이우스였다.

폼페이우스는 카이사르가 그렇게 빨리 쳐들어올 줄은 전혀 몰랐고, 더욱이 군사들이 자기의 명령을 잘 듣지 않았으므로 완전히 용기와 자신을 잃고 말았다.

시민들은 곧 싸움이 벌어진다는 소문에 벌벌 떨며 몸을 피하기에 바빴으며, 폼페이우스도 그를 따르는 몇 사람과 함께 그리스로 달아나 버렸다.

카이사르가 성 안으로 들어왔을 때는 사방이 쥐 죽은 듯이 조용했

프톨레마이오스의 세계지도

으므로 군사들은 너무나 쉽게 성을 점령한 것이 신기할 따름이었다.

카이사르는 이제 자기에게 대항할 상대가 없었기 때문에 모든 권력을 차지하고 시민들을 안심시켰다.

피 한 방울 흘리지 않고 폼페이우스를 제거한 카이사르는 시민들의 불안한 마음을 가라앉히는 데 노력했으므로 시민들은 차차 일상 생활로 되돌아갔다.

또한 원로원 의원들의 태도도 달라졌고, 폼페이우스를 두둔했던 의원들이 태도를 바꾸어 카이사르에게 다가왔으므로 그들을 너그럽게 대해 주었다.

카이사르는 로마의 권력을 손에 넣은 후 나라 안의 모든 것이 어느 정도 안정되자, 군사들을 이끌고 곧장 로마를 떠나 폼페이우스의 뒤를 쫓기 시작했다.

이 무렵, 폼페이우스는 그전에 자신이 은혜를 베풀어 준 여러 곳의 왕들에게서 10만여 명의 군사를 얻어 카이사르와 맞설 준비를 하였다. 그러나 카이사르가 거느린 군사의 두 배나 되는 폼페이우스의 군사는 모두 오합지졸이어서 정식으로 군사 훈련을 시켜야 했다.

얼마 후 카이사르의 군사들이 발칸 반도에 상륙했으며, 그리스 북동쪽 데살리아의 파르살루스에서 두 사람이 거느린 군사들의 싸움이 시작되었다.

카이사르는 이 싸움에서 대담한 전술을 생각해 냈다. 폼페이우스 군사보다 기병이 적어 불리함을 알고 있는 그는, 보병들을 훈련시켜서 창으로 기병을 공격하도록 했다.

폼페이우스의 기병 5,000명은 싸움이 시작되자마자 카이사르의 진영으로 쳐들어갔는데, 카이사르군의 보병들이 그들을 향해 일제히 창을 던지자 잠깐 멈칫하더니 말을 돌려 자기 진영으로 달아났다.

그런데 폼페이우스의 기병들이 자기편의 보병들을 향해 말을 달리는 바람에 이를 피하느라고 우왕좌왕했고, 카이사르의 군사들은 이 기회를 놓치지 않고 폼페이우스의 군사들을 닥치는 대로 무찔러 큰 승리를 거두었다.

폼페이우스는 이 싸움에서 패한 후 부하들을 이끌고 이집트로 달아났다. 그런데 이집트에 다다른 그가 프톨레마이오스 왕에게 보호를 요청하자 프톨레마이오스는 몹시 난처한 입장에 놓이게 되었다. 왜냐하면 폼페이우스를 보호하자니 카이사르가 두려웠고, 거절하자니 앞으로 혹시 있을지도 모르는 그의 보복이 두려웠기 때문이었다.

프톨레마이오스는 카이사르의 군사들이 계속해서 폼페이우스를 뒤쫓고 있다는 보고를 받고 마침내 폼페이우스를 없애기로 하였다. 그리하여 어느 날 폼페이우스를 초대하여 잔치를 베푸는 도중에 그를 암살해 버렸다.

카이사르가 폼페이우스를 뒤쫓아 이집트의 수도 알렉산드리아에 이르렀을 때 프톨레마이오스가 폼페이우스의 잘린 머리를 보냈다. 그러나 카이사르는 이를 보고 기뻐하기는커녕 눈물을 흘리며 슬퍼했고, 이집트에 사로잡힌 폼페이우스의 부하들을 모두 풀어주었다.

이 무렵, 이집트는 프톨테마이오스 왕조의 집안 싸움과 원주민들의 심한 반항으로 국력이 몹시 약해져서 로마의 속국이나 다름없었다.

게다가 기원전 51년에는 남매 사이면서 부부인 이집트 왕 프톨레마이오스 13세와 그의 누이 클레오파트라 여왕 사이에 권력 싸움이 일어나, 클레오파트라는 알렉산드리아 시민의 지지를 잃었고 어려운 처지에 놓여 있었다.

이때에 카이사르가 이집트에 나타나자, 클레오파트라는 그를 이용해서 권력을 독차지하려는 엉뚱한 생각을 품게 되었다.

그녀는 자기의 뜻을 이루려고 카이사르를 찾아가서 무릎을 꿇고 보호와 원조를 요청했는데, 카이사르는 클레오파트라를 보자마자 그녀의 아름다움에 넋을 빼앗기고 말았다.

클레오파트라에 대한 생각으로 가득 찬 카이사르는 마침내 그녀를 반대하는 알렉산드리아 시민을 상대로 이른바 '알렉산드리아 전쟁' 까지 벌이면서 여왕의 권력을 되찾아 주었다. 그런 뒤에 클레오파트라와 1년여 동안을 꿈처럼 행복하게 지냈다.

한편, 카이사르에 대한 소문이 로마에 알려지자 카이사르를 반대하는 무리들이 그를 마구 비난하고 다녔는데, 마침 그때 시리아 지방에서 파르나케스가 반란을 일으켰다.

그제야 정신을 차린 카이사르는 클레오파트라의 곁을 떠나 시리아로 가서 고작 5일 만에 반란을 가라앉혔다. 카이사르는 반란을 가라앉힌 후 전령에게 편지를 주어 로마로 보냈는데, 거기에는 다음과 같이 쓰여 있었다.

"왔노라! 보았노라! 이겼노라!"

동방의 여러 나라를 정복한 카이사르는 이윽고 로마로 돌아왔다. 그런데 또다시 로마와 이탈리아는 곳곳에서 시민들을 부추겨 폭동을 일으키려는 무리들이 날뛰는 바람에 혼란을 겪고 있었다.

카이사르가 이들을 무찌르고 있을 때, 아프리카에서는 소 카토를 비롯하여 폼페이우스의 남은 무리들이 누미디아 왕 유바의 도움으로 대군을 조직하여 카이사르를 공화정의 적으로 보고, 그에게 반기를 들었다. 그러자 카이사르는 아프리카로 건너가 이들을 무찔렀고, 우티카를 지키고 있던 소 카토는 이 소식을 듣고 스스로 목숨을 끊었다.

아프리카의 반란까지 가라앉히고 로마로 돌아온 카이사르에게 시민들은 성대한 개선 환영식을 열어 주었다.

카이사르는 개선 환영식이 끝난 뒤에 6만여 명의 시민들을 초청하여 큰 잔치를 베풀고 자신의 권위를 자랑하였다.

이때 스페인에는 폼페이우스의 두 아들이 남아 있었는데, 그들은 원주민을 끌어들여 카이사르를 공격할 기회를 노리고 있었다.

기원전 45년 3월, 카이사르는 이들을 무찌르기 위해 모든 어려움을 견디며 문다라는 곳에 이르러 기병을 이용하여 승리를 거두어 로마의 내란을 모두 가라앉혔으므로, 이제는 카이사르의 권력에 맞설 사람이 없게 되었다.

그 후 카이사르는 두 차례의 독재관을 거쳐 기원전 46년에는 10년 임기의 독재관이 되었고, 기원전 44년에는 종신 독재관이 되었다.뿐만 아니라, 기원전 48년 이후부터는 집정관도 맡았고 기원전 46년부터는 호구 감찰관도 맡아 로마의 모든 권력을 손에 넣었다.

로마는 이때부터 공화정이 아닌 카이사르의 왕국이나 다름없이 되었다. 또한, 그는 로마의 중요한 직책과 권력을 독차지한 뒤부터 아우구스투스 이후부터 장군의 최고 계급인 원수에게만 주어지는 임페라토르라는 칭호를 사용했다.

그리고 공식적인 자리에 나갈 때는 언제나 개선 장군처럼 차리고 월계관을 쓴 채 거드름을 피웠으나, 로마 시민들이 공화정을 끔찍이 사랑하고 있는 것을 잘 알고 있었으므로 '황제' 라는 칭호만은 쓰지 않았다.

카이사르는 시민들의 인기를 끌기 위해 대규모의 토목 공사를 벌여서 실업자를 줄이고 문학과 예술을 일으켰으며, 빈민들을 카르타고나 코린토스 등지로 옮겨서 가난을 벗어나게 해 주었다.

또한, 그때까지 사용했던 태음력 대신 태양력을 사용하여 시민들의 생활에 보탬이 되도록 했으며, 세계의 문화 발전에도 크게 이바지했다.

카이사르가 이렇게 노력하자 시민들의 딱딱한 감정도 누그러졌다.

이를 느낀 카이사르는 황제가 되려는 욕심을 품었으나, 시민들의 마음을 몰랐기 때문에 포기하고 말았다.

카이사르의 종말

카이사르는 자신의 욕망을 교묘하게 감추며 정치를 펼쳤다. 그렇지만 몇몇 사람들은 카이사르의 마음을 눈치 채고 그의 욕망을 실현하지 못하게 할 사람들을 모으고 있었는데, 이때 나선 주모자가 카시우스였다.

정치가이자 군인인 카시우스는 성격이 곧고 청렴결백하여 모든 사람들에게서 존경을 받고 있었다.

카시우스는 카이사르의 신뢰를 받고 있는 브루투스를 자기편으로 끌어들이려고 생각했다.

브루투스는 이름난 집안의 출신으로 그때 법무관으로 일하고 있었는데, 싸움터에서도 항상 철학책을 지니고 다닐 정도로 학문을 좋아하는 공화주의자였다. 브루투스와 카이사르가 가까워진 데에는 깊은 사연이 있었다.

브루투스의 어머니 세르빌리아는 젊은 시절에 카이사르와 서로 사랑하는 사이였으나, 그녀는 이미 결혼을한 유부녀였으므로 그들의 사랑은 맺어질 수가 없었다.

그 뒤, 카이사르가 파르살루스에서 폼페이우스와 싸울 때 브루투스는 폼페이우스를 위해 싸우다가 패하여 카이사르의 포로가 되었다. 이때 포로로 잡힌 브루투스를 신문하던 카이사르는 그가 세르빌리아의 아들이라는 사실을 알고 깜짝 놀라는 한편, 마치 자기 아들을 만난 것처럼 기뻐했다.

브루투스도 카이사르가 포로들을 너그럽게 대하는 것을 보고 몹시 감격했다.

이때부터 브루투스와 카이사르는 아들과 아버지 같은 사이가 되었고, 카이사르는 브루투스를 법무관이 되게 하였다.

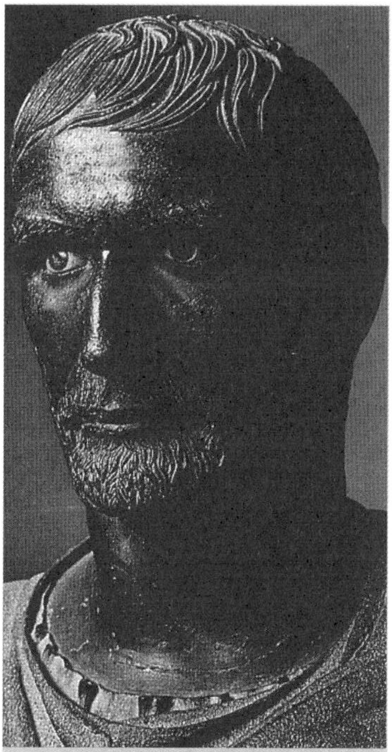
브루투스

브루투스는 카이사르와 그런 사이였으므로 카시우스의 끈질긴 설득에도 넘어가지 않았다.

그런데 이때부터 브루투스에게는 이상한 편지들이 잇달아 배달되었는데, 그 편지들에는 '브루투스여, 언제까지 잠을 잘 것인가?', '브루투스여, 그대는 로마의 공화정을 세우는 데 큰 공을 세운 고니우스 브루투스의 자손이 아닌가' 하는 내용들이 씌어 있었다.

브루투스는 이런 편지를 계속해서 받게 되면서 자신도 모르게 카이사르에 대한 마음이 점점 식어 가는 것을 느꼈으며, 마침내 카시우스의 음모에 협조하게 되었다.

한편, 카이사르의 심복들은 브루투스의 말과 행동에서 이상한 낌새를 채고 카이사르에게 브루투스를 경계하라고 여러 번 일렀으나, 그는 여전히 브루투스를 굳게 믿고 있었다.

그러는 사이에 카이사르의 암살 계획은 순조롭게 진행되어 원로원의 회의가 열리는 날에 음모자들은 모두 단도를 품고 출석하여 신호에 따라 일제히 카이사르에게 달려들어 살해하기로 결정했다.

기원전 44년 3월 15일.

카이사르는 크라수스가 실패했던 파르티아 원정 준비를 끝내고 원로원 의원들을 불러 모았다.

이 날의 원로원 모임에서는 해외의 속주민들이 카이사르를 황제로 받들자는 제안을 결의하기로 되어 있었다.

이때 아르테미도루스라는 청년이 원로원 앞을 서성대며 카이사르를 기다리고 있었는데, 그는 우연한 기회에 카이사르의 암살 계획을 알고 암살자들의 이름을 적은 쪽지를 지니고 있었다.

이윽고 카이사르가 나타나자 그는 쪽지를 건네며, 매우 중요하니 반드시 읽은 다음에 원로원으로 들어가라고 하였다.

그러나 카이사르는 마중 나온 의원들과 인사만 나누고 곧장 원로원으로 들어가려고 하자, 아르테미도루스가 그의 옷자락을 붙들며 쪽지를 읽으라고 재촉했다.

이때 카이사르가 마지못해 쪽지를 펴서 읽으려고 할 때 카시우스를 비롯한 암살자들이 그에게 다가와서 그를 데리고 회의장으로 곧장 들어가 버렸다.

카이사르가 회의장으로 들어서자 암살 계획대로 킴베르가 그의 앞으로 가서 죄를 지은 자기 형을 용서해 달라고 애원했으나, 카이사르는 용서할 수 없다고 단호하게 거절했다.

그러자 브루투스와 카시우스 등이 다가와서 킴베르의 청을 들어 주라고 권했으며, 카이사르가 다시 거절하는 것을 신호로 카스카가 품속에서 단도를 빼들고 그에게 달려들었다. 그 순간 카이사르는 잽싸게 피했으나, 그의 곁에 서 있는 암살자들이 단도를 빼들고 한꺼번에 달려들었다.

카이사르는 이때 아무 무기도 지니지 않았으므로 앞에 있던 철필을 들고 대항했으나 그들을 당해 낼 수는 없었다.

이리하여 암살자들의 칼에 찔려 비틀거리는 카이사르를 향해 브루투스가 등 뒤에서 단도를 힘껏 찔렀다.

"브루투스, 너마저도……."

카이사르는 이 한 마디를 마지막으로 내뱉고 폼페이우스의 조각상 아래에 맥없이 쓰러지고 말았다.

안토니우스

이때 암살자들이 바라는 것은 원로원의 권위와 공화정을 되살리는 것이었으나, 원로원 의원들은 그런 것을 생각하기보다는 목숨이 아까워 모두 달아나 버렸다. 카이사르가 암살되기는 했지만 그의 심복인 안토니우스가 집정관으로 있었고, 레피두스 등 그를 따르던 무리들이 버티고 있었기 때문에 원로원 의원들은 그들의 복수를 두려워했던 것이다.

이튿날, 브루투스를 비롯한 카이사르의 암살자들은 중앙 광장에서 시민들에게 자신들이 한 일을 설명했다.

그러자 시민들의 반응은 칭찬과 분노로 엇갈렸기 때문에 암살자들과 카이사르를 지지하는 사람들은 모든 것을 그들의 뜻대로 행할 수가 없게 되었다.

이때, 키케로가 나서서 해결책을 내놓아 원로원은 암살자들을 용서해 주고, 카이사르를 신으로 받들며, 그가 생전에 행한 모든 시책을 고치지 않고, 장례는 황제와 맞먹을 정도로 성대하게 치르기로 결정했다.

카이사르의 장례식이 치러지는 3월 20일이 밝았다. 로마 시민들은 이른 아침부터 장례식장으로 구름처럼 몰려들었으며, 시간이 되자 안토니우스를 비롯한 카이사르 측근들이 피 묻은 시체를 광장으로 옮겨왔다.

시민들이 칼에 찔려 처참하게 죽은 카이사르의 시체를 보고 흥분하여 소란을 피우는 가운데 안토니우스가 추도사에 이어 그의 유언을 읽었다.

그의 유언장에는 자기의 재산은 누이의 손자인 옥타비아누스를 양아들로 삼아 물려주고, 모든 로마 시민에게 2개월 반에 해당하는 임금을 자기의 유산에서 나누어 주라고 쓰여 있었다.

안토니우스는 유언 발표를 끝내고 카이사르의 피 묻은 망토를 시민들에게 보이며 암살자들을 비난했으며, 흥분한 시민들은 암살자들의 집으로 몰려갔다.

그러자 암살자들은 황급히 달아나 버렸으며, 안토니우스의 인기는 나날이 치솟아 가는 중에 새로운 인물이 나타났는데, 그는 카이사르의 양아들이 된 옥타비아누스였다.

옥타비아누스는 외국에서 머무르고 있다가 자기가 카이사르의 양아들이 되어 재산을 물려받게 되었다는 연락을 받고 서둘러 로마로 돌아온 것이다.

그 후, 로마의 정치는 안토니우스와 옥타비아누스 및 키케로 등 세 사람에 의해 다스려졌다.

그런데, 안토니우스는 원로원에서 공화정을 위협하는 가장 위험한 인물로 자기를 가리키고 맹렬하게 비난했던 키케로를 몹시 미워했다.

그러던 중, 옥타비아누스가 기원전 43년 말에 안토니우스와 레피두스를 북이탈리아의 보노니아로 불러 회의를 가진 뒤에 세 사람이 이른바 제2의 삼두정치를 성립시켰다.

이들은 자신들을 국가재건 3인 위원이라 칭하고 원로원과 민회를 무시하는 과두 정치를 행하였는데, 그들이 첫 번째로 실행한 것은 학살과 추방이었다.

이 과정에서 안토니우스는 원수처럼 여겼던 키케로를 내쫓은 뒤 암살한 후에 그의 머리와, 자기를 비난하는 글을 썼던 오른손을 잘라 버렸다.

이 무렵, 해외로 달아났던 브루투스 일파는 동방의 로마 속주들을 손아귀에 넣고 강력한 해군을 거느린 채 다시 일어설 기회를 노리고 있었다.

기원전 42년, 옥타비아누스와 안토니우스는 연합군을 이끌고 마케도니아의 필립피에서 브루투스와 카시우스의 군사들과 싸웠는데, 이 싸움에서 크게 패한 브루투스와 카시우스는 자살하고 말았다.

이리하여 로마의 삼두 정치는 동방에까지 그 세력을 넓혔고, 필립피의 싸움에서 이긴 안토니우스의 인기는 나날이 치솟는 반면 옥타비아누스의 인기는 날이 갈수록 떨어졌다.

그런데 안토니우스가 스스로 파멸의 길을 향해 발을 내딛기 시작했다.

10. 안토니우스와 클레오파트라

클레오파트라의 음모

한때 카이사르와 깊은 사랑을 나누다 아들까지 낳은 클레오파트라는 브루투스 일파가 카이사르를 암살할 때 로마에 머무르고 있었다.

그러던 중 카이사르가 암살되자 클레오파트라는 곧장 서둘러 이집트로 돌아와서, 자신이 로마로 떠날 때 왕으로 앉혀 놓았던 프톨레마이오스 14세를 처치하고 자기 아들 카에사리온을 왕으로 앉힌 뒤에 아들을 통해 나라를 다스렸다.

한편, 안토니우스는 카이사르의 암살자들을 모두 없앤 다음에 세력을 넓히려고 소아시아 지방을 돌아보다가 갑자기 클레오파트라를 남동쪽 해안 지대인 키리키아의 타르수스로 불러냈다. 겉으로는 그녀가 돈을 뿌려 원로원 의원들을 자기편으로 끌어들였다는 소문에 대해 알아보기 위해서라고 했으나, 사실은 파르티아 원정에 필요한 자금을 마련하기 위해서였다.

클레오파트라는 이를 좋은 기회로 여기고 예전에 카이사르를 이용했던 것처럼 안토니우스를 이용해 자신의 세력을 더욱 튼튼하게 하려고 마음먹었다.

클레오파트라는 약속 장소인 타르수스에 이르러 배를 화려하게 꾸미고 안토니우스를 맞이하여 큰 잔치를 베풀어 그의 마음을 사로잡았다. 안토니우스도 카이사르처럼 클레오파트라를 보자마자 그녀의 아름다움에 정신을 빼앗겨 곧 사랑하게 되었다.

그리하여 파르티아 원정을 뒤로 미룬 채 클레오파트라와 함께 알렉산드리아로 가서 꿈 같은 나날을 보냈다.

한편, 이 소문이 로마에 퍼지고, 마침내 안토니우스의 아내 풀비아의 귀에까지 들어가자, 그녀는 남편을 로마로 데려오기 위해 한 가지 묘책을 마련했다.

클레오파트라

풀비아는 곧 안토니우스의 부하와 옥타비아누스 사이에 싸움을 붙여 안토니우스를 서둘러 로마로 돌아오게 했으나, 그녀는 얼마 후에 병으로 죽고 말았다.

안토니우스는 옥타비아누스를 만나 화해하고 레피두스를 불러 3년 전에 실시했던 삼두 정치를 다시 시작했다.

이때 세 사람은 해외의 속주를 나누어 다스리기로 했는데, 옥타비아누스는 갈리아와 스페인을 차지했고, 안토니우스는 동방을 차지했으며, 레피두스는 아프리카를 각각 차지했다.

또한, 옥타비아누스는 안토니우스에게 과부인 자기 누이를 아내로 받아들이게 하여 두 사람의 사이를 두텁게 하였다.

삼두 정치는 이렇게 세 사람이 서로 협력함으로써 아무런 문제가 없었으나, 이러한 상태는 몇 년 만에 깨어지고 말았다.

그것은 시칠리아 섬에 본거지를 둔 폼페이우스 아들인 섹스투스가 로마의 곡물 수입을 방해하면서부터였다.

세 사람은 머리를 맞대고 이에 대한 해결책을 의논해 보았으나 뚜렷한 방법을 찾지 못하던 중에 옥타비아누스가 부하인 아그리파로 하여금 섹스투스의 세력을 쳐부수게 하여 성공했다.

이리하여 옥타비아누스의 인기는 높이 치솟았을 뿐만 아니라, 해군력을 완전히 손에 넣게 되어 로마에서 제일 강한 실력자가 되었다. 옥타비아누스는 또 레피두스를 내쫓고 그가 다스렸던 아프리카 속주까지 차지하였다.

한편, 로마를 떠날 방법을 찾던 안토니우스는 그 동안 중단했던 파르티아 원정을 구실 삼아 이집트에 있던 클레오파트라를 데리고 원정에 나섰다.

그러나 안토니우스는 파르티아 원정보다 클레오파트라에게 정신을 쏟았으므로 원정은 실패했고, 많은 군사들을 잃었는데도 정신을 못 차리고 페니키아 · 시리아 · 키프로스 등 로마의 속주들을 클레오파트라에게 선물하여 다스리게 했다.

이런 소식이 전해지자 로마 시민들은 흥분하여 안토니우스를 비난하는 반면에 옥타비아누스의 인기는 점점 더 올라갔다.

하지만 클레오파트라를 향한 안토니우스의 사랑은 식을 줄을 몰라 결국 옥타비아누스의 누이이자 그의 아내인 옥타비아와 이혼한 후 클레오파트라와 정식으로 결혼하였다.

그러자 로마 시민들은 안토니우스에게 배신당했다고 격분했고, 옥타비아누스도 자기의 누이를 버린 안토니우스에 대한 분노를 참을 수 없어 이집트에 선전 포고를 했는데, 이것은 이집트와의 싸움이 아닌 안토니우스와의 싸움이었다.

안토니우스에게는 그의 목숨과 함께 정치적 생명이 걸린 중요한 싸움인데도 클레오파트라 곁을 떠날 줄 몰랐으며, 그녀의 의견에 따라 그리스 서쪽의 악티움 곶에서 해전을 벌이기로 하였다.

기원전 31년 9월 1일, 악티움 곶에서 시작된 해전이 한창 치열할 때에 클레오파트라가 갑자기 이집트 함대를 이끌고 떠나 버렸다. 그러자 안토니우스도 그녀의 뒤를 따라 달아나는 바람에 옥타비아누스의 대승리로 끝나고 말았는데, 클레오파트라는 악티움 해전에서 안토니우스가 패한 것은 자기가 먼저 함대를 이끌고 달아났기 때문이라고 생각하니 가슴이 찢어지는 듯했다.

그리하여 지하 묘실에 들어가 그녀는 시녀를 안토니우스에게 보내 자기가 죽었다고 알리게 했는데, 안토니우스는 시녀의 말을 곧이듣고 칼로 배를 찔러 자살하고 말았다.

안토니우스가 죽자 이집트의 알렉산드리아는 옥타비아누스의 해군에게 점령되었고 클레오파트라는 사로잡혔다.

클레오파트라는 이때 로마로 끌려가 모욕을 당하느니 차라리 스스로 죽는 것이 낫겠다고 결심하고 옥타비아누스에게 보내는 한 통의 편지를 남기고, 독사에게 물려서 목숨을 끊어 버렸다.

이렇게 하여 알렉산더 대왕이 세웠던 왕국 중에서 마지막으로 이집트마저 멸망했으며, 마침내 로마는 지중해를 통일하였다.

11. 옥타비아누스

나라를 잘 다스린 옥타비아누스

옥타비아누스는 클레오파트라와 카이사르 사이에서 태어난 카에사리온과 클레오파트라와 안토니우스 사이에서 태어난 2남 1녀를 어떻게 처리할 것인가에 대하여 몹시 고민했다.

그러다가 마침내 카에사리온을 죽여 혹시 뒷날에 일어날지도 모르는 근심거리를 없앴으나, 안토니우스의 자식들은 살려 두었다.

옥타비아누스는 인기를 계속해서 누릴 수 있는 수단으로 카이사르의 명성을 철저히 이용했으며, 카이사르가 독재 정치를 펼치다가 비극적인 최후를 마쳤기 때문에 로마 시민들에게 독재자처럼 보이지 않으려고 무척 신경을 썼다.

옥타비아누스가 악티움 해전에서 큰 승리를 거두고 돌아오자 로마 시민들과 원로원은 개선장군인 그를 열렬히 환영해 주었다.

원로원과 로마 시민들은 그에게 원로원의 제1인자라는 특권을 주었는데, 그것은 원로원 의원 명단에 첫 번째로 이름이 적혀 로마의 제1시민이 되는 영광이었다.

기원전 27년, 옥타비아누스는 로마 안에서 일어나는 실력자들끼리의 권력 싸움을 없애기 위해 위임받았던 모든 권한을 원로원과 민회에 되돌려주자, 원로원과 시민들은 그에게 박수를 보냈다.

이리하여 민심이 다시 한번 옥타비아누스에게로 기울어지자, 원로원과 민회는 스페인을 비롯하여 갈리아와 시리아, 새로 차지한 이집트의 군사 지휘권을 10년 동안 그에게 주고, 속주는 원로원과 그가 나누어 다스리기로 결정했다.

이 해에 옥타비아누스는 원로원으로부터 존귀한 사람이라는 뜻의 아우구스트라는 칭호를 받았는데, 이것은 신이나 인간에게 붙이는 최고 존경의 표시로서 그가 나라 안에서 어느 정도로 존경받고 있는가를 잘 알 수 있다.

게다가 옥타비아누스는 장군의 최고 계급인 원수의 칭호로 불리는 지위도 받아 아무도 넘볼 수 없는 로마의 제1인자가 되었다. 이 두 개의 칭호와 지위는 그의 후계자들이 계속해서 물려받았으며, 임페라토르는 뒷날에 황제의 칭호가 되었다.

옥타비아누스는 정치권력도 교묘한 방법으로 계속해서 잡았고 카이사르보다 더 현명했다. 그는 겉으로는 사양하는 체하면서 속으로는 모든 것을 다 끌어들여 황제에 버금가는 지위를 누렸던 것이다.

그는 카이사르처럼 민심을 유심히 살피면서까지 황제가 되려고 하지 않았기 때문에 로마 시민들도 그를 독재자라고 생각하지 않았다.

또한, 원로원과 민회의 권위에 슬기롭게 대처하고 그들을 존중하면서 모든 일을 합법적으로 처리하여 황제가 아니면서도 로마의 황제처럼 나라를 다스릴 수가 있었다.

이 무렵, 공화정을 경험하지 못한 로마의 속주에서는 옥타비아누스를 평화의 구세주, 거룩하고 존엄한 황제로 받들었고, 그의 후계자들은 황제라는 칭호를 썼다.

옥타비아누스는 원로원과 긴밀히 협조하여 여러 방면에 걸쳐 많은 업적을 이루었다.

그는 먼저 시민의 계급을 원로원 의원 · 기사 · 평민 등 셋으로 구분하여 사회 질서를 굳건하게 세웠고, 노예 해방을 엄격히 제한하여 로마 시민의 순수성을 지키려고 하였다.

또한, 어지러워진 풍속을 바로잡기 위해 도덕과 종교를 일으켰고, 혼인법도 마련하여 남녀가 법에 따라 정식으로 혼인하여 아이를 낳도록 적극 권장했으며, 3명 이상의 아이를 둔 남자에게는 제일 먼저 공직을 맡을 수 있는 특권도 주었다.

군대 조직은 정규 군단과 보조군과 근위군의 셋으로 나누었는데, 근위군은 황제의 친위대로 수는 적었으나 로마를 지키는 가장 중요한 임무를 맡았으므로 지위가 매우 높았다.

이 밖에도 경찰대와 소방대를 두어 범죄를 막고 재산을 보호하는 데에 힘쓰는 한편, 세금 제도도 고쳐 토지에서 생긴 이익에 대하여 매기는 지조와 각 개인에게 매기는 인두세 등 직접세를 속주의 주민들에게서 거두었고, 관세와 노예 해방세 등 간접세를 거두었다.

또 이러한 세금과 병사 모집을 철저히 하기 위해서 정기적으로 인구조사와 시민의 재산의 평가를 실시했다.

이처럼 옥타비아누스는 독재 정치의 인상을 주지 않으면서도 모든 정치권력을 사용하여 로마의 국가 조직을 튼튼히 다졌다.

그렇지만 정복 사업은 조심스럽게 다루어 외국과의 큰 전쟁은 일어나지 않았다.

그는 예전에 카이사르가 손을 댔던 게르마니아 지역을 완전히 차지할 계획을 세운 후에 그곳 사정에 밝은 바루스를 책임자로 보냈다.

그런데 바루스는 재물에 욕심이 많아서 그가 시리아 총독을 지냈을 때는 '가난뱅이 바루스가 재물을 긁어모아 시리아를 가난하게 만들어 놓고 떠났다' 고 비난을 받았다.

그런 인물이었으므로 게르마니아에서도 자기의 임무를 처리하지 않고 온갖 수단과 방법을 다 써서 재물을 긁어모으는 데에만 정신을 쏟았으므로, 참다못한 시민들이 반란을 일으켰다.

반란의 주동자는 아르미니우스였는데, 그는 로마 시민권을 가지고 기사까지 되었으며, 로마의 보조군으로 있을 때 전술 방법을 익힌 적이 있었다.

로마군이 아르미니우스의 반란군을 무찌르기 위해 게르마니에 이르자, 그는 로마군을 숲 속으로 끌어들였고 이때 기습 작전으로 2만여 명이나 되는 군사를 전멸시켰다.

옥타비아누스는 보고를 받고 까무러칠 듯이 놀랐다.

그는 곧 반란을 진압하기 위해 로마 속주들의 총독 임기를 늘려서 반란이 더 번지지 않도록 하는 동시에 북쪽 지방의 경계선을 줄여 반란 사태를 매듭지었다.

옥타비아누스는 모든 것을 자기 뜻대로 이루었으나, 후계자 문제만은 마음대로 되지 않았다.

이때 그의 친자식이라고는 두 번째 부인이 낳은 딸 율리아밖에 없었다. 그래서 율리아를 자기의 누이 옥타비아가 안토니우스와 재혼하기 전에 낳은 아들인 마르켈루스와 혼인시킨 뒤, 곧바로 자기의 후계자로 삼았다.

그러나 마르켈루스는 혼인한 이듬해에 죽고 말았기 때문에 이번에는 악티움 해전에서 이름을 떨친 아그리파 장군을 사위로 맞이하여 그를 다시 후계자로 삼았다.

아그리파는 율리아와의 사이에 3남 2녀를 두었으나, 그도 역시 옥타비아누스보다 먼저 세상을 떠났다.

옥타비아누스는 시민들을 보기가 민망스러워 이번에는 그의 의붓아들인 티베리우스를 그의 본처와 이혼시키고, 율리아와 재혼하게 한 뒤에 그를 후계자로 삼았다. 그러자 이번에는 딸 율리아가 문제를 일으켰다.

율리아가 바람을 피워 다른 사내들과 자주 어울렸으므로 티베리우스는 율리아와 혼인한 것을 후회하고 있었다.

옥타비아누스의 아내 리비아는 클라우디우스 집안에 시집을 가서 살다가 남편과 이혼한 뒤에, 큰아들 티베리우스와 작은아들 드루수스를 데리고 옥타비아누스와 재혼했다.

그런데 우애가 각별했던 드루수스가 게르마니에서 사고로 죽고, 재혼한 아내 율리아의 바람기가 점점 심해지자 티베리우스의 마음은 안정되지 않았다.

게다가 옥타비아누스가 율리아와 아그리파 사이에서 태어난 두 아들을 양자로 맞아들이는 바람에 티베리우스는 큰 실망을 안고 로도스섬으로 떠나 버렸다.

이 사실을 안 옥타비아누스는 매우 불쾌하게 생각했으나, 자기 딸의 부정한 행동이 티베리우스를 그렇게 만들었기 때문에 참는 수밖에 없었다.

율리아는 티베리우스가 떠난 뒤부터 더욱더 뭇사내들에게 한눈을 팔아 마음에 드는 남자만 있으면 때와 장소를 가리지 않고 마음껏 불륜을 저질렀다.

이에 옥타비아누스는 딸의 그런 행동을 보고 더는 참을 수가 없어 마침내 판타테리아라는 작은 섬으로 쫓아 버린 후, 이탈리아 본토에 들어오는 것을 금지시켰다.

그런 다음, 티베리우스를 불러들여 함께 나라를 다스리다가 이탈리아 남서부에 있는 캄파니아의 별장으로 물러나 지내다가 서기 14년에 77세로 일생을 마쳤다.

12. 폭군 네로 황제

네로의 최후

옥타비아누스 황제가 세상을 떠나자 그 뒤를 이어 티베리우스가 로마 제국의 제2대 황제가 되었다. 그는 사람을 다스리는 능력도 있었고 장군으로서 모자람이 없었으나, 신경질을 잘 내고 너그럽지 못했는데도 원로원과 큰 다툼이 없이 성실하게 로마 제국을 다스렸다.

티베리우스의 뒤를 이어 황제가 된 칼리굴라는 정치범을 풀어주고 세금을 줄이는 등 모든 로마인들에게서 환영을 받는 정치를 베풀었으나, 중병을 앓고 난 뒤부터 정신 이상이 되어 자기를 살아 있는 신이라고 우기며 사람들을 함부로 죽였다. 그러다가 끝내는 근위대 장교에게 자신과 가족이 몰살당했으며, 칼리굴라를 살해한 근위대는 칼리굴라의 작은아버지인 클라우디우스를 황제로 받들었다.

그러나 클라우디우스는 원로원을 무시하고 자기가 해방시켜 준 노예들을 중심으로 하여 정치를 하다가 독살당했다.

클라우디우스를 살해한 사람은 아그리피나의 큰딸인 소 아그리피나로서 그녀는 정치적 욕심이 매우 큰 여자였다.

소 아그리피나는 클라우디우스의 방탕한 후비였던 메살리나가 황제의 암살 음모로 처형되자, 클라우디우스와 재혼하여 후비가 되었다.

그녀에게는 전 남편과의 사이에서 낳은 네로라는 아들이 있었는데, 네로는 건강하고 명랑했으며, 운동과 음악과 시에 재주가 뛰어났으므

네로와 그의 어머니 아그리피나

로 소 아그리피나는 네로를 황제로 만들려는 야심을 품게 되었다.

그러나 클라우디우스는 메살리나가 낳은 아들인 브리타니쿠스를 후계자로 이미 정해 놓고 있었으므로, 소 아그리피나는 온갖 수단과 방법을 다 써서 황제를 구슬린 끝에 결국 브리타니쿠스를 밀어내고 네로를 후계자로 세웠다.

하지만 그녀는 황제의 마음이 언제 또 변할지 몰라 그를 아예 없애 버리기로 작정하고 음모를 꾸미기 시작했다.

그녀는 황제를 독살하기 위해 음식에 독버섯을 넣었으나 실패했고, 얼마 후 황제가 병에 걸리자 그의 주치의를 끌어들여 마침내 독살하고 말았다.

그녀는 황제를 독살한 뒤에 곧바로 근위대에게 명령하여 네로를 황제 자리에 앉히게 했는데, 이때 네로는 고작 17세였으며 목적을 이룬 그녀가 네로를 통하여 나라의 정치를 간섭하자, 이를 싫어한 네로는 세네카 등의 도움을 받아 독립하려고 했다.

소 아그리피나는 이 사실을 알고 대로하여 네로를 쫓아내고 브리타니쿠스를 황제로 삼겠다고 하자, 네로는 얼마 후에 잔치를 베풀고 여기에 참석한 브리타니쿠스를 독살해 버렸다.

이 무렵, 네로는 친구인 오토의 아내를 짝사랑한 나머지 오토를 외국으로 쫓아 버리고 그녀와 결혼하려고 했으나, 그의 아내인 옥타비아보다 어머니인 소 아그리피나가 강력하게 반대했으며, 심지어는 아들을 유혹하려고 했으므로 어머니가 더욱 싫어진 네로는 살해할 마음을 품게 되었다.

서기 59년, 네로는 나폴리 만에 있는 별장으로 소 아그리피나를 초대하여 뱃놀이를 즐기도록 했고, 이때 그의 지시를 받은 뱃사공이 배를 가라앉혔다.

그러나 소 아그리피나는 다행히도 어선의 도움으로 살아나자 네로는 곧 자객을 별장으로 보내 그녀를 살해하였다.

그런 다음에 세네카를 통해 어머니가 아들을 죽이려다가 살해되었다고 발표했으므로 로마 시민들은 그 발표를 믿었는데, 그것은 네로의 어머니가 악녀라는 것을 모두 다 알고 있었기 때문이었다.

이듬해에 네로는 온갖 트집을 잡아 옥타비아와 이혼하고 오토의 아내와 정식으로 결혼했으며, 옥타비아는 캄파니아로 쫓겨났다가 처형되었다.

네로는 황제가 되자 처음 약 5년 동안은 세네카 등의 도움으로 훌륭한 정치를 베풀었으나, 그들이 병으로 죽거나 트집을 잡혀 쫓겨난 뒤에 티켈리누스 같은 간신들이 그 자리를 차지하면서부터 차차 폭군으로 변신하기 시작했다.

티켈리누스는 네로의 마음을 사로잡기 위해 사치와 낭비를 서슴지 않았으며, 그 비용을 마련하려고 귀족들의 재산을 강제로 빼앗는 등 못된 행동을 일삼았다.

이렇게 되자 로마는 점점 더 혼란 속으로 빠져들었다.

게다가 64년에는 로마시에 불을 지르게 하여 로마시의 절반이 잿더미로 변했다.

이때, 네로는 기독교 신자들이 로마에 불을 질렀다면서 그들을 잡아 처형함으로써 자신에게 쏟아지는 비난을 피했다.

이듬해에는 원로원 의원인 피소가 황제를 암살하려고 음모를 꾸미다가 탄로나서 많은 사람들이 처형되었는데, 개중에는 세네카도 끼어 있었으며, 그는 네로의 명령에 따라 스스로 목숨을 끊었다.

그러나 이토록 포악했던 네로의 세상은 오래 계속되지 못했다.

68년에는 갈리아에서 반란이 일어나고, 이어서 스페인에서도 반란이 일어나 갈바를 새로운 황제로 떠받들자, 근위대는 네로에 대한 충성을 거절했다. 또한 원로원까지도 공식적으로 로마의 적이라고 선언해 버리는 바람에 네로는 재빨리 궁궐을 벗어나 달아나려고 했으나 실패하고 말았다.

결국, 네로는 궁궐을 향해 달려오는 말발굽 소리를 들으며 자결하기로 결심하고 지니고 있던 단검으로 자신의 목을 찔러 숨을 거두었다.

13. 세례 요한

예수가 올 것을 예언하다

유대인은 기원전 2세기 중엽에 막카바이오스 집안의 지도를 받으며 시리아 왕국에서 해방되기 위해 전쟁을 일으켜 승리한 뒤에 그들만의 독립된 왕국을 세웠다.

그러나 독립의 기쁨은 오래 가지 못하고 기원전 63년에 로마에 정복되고 말았다.

로마는 이 왕국의 모든 것을 다스릴 수 있는 권한을 유대 남쪽의 토호 출신인 헤롯 왕가에 넘겼는데, 헤롯 왕은 잔혹했으나 정치적 수단이 뛰어나 자신의 위치를 잘 지탱하였다.

또한 로마의 황제 옥타비아누스에게도 인정을 받아 팔레스티나를 다스리게 되었다.

헤롯 왕이 죽은 뒤에는 영토를 세 자식들이 나누어 가지게 되었는데, 유대와 사마리아 지역은 아르켈라우스가, 갈릴리 지역은 헤롯의 둘째 아들인 안티파스가, 나머지 영토는 필립이 각각 차지하였다.

그런데 아르켈라우스가 다스리는 지역에서는 정치에 대한 불평이 컸으므로, 옥타비아누스는 아르켈라우스를 내쫓고 제5대 로마 총독인 빌라투스를 보내 다스리게 하였다. 이 빌라투스는 성품이 몹시 잔인했으며 재판관이 되어 예수에게 십자가형을 내렸는데, 이 사람이 성경에 나오는 빌라도이다.

이 무렵, 유대에는 여러 종류의 종교적, 정치적인 당파가 있었는데, 친로마파로는 헤롯당과 사두개파를 들 수가 있다.

이 중에서 헤롯당은 헤롯 왕가의 지지자들로서 로마에 호의를 보이며 유대의 민족주의에 만족하지 않은 자들로 이루어졌고, 사두개파는 주로 도시에 세력을 뻗었으며, 현실적이고 저승에서의 생명 · 부활 · 천사나 영혼의 존재를 인정하지 않은 자들로 이루어진 집단이었다.

한편, 바리새파와 열심당도 있었는데, 바리새파는 모세의 율법을 엄격하게 지킬 것을 주장했고, 형식주의와 위선에 젖어서 예수를 붙들어다가 십자가에 못 박은 집단이었다.

그리고 열심당은 갈릴리의 유다에 의해 이루어진, 로마를 반대하는 단체로서 예수의 12제자 중 시몬, 즉 베드로가 그 당원이었다.

또한, 에세네파도 있었는데, 이들은 번거로운 곳을 떠나 유대 지역의 황야와 사해 부근에서 종교 생활을 하였다.

예수가 올 것이라고 예언한 세례 요한도 바로 이 에세네파 출신이었다.

요한은 허리에 가죽띠를 두르고 메뚜기를 잡아먹으면서 요단 강가에서 금욕 생활을 했는데, 기원전 28년경에 유대의 황야에 나타나 '천국이 가까웠다' 고 예언한 후 많은 사람들에게 세례를 주었다. 이때 예수도 요단 강에서 그에게 세례를 받았다.

요한의 설교와 세례는 모두에게 감명을 주었으므로 고작 몇 주일 만에 그의 주위에는 많은 사람들이 모여들었다. 그들은 갈릴리 호수 근처에 살던 빈민들과 유대인들, 학대받던 사마리아인들이 대부분이었으나, 예루살렘에서 온 율법학자 · 바리새인 · 군인, 세금을 거두는 관리 등 여러 분야의 사람들도 섞여 있었다.

요한은 율법학자들을 '어둠의 아들들' 이라면서 꾸짖었고 뉘우치라고 했으며, 관리들이 부정한 방법으로 세금을 거두는 것과 군인들이 권력을 함부로 휘두르는 것을 꾸짖었다.

요한은 또 갈릴리의 영주 안티파스가 본처를 내쫓고 이복형제의 부인이며 자기의 조카딸이기도 한 헤로디아를 아내로 맞아들이자, 형제의 아내를 빼앗는 것은 여호와의 용서를 받을 수 없다고 꾸짖었다.

살로메의 춤

그러자 안티파스는 뉘우치기는커녕 요한을 붙잡아 감옥에 가두었으나 죽이지는 못했다. 왜냐하면 요한의 설교 속에 들어 있는 진실이 두려웠기 때문이다.

이때 안티파스의 후처 헤로디아는 자기와 안티파스가 당한 모욕을 앙갚음하기 위해서 어떤 수단을 써서라도 요한을 죽이려고 기회를 노리던 중에 안티파스의 생일을 맞아 큰 잔치가 베풀어졌다.

이때 술에 취해 기분이 좋아진 안티파스는 헤로디아가 자기와 결혼할 때 데리고 온 딸 살로메에게 춤을 추도록 했는데, 기회가 왔다고 생각한 헤로디아는 딸의 알몸을 얇은 베일로 살짝 가려서 내보냈다. 살로메의 아름다운 춤은 손님들에게서 뜨거운 박수를 받았고, 그녀의 춤에 넋을 잃은 안티파스는 그녀에게 선물로 무엇을 바라느냐고 물었다.

이때 살로메는 어머니와 의논하고 오겠다면서 헤로디아를 만나고 돌아와 안티파스에게 요한의 머리를 달라고 말했다.

안티파스는 그 말을 듣는 순간 정신이 번쩍 들었다. 그녀의 요구는 도저히 받아들일 수 없는 것이었고, 또 자신의 마음이 내키지 않았기 때문이었다.

하지만 많은 사람들 앞에서 약속했기 때문에 살로메의 청을 거절할 수도 없었으므로 마침내 옥에 갇혔던 요한의 머리를 잘라 은쟁반에 놓은 채 그녀에게 선물로 주고 말았다.

복수를 한 헤로디아는 기뻐 날뛰었다. 그러나 안티파스는 그날 밤부터 무서운 꿈에 시달려서 제대로 잠을 이룰 수가 없게 되었다.

14. 예수와 기독교

예수의 탄생

로마 제국이 다스리고 있던 팔레스티나 지역은 지중해 동쪽의 이집트와 시리아의 중간에 자리 잡고 있었는데, 이곳에 살고 있던 유대인들은 이 세상을 구원해 줄 메시아, 즉 구세주를 몹시 애타게 기다리고 있었다.

팔레스티나 거리에는 로마 병사들이 언제나 눈을 부릅뜨고 다니면서 유대인들이 조금이라도 잘못하거나 그들의 기분을 상하게 하면 마구 채찍질을 하였다.

유대인들은 신앙심이 아주 두터웠으므로 하나님을 믿고 섬기지 않는 로마 황제의 명령에 따르는 것을 부끄럽게 여기고 하루라도 빨리 구세주가 나타나기만을 바라고 있었다.

그들이 애타게 기다리면 반드시 나타날 것으로 믿는 구세주도 유대인으로서, 강하고 용감한 군사들을 이끌고 와서 악독한 로마의 병사들을 모두 내쫓아 줄 것이라고 생각했다. 뿐만 아니라, 구세주는 유대 왕국을 로마 제국보다 더 크고 강하게 만들어 줄 것이며, 이어서 온 세계를 유대인이 다스리게 될 것이라고 생각했다.

이처럼 유대인들은 구세주를 기다리며 악독한 로마인들의 학대를 참고 견디며 살고 있었다.

한편, 기원전 4년(?)에 북팔레스티나 나사렛의 어느 마구간에서 예

세례요한에게 세례를 받는 그리스도

수라는 사내아이가 태어났다.

아버지 요셉은 목수였고 어머니는 마리아였는데, 이때 마리아는 동정녀로서 천주의 영혼, 곧 성령으로 예수를 잉태하였다.

예수가 태어나던 날 밤에는 큰 별 하나가 유난히 밝았다. 이때 동쪽에서 이 별을 보고 아기 예수를 찾아온 점성술에 능통한 세 사람들은 아기 예수에게 절한 다음 황금 · 유황 · 몰약 등 세 가지 예물을 바쳤다고 하는데, 이들이 동방 박사들이다.

이스라엘에서는 해마다 봄이 되면 유월절이라는 축제가 열리는데, 유월이란 여호와가 이집트인의 맏아들을 모두 죽일 때 이스라엘인들은 문기둥에 새끼양의 피를 발라 표시를 해놓아 그대로 지나가게 하여 무사했다는 데서 온 말로, 이 날은 모든 유대인들이 예루살렘에 모여 일주일 동안 성전에 제물을 바치고, 하나님에게 감사 기도를 드렸다. 이때는 이스라엘 사람들은 물론 로마 · 스페인 · 그리스 · 이집트 등에 사는 유대인들도 예루살렘으로 모여 축제에 참석했다.

요셉과 마리아도 해마다 유월절이 되면 예루살렘으로 가는 것을 큰 즐거움으로 여겼으며, 이때 12세가 된 예수도 부모를 따라 예루살렘으로 가게 되었다.

축제가 끝나자 요셉과 마리아는 집으로 돌아가려고 예수를 찾았으나 보이지 않았다.

나사렛에서 온 사람들은 저마다 돌아가려고 서두르고 있었으므로, 요셉과 마리아는 예수가 먼저 나사렛으로 떠난 사람들과 함께 간 줄 알고, 뒤에 남은 사람들과 함께 떠났다.

그런데 도중에 만난 나사렛 사람들 속에서 예수를 찾을 수가 없었으므로 요셉과 마리아는 서둘러 다시 예루살렘으로 되돌아와 예수를 찾기 시작했다.

해가 질 무렵까지 예수를 찾아 헤매다 지친 부부는 마지막으로 성전 안에 들어가 예수를 찾아보았다.

성전 안에는 방이 많았는데, 어느 방 앞에 이른 부부는 방 안을 들여다보고 깜짝 놀랐다. 왜냐하면 방 안 가득히 들어차 있는 학자와 군중들 속에서 예수가 하나님의 가르침에 대해서 어른보다 더 조리 있고 침착하게 대화를 나누고 있었기 때문이었다.

마리아가 사람들 틈을 뚫고 들어가서 예수의 손을 덥석 잡자, 예수는 아무렇지도 않다는 듯이 말했다.

"제가 아버지의 집에 있는 것을 모르셨어요?"

예수와 12제자

어느덧 예수의 나이 30세가 되었을 때, 팔레스티나에 위대한 인물이 나타났다는 소문이 나돌았다.

팔레스티나에 나타났다는 위대한 인물이란 바로 요한이었는데, 그는 많은 사람들에게 하나님의 말씀을 전하는 것을 임무로 여겼으며, 성격이 몹시 거칠고 억센 사람으로도 알려졌다.

요한은 요단 강가에서 하나님 말씀을 열심히 전했으며, 자기를 따르는 사람들에게 요단 강 물로 세례를 주었다.

그는 아무에게나 세례를 주는 것이 아니고, 진심으로 하나님 앞에 자신의 죄를 뉘우치는 사람들에게만 세례를 주었다. 요한은 바리새파와 사두개파 사람들이 찾아와서 세례를 요구했지만 그는 단번에 거절했다.

바리새파 사람들은 학문이 깊었으나 교만했고, 머릿속에 지식이 들어 있다고 언제나 뽐내고 다녔다.

또, 사두개파 사람들은 대개 부자들이어서 몹시 사치스런 생활을 했고 그들은 로마인들과 친해지려고 애를 썼다.

사두개파 무리들은 로마인들에게 잘 보이는 것이 자기들에게 이로웠기 때문에 로마인을 몰아내려는 생각은 어리석다고 말했다. 또 예루살렘의 성전에 관한 일도 자기네들이 도맡아 처리하고 있었다.

요한은 바리새파와 사두개파 사람들에게 진심으로 뉘우치라고 외치면서, 그들이 거짓으로 뉘우치는 체하므로 세례를 줄 수 없다고 하였다.

그들을 엄하게 꾸짖는 요한을 보고, 사람들은 그가 바로 구세주임에 틀림없다고 생각했으며, 마침내 이러한 소문이 널리 퍼지자 요한은 구세주가 나타날 때를 위해 준비를 하고 있을 뿐이라고 분명하게 말했다.

요한은 날마다 사람들에게 곧 구세주가 세상에 나타날 것이니 뉘우치라고 외쳤고, 뉘우친 사람들에게는 세례를 주었기 때문에 이때부터 사람들은 요한을 가리켜 '세례 요한'이라고 불렀다.

어느 날, 요한은 하나님의 말씀을 많은 사람들에게 전하면서 요단 강가에서 세례를 주고 있었는데, 이 날은 세례를 받으려는 사람들이 많이 몰려들어서 무척 바빴다. 요한이 세례를 다 마치고 요단 강가로 나오자 문득 예수의 모습이 보였다.

예수가 요한에게 세례를 부탁하자 요한이 도리어 예수에게 세례를 부탁했으나, 예수는 그의 말을 듣지 않고 곧장 강물 속으로 들어섰으므로 요한은 할 수 없이 예수에게 세례를 주었다.

예수는 세례를 받은 후에 조용히 그곳을 떠났는데, 요한은 사라져 가는 예수의 뒷모습을 한참 동안 바라보면서 예수야말로 하나님의 아들이며 구세주임이 분명하다고 믿었다.

또 "예수에게 세례를 줄 때 하나님의 영혼이 비둘기처럼 하늘에서 내려와 그의 머리 위에 머무는 것을 보았다"고 중얼거렸다.

다른 사람들은 세례를 받고 가는 예수를 자기들과 같은 한 사람으로 보았다.

예수는 요한에게서 세례를 받은 후 광야에서 40일 동안 하나님께 기도를 올리고 갈릴리로 돌아왔다. 그리고 거리로 나가서 사람들에게 하나님에 대한 이야기를 들려주었으나, 예수의 이야기를 들으러 오는 사람은 많지 않았다.

어느 날 아침, 예수가 상쾌한 기분으로 갈릴리 바닷가를 거닐고 있을 때, 마침 어부인 베드로와 그의 아우 안드레가 물고기를 잡고 있었다.

안드레는 요한의 제자였으므로 그에게서 예수가 구세주라는 말을 들었고, 베드로도 아우에게서 그런 말을 들은 적이 있었다.

예수는 그물을 던지는 베드로와 안드레에게 다가가 물고기 대신 사람을 낚는 어부가 되게 해 주겠다고 말하자, 형제는 호기심을 가지고 예수의 제자가 되어 뒤를 따랐다.

예수와 베드로 형제는 바닷가를 걸어가다가 또 다른 두 명의 어부인 야고보와 그의 아우 요한을 만났는데, 그 둘의 곁에는 아버지인 세베대도 함께 물고기를 잡고 있었다. 그 밖에 다른 사람들은 품삯을 받고 그물질을 하고 있었다.

예수는 베드로 형제를 제자로 삼아서 얼마 후에는 12명의 제자를 거느리게 되었다. 예수의 제자들 중에서 신분이 높거나 부자인 사람은 한 명도 없었으며, 개중에는 나쁜 짓을 하여 욕을 얻어먹는 사람도 섞여 있었다.

예수는 12명의 제자들을 거느리고 여러 곳을 돌아다니며 하나님의 말씀을 전했으나, 사람들은 예수의 제자들이 모두 신분이 낮아서 별로 좋아하지 않았으며, 요한이 더 훌륭하다고 생각했다.

예수는 제자들에게 원수를 사랑하고, 자기를 미워하는 사람이나 괴롭히는 사람들을 위해서 기도하라고 열심히 가르쳤다.

그러자 제자들은 예수의 말을 듣고 깜짝 놀랐다. 사람들은 원수나 적은 미워하는 것이 보통인데, 예수는 그런 사람들까지도 사랑하라고 했기 때문이다.

예수는 남의 기분을 돋우려고 입에 발린 말은 하지 않았고, 잘못된 점은 서슴지 않고 나무랐으며, 자신을 돋보이게 하려는 생각도 갖지 않았다.

이에 예수의 말에 감탄하는 사람들이 나날이 많아졌고, 가난하고 천대받는 사람들은 예수의 설교를 듣고 마음 속에 큰 위로와 용기를 얻게 되었다.

예수의 소문은 그의 설교와 더불어 갈릴리 전체에 퍼져 나갔다.

한편, 예수의 설교를 듣고 그를 두려워하거나 미워하는 사람들도 생겨났다.

나사렛 사람들은 예수가 돌아오자 그를 맞느라고 법석을 떨었다.

예수가 나사렛에 살고 있을 때는 그가 훌륭한 사람이라는 것을 몰랐으나, 그의 설교 내용이 차츰 알려지면서부터 그가 보통 사람이 아니라는 사실을 깨닫게 되었다.

안식일 아침, 예수는 회당으로 갔다. 안식일이란 하나님이 정한 쉬는 날로, 이 날에는 모든 유대인들이 아무 일도 하지 않았다. 안식일은 금요일 저녁때부터 이튿날인 토요일 저녁때까지이며, 토요일 아침에는 모두 예배를 올리기 위해 회당으로 갔다.

이 날, 회당에는 예수의 설교를 듣기 위해서 많은 사람들이 회장 안을 가득히 메우고 있었다. 예수는 다른 고장에서 하나님의 가르침을 들려주었으나, 나사렛에 와서는 한 번도 설교를 하지 않았다.

이윽고 예배가 시작되어 성경 구절을 외우고 기도가 끝나자, 교사가 성경을 꺼내어 예수에게 주었으며, 예수는 그것을 받아 읽기 시작했다.

그것은 언제인가 나타날 메시아에 대한 것이었다. 예수는 성경을 읽고 나서 사람들을 죽 둘러보며 "여러분, 성경에 씌어 있는 내용이 사실로 나타나고 있습니다"라고 말했다.

예수의 말을 듣고 회당에 모여 있던 사람들은 깜짝 놀랐다. 성경에 쓰여 있는 말이 사실이라면 메시아가 나타났다는 것이었다. 이것은 예수를 일컫는 말이었다.

사람들은 예수를 바라보고 어처구니없다는 듯이 웃는 사람도 있었고, 어떤 사람은 화를 냈다.

이때 갑자기 예수를 잘 알고 있는 사람들이 우르르 몰려가 단 위에서 예수를 끌어내렸다. 그리고는 곧장 예수를 나사렛 변두리의 낭떠러지로 끌고 가서 그 아래로 떼밀려고 하자, 예수는 가볍게 뿌리치고 그들 사이를 걸었다.

이때 예수의 모습이 유난히 엄숙하고 힘이 넘쳐서 그를 붙잡으려고 나서는 사람이 없었다.

예수는 그런 일을 겪은 후로 다시는 나사렛에 나타나지 않았다.

나사렛 사람들은 예수를 오직 목수의 아들로만 생각했을 뿐이며, 그가 위대한 인물이라는 것을 깨닫지 못했던 것이다. 그래서 예수가 바로 메시아라고 생각할 수가 없었다.

나사렛에서는 아무도 예수를 인정하지 않았으나, 다른 고장에서는 그렇지 않았다. 그들은 예수를 훌륭한 사람으로 알았고, 저마다 그의 가르침을 받으려고 했으며, 그의 도움을 간절히 바라는 사람들이 수없이 많았다.

예수는 열심히 하나님의 말씀을 전하면서 온갖 병으로 고생하는 많은 사람들을 고쳐 주었다.

어느 날, 문둥병에 걸린 사람이 예수를 찾아오자 곁에 있던 사람들은 모두 피했다.

그 환자는 예수의 앞에 엎드려 자기의 병을 낫게 해 달라고 간청하자, 예수는 환자의 몸에 손을 대고 깨끗해지라고 하자 문둥병이 금세 씻은 듯이 나았다.

환자는 자기의 병이 낫자 기쁨에 겨워 춤을 추고 돌아다니면서 이 사실을 널리 퍼뜨리고 다녔다.

이런 일이 있은 후로 예수는 병을 고치는 사람으로 유명해져서 장님의 눈을 뜨게 해 주었고, 중풍으로 고생하는 사람도 고쳐 주었다. 그러자 사람들은 예수야말로 자기들을 구해 주기 위해 나타난 메시아라고 하면서 존경했다.

최후의 만찬

한편, 바리새인들은 예수를 몹시 못마땅하게 여겨 그를 골탕먹이려고 했으나, 예수는 그때마다 슬기롭게 벗어나 그들을 어리둥절하게 만들었다.

이 무렵, 금요일 오후가 되면 유대인들의 가정에서는 유월절을 위해 새끼양을 잡아 가족들이 저녁 식탁에 둘러앉아 먹는 습관이 있었다.

그날 밤 예수는 열두 제자들과 함께 저녁 식사를 하게 되었다. 그때 음식을 먹던 예수가 제자들 중의 한 사람이 자기를 배신할 것이라고 말하자, 그 말은 들은 가롯 유다가 살며시 밖으로 나가 버렸다.

예수는 제자들을 둘러보고 나서 떡 한 조각을 집어 들고 기도를 한 뒤, 그것을 여러 조각으로 쪼개어 제자들에게 나누어 주었다.

그리고 예수는 포도주 잔을 들고 기도한 뒤에 제자들을 향해 말했다.

"여러분은 오늘 밤에 나를 버릴 것이며, 베드로는 닭이 울기 전에 세 번이나 나를 모른다고 할 것입니다."

그러자 베드로는 목숨을 잃는 한이 있더라도 결코 배신하지 않을 것이라고 말했고, 다른 제자들도 베드로의 말에 동의했다.

예수 일행은 겟세마네 동산에 이르러 베드로와 야고보 · 요한을 조금 떨어진 곳으로 데리고 가서 그들에게 자지 말라고 이른 후에 앞으로 나가서 땅에 엎드려 간절히 기도했다.

"아버지시여, 만일 아버지의 뜻이거든 이 잔을 제게서 옮기소서. 그리고 제 원대로 하지 마시고, 아버지의 원대로 하소서."

그 동안에 제자들은 깊은 잠이 들어 있었으므로, 그는 제자들 곁으로 다가가서 말했다.

"이제 때가 왔다. 내가 죄인들의 손에 넘겨질 때가 왔다. 나를 넘겨줄 자가 오고 있다. 어서들 일어나거라."

그때 로마 병사들이 칼과 몽둥이를 든 무리들을 거느리고 나타났는데, 그들을 안내한 사람은 바로 유다였다.

이때 예수의 제자들은 뿔뿔이 도망쳐 버렸고, 로마 병사들에게 붙잡힌 예수는 대제사장인 가야바 앞으로 끌려갔는데, 그곳에는 학자들과 많은 사람들이 모여 있었다.

그들은 이미 예수를 사형에 처하기로 결정했으나, 어째서 그를 사형해야 하는지 그 이유를 못 찾고 있었다.

이 무렵, 대제사장 가야바의 집 안뜰에 베드로가 앉아 있었는데, 가야바의 하녀와 다른 사람들이 번갈아가며 예수를 아느냐고 세 번을 물었으나, 베드로는 그때마다 모른다고 대답했다.

이때 새벽을 알리는 닭의 울음소리가 들려 왔다. 베드로는 그제야 예수가 자기에게 '닭이 울기 전에 나를 세 번 모른다고 할 것이다' 라고 한 말을 생각하고는 통곡했다.

십자가에 매달린 예수

가야바 일당은 예수가 하나님을 모독했다는 죄를 뒤집어씌워 그를 데리고 총독인 빌라도를 찾아갔다. 그것은 예수의 사형집행 허가를 받기 위해서였는데, 빌라도는 예수를 십자가에 못박도록 허락했다. 빌라도의 허락이 떨어지자 로마 병사들은 예수에게 채찍질을 했으며 붉은 가시에 찔린 그의 이마에서는 피가 흘러내렸다.

예수는 십자가를 짊어지고 형장으로 끌려갔는데, 도중에 예수가 지쳐 십자가를 짊어질 수가 없자, 병사들은 마침 지나가던 시몬이라는 사람을 불러 십자가를 강제로 지고 가게 하였다.

골고다 언덕에 다다른 병사들은 예수를 십자가에 묶고 손과 발에 못질을 하고 세웠으며, 이때 그의 양쪽에도 십자가가 세워지고, 거기에 죄인 두 사람이 못박혔다.

십자가에 매달린 예수는 눈을 들어 하늘을 쳐다보면서, 하나님을 찾다가 마침내 숨을 거두었다.

이 광경을 지켜보던 유다는 자신의 죄를 뉘우치면서 괴로워하다가 목을 매어 자살해 버렸다.

날이 저물자, 아리마대의 요셉이 빌라도를 찾아갔다. 요셉은 부자이면서도 사람들에게 존경을 받았고, 또 예수의 가르침도 믿고 있었다.

그는 빌라도에게 예수의 시체를 거둘 수 있게 해 달라고 청하여 간신히 허락을 받은 후에 예수의 시체를 십자가에서 내려서 하얀 천에

싼 다음 바위를 깎아 만든 무덤 안에 넣고, 입구를 커다란 돌로 막은 뒤에 집으로 돌아왔다.

예수가 세상을 떠난 지 3일째 되는 날이었다. 세 여자들이 관습에 따라 예수의 몸에 향유를 바르기 위해서 무덤을 찾아갔다.

이윽고 무덤 앞에 다다른 세 여자들은 무덤의 입구를 막은 돌이 치워져 있는 것을 보고 깜짝 놀랐으며, 무덤 안으로 들어간 그들은 천사들을 보고 더욱더 놀랐다.

한 천사는 예수의 시체가 뉘어졌던 머리 쪽에, 한 천사는 발쪽에 앉아 있었다.

천사가 세 여자들을 보고 말했다.

"놀라지 마십시오. 예수께서 부활하셨습니다. 어서 빨리 돌아가서 이 사실을 제자들에게 알리십시오."

세 여자들은 곧장 이 사실을 예수의 제자들에게 전했으며, 제자들은 예수의 부활을 처음에는 믿지 않다가 부활한 예수를 만나 보고 비로소 믿게 되었다.

그 후, 제자들은 예수의 가르침을 널리 전하기로 결심하고 전도 활동을 활발하게 폄으로써 예수를 믿는 사람이 날이 갈수록 늘어나게 되었다.

이리하여 제자들에 의해 예수를 구세주로 받드는 새로운 종교인 기독교가 태어났다.

15. 초기 기독교의 발전

사도 바울

기독교는 예수의 제자인 베드로와 요한 등이 중심이 되었다.

이들은 유대인의 종교인 유대교와 구분하지 않은 채 신전 예배나 율법을 엄하게 지키고 있었다. 그런데 열렬한 기독교 신자인 스테판이 맹렬하게 유대교를 비난하다가 유대교인들의 분노를 사서 마침내 돌에 맞아 죽는 사건이 일어난 뒤부터 유대인들은 기독교인들을 박해하기 시작했다.

이렇게 되자 기독교 신자들은 팔레스티나를 떠나서 로마 제국의 여러 곳으로 흩어지게 되었다.

이때 기독교의 세력을 넓히는 데 큰 공헌을 한 사람이 바로 사도 바울이었다.

열렬한 유대교 신자로 신도를 박해하는 데 앞장선 바울은 소아시아 타르수스의 부유한 집안에서 태어난 유대인으로, 로마 시민권을 가지고 있었으며, 예루살렘에서 유대교의 율법을 공부했다.

하루는 그가 기독교 신도들을 박해하러 시라이의 다마스쿠스로 가던 중 성 밖에 이르렀을 때 하늘에서 내리는 신의 빛을 보고 기독교를 믿기로 결심했다.

그 길로 예루살렘에 되돌아간 바울은 베드로와 야고보를 만나서 '이방인 사도' 로 불러 달라고 청했으며, 그때부터 로마 제국 안을 돌

아테네에서 설교하는 사도 바울

아다니며 복음을 퍼뜨렸다.

바울은 48년경부터 시리아의 안티오키아를 비롯하여 소아시아와 그리스 및 마케도니아 지방을 돌아다니며 많은 사람들이 기독교의 신앙을 가지도록 이끌었다.

이 사실을 알게 된 유대인들은 그때부터 바울을 학대했고, 에페소스에서는 아르테미스 여신을 모신 신전 모형을 조그맣게 만들어 팔던 은세공인들이 우상 숭배를 금하는 바울의 전도 때문에 큰 소동을 벌이기도 하였다. 우상 숭배를 금하면 그들의 장사가 안 되기 때문이었다.

바울은 유대인의 고소로 감옥에 갇히기도 했으나, 전도 여행을 그치지 않았고 마침내 그리스의 아테네까지 이르렀다.

그 후, 예루살렘으로 돌아간 바울은 유대인과 다투다 붙잡혔으나 로마 시민권을 이용해서 황제에게 상소하여 재판을 받기 위해 로마로 옮겨졌다.

바울은 로마에서 약 2년 동안 감옥에 갇혀 있다가 한때 풀려나기도 했으나, 64년경에 네로 황제의 기독교 신도 박해 때 베드로와 함께 순교했다.

그는 기독교 초대 교회의 창설자로서 기독교를 로마 제국에 퍼뜨리는 데 가장 공이 컸던 전도자이며, 기독교가 유대교로부터 독립하여 세계로 뻗어 나갈 수 있는 길을 닦았다.

한편, 유대인은 로마에 반대하는 열심당의 부추김을 받아 서기 66년에 독립을 요구하며 로마에서 반란을 일으켰다.

그들은 로마군의 수가 적은 것을 보고 예루살렘을 빼앗은 뒤 그들만의 독립 정부를 세우고 화폐까지 새로 만들었다. 그러나 군사를 늘린 로마군이 반격 작전을 펴고, 또 그들 사이에 격렬한 세력 다툼이 일어나서 결국 70년에 예루살렘을 로마군에게 빼앗기고 말았다. 예루살렘을 점령한 로마군은 신전에 있던 많은 보물을 가져간 후 불태웠으며, 주민들을 붙잡아 노예로 팔았다.

예루살렘이 점령되자 열심당의 남은 무리들은 사해 서쪽에 있는 마사다 요새에 들어가서 3년 동안 버티다가 로마군이 맹렬히 공격하자 모두 자결해 버리고 말았다.

이리하여 예루살렘은 로마의 식민지가 되었으며, 유대인은 예루살렘에 들어갈 수가 없었다.

다만, 1년에 한 번씩 예루살렘이 점령된 날만 유대인이 들어가서 무너진 신전의 벽에 머리를 대고 유대민족의 비참한 운명을 통곡하는 것만 허락되었다.

16. 로마의 오현제 시대

로마의 눈부신 발전

네로의 자살과 더불어 일어난 혼란을 가라앉히고 황제에 오른 사람은 유대와 싸울 때 로마군의 사령관이었던 베스파시아누스였다.

69년에 황제가 된 그는 갈리아와 유대의 반란을 가라앉히고 원로원과 힘을 합쳐서 국가의 재정을 튼튼하게 했으며, 네로 시대의 온갖 악정을 고쳐 질서와 번영을 되찾았다.

베스파시아누스의 뒤를 이은 황제는, 예루살렘을 공격하여 빼앗는데 큰 공을 세운 그의 맏아들 티투스였는데, 그는 인기가 좋았으나 황제에 오른 지 2년 만에 그만 열병으로 죽고 말았다.

네르바

그 뒤에 황제에 오른 사람은 티투스의 아우인 도미티아누스였는데 그는 폭군이었으며 자신을 신으로 떠받들게 했고, 이에 반항하는 기독교 신도들을 박해했다. 게다가 원로원 의원을 함부로 죽이고, 철학자들을 내쫓는 등 못된 정치를 일삼다가 암살당했다.

이로써 베스파시아누스가 세웠던 플

하드리아누스 황제

라비우스 왕조는 대를 이을 사람이 없어 사라지고 말았다. 그의 뒤를 이어 황제에 오른 사람은 원로원의 의원인 네르바로서, 그는 원로원과 서로 도와가며 좋은 정치를 베풀었다.

그러나 네르바는 나이가 많았고, 군대를 다스릴 줄을 몰랐기 때문에 그때까지 이어졌던 세습 제도를 바꾸어 게르마니아의 총독 트라야누스를 그의 양자로 삼아 뒤를 잇게 하였다. 이때부터 황제는 가장 유능한 사람을 양자로 삼아 원로원의 승인을 받은 후에 자기의 뒤를 이어 나라를 다스리게 하였다.

이리하여 로마에는 오현제, 즉 다섯 황제가 나타나게 되었는데 그들은 바로 네르바 · 트라야누스 · 하드리아누스 · 안토니우스 피우스 · 마르쿠스 아우렐리우스 등이다.

오현제 시대의 로마는 눈부시게 발전하여 번영을 누렸는데, 트라야누스는 군대를 잘 다스렸고 원로원과 서로 도와 로마 제국의 영토를 많이 늘렸다.

하드리아누스는 영토를 잘 지켰으며, 브리타니아 지역에 성을 길게 쌓아 북쪽의 수비를 튼튼히 하는 한편, 파르티아와 화친을 맺었다.

안토니우스 피우스는 어진 황제로서 그는 특이하게 두 명을 양자로 삼았는데 두 사람의 황제가 나라를 다스리게 하였다.

그러나 그 중 1명인 루키우스 베루스는 황제가 된 지 8년 만에 죽었고, 마르쿠스 아우렐리우스 혼자서 나라를 다스렸다.

마르쿠스 아우렐리우스 황제는 게르만과 파르티아인의 침입을 막았으며, 스토아 학파의 철학자로서 《자성록》13권을 남겼다.

오현제 시대에는 나라의 질서가 바로잡히고 무역과 함께 산업도 크게 발전했다.

이 무렵의 로마 제국은 많은 속주를 거느리고 있었는데, 속주의 중심은 도시여서 새로운 도시가 이루어졌으며, 도시에는 어느 정도 자치가 인정되었고, 그 자치는 중산층으로 이루어진 참사회가 맡았다.

또한 도시에는 많은 상인과 수공업자들이 있었는데, 이들 중에는 노예에서 해방된 사람들이 많았다.

오현제 시대에는 육지뿐만 아니라 바다에서도 로마의 평화가 이루어져서, 수도 로마를 중심으로 포장된 길이 사방팔방으로 통했으며, 이 길을 따라 시민들이 활발하게 움직였다.

또한, 무역도 활발하게 이루어져 이집트로부터 인도양으로 나아가 인도와도 무역을 했으며, 중국의 비단을 들여오기도 했다.

그러나 이렇듯 평화롭고 번창했던 로마 제국의 전성기도 노예와 가난한 서민이 주로 생산 활동을 함으로써 기술이 발달하지 않아 차차 빛을 잃기 시작했다.

게다가 부자들이 점점 더 사치와 향락으로 빠져들어서 빈부의 차이가 심해졌고, 로마 제국을 지탱하기 위해서는 많은 돈이 필요했으므로 시민 모두가 무거운 세금에 시달려야 했다.

17. 로마 제국의 혼란

군인 황제 시대

오현제의 마지막 황제였던 마르쿠스 아우렐리우스는 그때까지 이어받던 황제의 전통을 깨뜨리고 아들인 코모두스에게 황제의 자리를 물려주었다.

그런데 코모두스는 철학자인 아버지와는 달리 머리가 둔하고, 퇴폐적인 것을 좋아했으며, 정치는 모두 간신들에게 맡겨 놓은 채 오직 사치와 향락에만 정신을 빼앗겼다.

코모두스는 자신은 이 세상에 태어나기 전에 헤라클레스였다는 말도 서슴지 않았고, 노예 검투사로 꾸미고 경기장에 나가는 등 폭군 네로처럼 굴었다.

또한, 원로원의 승인도 없이 멋대로 근위대의 봉급을 올려 주고, 돈이 부족하면 남의 재산을 마구 빼앗는 등 온갖 만행을 저질렀다.

코모두스는 결국 그의 첩과 근위대 사령관의 음모에 무참하게 암살당하고 말았다.

그러자 네로가 죽은 뒤의 상황처럼 자신이 거느린 군사의 힘에 의해 황제가 결정되는 등 혼란이 계속된 끝에 싸움에 이긴 세베루스가 황제의 자리에 올랐다.

세베루스는 황제가 되자마자 부패한 근위대부터 없애 버렸다.

이탈리아인 중심으로 이루어진 근위대는 그 동안 황제에게 법으로 정한 이상의 봉급을 요구했고, 자기들의 마음에 들지 않으면 음모와 반란을 서슴지 않았던 것이다.

카라칼라 황제

세베루스는 지방 군단 출신자를 많이 뽑아 새로운 근위대를 만들었고, 국경을 지키는 데 신경을 써서 군대를 잘 대우해 주었다.

세베루스의 뒤를 이어 황제가 된 카라칼라는 세베루스의 맏아들로 어려서부터 성격이 잔인하여 많은 사람을 죽였는데, 아우와 함께 1년 동안 로마를 다스리다가 아우를 죽이고 혼자서 황제 노릇을 하였다.

그러나 카라칼라는 군대를 잘 대우하라는 아버지의 유언만은 지켜서 군사들의 봉급을 많이 올려 주었다.

또한, 212년에 안토니누스법을 만들어 로마 제국의 속주에서 살고 있는 자유민에게 로마 시민권을 주었으므로 로마 제국과 속주, 정규군과 보조군의 차별이 없어지게 되었다.

그가 이 법을 실시한 목적은 로마 시민에게만 매겨지는 상속세와 노예 해방세를 속주민들에게도 매겨 재정수입을 올리기 위해서였다.

카라칼라는 또 커다란 목욕탕을 지었는데, 지금도 로마 시내에 그 유적이 남아 있다. 이 목욕탕은 한꺼번에 1,600여 명이 들어갈 수 있고, 냉탕 · 온탕 · 한증탕 · 홀 · 도서실 · 경기장 · 상점 등의 시설이 골고루 갖추어져 있었다.

그 후 카라칼라는 로마 제국의 적인 파르티아를 쳐부수기 위해 나섰으나, 뜻을 이루지 못하고 북메소포타미아에서 근위 사령관인 마크리누스에게 암살당했다.

마크리누스는 황태후마저 쫓아냈으나 파르티아와의 싸움에서 패하고 굴욕적인 강화를 맺었다.

이때, 마크리누스에게 쫓겨나 병들어 죽은 황태후의 여동생 마에사가 세베루스 집안의 빼앗긴 황제 권위를 되찾으려고 나서서 세베루스와 카라칼라를 받드는 군사들을 모아 마크리누스를 처치한 후에 14세인 손자를 황제로 삼았다.

이 소년은 시리아의 태양신 엘라가발루스를 모시는 신관 집안에서 태어났으므로 이름도 엘라가발루스로 지었다.

엘라가발루스가 군대의 지지 속에, 태양신의 상징인 검은 돌을 들고 로마로 들어가 팔라티노 언덕에 신전을 세움으로써, 로마 제국은 아프리카 출신의 황제에 이어 동방 출신의 황제가 태어났으며 동방의 신까지 모시게 되었다.

엘라가발루스는 황제로 있는 4년 동안에 5명의 여자와 결혼했고, 갈리아 출신의 노예와 동성애를 즐기는 등 온갖 추잡한 행동을 서슴지 않았으므로 그의 할머니인 마에사는 행실이 바르지 못한 엘라가발루스를 몰아내고, 또 다른 손자를 황제로 삼으려고 했다. 이때 엘라가발루스는 이것을 눈치 채고 미리 손을 쓰려고 했지만, 군대가 반란을 일으켜서 그를 죽이고 말았다.

이리하여 황제의 자리는 세베루스 알렉산더라는 또 다른 손자가 차지했으며, 이때 황제의 나이는 고작 13세였고, 그도 얼마 뒤에 불만을 품은 군대에 의해 살해되었다.

이때부터 로마 제국의 군대가 각각 자기들의 사령관을 황제로 떠받들었으므로, 50년 동안에 26명이 황제자리에 앉았다가 죽거나 내쫓겼는데, 이를 가리켜 '군인 황제 시대' 라고 이른다.

황제는 자기를 위하는 군대를 보호하기 위해 부자들의 재산을 제멋대로 빼앗기도 했으므로 나라 안이 혼란해졌고, 이때에 중앙의 묵은 지배층이 망하는 대신에 지방에 기반을 둔 대토지 소유자들이 새로운 지배 세력으로 나타났다.

이렇듯 위기에 처한 로마 제국을 다시 일으키려고 나선 사람은 군인 황제 시대의 막을 내린 디오클레티아누스 황제였다.

그는 본디 천민으로서 병졸로 출발하여 친위대장을 거쳐 혼란을 잠재우고 황제에 올랐다.

디오클레티아누스는 드넓은 로마 제국의 영토를 철저하게 다스리기 위해 로마를 넷으로 나누어 다스리는 한편, 갈리아 및 브리타니아의 반란을 억누르고, 라인 강과 도나우 강 근처에 살고 있던 게르만인을 물리쳐 제국을 통일함으로써 로마의 세력을 되찾았다.

또한, 그는 기병을 야전군으로 만들었고, 전국을 12개의 행정 구역으로 나누었으며, 속주도 아주 작게 나누어 100여 개로 만들어 다스렸다.

이 밖에도 조세 제도를 고치고 경제 개혁과 함께 로마의 고대 종교를 다시 일으키고 외국에서 들어오는 종교를 엄하게 막았으나, 기독교에 대해서는 너그러웠다. 그러다가 황후와 황녀까지도 기독교 신자가 되어 로마의 신들을 소홀히 대하는 것을 보고 서기 303년부터 어느 황제보다도 더 심하게 기독교 신자에 대한 박해를 시작했다.

이리하여 기독교의 집회는 금지되고 교회는 파괴되었으며, 신도들은 붙잡혀서 처참하게 살해되었다.

그러던 중 국가 권력으로도 기독교에 대한 신앙을 막을 수가 없다고 생각하고 305년부터는 박해가 수그러들었다.

한편, 로마 제국을 넷으로 나누어 다스리던 제도는 각 지역의 통치자 선정을 둘러싸고 불만을 품은 장군들이 들고 일어났기 때문에 오래 계속되지 못했다.

이렇게 혼란한 틈에 콘스탄티누스도 서기 306년에 아버지가 죽자 황제 쟁탈전에 끼어들었는데, 이가 곧 콘스탄티누스 대제이다.

18. 콘스탄티누스 대제

밀라노 칙령

콘스탄티누스는 황제가 되자 군사 제도와 조세 제도 등 디오클레티아누스 황제의 업적을 더욱 발전시켜 로마 제국이 다시 떨치고 일어날 수 있는 기반을 튼튼히 다져 놓았다.

그의 수많은 업적 중에서 가장 큰 업적은 기독교를 정식으로 인정한 데에 있다.

콘스탄티누스는 황제가 되기 전부터 태양신을 받드는 신앙을 버렸고, 황제가 된 후에는 기독교에 대해 너그러운 태도를 보였다.

거기에는 다음과 같은 이야기가 전해지고 있다.

서기 312년의 어느 날 콘스탄티누스가 황제를 꿈꾸고 로마로 진군하다가 해가 질 무렵의 하늘에서 십자가를 보았다.

그리고 십자가 옆에는 '이것으로 승리하라' 는 글자가 나타나 있었으므로 이상하게 생각하던 중 그날 밤 꿈에 그리스도가 나타나서 십자가에 군기를 걸고 싸우라고 알려 주었다.

콘스탄티누스는 이튿날 그리스도가 일러준 대로 하자 싸울 때마다 승리하여 로마로 무사히 돌아 갈 수 있었다.

로마로 돌아간 뒤에 원로원과 시민들의 지지를 얻은 그는 이듬해에 공동 황제인 리키니우스와 밀라노에서 만나 대화를 나누고, 속주 총독들에게 보내는 밀라노 칙령을 발표했다.

이 칙령에서 콘스탄티누스는 기독교 신자에게 종교의 자유를 허락하고 기독교를 정식으로 인정하였다.

콘스탄티누스 1세

그 후, 로마 제국의 동쪽을 다스리던 리키니우스가 약속을 어기고 기독교 신자들을 박해하자 콘스탄티누스는 기독교의 표지를 매단 군기를 앞세우고 리키니우스와 싸우기 위해 나섰다.

이 싸움에서도 승리한 콘스탄티누스는 로마 제국을 통일하고 혼자서 황제가 되었으며, 기독교 신자들을 계속해서 감싸며 박해로 인해 빼앗겼던 교회의 재산을 되돌려주고, 연금을 주어서 성직자를 잘 대우해 주었다.

뿐만 아니라 교회의 사교에게 민사소송을 재판할 수 있는 권한과 교회 안에서 노예를 해방시킬 수 있는 권한을 주었으며, 교회가 기독교 신자의 유산을 물려받을 수 있는 권한도 주었다.

아울러 기독교를 국교로 정하기 위해 교회를 둘러싼 다툼을 해결하기 위해 노력했다.

325년, 콘스탄티누스는 각 교회의 사교 · 장로 등 300 명의 성직자를 터키의 서북쪽에 있는 니케아로 불러 종교 회의를 열었는데, 사회는 황제 자신이 맡았고, 비용도 모두 국가에서 지불했다.

그런데 회의가 시작되자 아리우스파와 알렉산더파 · 중도파 등 3파로 갈라져서 각각 성서의 내용을 이용해 자기들의 주장만을 고집하며 조금도 물러서지 않았다.

그들 사이에 일어난 주장은 아버지인 하나님과 그의 아들인 그리스도는 본질이 같은가 다른가 하는 것이었다.

회의는 논쟁을 거듭한 끝에, 하나님과 그리스도는 똑같은 본질이라는 알렉산더파인 아타나시우스의 주장이 받아들여졌다.

이와는 달리 하나님과 그리스도는 비슷한 본질일 뿐이며 똑같은 신은 아니라고 주장하는 아리우스파는 마침내 이단으로 몰려 교회에서 쫓겨났다.

이때부터 기독교는 성부 · 성자 · 성신을 똑같은 신으로서의 자격이 있다는 삼위일체를 신조로 삼게 되었다.

기독교의 교리 문제를 마무리 지은 콘스탄티누스는 보스포러스 해협에 있는 비잔티움으로 수도를 옮겼고, 330년에는 비잔티움을 콘스탄티누스의 도시라는 뜻으로 콘스탄티노플이라고 불렀다.

콘스탄티노플은 자연적으로 이루어진 좋은 항구이며, 군사적으로도 매우 중요한 곳이었다.

콘스탄티누스는 콘스탄티노플에 큰 교회를 많이 짓고, 광장의 개선문에는 성서의 중요한 구절들을 새겨 기독교적인 냄새를 강하게 풍겼다. 그리고 로마시에 비하여 조금도 뒤떨어지지 않게 하려고 시 전체를 7개의 언덕과 14개의 구로 나누어 원로원을 두었다. 그러나 이처럼 위대한 황제도 가정의 평화는 이루지 못했다.

서기 337년, 콘스탄티누스가 세상을 떠나자 그의 세 아들이 로마 제국을 나누어 다스렸는데, 형제 사이가 몹시 나빴을 뿐만 아니라 다른 실력자들이 황제가 되려는 야심을 품고 서로가 정권을 잡기 위해 처참하게 싸웠다.

그리하여 이 싸움으로 콘스탄티누스의 맏아들과 셋째아들은 죽고 둘째아들인 콘스탄티누스 2세가 로마 제국을 다스리게 되었다.

콘스탄티누스 2세는 이단이라고 비난받은 아리우스파의 편에 서서 많은 황족들을 죽였는데, 이때 사촌 동생인 율리아누스는 나이가 어렸으므로 살려 주었다.

그 후, 율리아누스는 콘스탄티누스 2세의 뒤를 이어 황제가 되었으며, 로마의 신들을 믿었다.

그는 기독교 신자들을 박해하지는 않았으나, 철학 · 수사학 등의 교

사이던 기독교 신자들을 쫓아내고 그들을 비난하는 글을 써서 발표하기도 했다.

그는 이교의 부흥과 개혁을 실시했는데 그가 목적한 종교는 그리스와 이집트 및 페르시아의 종교적 관념과 습속을 섞는 것이었다.

그 후 율리아누스는 서기 363년에 티그리스 강변에서 페르시아군과 싸우다가 창을 맞고 전사했다.

19. 로마의 문화

십이동판법

로마인은 초기에 에트루리아의 문화에 영향을 받으면서 그들의 문화를 계속해서 발전시켰다.

그러다가 포에니 전쟁에서 승리하며 지중해의 강대국이 되었고 헬레니즘 세계로 나아간 뒤에는, 도리어 그리스 문화에 바탕을 둔 헬레니즘 문화에 눌리고 말았다.

로마의 어느 시인이 "정복당한 그리스는 정복한 로마를 문화로 정복했다"고 읊었듯이 로마는 문학 · 예술 · 사상 등 문화의 여러 방면에서 그리스 문화를 흉내냈다는 사실에서 벗어날 수는 없었다.

게다가 로마의 신화에 나오는 신들까지도 그리스의 신들을 그대로 흉내냈다.

사상도 마찬가지여서 로마에서는 헬레니즘 시대에 활발했던 스토아학파의 철학이 특히 유행했는데, 대표적인 인물로는 《도덕적 서한》을 쓴 스페인 출신의 세네카와 《자성록》을 쓴 로마의 황제 마르쿠스 아우렐리우스 및 《어록》을 쓴, 프리기아 출신의 노예로 네로에 의해 해방된 에픽테토스 등을 들 수가 있다.

《로마 건국사》를 써서 로마 발전의 원인을 찾으려고 했던 역사가 폴리비우스도 로마에 포로로 잡혀 온 그리스인이었다.

그 후 옥타비아누스 황제 때 로마에 평화의 시대가 열리면서부터 로마의 독특한 문학이 발전했다. 즉, 베르길리우스 · 호라티우스 · 오비디우스 등 3대 시인이 나타나서 라틴 문학의 황금 시대를 이루었다.

마르쿠스 아우렐리우스 황제

로마의 문화 가운데서 로마인이 독자적으로 발전시킨 것은 실용적인 문화 분야이다.

건축은, 처음에는 그리스 양식을 따랐으나, 나중에는 아치를 사용하는 독특한 양식을 발전시켜, 대규모의 목욕탕과 투기장 및 개선문 등을 건설했다.

또한, 로마인은 공중변소를 짓고 하수도와 배수구 시설을 갖추어서 위생적인 문화생활을 누렸고, 도시에 깨끗한 물을 보내기 위해 상수도 시설도 갖추었다.

로마 문화 중에서도 후세에 큰 영향을 준 것은 로마법이었다.

로마인은 어릴 때부터 십이동판법이라는 로마 최초의 성문법을 외우며 자랐기 때문에 그들이 어른이 되어서도 자연스럽게 법을 존중할 줄 알았다.

십이동판법은 민사 소송법 · 사법 · 형법 · 제사법 · 가족법 · 상속법 등을 모두 모아 기록한 것으로, 그때까지의 관습법을 약간 고쳤으며 차차 시민법으로 발전하였다.

이 법은 로마 시민에게만 실시되었으나, 로마 시민권이 없는 다른 민족에게도 쓰여지는 만민법으로 발전했다.

로마법은 그 후에 동로마 황제인 유스티아누스가 《로마법 대전》으로 편찬하여 근대 유럽의 여러 나라에서 법제도의 바탕이 되었다.

20. 로마 제국의 분열

게르만족의 침입

로마 제국은 율리아누스 황제가 죽은 뒤에 동쪽과 북쪽으로부터 다른 민족의 잦은 침입을 받아 점점 쇠약해져 갔다.

특히 동쪽은 매우 심각하여, 아시아에서 옮겨 온 훈족은 375년에 볼가 강을 건너면서부터 그 지역에 살고 있던 게르만족의 한 무리인 서고트족을 쫓아내기 시작했다.

이에 서고트족은 갈 곳을 찾아 헤매다가 로마 제국으로 가기 위해 황제에게 허락해 줄 것을 요청했는데, 황제는 여러 차례 거절하다가 트라키아로 가라고 하였다. 그런데 이 지역 관리의 조처에 불만을 품은 서고트족들이 폭동을 일으키자, 이 틈을 타서 다른 민족들도 순식간에 로마 제국의 영토 안으로 들어왔다. 이것을 막기 위해 나섰던 발렌스 황제는 378년에 그들과 싸우다가 전사했고 군사들도 전멸했다.

발렌스 황제가 이끄는 로마군을 무찌른 고트족은 계속해서 남쪽으로 내려왔다.

382년, 로마 황제 테오도시우스 1세는 고트족에게 도나우 강 남쪽의 황무지를 내주고 자치를 허락하는 대신에 군사를 로마 제국에 보내라고 했으며, 고트족의 뒤를 이어 반달족과 프랑크족의 자치 정부도 세워졌다.

이처럼 게르만족이 본격적으로 침입하고 있는데도 황제는 종교 정책에만 정신을 빼앗기고 있었다.

그리하여 기독교가 아닌 다른 종교는 모두 이교로 단정하여 이를 믿는 사람들을 모든 도시에서 쫓아냈고, 이교의 신전은 부수고 땅은 빼앗았다.

로마군과 게르만족의 전투 장면

그 후, 테오도시우스 1세는 로마 제국을 동·서로 나누어 두 아들에게 물려주고 세상을 떠났다.

이것은 공동으로 다스리게 되어 있었으나 서로 각각 다른 독립 국가처럼 바뀌어 갔기 때문에 결국은 동로마 제국과 서로마 제국으로 되어 멸망의 길을 걷게 되었다.

5세기로 접어들면서 게르만족이 또다시 쳐들어오기 시작했는데, 410년에는 라인 강의 방어선이 허술한 틈을 타서 게르만족이 밀물처럼 서로마 제국으로 쳐들어왔다.

뿐만 아니라, 이 무렵에 유럽 대륙을 공포 속으로 빠뜨렸던 훈족이 대군을 이끌고 쳐들어오기 시작하자 서로마 제국은 당황했다.

훈족은 신의 채찍이라고 불리었는데, 행동이 날쌔고 용맹하여 싸울 때마다 승리하자 이에티우스 장군이 서고트족과 프랑크족이 중심이 된 게르만족의 혼성 부대를 이끌고 카탈라우눔에서 치열하게 싸운 끝에 간신히 훈족을 무찔렀다.

그러나 또다시 아프리카의 반달족이 서로마 제국에 쳐들어왔고, 황제가 자주 바뀌는 바람에 서로마 제국은 혼란 속에 빠졌다.

이 틈을 타서 게르만족의 용병 대장 오도아케르가 476년에 반란을 일으켜 마지막 황제를 폐하고 스스로 이탈리아 왕이라고 칭함으로써 서로마 제국은 멸망하고 말았다.

로마 제국 시대는 겉은 화려했으나, 속은 보잘것없어 마침내 멸망을 재촉하게 되었는데, 그 중에서도 서로마 제국 멸망의 가장 큰 원인은 중소 자영 농민층이 사라진 데에 있었다.

로마의 중심을 이룬 것은 바로 중소 자영 농민들인데, 그들이 사라졌다는 것은 곧 로마의 대들보가 무너졌다는 것과 같다.

한편, 동로마 제국은 비잔틴 제국으로 불리며 1453년까지 계속되었으나, 로마 제국의 영광을 옛날처럼 되찾을 수는 없었다.

IV_ 중세의 유럽

중세 유럽의 세계
이슬람교의 마호메트
중세 유럽의 발전

게르만 민족의 이동과 서로마 제국의 멸망으로 마침내 유럽의 역사는 새 시대를 맞이했다. 그리고 게르만 민족과 기독교 · 그리스 · 로마 문명이 합쳐져 봉건사회를 이룩했다.

봉건사회란 왕이 제일 높은 자리에 있고, 그 아래에는 영주들이 있으며, 영주 아래에는 기사들이 영주를 받들고 있었다.

로마 제국이 멸망하자 로마 제국은 3개의 문화권으로 나뉘어졌다.

그 첫째가 유럽 세계이고, 둘째는 비잔틴 제국이며, 셋째는 7세기경에 아라비아 반도에서 일어난 이슬람이었다.

중세의 유럽을 지탱하는 것은 봉건제와 기독교를 들 수 있다. 313년 콘스탄티누스 1세가 밀라노 칙령을 내려 로마에서 기독교를 받아들이자 유럽의 독일과 영국 · 폴란드 · 헝가리 등 여러 나라에 많은 가톨릭 교회가 생겼고, 그 세력도 점차 커져서 교황의 권한이 황제의 권한보다 훨씬 높을 때가 많았다. 그러자 교황과 황제의 세력 다툼으로 인해 마침내 가톨릭종교의 부패와 사회의 혼란이 뒤따랐다.

1. 중세 유럽의 세계

게르만 민족의 대이동

게르만족은 유럽 북부에 있는 발트 해 연안에 살고 있던 민족으로 대단히 거칠고 사나웠는데, 왜냐하면 그들은 오랫동안 다른 민족과 싸워야 했기 때문이었다.

게르만족은 추장이 다스리는 가운데 부족을 이루고 가축을 기르면서 살았으나, 농사 기술은 아주 서툴러서 비료도 만들 줄 몰랐다.

따라서 그들은 기름진 땅과 가축들을 기를 수 있는 새로운 풀밭을 찾아 사는 곳을 자주 옮길 수밖에 없었다.

그런데 카스피 해의 북쪽과 동쪽에는 이들 게르만족보다 더 거칠고 사나운 훈족들이 살고 있었다.

훈족은 주로 숲 속에서 지내며 남의 재산을 빼앗기 일쑤였고, 이들이 쳐들어오면 사나운 게르만족도 당해 낼 재간이 없었다. 이리하여 게르만족은 훈족을 피해 남쪽으로 피할 수밖에 없었는데, 이것이 게르만 민족의 대이동이다.

게르만족은 대이동이 있기 전부터 로마로 건너와서 남의 집 종이나, 용병 등으로 생활을 꾸리는 사람들도 있었고, 더러는 로마의 장군으로 출세한 사람도 있었다.

게르만 민족의 대이동은 로마 정부의 허락을 받지 않고 무리를 지어 무력으로 쳐들어온 것이다. 게르만족에게는 양식과 땅이 조금밖에 없었으나 로마 제국은 모른 체했으므로 거칠고 사납기로 이름난 그들은 로마인의 가축과 식량을 닥치는 대로 빼앗았다.

참다못한 로마 제국과 게르만 사이에는 마침내 싸움이 일어났다. 그러나 향락과 사치를 일삼던 로마 제국의 분위기가 군사들에게까지 영향을 미쳤기 때문에 게르만족을 이길 수가 없었다.

게르만족이 원하는 곳은 북아프리카의 튀니지 지방이었으나, 이곳은 로마 제국의 국민을 먹여 살리는 곡물 창고와 같아서 쉽게 내줄 수가 없었다. 그러나 사나운 게르만족의 횡포에는 로마 제국도 더 이상 버틸 수가 없어서 로마는 그들이 다스리고 있던 유럽과 아프리카 지역을 게르만의 여러 민족에게 나누어 주었다. 이리하여 프랑크족에게는 갈리아 지방의 북쪽, 부르군트족에게는 남프랑스의 론 강 일대, 서고트족에게는 스페인, 앵글로 색슨족에게는 브리타니아, 반달족에게는 아프라카 지역을 주어서 그들의 왕국을 세우게 하였다.

한편, 훈족은 5세기 초에 유럽의 루마니아 · 헝가리 · 폴란드 · 체코 · 유고슬라비아의 일부를 정복했고, 라인 강을 건너 갈리아까지 쳐들어갔다.

게르만족은 그들의 왕국을 세운 후에 로마 제국과 가까이 지내면서 그들의 발달한 문화를 받아들였다. 게르만족은 스스로 일어설 수 있는 힘을 충분히 지니고 있으면서도 로마 제국에 기댔던 것은 완전한 국가를 이룰 만한 문화적 전통이 없었기 때문이었다.

창과 칼로 로마 제국을 정복한 게르만족은 문화면에서는 로마 제국에게 마치 정복당한 꼴이 되었다. 그들은 로마인들이 사용하는 라틴어와 자기네의 게르만어를 섞어 사용했는데, 이것이 뒷날 이탈리아어가 되었다.

스페인으로 건너간 게르만족도 라틴어와 게르만어를 섞어 독특한 스페인어를 만들어 냈으며, 프랑스어도 그렇게 만들어졌다. 그러나 영국으로 건너간 앵글로족과 색슨족은 순수한 그들의 언어를 썼으므로 그것이 오늘날 영어의 시조가 되었다.

프랑크 왕국

5세기 중엽, 갈리아 지방 남쪽의 론 강 골짜기에는 부르군트족이 살고 있었으나 프랑크족이 뒷날에 이 지역을 무력으로 차지하여 다스리게 되었다.

게르만족의 대이동이 끝날 무렵인 486년에 클로비스는 10여 개의 부족을 합쳐 프랑크족을 통일하고 프랑크 왕국을 세웠다.

클로비스는 그 후 종교를 로마 가톨릭으로 바꾸고 로마 교회와 갈리아의 로마 귀족들의 도움을 받아, 신은 하나이므로 그리스도는 신이 아니라고 주장하는 아리우스파의 서고트족을 스페인으로 쫓아냈다. 로마인이 전통적 신앙으로 굳게 세운 것은 신은 오직 그리스도뿐이라는 것이 아타나시우스파의 주장이었다.

세례를 받는 클로비스

클로비스가 가톨릭을 믿기는 했으나, 그의 행동은 정반대였다. 사람들을 속이고 욕하고 때리고 죽이는 일을 밥 먹듯이 저질렀고, 온갖 수단 방법을 다 써서 경쟁자를 없앴으며, 자신의 영토와 세력을 키워 나갔다.

게르만족이 세운 대부분의 왕국들은 오래 가지 못했다. 그들이 살던 곳을 떠나 남의 나라로 건너온 적은 무리의 부족들이, 오랫동안 뿌리를 내리고 살아온 민족들을 다스린다는 것은 생각도 할 수 없는 일이었다.

그러나 오직 프랑크 왕국만은 유럽의 중앙에 자리 잡고 있었다. 그들은 자기들이 살던 곳을 버리지 않고 세력을 넓혀 나가 기반을 튼튼히 다지는 한편, 종교를 가톨릭으로 바꾸었으므로 로마인이나 교회와 다투지 않았다. 그리고 비잔틴 제국이나 이슬람 세력의 공격을 받지 않은 것도 프랑크 왕국이 오랫동안 버틸 수 있는 밑거름이 되었다.

511년, 클로비스가 죽자 프랑크족의 관습대로 왕국을 그의 네 아들이 나누어 다스리다가 막내아들 클로타르 1세가 558년에 왕국을 다시 통일했다. 그러나 클로타르 1세는 형들과 사이가 몹시 나빠서 자주 다투었고, 행실이 좋지 않아 세 명의 형수를 차례로 데리고 살았으며, 한 명의 처녀를 첩으로 삼았다.

클로타르 1세가 죽고 왕국은 다시 그의 세 아들이 나누어 다스렸는데, 이때에도 형제끼리 서로 싸우고, 무서운 음모와 모략이 그치지 않았다.

이리하여 프랑크 왕국의 실권은 7세기 말에 귀족들을 등에 업은 재상들의 손으로 넘어갔고, 왕은 이름뿐인 허수아비에 지나지 않았다.

732년, 스페인을 점령한 이슬람군이 쳐들어왔는데 그들은 거의 기병들이었으며, 이들을 막기 위해 나선 마르텔은 푸아티에 평원에 군사들을 숨겨 놓고 이슬람군을 끌어들여 무찔렀다. 왕국이 한낱 재상에 지나지 않는 사람이 적의 침입을 물리친 것이다.

이때부터 마르텔의 존재는 더욱 높아져 마치 왕 같았으며, 국민들이 그에게 왕이 되어 달라고 간청했다.

그러나 마르텔은 오직 왕국을 굳게 지키기 위해 기병대를 훈련시키는 일에 정열을 불태웠다.

마르텔이 죽은 뒤에 그의 아들 피핀이 대를 이어 프랑크 왕국의 재상이 되었는데, 무능한 왕에게 실망을 느낀 국민들은 피핀한테도 왕이 되어 달라고 간청했다.

이렇게 국민들의 간청이 이어지자, 피핀은 마침내 왕을 수도원으로 쫓아 버리고 스스로 왕위에 오름으로써 751년에 카롤링 왕조가 시작되었다.

그 무렵, 동로마 제국의 황제와 교황과의 사이가 몹시 나빠졌다. 콘스탄티누스 1세가 기독교를 승인한 이후 유럽 대륙은 기독교의 힘이 점점 강해지고, 교황의 힘 또한 어느 누구도 건드릴 수 없을 만큼 강해졌다. 그런데 동로마 제국의 황제가 교황을 건드린 것이다.

800년, 교황이던 레오 3세는 크리스마스 날 로마 성당의 미사에 참석한 샤를마뉴에게 서로마 제국의 황제 칭호를 내렸다.

이로써 샤를마뉴 대제는 서로마 제국을 잇는다는 구실로 자신의 세력을 튼튼히 다지게 되었다.

또한, 샤를마뉴 대제는 이탈리아 왕국으로 쳐들어가서 로마를 중심으로 한 땅을 교황에게 바침으로써 프랑크 왕국과 로마 가톨릭 교회는 아주 가까워지게 되었다.

샤를마뉴 대제

서로마 제국의 황제가 된 샤를마뉴는 튼튼하고 의젓한 체격에 보석이 박힌 칼을 차고 다녔으며, 사냥과 운동에 뛰어나서 그를 따를 사람은 아무도 없었다. 그는 결혼을 다섯 번이나 했으며, 황후를 포함해서 9명의 아내를 두었다.

그는 영토를 넓히는 일에 힘을 기울여 774년에 롬바르디아 왕국을 쳐서 멸망시키고, 동쪽으로는 색슨족의 항복을 받아 그들이 가톨릭 신앙을 가지게 하였다. 이어서 헝가리와 유고의 일부까지 정복하여 동쪽 경계선을 엘베 강까지 넓혔다.

한편, 로마 교황은 서로마 제국의 샤를마뉴 대제라는 든든한 보호자가 생김으로써 이제는 동로마 제국의 간섭을 받지 않아도 되었다. 그뿐만 아니라 외국의 위협에서도 벗어날 수 있었다.

이처럼 샤를마뉴 대제와 로마 교황이 손을 잡은 이후 유럽은 대제와 교황이라는 두 지도자들에게 여러 가지 의논도 하고 다투기도 하면서 계속 발전하였다.

샤를마뉴 대제는 영토를 넓히면서, 유럽의 문예 부흥에도 온갖 정성을 쏟았다.

그는 학자들을 불러 고전 연구를 진행토록 하고 궁정 학교를 세워 교육에도 힘써 중세 문화 발전의 바탕을 마련했다.

샤를마뉴 대제가 세상을 떠난 후 그의 뒤를 이은 셋째아들 루드비히 1세는 신앙심만 깊었을 뿐 나라를 다스리는 능력이 전혀 없어서 형제와 영토를 나누는 문제로 처참한 싸움만 계속하다가 죽었다.

그 후, 843년에 맺은 베르덩 조약에 따라 프랑크 왕국은 셋으로 나뉘어졌는데, 루드비히 1세의 맏아들인 로테르는 이탈리아와 라인 강 유역을 차지하여 황제라 불리고, 둘째아들인 루드비히는 라인 강 유역의 동쪽, 셋째아들인 카를 2세는 라인 강 유역의 서쪽을 차지하여 다스렸다.

그러나 로테르가 일찍 죽자 다시 싸움이 일어나자 870년에 동프랑크와 서프랑크 · 중부 프랑크로 나누어 다스리는 메르센 조약이 맺어져 오늘날 이탈리아 · 독일 · 프랑스의 바탕이 이루어졌다.

바이킹의 침략

샤를마뉴 대제가 죽은 뒤 프랑크 왕국은 동 · 서 · 중부 프랑크로 나뉘어졌고, 9세기 후반부터는 프랑크를 비롯한 유럽 전체가 이민족의 침입으로 몹시 시달리고 있었다.

서프랑크 왕국은 바이킹이라고 불리는 노르만족의 습격을 받았고, 동쪽에서는 마자르족이, 남쪽에서는 이슬람군이 물밀듯이 쳐들어왔는데, 가장 큰 피해를 준 것은 바로 바이킹이었다.

바이킹의 고향은 노르웨이의 피요르드 만으로 알려졌는데, 그들은 육지보다 바다에서 더 자유롭게 생활했다.

바이킹의 배는 길이가 약 20미터이고 뱃머리는 높이 솟았으며, 60여 명을 태운 채 노나 돛을 이용하여 한 시간에 20킬로미터의 속도로 바다 위를 항해했다.

바이킹은 바다를 휘젓고 다니는 해적으로서 성격이 몹시 거칠고 포악하여, 이들이 한 번 휩쓸고 지나간 후에는 농작물과 가축 · 주민들이 큰 피해를 입었다.

그들은 가을 추수가 끝날 때쯤이면 육지로 올라와서 바닷가의 도시나 마을을 빼앗아 지내다가 이듬해 봄에 바다로 돌아갔다.

바이킹의 약탈 행위가 점점 더 심해지던 911년, 서프랑크 왕은 바이킹의 두목 롤로에게 센 강 어귀 일대의 땅을 주기로 하는 굴욕적인 평화 조약을 맺었다.

이리하여 롤로는 샤를 3세에 의해 노르망디 공에 봉해지면서 노르망디 공국이 태어나게 되었으며, 그들은 다시 영국으로 쳐들어가서 앵글로 색슨족을 무찌르고 노르만 왕조를 세우기도 하였다.

바이킹들은 지중해와 대서양을 누비며 유럽 전체를 공포 속으로 몰아 넣었으며, 아이슬란드와 그린란드까지 세력을 뻗었다.

아메리카 대륙을 처음 발견한 것도 바이킹들이다. 그들은 아메리카 대륙을 와인랜드라고 불렀는데, 그곳에 포도주의 원료인 포도나무가 많이 자라고 있었기 때문이었다.

한편, 동프랑크 왕국은 마자르족의 침입에 시달렸다. 그들은 오늘날 헝가리인의 조상으로서, 가축을 기르며 생활했고, 말을 타고 싸우는 데 익숙한 그들의 잔인한 성격은 결코 바이킹에 뒤지지 않았다.

동프랑크 왕국은 서프랑크 왕국에 비하면 안정되어 있었으므로 10세기 중엽 두 번의 힘든 싸움에서 마쟈르군을 물리쳤으며, 이때 그들을 물리친 사람은 국왕 하인리히와 그의 아들 오토 1세였다.

오토 1세는 그 뒤 로마에 원정하여 962년에 교황으로부터 황제의 칭호를 받았고 신성 로마 제국을 세워 약 200 년 동안 강한 나라가 되었다.

또 다른 침입자인 이슬람 교도는 9세기 중엽부터 북아프리카의 중앙부에 있는 튀니지를 근거로 삼아 지중해의 여러 섬을 습격하여 약탈했고, 로마의 성당과 대사원 등 유서가 깊은 곳을 불태웠다.

그런데 이들 침략자들 가운데 바이킹과 마쟈르족은 처음부터 신앙이 없었으므로 가톨릭 신자로 쉽게 끌어들일 수가 있었으나, 이슬람 교도들은 그들의 종교에 대한 믿음이 돈독하여 뒷날에 유럽 전체를 뒤흔들었던 십자군 원정의 원인이 되었다.

동로마 제국의 유스티니아누스

콘스탄티노플에는 게르만족의 계속된 침략에도 흔들리지 않고 굳게 지킨 동로마 제국이 있었다. 동로마 제국은 1453년에 오스만 제국에게 멸망할 때까지 1,000여 년 동안 계속되었다.

527년, 동로마 제국을 유스티니아누스 황제가 다스리면서부터는 사납기로 이름난 게르만족의 왕들도 그에게는 언제나 순한 양처럼 굴었다.

유스티니아누스는 483년에 가난한 농부의 아들로 태어났다.

농부의 아들인 그가 황제가 되어 동로마 제국을 크게 일으키기까지에는 그의 아내인 테오도라 황후의 도움이 컸다.

유스티니아누스가 황제에 오른 지 얼마 안 되어 니케의 반란이 일어나자, 그는 곰곰이 생각한 끝에 아내에게 나라 밖으로 도피하자고 권했다.

유스티니아누스 1세

그러자 황후는 펄쩍 뛰면서 반란이 두려워 도피하느니 차라리 황제의 자리를 지키면서 용감하게 싸우다가 죽는 편이 훨씬 낫다고 설득했다.

황후는 이어서 신하들에게도 비굴하게 사는 것보다는 떳떳하게 죽는 것이 명예를 지키는 길이라고 설득한 끝에, 황제와 신하들은 마침내 힘을 합쳐 반란을 가라앉혔다.

이 일이 있은 다음부터 유스티니아누스는 '잠자지 않는 황제' 라는 별명을 얻을 정도로 동로마 제국을 위해 몸을 아끼지 않았다.

그는 게르만족에게 짓밟힌 로마 제국의 명예를 되찾기 위해 베리사리우스 장군을 앞세워 군사를 일으켰다.

이에 베리사리우스는 533년에서 이듬해에 걸쳐 북아프리카에 있던 반달 왕국을 무너뜨렸고, 535년에서 540년까지에는 시칠리아 섬과 이탈리아와 로마를 공격하여 무찔렀다.

그리고 559년에는 훈족을 무찔러 유스티아누스황제의 로마 제국 통일 사업을 도왔다.

쇠퇴한 동로마 제국을 다시 일으키려고 결심한 유스티니아누스는 또 하나의 빛나는 업적을 남겼는데, 그것은 백성들이 지켜야 할 법을 만들어 529~534년에 걸쳐 책으로 펴낸 ≪유스티니아누스 법전≫이다. 그는 로마 제국이 쇠퇴한 까닭은 법과 질서 · 도덕이 몹시 어지러워진 데 있다고 믿었기 때문에 이 법전을 펴낸 것이다.

유스티아누스는 건축 미술에도 정성을 기울였는데, 콘스탄티노플에 세운 성 소피아 성당의 뾰족탑이나, 성당 안을 꾸미고 있는 모자이크 무늬는 아름다움의 극치를 이룬다.

2. 이슬람교의 마호메트

마호메트의 일생

동로마 제국의 세력이 약해져 제대로 힘을 쓰지 못하게 되고, 게르만족이 세운 나라들도 본격적으로 일어설 수 있는 기반을 마련하지 못한 가운데 유럽에는 거센 회오리바람이 다가오고 있었다.

아라비아 반도는 대부분이 사막인데, 끝없는 넓은 사막에는 아랍인들이 살아가고 있었다.

그들은 가축을 몰고 물과 풀을 찾아 옮겨 다니는 유목민이었으나, 비가 많이 내리는 곳에서는 농사를 지으며 사는 부족도 있었다.

570년경에 사우디아라비아의 도시 메카에서는, 뒷날 시민들에게 전할 사명을 띠었다면서 예언자로서 활동할 사내아이가 태어났는데, 그가 바로 이슬람교의 창시자 마호메트이다.

마호메트는 유복자이었고, 7세 때에는 어머니마저 여읜 후에 할아버지와 작은아버지 밑에서 자랐다.

마호메트는 12세 때 처음으로 작은아버지와 함께 낙타와 말 · 코끼리 등을 타고 다니며 장사를 하는 대상을 따라 시리아 국경까지 여행했고, 그 후로도 여러 차례 여행을 하면서 유대인의 신과 그리스도에 대한 이야기를 듣고 신은 오직 하나라는 믿음을 갖게 되었다.

그 후 25세 때에 조카이자 친구인 튜지마의 권유에 따라 부자의 미망인 카디자의 재산 관리인으로 들어가, 이때부터 대상을 이끌고 여

식사를 대접받는 마호메트

러 곳을 돌아다니며 장사를 하던 마호메트는 그곳의 주민들이 믿는 종교에 관해 많은 지식을 얻을 수가 있었다.

그러는 사이에 카디자는 마호메트에게 사랑을 느끼게 되어 성대한 결혼식을 올렸으며, 마호메트는 메카에서 가장 큰 부자가 되었다.

마호메트는 610년경에 메카에서 멀지 않은 히라라는 동굴 속에서 단식을 하며 인생의 진리를 찾으려고 애썼다.

어느 날, 마호메트가 동굴 속에서 명상에 잠겨 있는데 꿈인지 생시인지 모르게 가브리엘이라는 천사가 나타나 신은 오직 알라뿐이라고 말한 뒤에 사라졌다.

마호메트는 그 순간 말할 수 없는 기쁨을 온 몸에 느끼며 자기는 알라의 예언자라고 외쳤는데, 이때 40세였다.

이런 일이 있은 후 마호메트는 먼저 아내에게 그 사실을 알리고, 튜지마와 하인들에게 자신의 깨달음을 전했으며, 나중에는 수많은 사람들에게 전하여 신도로 만들었다.

마호메트의 새로운 진리는 많은 사람들의 마음 속에 자리를 잡으면서 그를 따르는 신도가 계속 늘어나자, 마침내 이슬람교를 창시하고 교주가 되었다.

이때 마호메트를 따르는 사람도 많았지만 반대하는 사람들도 많았는데, 개중에는 메카의 높은 관리들도 있었다.

신앙이 다른 사람들은 마호메트를 그대로 두지 않겠다고 계속 위협했으며, 그를 따르는 사람들을 괴롭혔다.

하지만 마호메트는 위협에 무릎을 꿇지 않고 메카에 머무르면서 설교를 계속했고, 알라 신 앞에서는 모든 사람이 평등하다면서 계급을 인정하지 않았으므로 메카를 다스리는 실력자들은 이단으로 몰았다.

마호메트가 이슬람교를 만들고 설교를 시작한 지 12년째인 622년 9월 20일, 메디나에서 신도들이 찾아와서 그를 초청했다. 마침 그때는 메카에서 박해가 가장 심했으므로 마호메트는 기꺼이 메디나로 가서 박해를 피했는데, 이슬람교에서는 이 해를 도망·탈출의 뜻인 헤지라로 부르며, 기원 원년으로 삼고 있다. 그리고 메디나는 이때부터 메카와 함께 이슬람교의 성지가 되었다.

마호메트는 알라 신의 계시에 따라 신도들이 절대 복종의 엄한 교리를 반드시 지켜야 한다고 가르쳤으며, 자기가 태어난 메카를 성스러운 도시로 정하여 신도들이 가끔 메카로 찾아가 경건하게 예배를 드리게 하였다.

그 후로 이슬람교의 신자들은 기도를 드릴 때에 메카가 있는 쪽을 향하여 절을 하였고, 교회의 율법을 지키지 않는 사람은 무거운 벌을 받았다.

마호메트는 이슬람교를 위해서라면 전쟁까지도 마다하지 않고 남의 나라에 쳐들어가서 국민들에게 강제로 이슬람교를 믿게 했으며, 자신의 말을 듣지 않으면 죽이기까지 했다.

마호메트는 메디나로 옮겨서 이슬람교의 기초를 다져 놓고 10년 만인 632년 62세에 세상을 떠났다.

이슬람 교도의 사라센 제국

마호메트의 가르침은 많은 사람들에게서 환영을 받았다.

마호메트에게는 한 가지 몹시 서운한 일이 있었는데, 그것은 그의 고향인 메카에서 자기의 가르침을 받아들이지 않는 것이었다.

마호메트는 어떻게 해서든지 메카를 알라의 교리 앞에 무릎을 꿇게 하려고 결심했는데, 그의 결심이 메카에 전해지면서, 메카를 다스리는 실력자들이 군사를 이끌고 메디나로 쳐들어왔다.

이윽고 메카군과 메디나군은 베들에서 싸움이 붙었다. 그런데 메카군은 돈을 받고 나온 오합지졸이어서 알라 신을 위해 굳게 뭉친 메디나군을 당해 낼 수 없었으므로 크게 패하였다.

베들 싸움의 승리로 마호메트의 세력은 강해졌고, 메카와 메디나 두 도시의 지배자가 되어 이슬람교의 유일신인 알라를 아라비아 전체에 알리기 위해 거룩한 싸움, 즉 성전을 시작했다.

마호메트의 군사들은 코란 · 칼 · 공물 중 하나를 택하도록 강요하며 싸운 끝에 마침내 아라비아를 통일했다.

이슬람교를 퍼뜨리기 위해 노력했던 마호메트가 세상을 떠나자 이슬람교는 그의 뒤를 이을 후계자를 뽑았는데, 이를 칼리프라고 하며 제1대 칼리프에는 마호메트의 조카 아부 바크르가 뽑혀 메디나에 자리를 잡았고, 제2대 칼리프는 오마르가 뽑혀 이때부터 정복 사업을 시작하여 이슬람군은 성난 파도처럼 아라비아 반도 밖으로 쏟아져 나갔다.

'이슬람의 검' 이라는 별명으로도 불리는 왈리드 장군의 이슬람군은 634년에 동로마 제국에 머무르던 시리아군을 쳐부수고 다마스쿠스를 점령했다.

이에 깜짝 놀란 동로마 제국의 헤라클레이오스 황제는 재빨리 대군을 시리아로 보내 636년에 이슬람군과 싸우게 했으나, 동로마군은 야

르무크 강 부근에서 전멸했고 시리아는 이슬람의 영토가 되었다.

그 후, 마호메트의 뒤를 이은 칼리프들은 약 40년 동안에 동로마 제국을 비롯하여 시리아 · 팔레스티나 · 이집트 · 페르시아를 계속해서 정복했다.

이리하여 7세기에 이르러서는 서인도로부터 아라비아 · 아프리카 · 스페인에 이르는 이슬람 교도의 국가인 사라센 제국을 세웠다.

3. 중세 유럽의 발전

가톨릭 교회의 성장

313년 로마 제국의 황제 콘스탄티누스 대제가 기독교를 정식으로 인정한 후에 서양의 여러 나라에 많은 교회가 세워져서 9세기경에는 독일과 영국, 11세기경에는 폴란드와 헝가리를 비롯한 북유럽까지 가톨릭 교회가 세워졌다.

왕과 귀족들은 가톨릭 교회에 많은 땅을 기부했으므로 교회의 땅이 서유럽의 4분의 1을 차지할 정도였다.

중세에 세워진 가톨릭 교회들은 기부 받은 넓은 땅을 가지고 영주들처럼 농민들을 다스렸으며 모든 사람들을 돌보았다.

예컨대 아이가 태어나거나 결혼을 하거나 죽은 사람이 생기면 반드시 교회가 맡아서 처리했으며, 그리고 죄인을 재판하는 권리까지 가지고 있었다.

이런 형편이었으므로 교회의 힘이 강해져서 로마 교황의 힘은 국왕과 황제보다 더 클 때가 많았다.

교회의 가장 큰 무기는 신도가 용서할 수 없는 죄를 지었을 때 신도의 자격을 빼앗고 교회에서 내쫓는 파문이었다. 가톨릭 교회의 명령이나 규칙을 어기면 하나님의 나라에 가서 구원받지 못할 것이라고 믿는 신도들에게는 파문이 가장 큰 두려움의 대상이 되었다.

교황은 하나님을 대신하여, 일정한 영토를 가지고 영토 안의 주민을 다스리던 영주 사이의 다툼에도 간섭했고, 그 밖의 사건에도 교회의 재판은 최고의 위력을 떨칠 수가 있었다.

이렇게 교황의 권력이 강해지자 11세기 이후부터 약 200년 동안 황제와 교황 사이에 세력 다툼이 치열하게 벌어졌다.

황제와 교황의 세력 다툼에는 세 가지 원인이 있었다.

첫째는 성직자를 임명하는 권한이 누구에는 있는가, 둘째는 교회에 딸린 땅의 세금을 누가 받아야 하는가, 셋째는 죄인을 재판할 수 있는 권한은 누구에게 있는가 등이었다.

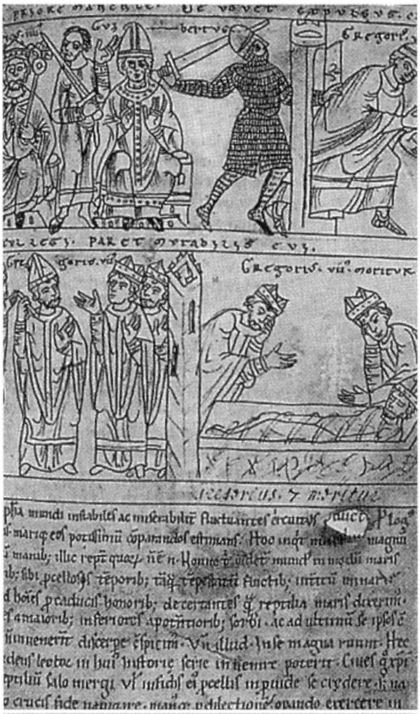
그레고리우스 7세의 생애의 기록

그때까지는 성직자를 임명하는 권한이 황제에게도 있었다.

그래서 황제와 교황이 서로 자기와 가까운 사람을 성직자로 임명했고, 게다가 돈을 받고 성직자의 자리를 파는 일까지 생겼다.

프랑스에서는 많은 영주들이 성직자로 임명되었고, 신성 로마 제국의 황제인 오토 1세 이후에는 교황까지도 황제가 마음대로 임명했다.

그 후 신성 로마 제국의 황제인 하인리히 3세는 몇 명의 독일인을 교황으로 임명했는데, 이들은 자격이 없는 사람을 주교로 뽑아 교회를 부패와 타락의 구렁텅이로 빠뜨렸다.

교회의 부패와 타락에 대해서는 일찍부터 교회 안에서 비판이 있었지만, 11세기가 되어서야 비로소 프랑스가 교회의 개혁 운동을 펼쳤다.

개혁 운동에 앞장선 사람은 프랑스의 클뤼니 수도원 출신 추기경인 한데 브란트로서, 그는 1073년에 제158대 로마 교황에 오른 후 그레고리우스 7세로 불리게 되었다.

그는 1075년 초에 칙령을 발표하여 국왕과 제후들이 성직자를 임명하지 못하게 했는데, 하인리히 4세가 황제도 성직자를 임명할 권한이 있다고 반박하여 교황과 황제 사이에 다툼이 일어나게 되었다.

카노사의 굴욕

황제는 성직자를 임명할 수 있는 권한을 빼앗기자 화가 치밀었다.

그리하여 이듬해인 1076년에, 성직자를 교황 혼자서 임명하겠다는 것은 법에 어긋나는 행동이며 지금의 교황은 자격이 없으므로 새 교황을 뽑아야 한다고 주장했다.

교황은 황제에게 몇 번씩이나 자기 명령에 따르라고 권했으나 그가 듣지 않았으므로 어쩔 수 없이 파문하고, 그리스도 교도들에게 황제와 만나는 것을 금지시키는 한편, 황제의 신하들에게도 충성하지 말라고 지시했다.

카노사의 굴욕

이에, 의회에서 황제의 편을 들었던 영주와 성직자들이 등을 돌렸으며, 만약에 황제가 교황의 결정을 따르지 않으면 1077년 2월에 교황이 주최하는 아우그스부르크 회의에서 그를 내쫓기로 결정했다.

이 소식을 들은 황제는 처음에는 코웃음을 쳤으나, 자기의 편을 들었던 영주와 성직자들이 등을 돌리자 큰 충격을 받았다. 왜냐하면 황제 혼자서는 교황을 상대하여 싸울 수가 없었기 때문이다.

황제는 자기를 따르는 영주를 교황에게 보내 화해를 청했으나 교황이 받아들이지 않자, 마침내 자신이 나서서 교황에게 용서를 받기로 결심했다.

그리하여 황후와 황자와 몇 명의 신하들을 거느리고 매서운 겨울에 라인 강을 건너 이탈리아 북쪽에 있는 카노사라는 작은 마을의 성에서 쉬고 있는 교황을 만나러 갔다.

카노사에 도착한 황제는 먼저 신하들을 교황에게 보내 만나 줄 것을 청했으나 번번이 거절당하자 직접 찾아가 파문 취소를 청하였다.

황제는 카노사의 성문 앞에서 맨발에 반쯤 벗은 몸으로 3일 동안 한겨울의 칼바람을 맞으며 파문 취소를 청하여 마침내 교황의 허락을 받았는데, 이를 가리켜 '카노사의 굴욕' 이라고 한다.

중세 도시의 생활 모습

유럽은 11세기부터 13세기에 이르기까지 이탈리아를 중심으로 한 지중해 무역과 플랑드르를 중심으로 한 모직물 무역이 점차 내륙으로 점파되어 마침내 유럽에 경제적 활기를 띠게 대었다.

상인들은 교통이 좋은 교회도시나 성곽도시로 모여들기 시작했고 점차 그 수가 늘어나자 자신들을 지키기 위해 사는 지역에 성벽을 쌓고 활발한 활동을 벌였다.

상인들은 귀족이나 주교들의 지배를 벗어나기 위해 돈을 주고 자치권을 사거나 힘으로 얻기도 햇으며 12세기 중엽에는 대부분 자유로운 신분을 가지게 되었다.

중세 도시의 상인들과 수공업자들은 점점 규모가 커지자 길드라는 조합을 조직하였다. 이 조합은 조합원들의 이익을 위해 생긴 것으로서 그들의 세력이 강성해지자 영주와 협상을 벌였고, 자유와 자치권을 얻는 데 활용하엿다.

대학의 발생

중세 유럽의 대학은 이탈리아 볼노냐 대학과 프랑스의 파리 대학에서 시작되었다.

이탈리아의 볼노냐 대학에서는 일반 교양으로 부터 의학 · 신학 등을 가르쳤고 그 중에서도 법률학이 유명하였다.

파리 대학은 일곱 과목을 가르쳤는데 문법 · 수사학 · 논리학 등 세 과목을 이수하면 대학 졸업장을 주고 산수 · 기하학 · 천문학 · 음악 등을 이수하면 석사 학위를 주엇으며, 법률 · 의학 · 신학 중에서 하나를 택해 이수하면 오늘날의 박사 학위를 주었다.

중세의 대학생들은 많은 특권을 누렸으며 학문 발전에 크게 공헌하였으며 그 권위는 대단했고, 대학을 졸업하면 성직자 · 교사 · 법률가 · 관리가 되어 눈부시게 활약하였다.

V_ 중국의 역사

중국의 성장

몽골 제국을 건국한 칭기즈 칸

중국은 삼황 오제에 이어 하 · 은 · 주를 거쳐, 춘추전국 · 진(秦) · 한 · 삼국 · 진(晋) · 남북조로 이어지면서 흥망성쇠를 되풀이하였다.

581년 수나라 문제가 중국을 통일했으나 여러 차례 외국과 전쟁을 벌여 나라가 망했으며 그 뒤를 이어 618년 당 고조가 당나라를 세웠고 그의 아들 태종은 법령을 정비하여 문화정치를 폈으며, 이백 · 두보 · 한유 · 유종원 등이 찬란한 문화의 꽃을 피웠다.

당나라에 이어 5대 10국의 53년 동안의 혼란 끝에 960년 송나라를 세운 태조 조광윤은 문치주의를 펼치는 한편, 송나라의 신종은 부국강병책을 꾀했으나 성과를 거두지 못하였다.

12세기에 여진족인 금나라에 의해 북송은 멸망했고 강남에 남송이 세워졌다. 이 시대에는 복고풍의 문화 사상이 싹텄으며 남송의 주희에 의해 성리학이 발전하였다.

남송은 몽골 제국의 시조 칭기즈 칸의 뒤를 이은 원나라의 세조 쿠빌라이에 의해 멸망함으로써 중국은 이민족의 다스림을 받게 되었다.

원나라가 망한 후 중국은 주원장이 세운 명나라로 이어졌다.

1. 중국의 성장

수나라의 남북조 통일

중국은 양쯔강을 중심으로 남과 북으로 나뉘어 남쪽에는 송나라, 북쪽에는 북위가 자리 잡고 있었다.

그 후 두 나라는 다시 여러 나라로 나뉘어 중국은 오랫동안 통일이 되지 않았다가 북조의 재상이던 양견이 581년에 북주를 쓰러뜨리고 임금이 되어 양나라와 진나라를 물리치고 남북조를 통일했다.

양견은 수나라를 세우고 문제가 되자 수도를 장안으로 정하고, 귀족들의 세력을 견제하기 위해서 백성들에게 과거를 보도록 하여 합격자에게만 관리가 될 수 있는 자격을 주었다. 문제는 그 뒤에도 여러 가지 제도를 고쳐 수나라를 24년 동안 다스리다가 604년에 뒷날의 수 양제가 되는 태자 광에게 살해되었다.

문제의 뒤를 이은 수 양제는 북경에서 회중까지 길이가 1,400킬로미터나 되는 대운하를 만들었는데, 이 운하는 도시인 허베이와 곡식이 많이 나오는 강남을 이어주었으며, 농토에 물을 대어 주는 구실을 하였다.

수 양제는 북쪽으로는 돌궐을 무찌르고 남쪽으로는 안남으로 쳐들어갔으며, 마침내는 고구려까지 침입했다.

수 양제는 고구려 26대 영양왕 때인 612년에 200만 대군을 이끌고

수 양제

고구려에 침입했으나 고구려군에게 패하고 말았다.

이때 수나라군의 별동대 30만 5,000명은 지금의 청천강인 살수를 건너서 을지문덕 장군이 이끄는 3만 명의 고구려군과 싸움이 붙었다.

그런데 이 싸움에서 수나라군은 군량과 화살이 거의 떨어지자, 물러가기 위해 다시 살수를 건너는 도중에 강물을 이용한 을지문덕의 전술과 용감한 고구려군에 의해 3,000여 명만 살아남고 모두 몰살당했다.

이 싸움을 살수 대첩이라고 하며, 수나라는 이듬해인 613년에도 침입했고, 614년에 세 번째로 침입했으나 번번이 고구려군에게 패했다.

이렇게 거듭된 전쟁으로 수나라의 경제가 몹시 어렵게 되자, 농민들이 반란이 계속되어 제3대 임금 공제 때인 618년에 당나라의 고조 이연에게 멸망당했다.

당나라의 발전과 문화

당나라를 세운 이연은 626년에 그의 둘째아들 이세민에게 황제의 자리를 물려주었는데 그가 바로 제2대 태종으로, 그는 황제가 되자 율령 격식이라는 성문법을 만들었다. 이 율령 격식에는 정치 제도 등이 자세하게 나타나 있는데, 중앙 정치 조직을 이 · 호 · 예 · 병 · 형 · 공의 6부로 나누었다.

이 정치 체제는 이후 청나라 시대에 이르기까지 중국의 기본 법률이 되었고, 우리나라를 비롯하여 일본 등 동아시아 여러 나라에도 전해졌다.

또한, 균전법이라는 토지 제도를 통해 18세 이상의 백성들에게 나라에서 구분전 80이랑과 영업전 20이랑을 주어 농사를 지으며 살도록 했는데, 농토를 받은 백성이 죽으면 구분전은 나라에 도로 내놓고 영업전은 자손에게 물려줄 수 있도록 하였다.

당고조

그리고, 나라 밖으로 군대를 보내 동쪽으로는 요동 반도를 비롯하여 서쪽으로는 중앙 아시아, 북쪽으로는 시베리아, 남쪽으로는 인도차이나 반도에 이르는 대제국을 건설했다.

태종은 또 인재를 등용하고, 역사를 편찬했으며, 문학과 유학을 장려하는 등 어진 정치를 베풀었으므로 그가 다스리던 시대를 '정관의 치' 라고 일컫는다.

태종의 뒤를 이은 고종은 신라와 손을 잡고 백제와 고구려를 멸망시켰다.

당나라는 그 뒤 한때 황제의 자리를 놓고 집안끼리 싸움이 잦아 어지러워졌으나, 712년에 제6대 황제 현종이 나라를 잘 다스려 발전을 계속했다.

인구 100만 명을 자랑하던 장안은 그 무렵 세계에서 제일 큰 도시로서, 외국인들이 많이 들어왔고, 중국의 문화와 외국의 문화가 독특하게 어우러져 또 다른 문화가 태어났다.

호상이라는 접는 의자가 처음으로 들어와 의자에 앉는 것이 유행되었고, 비파라는 악기와 오이 같은 채소가 들어온 것도 이 무렵이었다.

당나라인들도 이 무렵에 외국을 여행했는데, 629년에 당나라 승려 현장은 장안을 떠나 인도에 들어가 16년 만인 645년에 경전 657부를 가지고 돌아왔다.

이 경전은 당나라 이후의 불교에 큰 영향을 끼쳤으며, 현장은 그 뒤에 홍복사에서 경전을 중국어로 옮겼다.

현장법사

현장은 또 천산 남로를 거쳐 인도 및 중앙아시아를 여행하면서 각지의 불교 상황과 제도 · 풍속 · 언어 · 지세 등을 적고, 석가모니에 대한 전설도 적어 646년에 12권의 책으로 엮어 태종에게 바쳤는데, 이 책이 바로 《대당서역기》이다.

한편, 당나라에는 훌륭한 시인들도 많이 나왔다.

그 중에서 시의 천재라고 일컬어지는 이백은 자가 태백으로 이태백으로 불리는 시인이다. 이백은 타고난 성품이 호탕하고 술을 몹시 좋아하여 술을 마시고 흥이 나면 언제나 시를 쓸 수 있는 천재시인으로 두보와 함께 중국의 최대 시인으로 손꼽히고 있다.

현종

이백과 함께 시인으로 이름을 떨친 두보는 '시의 성인'으로 불리며, 이백 · 고적 등의 시인과 사귀었으나 안록산의 난에 관련되어 말년에는 가난하게 살았다.

한편, 현명하고 어진 정치를 베풀어 융시대를 이끌어 가던 현종은 말년에 간신들에게 나라의 정치를 맡기고 양귀비에게 정신을 빼앗긴 끝에 안록산의 난이 일어나자 곧장 촉나라로 달아나고, 그의 아들 숙종이 뒤를 이었다.

이때부터 당나라의 운명이 차츰 기울어지기 시작하여 874년에 황소의 난이 일어나 결국 907년에 망하였다.

송나라의 발전과 문화

허베이에서 일어난 다섯 나라 중의 하나인 후주의 절도사 조광윤은 그의 아우 조광의와 신하 조보에 의하여 후주의 공제를 대신하여 즉위한 후에 나라의 이름을 송이라고 지었다.

송 태조

송나라의 태조가 된 그는 당나라가 망하게 된 것은 외적의 침입을 막기 위해 각 지방에 내려가 있던 장군과 군사들 때문이라고 생각하고, 군사들을 모두 수도인 개봉으로 불러들여 다스림으로써 황제의 힘을 더욱 굳건히 하였다.

또한, 과거에 합격하여 등용한 관리들에게 높은 벼슬을 주어 장군들이 함부로 굴지 못하게 만들었는데, 이 때문에 군대의 힘이 약해져 외적의 침입에 항상 시달려야 했다.

특히 거란족의 잦은 침입으로 1004년에는 거란과 형제 관계를 맺고 해마다 많은 은과 비단을 바쳤기 때문에 나라의 경제가 흔들릴 수밖에 없었다.

그 후, 제9대 흠종이 금나라의 침입을 받아 북쪽으로 끌려가면서 송나라는 북송과 남송으로 나뉘게 되었으며, 북송의 제6대 황제인 신종은 왕안석을 1070년에 재상으로 임명하여 나라의 살림을 맡겼다.

왕안석은 재상의 자리에 앉자 이른바 '왕안석의 개혁'을 실시하여 신법인 부국강병책을 만들었다. 왕안석의 신법에는 보마법도 들어 있는데, 이 법에 따르면 북쪽에 사는 흉노 · 돌궐 · 거란 · 위구르 · 몽골 등 유목 민족의 침입이 있을 때 이들과 맞서기 위해 한 집에 말을 한두 마리씩 나누어 주었다.

그런 다음 돈을 주어 기르게 하였고 전쟁이 일어나면 이 말들을 끌어다 군사들이 쓰도록 하였다.

또 해마다 봄과 가을에 싼 이자로 관청에서 백성들에게 쌀과 돈을 꾸어 주던 청묘법, 소상인을 부자 상인으로부터 보호하기 위하여 소상인이 팔다 남은 물건을 사들이거나 이것을 담보로 삼아 돈을 빌려주는 시역법과 모역법 등이 들어 있다.

신종의 뒤를 이어 제8대 황제가 된 그의 아들 휘종은 온갖 취미와 도교 신앙에 빠져 정치를 돌보지 않아 반란이 자주 일어났다.

휘종은 시와 글씨와 그림에 뛰어났는데, 특히 그림에서는 산수 화조에 뛰어났으며, 궁궐 안에 화원을 베풀어 놓고 화가들을 양성했다.

그는 여진족이 세운 금나라와 손을 잡고 요나라를 멸망시켰는데, 1127년에 나라 안이 어지러운 틈을 타서 금나라가 쳐들어와 송나라의 도읍인 변경을 쳐서 빼앗았다.

그런 다음 휘종과 흠종 부자를 비롯하여 많은 황족과 신하들을 잡아갔는데, 이를 흠종 정강년에 일어났다고 하여 '정강의 변'이라고 일컬으며, 이때 나라의 이름도 북송으로 바뀌었다.

그 후, 흠종의 아우인 고종이 남쪽으로 내려가 항저우에 도읍하고 남송을 세워 강남을 다스렸고, 북송은 600년 동안 금나라가 다스렸다. 남송은 해마다 금나라에 많은 재물을 바쳐 그들의 침입을 막았고, 나라 살림도 어느 정도 안정을 이루었으며, 중국의 산업과 문화의 중심이 강남으로 옮겨졌다.

남송의 주희는 공자의 가르침을 모아서 완성한 유학을 다시 한번 새롭게 발전시켰는데 이를 주자학이라고 부르며, 조선 시대에 이이와 이황이 나라 안에 퍼뜨렸고, 일본에도 전해졌다.

송나라는 세계에서 제일 먼저 화약과 나침반을 발명했고 책을 만드는 인쇄술을 발전시켰다.또 후한 때의 공예가 채륜은 105년에 종이를 발명했는데, 이를 가리켜 중국의 4대 발명이라고 한다.

채륜이 종이를 만들기 전까지는 대나무를 얇게 잘라 불에다 쬐어 기름을 뺀 다음에 글씨를 쓰거나 얇은 나무판에 글자를 새기기도 하였다.

사람들은 붓과 먹이 발명된 뒤에도 대쪽이나 나무판에 글자를 썼는데, 이런 방법으로 한 권의 책을 만드는 데는 돈이 많이 들었고 가지고 다니기에도 몹시 불편했다.

그래서 차츰 명주에다 글을 쓰게 되었으나, 이것 또한 돈이 많이 들어서 책을 쉽게 구할 수가 없었다.

그 뒤 채륜이 나무껍질과 삼 부스러기 · 넝마 따위를 큰 솥에 넣고 삶아서 물같이 만든 다음 그것을 떠서 얇게 말린 뒤에 거기에다 글을 썼는데, 이 종이를 채륜이 만들었다고 하여 채후지라고 불렀다.

2. 몽골 제국을 건국한 칭기즈 칸

칭기즈 칸의 등장

서양의 중세 사회와 이슬람 제국이 한창 번영하고, 십자군 전쟁이 일어나는 등 국제 정세가 한창 소용돌이치고 있을 때 동양에서는 세계를 정복하려는 욕망이 꿈틀거리고 있었다.

그 주인공들은 중국 북쪽의 초원에서 가축을 기르며 생활하던 몽골 민족으로, 몽골은 칭기즈 칸이 태어난 부족의 이름이며, 그들은 일부 다처의 가족 제도 아래에서 같은 핏줄끼리 뭉쳐 살았다.

대칸의 자리에 오르는 칭기즈 칸

몽골 민족은 어렸을 때부터 남녀가 모두 말을 잘 탔고, 메마른 사막과 고원의 추위를 이겨야 했으므로 참을성이 강했으며, 그들을 다스리는 지도자의 명령을 반드시 따랐다.

1167년, 몽골 고원의 오논 강변 한 마을에서

사내아이가 태어났는데, 그의 이름은 테무친이었다.

테무친의 아버지인 에스게이는 작은 부족 마을의 우두머리였고, 어머니인 호에룬은, 에스게이가 다른 부족으로부터 빼앗아 온 남의 부인이었다.

에스게이의 조상 중에는 안바가이 칸이라는 왕이 있었는데, 어느 날 몇 명의 부하들을 데리고 여행을 하다가 몽골 부족의 적인 타타르 부족의 계략에 빠져 사로잡히고 말았다.

안바가이 칸을 사로잡은 타타르 부족은 몹시 기뻐하여 그를 금나라의 서울로 보냈는데 이때 금나라로 함께 따라갔던 부하 한 명이 몰래 달아나 원수를 갚아 달라는 안바가이 칸의 간절한 유언을 몽골 부족에게 전했다.

이 유언은 몽골 부족의 자손들 가슴 속에 깊이 새겨졌다.

그로부터 몇 대가 지난 후에 테무친의 아버지가 몽골 부족의 족장이 되어 부하들을 모아 무기를 만드는 등 힘을 길러 조상의 원수를 갚을 날만을 기다렸다.

이 소문이 타타르 부족에게 알려지자, 그들은 몽골 부족을 멸망시키려고 군사들을 이끌고 쳐들어왔는데, 에스게이는 아우인 오치킨과 함께 군사들을 거느리고 크루시운 강을 사이에 둔 채 맞섰다.

그런 다음에 한밤중을 이용하여 에스게이의 군사들이 몰래 강을 건너 동이 틀 무렵에 타타르군을 습격하여 승리했는데, 이 에스게이의 부하가 타타르군 한 명을 사로잡아 끌고 왔다.

그는 갑옷도 입지 않고 웃통을 벗은 몸에는 여러 군데 상처를 입어 피를 흘리고 있었으나, 조금도 두려움이 없이 이름을 묻는 에스게이에게 테무친이라고 밝혔다.

에스게이는 비록 적이기는 했으나 테무친의 당당한 태도에 감명을 받아 그를 살려 주려고 하는 순간에 오치킨의 칼이 번뜩이더니 테무친의 머리가 땅에 떨어지고 말았다.

눈 깜짝할 사이에 벌어진 일이어서 에스게이가 멍하니 테무친의 머리를 내려다보고 있을 때였다.

부하가 숨을 헐떡이며 달려오더니 에스게이의 아내가 방금 아들을 낳았다고 보고했다.

이 소식을 들은 에스게이는 몹시 기뻐하면서 잠깐 생각에 잠겨 있다가 조금 전에 죽은 테무친의 이름을 자기 아들에게 붙여 주기로 하였다.

이 테무친이 바로 뒷날 몽골 제국을 세운 칭기즈 칸이다.

테무친이 9세 되던 해에 아버지가 불행하게도 타타르족의 계략에 속아 독살되었다. 그 후 테무친은 카살과 하치군, 테무게라는 세 형제와 테무른이라는 여동생과 함께 어머니의 보살핌을 받으며 자랐다.

이 무렵, 몽골족의 세력은 보잘것없었으며 생활이 어려운데다가 테무친의 가족들은 아버지의 명성을 시기하는 여러 부족장들의 압력을 받아 더욱 어려운 처지에 놓여 있었다. 몽골족은 힘이 약해서 다른 부족들의 침입을 자주 받았는데, 그때마다 테무친은 몇 번이나 죽을 고비를 넘겼다.

어느 날, 작은아버지 오치킨의 부하 한 명이 피투성이가 되어 테무친의 가족들을 찾아왔다. 그는 테무친의 어머니에게, 다른 부족의 우두머리가 부하들을 이끌고 오치킨을 찾아와 테무친이 사는 곳을 말하라고 다그쳤으나 그가 거절하는 바람에 끌려갔으니 어서 빨리 피하라고 알려 주었다.

이 말을 들은 어머니는 곧 잠자는 테무친을 깨워서 두 아들과 함께 피신시켰으며, 이때부터 테무친은 온갖 고생을 겪으며 이곳저곳으로 떠돌아다녔다.

이렇듯 어려움을 겪으면서도 씩씩하게 자란 테무친은 17세가 되자 아버지의 뜻대로 부족을 다시 일으키려면 먼저 결혼하여 자기 주변을 정돈할 필요가 있음을 깨닫고 볼테라는 여자를 아내로 맞아들였다.

그 후 어느 날 아침, 테무친의 아버지와 그 전부터 원한 관계에 있던 메르키트 부족의 한 무리가 원한을 갚기 위해 요란한 말발굽 소리를 내며 테무친을 습격해 왔다.

뜻밖의 습격을 받은 테무친의 가족들은 재빨리 말을 타고 흩어져 무사했으나, 그의 아내는 말이 없어서 머뭇거리다가 그들에게 사로잡혀 끌려가고 말았다.

메르키트 부족이 테무친의 아내를 사로잡아 간 이유는 약 20년 전에 테무친의 아버지가 결혼한 지 얼마 안 되는 메르키트 부족의 아내를 빼앗아 자기 아내로 삼았는데, 이때 아내를 빼앗긴 사람은 부족장의 친척이었기 때문이다.

그 여인이 테무친의 어머니로서, 이를 복수하려고 테무친의 아내를 사로잡아 간 것이다.

아내를 빼앗긴 테무친은 분함을 참을 수가 없었으나, 자기 힘만으로는 강력한 메르키트 부족을 이길 수가 없어서 지난날 아버지의 친구였던 케레이트 부족의 완 칸을 찾아가 동맹을 맺고 그로부터 2만 명의 군사를 빌렸다.

이리하여 용기를 얻은 테무친은 그들의 부하들과 힘을 합쳐 메르키트족을 단숨에 무찌르고 아내를 되찾았으며, 수많은 여자와 아이들을 노예로 삼았는데, 이때부터 테무친의 이름이 몽골 초원에 널리 퍼지게 되었다.

그 뒤, 테무친의 명성이 차차 높아지자 이를 시샘한 같은 부족의 자무하가 부하들을 이끌고 갑자기 습격하여 테무친의 부하들을 잡아간 후에 그들을 쇠가마 속에 넣고 삶아 죽였다.

이러한 고난 속에서도 테무친이 끈질기게 세력을 넓혀 나간 것은 완 칸 덕분이었으며, 테무친은 완 칸과 손잡고 자신의 부하들을 처참하게 죽인 자무하를 처치했다.

그 무렵의 몽골에서는 같은 부족이나 형제도 이해 관계로 자주 싸워서 몹시 혼란했다.

말 위에서 활을 쏘는 몽골 병사

그래서 완 칸도 한때는 동족에게 쫓겨나 다른 부족들 틈에서 지낸 적이 있었는데, 그가 다시 우두머리의 자리에 앉게 된 것은 테무친의 도움이 컸기 때문이다. 그러나 테무친이 쟈무하를 무찌른 다음부터 그의 세력이 점점 커지자 완 칸은 자꾸 불안한 생각을 품게 되었다.

테무친은 완 칸을 아버지처럼 여겼으나 서로가 자기의 영토를 넓히기 위해서는 싸울 수밖에 없었다.

완 칸이 몽골 고원 일대에 세력을 떨칠 때 많은 부족이 그의 명령을 따랐으므로, 테무친은 이들과 맞서다가 시베리아까지 달아난 적도 있었다.

그러나 완 칸이 점점 나이를 먹고 세력이 약해지자, 그의 진영에서 권력 다툼이 일어났으며, 테무친은 이 기회를 놓치지 않고 완 칸을 공격했다.

완 칸은 이에 맞서 3일 동안 버티다가 불리함을 깨닫고 서몽골 지방의 알타이 산맥을 중심으로 세력을 떨치던 나이만 부족의 지배자인 다얀 칸을 찾아가 도움을 청하기로 했다.

그러나 알타이 산기슭에 이르렀을 때 나이만의 부하들에게 잡혀 자세한 사정을 말할 틈도 없이 살해당하고 말았다.

완 칸의 남은 무리들을 무찌르고 몽골 지방의 동쪽을 차지한 테무친은 결국 다얀 칸과 맞서게 되었으며, 다얀 칸은 테무친의 기세를 꺾기 위해 먼저 공격했다.

하지만 어려서부터 싸움터에서 잔뼈가 굵은 테무친을 이길 수는 없었으므로, 결국 다얀 칸도 테무친에게 사로잡혀 처형되었다.

이로써 테무친은 1204년에 내몽골과 외몽골을 통일하여 몽골족의 지도자가 되었으며, 이때부터 몽골이라는 통일된 이름으로 인정을 받게 되었다.

대륙 정벌에 나선 칭기즈 칸

테무친은 1206년에 오논 강 상류로 몽골 부족의 모든 지도자들을 한데 모아 놓고 그들에 의해 황제가 되어 이때부터 칭기즈 칸으로 불리게 되었다.

칭기즈는 강하다는 뜻이고 칸은 군주라는 뜻이다.

오논 강 상류에 있는 테리군보르크 초원에서 양가죽을 이어 만든 사방 4킬로미터의 천막을 치고, 20여만 명의 부족민이 모인 가운데 황제의 자리에 오른 칭기즈 칸에게 부족의 대표들은 무릎을 꿇고 충성을 맹세했다.

몽골 제국의 황제가 된 칭기즈 칸은 먼저 몽골의 기병들을 중심으로 군대를 만들어 다른 나라들의 정복을 결심하고, 1038년에 탕구트족이 세운 서하로 쳐들어갔다.

그런데 탕구트족이 결사적으로 대항했으므로 서하의 수도인 영하성을 에워싸고 여러 달 동안 공격했으나 점령할 수가 없었다. 이때 마음이 다급해진 칭기즈 칸은 군사들에게 고양이를 모조리 잡아 오게 한 후에, 수천 마리의 고양이 꼬리에 불을 붙인 헝겊을 매달아 성 안으로 들여보냈다.

이윽고 꼬리에 불을 매단 고양이들이 성 안으로 들어간 후 사방에서 불길이 치솟았고, 이와 때를 같이하여 몽골군이 물밀듯이 성 안으로 쳐들어갔다. 서하 왕은 마침내 백기를 올리고 칭기즈 칸에게 항복했다.

칭기즈 칸은 이어서 금나라마저 무찌르기로 결심하고 1211년 3월에 30만 대군을 이끌고 금나라로 향했다.

금나라는 1115년에 여진족인 완안부의 추장 아구타가 세웠는데, 거란을 멸망시키고 송나라로 쳐들어가 허베이를 정복한 뒤에 세운 나라이다.

금나라는 만주 벌판에서 중국의 황하 이북 땅을 다스리는 강력한 대제국이며, 여진족은 싸움을 즐기는 민족이었다.

전쟁에 나선 칭기즈 칸

게다가 만리 장성까지 동서로 길게 가로막혀 있어서 금나라를 무찌르는 것은 보통 어려운 일이 아니었다.

그런데 칭기즈 칸에게는 금나라를 반드시 쳐부수어야만 하는 깊은 원한이 있었다.

그의 조상인 안바가이 칸이 금나라의 황제인 희종 앞으로 끌려가 커다란 나무말뚝에 손과 발을 못으로 박힌 다음 온 몸이 토막으로 잘리는 처참한 죽임을 당했다. 이러한 안바가이 칸의 처참한 죽음은 몽골 민족의 가슴 속에 깊이 박혀 있었고, 칭기즈 칸에게는 더욱 뼈에 사무쳤기 때문이다.

그때 안바가이 칸은 후손들에게 복수해 줄 것을 유언으로 남기며 죽었다고 한다.

칭기즈 칸의 부하 중에는 금나라에서 달아난 자가 많아서 금나라의 사정을 잘 알 수 있었다.

금나라의 정치가 어지러워지고 백성들이 고통 속에서 헤매고 있다는 사실을 알게 된 칭기즈 칸은 금나라를 치기로 결심했으나, 선불리 쳐들어갈 수가 없었다. 왜냐하면 먼저 쳐들어갈 만한 이유가 없었고, 만일에 먼저 쳐들어가면 침략자라는 비난을 들을 것이 뻔했기 때문에 금나라가 먼저 쳐들어오기만을 기다리고 있었다.

그런 줄도 모르고 금나라는 몽골 제국을 치기 우해 군사를 일으켜 먼저 쳐들어왔다.

1211년 봄, 칭기즈 칸은 몽골군을 이끌고 몽골 북쪽의 케룰렌 강변을 향해 떠났다. 칭기즈 칸의 네 아들들은 첫째 주치, 둘째 차가타이, 셋째 오고타이, 넷째 툴루이였는데 그들도 아버지를 따라 용감하게 싸움터로 나갔다.

몽골군이 계속해서 남쪽으로 내려가 금나라의 요새인 만리 장성이 바라보이는 곳에 진을 치자, 금나라 황제는 칭기즈 칸이 대군을 이끌고 쳐들어왔다는 보고를 받고 코웃음을 쳤다.

마침내 두 나라 사이에는 치열한 싸움이 벌어졌다. 그런데 몽골군은 기병뿐이었고 성을 공격하는 기술이 모자라서 작은 성 하나 빼앗기 위해 2년을 보냈다.

몽골군이 이렇게 어려움에 처해 있을 때 그들에게 뜻밖의 응원군이 나타났는데, 그들은 바로 금나라에게 시달리던 거란족들로서 몽골군을 도우러 나선 것이었다.

금나라 황제는 완안호쇼를 대장으로 삼아 2만 명의 군사로 거란족을 무찌르게 했고, 칭기즈 칸은 맹장 제배를 대장으로 삼아 거란족을 돕게 하자, 제배는 거란족과 힘을 합해 동경성을 공격하여 빼앗아 버렸다.

한편, 칭기즈 칸은 대군을 이끌고 금나라의 서울인 중도성을 공격하자, 금나라의 황제는 성을 지킬 수가 없음을 깨닫고 소년 · 소녀 500명과 말 3,000필을 사신에게 딸려 보내며 화해를 요청했다.

칭기즈 칸이 이를 받아들여 몽골군을 거느리고 돌아가자 금나라 황제는 황태자로 하여금 중도성을 지키게 하고, 자신은 서울을 허난성 근처 도시로 옮겼다.

그러나 한번 무너지기 시작한 나라를 다시 일으킨다는 것은 어려운 일이어서 서울을 옮겼다는 소식을 들은 칭기즈 칸은 1215년 여름에 다시 군대를 보내 중도성을 빼앗아 버렸다.

공신 야율 초재

중도성을 빼앗았다는 보고를 받은 칭기즈 칸의 진영에서는 3일 동안 잔치를 베풀었다.

칭기즈 칸은 많은 포로 중에서 학자와 기술자 등을 뽑아 진영으로 불러들였는데, 어느 날 검은 얼굴에 수염을 무릎까지 기른 거인이 칭기즈 칸 앞으로 걸어 나왔다.

그는 금나라 조정에서 높은 벼슬에 있던 거란 출신의 야율 초재로서 천문 · 지리 · 의약 · 역사 · 문학과 함께 유교 · 불교 · 도교에도 능통한 지식인이었다.

칭기즈 칸은 야율 초재를 보는 순간 마음에 들어 그에게 긴 수염이라는 뜻의 우토사카르라는 이름을 지어 주고 높은 벼슬을 내렸다.

야율 초재는 천막 속에서 책을 읽거나 좌선을 하며 지냈고, 칭기즈 칸은 중요한 일이 있으면 언제든지 그와 의논했다. 그러자 질투를 느낀 칭기즈 칸의 신하들 중에는 그를 일부러 못살게 굴었고 모함하는 사람도 있었으나 야율 초재에 대한 칭기즈 칸의 믿음은 저버리지 않았으며, 칭기즈 칸의 뒤를 이어 그의 셋째아들인 오고타이가 제2대 황제에 올랐을 때에도 충성을 다하여 섬겼다.

그리고 벼슬이 중서령으로 오른 후에는 몽골의 오래된 습관을 바꾸어 중국의 문물과 제도를 받아들여 뒷날 원나라 건국 기반을 마련했다.

호라즘의 점령

1218년, 칭기즈 칸은 대상을 몽골 제국의 평화 사절단으로 삼아 호라즘의 국왕 무하마드에게 보냈다.

호라즘은 중앙 아시아의 아무다리아 강 하류 지방에 있던 나라로서 동·서 교통로를 따라 많은 상업 도시가 있었으며, 그 중앙에 있는 사마르칸트는 큰 번영을 누렸다.

칭기즈 칸은 대상들에게 500마리의 낙타와 금과 은, 비단 등 값진 물건을 산더미처럼 실려 보냈다. 그런데, 중앙 아시아의 천산 산맥 서쪽에 있는 시르 강변의 오토랄이라는 곳에서 대상들이 붙잡혀 모두 처형되고 말았다.

오토랄의 관리들이 대상들을 첩자로 알고 아무런 조사도 하지 않고 처형해 버린 것이다.

이 소식을 들은 칭기즈 칸은 불같이 화를 냈으나, 호라즘은 큰 나라인데다가 관리들이 잘못 알고 저지른 일이었으므로 그대로 덮어 두려고 하였다.

중앙 아시아의 초원 지대

그래서 사신을 다시 보냈는데 이번에는 호라즘 궁전에서 많은 신하들이 모인 가운데 사신이 국왕에게 조롱을 당하고 수염까지 잘린 후 달아나듯이 하여 간신히 돌아왔다.

이 사건은 칭기즈 칸이 호라즘을 칠 수 있는 좋은 구실을 만들어 주었다.

이때 칭기즈 칸은 20만 대군을 이끌고 케를렌 강가에서 원정의 길을 떠나 오토랄에서 호라즘군과 싸워 그들을 물리치기 시작했다.

이리하여 호라즘 성 안에는 싸우다 달아난 군사들로 가득 찼으며, 이윽고 성 안까지 밀어닥친 몽골군에 의해 성 안은 불바다로 변했다.

이 싸움에서 호라즘군의 사령관은 사로잡혀 칭기즈 칸 앞으로 끌려왔고, 싸움에 지친 군사들은 모두 항복했다.

한편, 칭기즈 칸의 두 아들인 차가타이와 오고타이가 이끄는 몽골 제1군은 오토랄 성을 빼앗았고, 큰아들 주치가 이끄는 제2군은 일주일 만에 시크나크 성을 빼앗았다.

또 타하이 장군이 이끄는 제3군은 베나케르 성을 빼앗았으므로 칭기즈 칸은 마침내 호라즘의 최대 도시인 사마르칸트를 차지하였다.

이로써 서아시아를 호령하던 무하마드는 몽골군에게 패하여 카스피해의 조그만 섬으로 몸을 피했다가 그곳에서 피를 토하고 죽었다.

몽골 제국을 건설한 칭기즈 칸은 탕구트가 세운 서하를 공격하다가 섬서성에서 병에 걸려 1227년 60세에 세상을 떠났다.

원나라를 건국한 쿠빌라이

칭기즈 칸은 죽기 전에 자신이 점령한 여러 나라와 몽골 제국의 영토를 3명의 아들과 손자와 아우에게 나누어 주었다.

맏아들인 주치는 일찍 죽었으므로 그의 아들인 바투에게는 알타이산의 북쪽 지방, 둘째아들 차가타이에게는 호라즘을, 셋째아들 오고타이에게는 서하를 주었다.

막내아들 툴루이는 영토를 물려받지 못했는데, 그는 칭기즈 칸이 가장 사랑하는 아들이었으므로 나중에 몽골 본토를 물려주려고 하였다. 이때 몽골에서는 막내아들에게 모든 유산을 물려주는 전통이 있었기 때문이다.

따라서 1229년까지는 툴루이가 몽골 제국을 다스렸으나, 같은 해 봄에 부족에서 나이가 많은 사람과 장군들이 케를렌 강가에 모여 부족회의를 열고 몽골 제국의 새로운 황제를 뽑게 되었다.

이 회의에서 막내아들에게 유산을 물려주는 전통을 없애고, 칭기즈 칸의 셋째아들인 오고타이를 몽골 제국의 제2대 황제로 뽑았다.

오고타이는 아버지만큼 뛰어나지는 않았으나, 황제감으로 알맞은 인물이라는 평을 듣고 있었으므로 칭기즈 칸도 생전에 오고타이를 자기의 후계자로 생각하고 있었다.

또한, 야율 초재에게도 오고타이를 도와 달라고 부탁했고, 오고타이 역시 그를 스승으로 받들고 모든 일을 그에게 물은 다음에 실시하였다.

오고타이는 아버지가 생전에 무찌르지 못한 금나라를 멸망시키고 중국 대륙의 통일을 굳혔으며, 그의 조카인 바투는 남부 러시아와 유럽을 정벌하여 기독교 세계를 공포 속으로 몰아 넣었다.

바투는 유럽을 정벌하는 도중에 볼가 강 하류 볼고그라드 부근에 있는 사라이를 도읍으로 정하고 1243년에 킵차크 한국을 세웠다.

그는 또 유럽을 원정하여 모스크바와 러시아의 최대 도시 키예프를 폐허로 만들었다.

툴루이의 여섯째아들인 훌라구는 이란 지방을 점령하여 일한국을 세웠고, 쿠빌라이는 이 사이에 몽골 제국의 제5대 황제에 올라 할아버지인 칭기즈 칸 이후 가장 강력한 황제로 이름을 떨쳤다.

그는 몽골 제국을 통일하자 1260년에 개평부에서 즉위한 뒤에 서울을 북경으로 옮기고, 1271년에 나라의 이름을 원으로 바꾸었다.

그런 다음에 1279년에는 남송을 쓰러뜨리고 중국 전국을 다스렸고, 일본을 비롯하여 고려 · 안남 · 자바 · 수마트라와 오늘날의 미얀마인 버마 등을 정복했다.

또 중국식 정치 제도를 본떠 나라의 기반을 굳게 다지고, 중국의 발달한 문명과 문화를 받아들였으며, 몽골어를 원나라의 공식 언어로 정했다.

원나라는 1294년에 쿠빌라이가 죽은 후 잦은 외국 원정과 라마교에 대해 지나치게 경비를 대어 줌으로써 나라의 재정이 어렵게 되었다. 게다가 중국인을 정치적으로 억눌렀기 때문에 반란이 잦다가 98년 만인 1368년, 명나라의 주원장에 의해 멸망했다.

쿠빌라이와 마르코 폴로

쿠빌라이가 원나라를 다스리고 있을 때인 1275년에 이탈리아인 3명이 원나라에 왔는데 그 중 1명은 마르코 폴로라는 소년이었고, 2명은 그의 아버지인 나코로 폴로와 작은아버지인 마테오 폴로였다.

그때 17세인 마르코 폴로는 무역을 하는 아버지와 작은아버지를 따라 원나라에 왔다.

마르코 폴로 일행이 쿠빌라이를 만나러 가자 쿠빌라이는 일행을 반갑게 맞이하여 정성껏 대접하고 자신이 알지 못하는 서양의 여러 가지 일들을 물어 보았다.

마르코 폴로 일행은 쿠빌라이의 물음에 자세히 설명해 주고, 기독교에 대해서도 오랫동안 이야기를 나누었는데, 서양에 대해 깊은 관심을 가진 쿠빌라이는 그들을 궁전에 계속 머무르게 하면서 마치 오랜 친구처럼 대했다.

이때부터 마르코 폴로는 몽골인들이 입는 옷을 입고, 몽골어를 일행들보다 빨리 배워 몽골인들과 이야기를 나누게 되었다. 또한, 쿠빌라이가 마르코 폴로 일행에게 서양의 지식을 배운 것처럼 마르코 폴로도 몽골인들과 함께 동양의 온갖 일들을 배울 수 있었다.

마르코 폴로가 여행에 나설 무렵의 베네치아

마르코 폴로는 그 후 중국에 홀로 남아 쿠빌라이로부터 대한이라는 대우를 받고, 17년 동안 동남아시아 및 인도와 거래하는 상업 활동을 도맡았다.

그 후 1295년, 마르코 폴로 일행이 고향인 베네치아로 돌아왔으나, 아무도 그들을 알아보지 못했는데, 이때의 일을 이탈리아의 학자이자 여행가인 라무시오는 다음과 같이 기록했다.

"……그들의 겉모습은 마치 타타르인 같았고 말까지도 타타르어 같았다. 또 그들은 질이 나쁜 천으로 만들어진 누더기를 걸치고 있었으므로, 고향 사람들은 그들을 전혀 알아보지 못했다."

라무시오는 그때 마르코 폴로 집안의 이웃에 살고 있던 그의 할아버지에게서 이 이야기를 들은 것으로 전해지고 있다.

마르코 폴로는 베네치아로 돌아온 후 제노바와의 싸움에 참전했다가 루스티첼로라는 사람과 함께 포로가 되어 그에게 이야기를 들려준 것이 뒷날에 《동방 견문록》이라는 책으로 발간되었다.

이 책에는 원나라 때의 중국의 사정이 자세히 쓰여 있고, 특히 우리나라를 '코리아'로 일본을 '지팡구'로 소개하고 있다.

마르코 폴로는 이야기꾼이었기 때문에 그의 책 속에서는 꾸민 이야기도 더러 있다고 하는데, 수천 명의 손님들이 한꺼번에 둘러앉아 식사를 할 수 있는 거대한 식당 이야기와 코끼리를 채어서 하늘 높이 날아가는 큰 새의 이야기, 아라라트 산꼭대기에 올라앉아 있는 노아의 방주 이야기도 실려 있다.

VI_ 중세 유럽과 십자군 원정

십자군 전쟁

중세 유럽의 쇠퇴

유럽의 기독교인들의 성지 순례 운동은 11세기 말에 십자군 운동으로 나타났다. 이 무렵, 예루살렘은 터키의 영토였는데 이때 이슬람교를 믿는 터키인들은 기독교 성지 순례자들에게 많은 해를 입혔다.

이때 로마 교황 우르반 2세는 성지를 되찾기 위해 11세기 말부터 13세기 후반에 이르기까지 무려 8회에 걸쳐 200년 동안 십자군 원정을 실시하였다. 그러나 원정이 실패로 끝나자 교황의 권위는 크게 떨어졌고 교회에서 돈을 받고 죄를 면해 주는 면죄부를 파는 등 성직자들의 타락으로 인하여 기독교인들의 신앙이 점차 식어 가기 시작했다.

십자군 원정에 따라 먼 곳까지 상업과 공업 활동이 활발해지기도 했지만, 제후와 기사들이 오랫동안 집을 비우는 바람에 자신들의 영토를 제대로 관리할 수가 없었고, 이때 새롭게 나타난 시민계급과 왕권이 몰라보게 강해졌다.

중세 유럽이 무너져 가던 때 유럽에 페스트가 번져서 인구의 3분의 1 정도가 죽어 갔다. 그리고 영국과 프랑스 사이에 백년 전쟁이 일어났다.

영국 에드워드 3세의 맏아들 흑태자와 프랑스의 잔 다르크가 조국을 위해 용감히 싸웠으나 백년 전쟁으로 인한 피해는 엄청났다. 또한 영국에서는 랭커스터 집안과 요크 집안의 세력 다툼으로 장미 전쟁이 벌어졌다.

1. 십자군 전쟁

성지 순례

봉건 제도와 기독교를 기반으로 삼아 안정을 찾게 된 유럽은 넘치는 국력을 나라 밖으로 떨치기 시작했다.

그 첫 출발이 십자군의 원정으로, 예루살렘은 예수가 태어나 살았던 도시이자 하나님의 성이라고 믿었다.

순례자들은 예수가 십자가에 못 박혀 죽은 골고다 언덕에서 기도를 올리고, 종려나무 잎을 기념으로 가져와 그것을 이웃들에게 내보이면서 예루살렘 성지 순례의 이야기를 들려주었다.

클레르몽 공의회

그리고 유럽 서북쪽에 사는 사람들에게는 예루살렘이 까

마득하게 먼 곳이었으므로, 그곳까지 가려면 몇 달씩 걸리는 고된 여행임에도 불구하고 예루살렘을 찾는 순례자의 발길은 그치지 않았다.

이 무렵, 예루살렘은 터키에 딸려 있었는데, 터키인들은 마호메트가 퍼뜨린 이슬람교를 믿고 있었으므로 기독교의 성지 순례자들은 이교도에 지나지 않았다.

터키인들은 날이 갈수록 불어나는 성지 순례자들에게 위협을 느끼고 차차 그들을 억누르기 시작했으므로 두 종교의 신자들 사이에 잦은 충돌이 일어났다.

성지 순례를 마치고 돌아온 기독교인들은 이런 사실을 로마 교황인 우르반 2세에게 보고했다.

그러자 교황은 예루살렘이 이교도들의 영토 안에 있다는 사실에 불만을 느끼고 있던 중에 순례자들의 보고를 받고 그대로 있을 수는 없다고 생각했다.

그리고 10세기 중앙 아시아에서 이슬람 제국으로 옮겨 열렬한 이슬람교 신도가 된 셀주크족이 세력을 키워 바그다드를 점령한 후 이슬람 제국을 다스리게 되면서, 성지 순례를 방해하기 시작했다.

이때 위협을 느낀 동로마 제국이 그들을 공격했으나 크게 패하자 알렉시우스 1세는 우르반 2세에게 도움을 청했다.

이때, 교황의 권위를 한층 높이려고 노력하고 있던 우르반 2세는 동로마 제국 황제의 요청을 받고 셀주크족을 공격하여 예루살렘 성지를 되찾은 후에 비잔틴 교회와 로마 가톨릭 교회를 합칠 수 있는 좋은 기회라고 여겼다.

그리하여 1095년 11월에 프랑스 중부의 클레르몽에서 종교회의를 열고 각국 공동으로 성지 회복 사업에 나설 것을 호소하여 십자군이 일어나게 되었다.

제1차 십자군 원정

십자군 원정은 11세기 말인 1096년부터 7회에 걸쳐 계속되었다.

우르반 2세는 가장 뛰어난 기사들로 십자군을 조직하려고 했으나, 십자군에 참전하려는 사람들 중에는 신앙심이 깊은 농민들이 제일 많았다.

그 시대에는 지도가 없었으므로 지리를 배우지 못한 십자군들은 예루살렘이 어디에 있는지 알 수가 없었다.

십자군은 1096년에 떠나기로 되어 있었는데, 떠나면 오랫동안 돌아오지 못할 것이라고 생각한 사람들은 그들의 재산을 모두 팔아 버렸고, 모든 것은 하나님이 다시 마련해 주고 새로운 길을 이끌어 줄 것이라 굳게 믿고 먼저 떠났다.

오합지졸인 수천 명의 십자군은 도나우 강을 건너 발칸 반도와 콘스탄티노플을 거쳐 아시아로 건너갔다.

이때 이슬람 교도로 조직된 군사들은 예루살렘에서 십자군을 맞아 전투 경험이 없는 그들을 거의 전멸시켰다.

교황이 몸소 조직한 십자군이 떠난 것은 1096년의 이른 가을로서, 국왕들은 참가하지 않았으나, 영국과 프랑스에서는 국왕의 형제들과 함께 그 무렵에 한창 이름을 떨치던 기사들이 참전했다.

이들 십자군은 흔히 수십만 대군이었다고 말하지만 사실은 기병 5,000명과 보병 1만 5,000명 정도였고, 예루살렘을 공격한 군사들은 3분의 2 정도였다고 한다.

십자군의 주력 부대와 비잔틴군은 서로 힘을 합쳐 예루살렘으로 가는 길목에 있는 안티오키아를 공격하기로 약속했다. 그런데 비잔틴군이 아무 연락도 없이 빠지는 바람에 할 수 없이 이탈리아 도시들의 도움을 받아 2개월 동안 싸운 끝에 겨우 안티오키아를 점령했다.

십자군에게 안티오키아의 점령은 매우 유리했는데, 그것은 곧바로

십자군의 출항

예루살렘으로 쳐들어갈 수 있었기 때문이다. 십자군은 비잔틴군에게 배신당하자 그들과 모든 관계를 끊고, 이탈리아의 도움을 받으며 유럽인의 힘으로 예루살렘을 되찾을 수 있었다.

제1차 십자군 원정으로 예루살렘을 되찾자, 순례자들은 예루살렘 성벽에 기댄 채 벅찬 감격에 싸여 흐느꼈다.

십자군은 제1차 원정에 성공한 뒤에 예루살렘에 예루살렘 왕국을 세웠고, 원정에 참전했던 십자군 병사들은 예루살렘 순례를 마친 뒤 그들의 고향으로 돌아갔다.

그러나 제1차 십자군 원정의 승리는 오래 가지 못했다.

유럽에서는 각 나라의 체제가 미처 갖추어지지 못했기 때문에 교황의 지휘로 기사들이 행동을 통일할 수가 있었는데, 이때 이슬람 쪽에서는 십자군을 막을 만한 조직과 실력 있는 지도자가 없었다.

그러다가 12세기에 들어서면서 이슬람군이 반격을 시작했다.

유럽인들이 거룩한 전쟁으로 여기고 예루살렘을 되찾았듯이 이슬람도 빼앗긴 예루살렘을 되찾는 것이 그들에게는 거룩한 전쟁이었다.

이슬람군의 세력이 커져 예루살렘 왕국이 위태롭게 되자 유럽에서는 제2차 십자군을 조직했는데, 프랑스 왕 루이 7세와 독일의 콘라드 3세가 십자군에 참전했다.

하지만 십자군의 주력 부대는 소아시아에서 이슬람군을 맞아 싸우다가 크게 패했으며, 시리아의 수도인 다마스쿠스의 공격도 완전히 실패로 끝났다.

제1차 십자군 원정의 승리로 세운 예루살렘 왕국은 12세기 후반에 들어서면서 날이 갈수록 쇠퇴해 갔다. 그러나 이슬람에서는 이집트를 세운 살라딘 왕이 북아프리카 · 시리아 · 예멘을 다스리고 있었으며, 1187년에는 예루살렘 왕국을 공격하여 서울인 예루살렘을 빼앗았다.

영국 왕 리처드 1세의 죽음

살라딘이 이슬람군을 이끌고 예루살렘을 빼앗았다는 소식을 들은 유럽은 충격 속에 휩싸였다.

그리하여 1189년에 제3차 십자군이 조직되고 영국 왕 리처드 1세를 비롯하여 프랑스 왕 필립과 신성 로마 제국의 황제 프리드리히 1세가 참전했다.

그 무렵, 영국과 프랑스는 프랑스 안에 있는 영국의 영토인 노르망디 문제로 다투고 있었으므로 두 나라의 십자군은 출발이 늦어졌다. 그러자 프리드리히 1세가 십자군을 이끌고 먼저 떠나 소아시아에서 강을 건너다 실수하여 물에 빠져 죽고 말았다.

이 소식을 들은 리처드 1세는 출발을 서두르기 위해 용감한 기사를 모았으나 그 수가 부족하여 프랑스로 건너가서 자신의 영토인 노르망디와 브르타뉴 지방을 돌아다니며 십자군에 참전할 용사들을 모았다.

이렇게 하여 1191년, 리처드 1세는 100척의 배에 4,000명의 기사와 4,000명의 군사를 싣고 떠났으며, 필립도 50척의 배에 군사를 싣고 같은 날에 떠났는데, 지중해 동쪽에 이르렀을 때 폭풍을 만나 몹시 고생을 했지만 무사히 시리아 해안에 다다랐다.

한편, 리처드 1세가 이끄는 100척의 배들은 폭풍을 피해 키프로스 섬에 닻을 내렸다가 다시 항해를 시작하여 그 해 6월에 시리아 해안의 아크레 항구에 다다랐다.

그리하여 프랑스 십자군이 영국의 십자군보다 먼저 아크레를 공격했으나 쉽게 점령할 수가 없어 장기전을 펼치고 있을 때 리처드 1세가 8,000명의 십자군을 이끌고 왔으므로 프랑스 십자군의 사기는 하늘을 찌를 듯했다.

리처드 1세의 용맹은 이미 널리 알려져 있었으므로 살라딘이 이끄는 이슬람군도 겁을 먹고 있었으며, 리처드 1세는 영국군을 이끌고 아크레를 계속해서 공격했다.

이때 이슬람군은 아크레의 성 위에서 마치 소나기처럼 돌과 불화살을 쏘았으나, 영국군은 그 속을 뚫고 성 안으로 쳐들어가서 이슬람군을 쳐부수고 마침내 성을 빼앗았다.

그런데 프랑스군과 신성 로마 제국군은 아크레를 빼앗은 후 곧 그들의 나라로 돌아가 버렸으므로 영국군만 남아서 예루살렘을 되찾기 위해 이슬람군과 싸우게 되었다.

1191년 가을, 마침내 영국군과 이슬람군이 아르스프에서 치열하게 싸워서 영국군이 승리를 거두고 예루살렘 근처에까지 이르렀다.

그런데 갑자기 소나기가 세차게 퍼부어 영국군들이 꼼짝을 못하고 있는 동안에, 사막 생활에 익숙한 이슬람군의 공격을 받아 이번에는 영국군이 패하고 말았다.

예루살렘을 바로 눈앞에 두고 패한 리처드 1세는 억울하여 입술을 깨물었지만 어쩔 수 없이 영국군을 이끌고 물러나는 수밖에 없었다.

이듬해 8월, 영국군과 이슬람군은 지중해의 야파에서 맞섰는데, 이때 영국군은 고작 590명의 기사와 2,000명의 군사들뿐이어서 모두 죽음을 각오하고 싸우던 중 리처드 1세와 살라딘이 1대 1로 맞서게 되었다.

그러자 양쪽 군사들이 깜짝 놀라며 두 사람 사이를 막는 바람에 결국에는 싸우지 못하고 말았다.

그 후, 리처드 1세가 또다시 풍토병에 걸려 고통받고 있었는데, 이 소식을 들은 살라딘이 리처드 1세의 용기를 칭찬하고 하루 빨리 낫기를 바란다는 내용의 편지를 보냈다.

오스트리아 레오폴트 공작에게 포로로 잡힌 리처드 1세

그러자 리처드 1세는 답장을 보내 전쟁이 장기전으로 되고 있을 때 영국에 남아서 형인 리처드 1세 대신 나랏일을 맡아 보던 그의 아우 존이 프랑스 왕 필립 2세와 함께 영국 왕의 자리를 노린다는 소식이 전해졌다.

이 소식에 깜짝 놀란 리처드 1세는 살라딘에게, 순례자들이 자유로이 예루살렘에 드나드는 것을 허락해 달라는 조건을 내걸고 휴전을 제의했다.

이리하여 결국 우호 협정이 맺어졌으며, 제3차 십자군 원정은 예루살렘을 되찾지 못한 채 신도들의 자유로운 출입만 승낙 받는 것으로 끝나게 되었다.

리처드 1세는 이 일이 끝나자 영국군을 이끌고 귀국길에 올랐으나, 항해 도중 지중해에서 도 폭풍을 만나 표류하다가 간신히 이탈리아 해안에 닿아 목숨을 건졌다.

그는 아무도 모르게 귀국하기 위해서 순례자처럼 꾸미고 오스트리아로 갔으나, 그 전부터 리처드 1세를 미워하고 있는 오스트리아 왕에게 들켜 감옥에 갇히게 되었다.

이 사실이 알려지자 영국에서는 리처드 1세를 보내 달라고 요구했고, 오스트리아 왕은 그를 보내는 조건으로 많은 돈을 요구했다.

이때 형을 대신하여 영국의 왕 노릇을 하고 있던 존은 형의 불행을 오히려 기뻐하며 오스트리아 왕의 요구를 거절했다.

그러나 리처드 1세가 평소에 특별히 아꼈던 신하 중에 브론텔이라는 시인이 여러 신하들과 의논한 끝에 돈을 마련하여 오스트리아 왕에게 보냈으므로 리처드 1세는 5년 만에 영국으로 돌아오게 되었다.

하지만 그의 아우가 왕으로 버티고 있었으므로 평민처럼 지내다가 그 후 귀족이자 전설상의 인물인 의적 로빈후드의 힘으로 존을 쫓아내고 다시 왕이 되어 훌륭한 정치를 베풀었기 때문에 백성들로부터 존경을 받았다.

다시 영국의 왕으로 돌아온 리처드 1세는 존을 부추겨 왕의 자리를 빼앗게 하려던 프랑스 왕 필립을 용서할 수가 없었다.

게다가 십자군 원정 때에도 서로 다툼이 있었기 때문에 군사를 이끌고 프랑스로 건너가 여러 해 동안 프랑스군과 싸웠다.

이 싸움에서 언제나 앞장섰던 리처드 1세는 불행히도 프랑스군의 화살을 맞고 중상을 입었는데도 아랑곳하지 않고 싸우다가 상처가 악화되어 며칠 후인 1199년에 42세에 세상을 떠났다.

라틴 제국의 탄생

제2차와 제3차 십자군 전쟁이 끝난 후, 로마 교황 이노센트 3세는 제4차 십자군 전쟁으로 예루살렘을 되찾자고 유럽 각국의 국왕들에게 호소했다.

그러나 국왕들은 교황의 호소를 못 들은 체했고 볼드윈을 비롯한 북프랑스의 기사들만 전쟁에 참전하게 되었다.

교황은 제4차 십자군 전쟁을 일으켜서 예루살렘을 되찾고 이집트를 공격해 이슬람 세력을 내쫓으려고 하였다.

그래서 기사 4,500명과 말 1,500필, 보병 2만 명, 식량 9개월분을 이탈리아의 베네치아가 수송해 주는 계약을 맺었다.

그러나 실제로 모은 기사나 말 · 군사 · 식량은 절반도 되지 않았고 베네치아에게 줄 수송비도 마련하지 못했다.

또한, 나머지 병력과 수송 비용을 마련하기 위해 기다리다 빚만 점점 늘어나고 있었다. 이렇게 십자군이 어려움에 부닥치자, 베네치아 상인들이 한 가지 방법을 내놓았다.

헝가리인들이 차지하고 있는 아드리아 해안에 있는 기독교 도시 자라를 공격해 주면 모든 것을 따지지 않겠다는 것이었다.

십자군이 어려운 처지에서 벗어나기 위해 그들의 요구를 받아들이자, 이 사실을 알게 된 교황은 화가 머리끝까지 치밀어 자신과 십자군을 파문해 버렸다.

그러나 십자군은 조금도 머뭇거리지 않고 자라를 공격하여 빼앗은 다음에 그곳에서 겨울을 보냈는데 또다시 십자군의 탈선을 부추기는 일이 생겼다.

동로마에서 쫓겨나 유럽으로 망명한 아이작 2세와 그의 아들 알렉시우스 4세가, 콘스탄티노플을 빼앗아 자신들을 황제의 자리에 앉게 해 주면 십자군이 베네치아에 진 빚을 모두 갚아 주겠다는 것이었다.

또, 십자군의 이집트를 원정할 때 모든 것을 도와줄 뿐만 아니라 그리스 정교회를 로마 교황청과 합치겠다고 제안했다.

이를 받아들인 십자군과 북프랑스 기사들은 그들의 제안대로 해 주었으나, 약속을 지키지 않다가 다시 반란이 일어나 두 사람은 살해되고 말았다.

1204년, 치열한 싸움 끝에 콘스탄티노플을 차지한 십자군과, 그들을 배에 싣고 온 베네치아 상인들은 빼앗은 재물을 나누어 가졌고, 제3차 십자군 원정 때 참전하여 크게 활약했던 볼드윈을 황제로 삼아 라틴 제국을 세웠으나 58년 만에 망했다.

십자군 전쟁의 결산

십자군 전쟁은 그 후로도 계속되었으나 제3차 십자군 전쟁 이후부터는 종교적인 목적보다는 각국의 현실적인 이해관계에 따라 움직이게 되었다.

제5차 십자군 전쟁은 이슬람의 근거지인 이집트를 쳐서 나일 강변의 다미에타를 빼앗았으나, 나일 강의 강물이 넘치는 바람에 물러나고 말았다.

제6차 십자군 전쟁은 신성 로마 제국의 황제 프리드리히 2세의 지휘로 1129년에 예루살렘을 되찾았다가 얼마 후에 몽골 제국의 칭기즈칸에게 쫓긴 투르크인에게 빼앗겼다.

제7차와 제8차 십자군 전쟁은 프랑스의 왕 루이 9세에 의하여 실시되었으나, 왕이 사로잡혀 많은 몸값을 주고 풀려남으로써 아무런 성과도 없이 끝났다.

이로써 약 200년에 걸쳐 실시한 8회의 십자군 전쟁은 중세 유럽이 기독교 신앙으로 굳게 뭉쳐 있었다는 사실과, 십자군 원정을 실시할 정도의 힘을 가졌다는 데에 큰 뜻이 있다.

한편, 십자군 전쟁이 예루살렘을 되찾겠다는 목적을 이룰 수는 없었으나, 동방과의 교통과 무역이 발달하여 자유 도시를 태어나게 하는 밑거름이 되었다.

이와는 반대로 십자군 전쟁을 서둘렀던 교황의 권위는 크게 떨어졌으며, 십자군 전쟁에 참전했던 사람들에게 면죄부를 마구 팔아 기독교에 대한 믿음도 점점 사라져 갔다.

그리하여 일반 신도들의 성직자에 대한 존경심도 많이 떨어졌으며 신앙심도 차차 식어 갔다.

한편, 십자군 전쟁에 참전했던 기사와 영주들은 전쟁을 하는 동안에 자신의 영지를 관리할 수 없어서 수입이 줄어들었고, 십자군 전쟁에 참전할 비용을 마련하느라고 재산을 모두 처분하여 빈털터리가 된 사람도 많았다.

이와는 반대로, 도시의 시민과 국왕의 권리는 눈에 띄게 강해졌고, 특히 영국과 프랑스 왕의 권리는 더욱더 강해졌다.

십자군 전쟁으로 번창해진 곳은 이탈리아의 항구 도시 베네치아와 제노바로서, 십자군이 그곳에서 배를 타고 시리아로 떠나기 위해 머무르는 동안 상인들이 돈을 많이 벌었기 때문이다.

십자군 전쟁의 결과로 모든 것이 변하고 기사들의 위치가 흔들리자, 중세 유럽의 봉건 제도가 차차 무너지면서 내리막길로 향하고 있었다.

2. 중세 유럽의 쇠퇴

페스트와 백년 전쟁

중세 유럽의 운명을 재촉이라도 하듯이 14세기 중엽의 서양에는 무서운 전염병인 페스트가 유행하여 수많은 사람들이 이 병으로 죽어갔다. 흑사병으로 불리는 페스트가 발생한 시기와 장소는 분명하게 알 수는 없으나, 유럽에는 그전까지 이런 무서운 전염병이 발생하지 않았으므로 아시아나 이집트 등에서 발생하여 유럽으로 들어왔을 것이라고 생각했다.

페스트는 1346년경에 크림 반도 남쪽에서 발생하여 이듬해에는 이탈리아에 퍼졌으며, 1348년에는 프랑스, 1349년에는 영국, 1350년에는 유럽 전체에 퍼져 사람들을 두려움에 빠지게 만들었다.

유럽의 태양을 가려 어둡게 만든 공포의 페스트는 본디 쥐의 병원균으로, 사람이 쥐에 붙었던 벼룩에게 물려서 옮게 된다. 이 병에 걸리면 춥고, 떨리고, 높은 열과 함께 온 몸이 나른해지며, 현기증이 일어나 의식이 흐릿한 상태로 죽는다.

그 무렵에는 오늘날처럼 의학이 발달하지도 않았고, 치료약도 없었던 때여서 환자가 생기면 그 집에 못질을 하고 불태워 버리는 것이 고작이었다. 프랑스 파리에서는 전체 인구 15만 명 중에서 5만여 명이 이 병으로 희생되었다.

페스트는 14세기 말에야 서서히 사라졌는데, 중세 유럽의 인구를 줄이고, 유럽인들의 사기를 떨어뜨렸으며, 중세 유럽의 붕괴를 재촉하게 되었다.

페스트를 막으려는 수도사들

페스트에 이어 중세 유럽에서 일어난 또 하나의 사건으로는 영국과 프랑스 사이에 벌어진 백년 전쟁을 들 수 있다.

1338년에 시작되어 1453년에 끝난 백년 전쟁은 영국이 프랑스의 왕위를 이으려고 쳐들어간 싸움으로서 이때 영국은 에드워드 3세가 다스리고 있었다.

에드워드 3세는 욕심이 많아서 자신이 다스리는 섬나라 영국만으로는 만족을 느끼지 못하고 있었다.

이때 마침 프랑스에서는 마지막 국왕인 샤를 4세가 아들이 없이 죽자 샤를 4세의 사촌 형제인 발루아 백작을 필리프 6세로 삼아 왕위를 잇게 하였다.

이 사실을 안 영국 국왕 에드워드 3세는 자기의 어머니인 이사벨라가 샤를 4세의 딸이었으므로, 핏줄로 따진다면 필리프 6세보다 자신이 왕위를 이어야 한다고 주장하면서 프랑스에 쳐들어가게 되었다.

백년 전쟁이 일어나게 된 또 하나의 원인은 플랑드르 문제였다.

플랑드르에서는 14세기 초부터 부자 상인들이 수공업자와 노동자들에게 임금을 주지 않은 채 부려먹고 있었다. 그러자 이들 수공업자와 노동자들이 임금을 요구하면서 여러 차례 반란을 일으키자, 프랑스 왕이 이를 해결하려고 나서게 되었다.

그런데 플랑드르는 영국의 양털을 다루는 중요한 시장으로서 양털의 수출에 따르는 관세가 주요 수입원이던 영국에서는 프랑스가 플랑드르를 다스리는 것을 그대로 둘 수가 없었다.

그 무렵에 영국은 스코틀랜드와 싸우고 있었는데 프랑스가 스코틀랜드를 은근히 도와 주는 것을 못마땅하게 여겼으므로 두 나라의 관계는 몹시 나빠지고 있었다.

그러나 무엇보다도 백년 전쟁이 일어난 직접적인 원인은 그때까지 영국 국왕은 프랑스 영토 안에 있는 영국 영토 때문에 영주의 자격으로 프랑스 국왕에게 신하로서의 예의를 갖추고 있었다.

그러던 중 1329년에 영국의 에드워드 3세가 프랑스의 필리프 6세에게 충성을 맹세하는 서약을 하게 되었는데, 서약서에 부족한 곳이 있다는 말을 듣고 에드워드 3세에게 서약서를 고치라고 했으나 거절하자, 프랑스에 있는 영국 소유의 가스코뉴 지방을 빼앗아 버렸다.

이때 에드워드 3세도 프랑스 왕위를 요구하며 선전 포고를 하여 마침내 백년 전쟁이 일어났는데, 전쟁은 영국 해협에서 가까운 프랑스의 북쪽 해안에 있는 크레시라는 마을에서 시작되었다.

도버 해협을 건너 상륙한 영국군들은 대부분 평민 출신의 초라한 보병들이었고, 이에 맞서는 프랑스군은 옛날에 사라센을 물리친 용감한 기사들이었다.

그들은 무거운 투구와 갑옷으로 몸을 감싼 채 초라한 영국군의 보병들을 깔보면서 코웃음을 치고 있었다.

그러나 프랑스군은 영국군에게 여러 개의 화살을 잇달아 쏘는 쇠뇌와 대포가 있다는 것을 미처 모르고 있었다.

이때의 대포는 사람에게 큰 상처를 입힐 정도로 위협적인 것은 아니었으나, 대포를 처음 보는 프랑스 기사들은 포탄이 터지는 소리를 듣고 기절할 듯이 놀랐다.

기사들보다 먼저 말들이 놀라서 날뛰었고, 말에서 떨어진 기사들은 입고 있는 무거운 갑옷 때문에 어쩔 줄 모르다가 화살을 맞고 쓰러져 갔다.

크레시에서의 첫 번째 싸움은 영국의 승리로 끝났는데, 이 싸움에서 프랑스는 2만 5,000명의 군사를 잃었고, 영국군은 고작 4명이 전사했다.

첫 번째 싸움에서 승리한 영국군은 이듬해에 칼레를 점령한 후, 1356년에 푸아티에에서 싸울 때까지 휴전에 들어갔다.

에드워드 흑태자의 활약

에드워드 흑태자

1356년, 에드워드 3세의 맏아들인 에드워드 흑태자가 영국군을 이끄는 가운데, 백년 전쟁은 다시 시작되었다.

에드워드 흑태자는 무술에도 뛰어났고 예의도 바르며 용모 또한 당당했다. 그는 전장에서는 용감하게 싸웠는데, 싸울 때에는 언제나 검은 갑옷을 입었기 때문에 흑태자로 불리었으며, 프랑스군은 그를 보기만 하면 벌벌 떨었다.

프랑스에서는 칼레가 영국군에게 점령된 후 필리프 6세가 죽고 장 2세가 뒤를 이었으나 현명하지 못해서 귀족들과 자주 다투었다.

에드워드 3세는 이 기회를 놓치지 않고 영국군을 이끌고 상륙을 시작했으며, 흑태자는 남프랑스에 있는 영국 영토에 있다가 아버지의 명령을 받고 그곳으로 떠났다.

그런데 싸우기도 전에 스코틀랜드에서 또다시 반란이 일어났으므로 에드워드 3세는 이를 가라앉히기 위해 영국으로 돌아가게 되었다.

이 소식을 들은 장 2세는 싸움에서 승리할 수 있다고 믿어 남프랑스에 있는 영국군을 쳐부수기로 했는데, 이 사실을 까마득히 몰랐던 흑태자의 영국군은 북프랑스로 계속 올라가다가 르와르 강에 이르러서야 비로소 프랑스군이 가까이 있다는 사실을 알았다.

이때 깜짝 놀란 흑태자는 뒤쪽이 막힐 것을 염려하여 군사를 돌려 남쪽으로 내려가다가 모배루쥬라는 작은 마을에 이르러서 프랑스군과 싸울 준비를 하였다.

그때 달레캉이라는 성직자가 나서서 휴전할 것을 권했으므로, 프랑스군 2만 명에 비해 7,000명의 영국군을 이끌고 있던 흑태자는 불리함을 깨닫고, 영국군이 점령한 지역과 전리품, 포로들을 프랑스에 돌려주기로 하고 휴전에 응했다.

그러나 프랑스의 장 2세는, 흑태자와 함께 그의 측근들이 항복하여 포로가 되어야 한다는 조건을 내놓으면서 휴전을 받아들이지 않았다.

이에 화가 난 흑태자는 죽기를 각오하고 프랑스군과 맞섰으며, 틀림없이 승리할 것이라고 믿었던 프랑스군은 영국군의 화살을 맞고 쓰러져 갔다.

이 모습을 언덕에서 지켜보고 있던 흑태자는 곧바로 예비대를 이끌고 프랑스군의 한가운데로 쳐들어가서 그들을 무찌르고 장 2세를 사로잡고 승리를 거두었다.

흑태자는 그날 밤 승리를 축하하는 잔치를 베풀고 사로잡은 장 2세를 초대하여 국왕을 대하듯이 행동하자 그는 흑태자의 태도에 그만 고개를 숙이고 말았다.

이듬해 봄 흑태자는 많은 전리품과 프랑스 국왕을 비롯한 포로들을 거느리고 영국으로 개선하자, 국민들은 모두 거리로 쏟아져 나와 열렬한 환호로 맞이했고, 에드워드 3세는 아들에게 영국 최고의 훈장인 가터 훈장을 주었다.

그 후, 1360년에 흑태자와 장 2세 사이에 브레더니의 휴전이 이루어져 프랑스가 장 2세의 몸값으로 많은 금화를 지불하고 아키텐 지방을 영국에 내놓았다.

이리하여 두 나라의 전쟁은 일단 끝났는데, 이때 장 2세는 세 명의 왕자와 귀족들의 몸값을 마련할 때까지 영국에 볼모로 남겨두고 프랑스로 돌아갔다.

그런데 포로들이 약속을 어기고 영국을 몰래 빠져 나와 프랑스로 달아나 버렸으며, 전쟁의 패배로 인한 폭동과 반란 때문에 몸값 마련이 어렵게 되자 이를 부끄럽게 여긴 장 2세는 영국으로 건너가 스스로 볼모가 되었다가 1364년에 결국 런던에서 세상을 떠났다.

프랑스에서는 장 2세의 뒤를 이어 샤를 5세가 국왕이 되었으며, 게스클랭이라는 장군의 눈부신 활약으로 영국군에게 빼앗겼던 칼레와 보르도 등을 뺀 모든 영토를 다시 찾았다. 뿐만 아니라 게스클랭은 모든 반란과 폭동을 가라앉혀 프랑스의 질서를 어느 정도 바로잡았다.

한편, 영국에서는 1376년에 흑태자가 세상을 떠나고 이듬해에 에드워드 3세마저 세상을 떠나자, 흑태자의 아들인 리처드 2세가 10세의 어린 나이로 왕이 되었다.

영국은 수십 년째 프랑스와 싸우고 있었고, 북쪽의 스코틀랜드인들이 영국 본토에 자주 쳐들어왔으므로 양쪽으로 싸우느라고 허덕이고 있었다.

1380년에는 프랑스에서도 샤를 5세가 세상을 떠나고 12세의 샤를 6세가 뒤를 이었으나, 재정과 병력 문제로 강한 조치를 취하게 되자 자크리의 난과 같은 농민 반란이 끊이지 않았다.

바로 그때, 프랑스에 기적처럼 16세의 소녀 잔 다르크가 나타났다.

애국 소녀 잔 다르크

잔 다르크는 1412년 프랑스 동부의 동레미의 작은 마을에서 농부의 딸로 태어났다.

명랑한 성격을 지니고 태어났던 잔 다르크는 어렸을 때부터 달리기

잔 다르크

시합에서는 언제나 1등을 차지했으며, 신앙심이 깊은 어머니의 영향을 받고 자라면서 베도 짜고 양도 치는 등 집안일을 도왔다.

백년 전쟁 속에서 잔뼈가 굵은 잔 다르크가 13세 때의 어느 여름날, 그녀는 성당의 종소리가 은은하게 울려 퍼지는 속에서 천사들이 아름다운 합창을 들었다.

이때, 천사장 미카엘의 모습이 나타나서 오를레앙을 구하라는 말을 전했다.

그 말을 듣고 잔 다르크가 미카엘의 옷깃에 입을 맞추자 곧장 사라졌는데, 이런 일은 그 후에도 여러 번 있었으며, 어느 날은 하나님이 직접 나타나서 프랑스를 구하라고 말했다.

이런 소문이 마을에 퍼지자 마을 사람들은 잔 다르크가 돌았다고 놀리기도 했고, 때로는 그녀가 정말로 프랑스를 구하는 데 큰 힘이 될지도 모른다고 은근히 기대했다.

어느 날, 잔 다르크는 샤를 왕자의 충실한 부하로 알려진 기사를 찾아가서 왕자를 만나게 해 달라고 사정한 끝에 마침내 승낙을 받았다.

그리하여 1429년 봄에 잔 다르크는 시농 성에 이르러 큰 궁전에 들어가 귀족들과 함께 있는 왕자를 만났다.

이 자리에서 그녀는 미카엘과 하나님의 말을 전한 다음에 자신의 계획을 자세히 설명하여 절망에 빠져 있던 왕자와 프랑스군의 지휘관들에게 자신감을 심어 주는 데 성공했다.

그녀는 왕자를 만난 후 그가 준 말을 탄 후, 한 손에는 하나님의 가호를 나타내는 거룩한 깃발을 들고 오를레앙을 구하기 위해 싸움터로 향했다.

영국군의 총공격은 이미 1428년부터 시작되어 그 주변의 성을 점령하고, 오를레앙 성을 에워싸고 있었다.

잔 다르크가 시농 성을 떠났을 때 오를레앙 성은 버틸 수 없을 정도로 위급하여 식량은 바닥을 드러냈고, 주민들은 하루에 검은 빵 한 조각도 먹기가 어려웠다.

바로 이때에 영국군의 포위망을 뚫고 잔 다르크가 나타나자 오를레앙 성을 지키고 있던 뒤노아 백작과 주민들의 사기는 하늘을 찌를 듯이 높아졌다.

그리하여 잔 다르크가 이끄는 프랑스군과 영국군 사이에 치열한 싸움을 벌인 끝에 영국군이 패하여 마침내 오를레앙 성이 영국군의 포위에서 벗어나게 되었다.

잔 다르크가 오를레앙 성에서 승리한 후에 왕자가 기다리고 있는 시농 성으로 돌아오자, 왕자는 손수 성 밖까지 나와 그녀를 반갑게 맞아 주었다.

하지만 영국군이 패하여 완전히 물러간 것은 아니었다. 영국의 헨리 6세는 자기가 프랑스 국왕도 된다면서 프랑스에 계속 머무르고 있었으나, 아직 프랑스 국왕의 자리에 오르지는 않고 있었다.

이런 사정을 알게 된 잔 다르크는 왕자에게 프랑스 국왕의 자리에 정식으로 오르라고 권했는데, 그렇게 되면 프랑스 국민으로부터 존경과 충성을 한몸에 받을 수가 있었다.

그녀가 간곡하게 권하자 왕자도 마음을 정리하고 북프랑스에 있는 랭스의 대성당을 향해 떠났다.

프랑스 국왕이 되려면 랭스 대성당에서 대관식을 올려야 하기 때문이었다.

그런데 랭스에 가려면 길목을 지키고 있는 영국군의 진지를 여러 번 지나야 하기 때문에 잔 다르크는 그들을 물리치기 위해 8,000명의 군사를 이끌고 왕자를 호위하면서 시농 성을 떠났다.

잔 다르크는 랭스로 가는 도중에 영국군과 몇 차례 싸웠으나 그때마다 승리를 거두웠고 랭스에 다다라 대성당에서 엄숙한 가운데 대관식이 올려졌다.

그 순간, 왕자의 등 뒤에서 성모 마리아의 거룩한 깃발을 들고 서 있던 잔 다르크의 손은 기쁨으로 가늘게 떨렸다.

대관식이 끝나 정식으로 프랑스 국왕이 된 왕자는 엄숙한 목소리로, 성당을 보호하고 국민의 세금을 줄이며, 정의와 사랑으로서 나라를 보살필 것을 선서했다.

이때에 잔 다르크는 마음 속으로 몇 번이나 만세를 외치며, 영국군을 무찌르고 파리를 되찾을 계획을 생각하고 있었다.

그녀는 이제 프랑스 국왕이 되어 샤를 7세로 불리는 왕자에게 자기의 계획을 여러 번 설명했으나, 웬일인지 국왕은 그녀의 계획을 대수롭지 않게 여기는 듯이 아무런 말이 없었다.

잔 다르크가 샤를 7세의 허락을 받기 위해 기다리는 동안에 공격할 수 있는 힘을 기른 영국군이 콩피에뉴로 쳐들어오자, 그녀는 즉시 군사를 이끌고 그곳으로 가서 영국군과 싸웠다.

그런데 달아나는 영국군을 쫓다가 자신도 모르는 사이에 영국군과 동맹을 맺은 브루고뉴군의 공격으로 붙잡혔는데, 그들은 돈을 받고 잔 다르크를 영국군에게 넘겼다.

1430년 11월, 잔 다르크가 영국군에게 잡혔다는 소식이 프랑스에 전해지자 모든 국민들이 깊은 슬픔 속에 잠겼다.

영국군은 잔 다르크를 마녀로 몰아 루앙 성의 감옥에 가두고 이듬해 1월부터 5월까지 종교 재판을 열었는데, 많은 신학자와 법률가들이 그녀를 끝까지 마녀로 몰아 버렸다.

이리하여 1431년 5월 30일의 마지막 판결에서 '잔 다르크는 하나

화형당하는 잔 다르크

님의 뜻을 어기고 남자옷을 입었으며, 마녀가 되어 마법으로 사람들을 괴롭혔다'는 등 열두 가지 죄를 뒤집어씌웠다.

그런데 잔 다르크가 죽음을 눈앞에 두고 있는데도 샤를 7세는 여전히 입을 다물었다.

잔 다르크는 자신이 마녀가 아님을 강력하게 외쳤으나, 영국군은 그녀를 없애는 것이 목적이었으므로 17회의 재판 끝에 화형에 처한다는 판결을 받고 말았다. 판결이 끝나자 그녀는 곧바로 화형장인 광장으로 끌려갔는데, 광장의 한복판에는 장작이 산더미처럼 쌓인 위에 굵은 기둥이 세워져 있었다.

이윽고 화형 시간이 되자 수만 명의 군중이 지켜보는 가운데 잔 다르크에게 두꺼운 종이로 만든 두건이 씌워지고 두건에는 '우상을 섬긴 이단자'라고 쓰여 있었다.

얼마 후, 장작더미에 불이 붙어 타오르고 온 몸이 불길에 휩싸이자, 나무 십자가를 목에 건 잔 다르크는 하나님께 프랑스와 국왕을 지켜 달라고 외치면서 한 줌의 재로 변하고 말았다.

19세의 꽃다운 처녀 잔 다르크, 그녀는 조국 프랑스를 구했으나 마녀라는 낙인이 찍힌 채 사라졌고 그녀의 뼛가루는 센 강에 뿌려졌다.

그러나 잔 다르크는 프랑스 국민의 가슴 속에 영원히 살아 있어서 영국과 싸워서 승리한 샤를 7세는 그녀의 명예를 되찾아 주었고, 1920년에는 '성녀'로 일컬어지게 되었다.

잔 다르크가 화형당한 이후의 싸움은 프랑스에 유리하게 펼쳐졌는데, 특히 브루고뉴파의 필리프와 샤를 7세가 한 국민임을 깨닫고 손을 잡아 영국군을 몰아내는 데 힘을 합쳤다.

그 결과, 프랑스군은 영국군이 점령하고 있던 섬과 도시를 차례로 되찾은 후에 1450년에 노르망디에서 크게 승리했으며, 1452년에는 영국군을 프랑스 땅에서 물리쳤다.

이로써 무려 115년이나 계속되었던 백년 전쟁도 그 막을 내렸다.

농민들의 반란과 봉건 제도의 붕괴

중세 유럽의 장원 제도는 봉건 사회의 특유한 경제 조직이었다. 장원 제도는 영주의 땅에서 농민들이 농사를 짓고 살면서 영주에게 땅세로 노동을 제공하는 것이었다.

그러다가 12세기 이후 새로 개척한 땅의 장원에 딸린 농민은 집과 땅에 대해 일정한 세금만 낼 뿐 영주를 위해 강제로 노동도 하지 않았을 뿐더러, 행동도 매우 자유스러웠다.

이러한 장원이 나타나자 그때까지 영주에게 강제로 시달리던 장원의 농민에게 큰 영향을 미쳤다.

여기에 더욱 영향을 미친 것은 상업과 도시의 발달, 시장 제도와 화폐의 사용으로서 특히 화폐가 사용되자, 그 동안 노동으로 대신해 왔던 땅세를 화폐로 치를 수 있게 되어 장원 제도가 더욱 빨리 무너지게 되었다.

영주들의 생활이 외국과의 무역으로 넉넉해지자 봉건 사회를 다스리던 영주들은 사치를 하기 위해 자신의 장원에 딸린 농민들에게서 세금을 많이 거두어들여야 했다.

그러나 중세 유럽을 어둠 속에 빠뜨렸던 페스트와 잦은 전쟁으로 인한 굶주림으로 인구가 줄어들었고 농촌이 황폐하자 영주의 수입도 자연히 줄어들었다. 이때 모자란 수입을 채우려는 영주들의 욕심 때문에 농민들의 부담이 늘어나자, 농민들은 영주들의 횡포를 더 이상 견딜 수가 없어 마침내 반란을 일으키거나 모두 도시로 달아나기 시작했다.

봉건 사회에서 농민의 반란은 자주 일어났는데, 14세기에 일어난 반란은 규모도 컸을 뿐만 아니라 불평등한 사회 제도에 맞서는 무서운 싸움으로 변했다.

1323년, 경제 활동이 가장 활발했던 플랑드르 지방에서 일어난 농민 반란은 5년 동안이나 계속되었으며, 이를 가라앉히기 위해서 프랑스의 도움까지 받아야 했다.

1358년에는 북프랑스에서 농민인 자크리가 백년 전쟁으로 인한 농민들의 피해와 전염병, 봉건 귀족들의 횡포를 견디다 못해 농민들을 이끌고 반란을 일으켰다.

와트 타일러의 난

농민들은 반란을 일으킨 후 곳곳에서 재물을 빼앗고 사람을 죽였으며, 귀족들의 성이나 집을 때려부수고 불을 질렀다.

자크리의 난은 잠깐 사이에 북프랑스를 휩쓸었으나 2개월 만에 귀족들의 무자비한 행동으로 가라앉게 되었다.

그리고 영국에서도 1381년에 타일러의 난이 일어났는데, 이 농민 반란은 페스트로 많은 사람들이 죽어서 노동력이 모자라자 영주들이 다시 그전의 농노제로 돌아가려고 했기 때문이었다. 농노제에 불만을 품은 남부 여러 지방의 농민들은 타일러 밑으로 모여들어 이를 반대하며 난을 일으킨 것이다.

와트 타일러의 난

그들은 모두 무기를 들고 런던 시내로 몰려가 국왕에게 그들의 고통을 호소할 생각이었다.

반란의 세력이 점점 더 커지면서 타일러가 국왕과의 면담을 요청하자, 흑태자의 아들인 영국 국왕 리처드 2세는 면담을 허락하고 농민들의 요구를 받아들이려고 마음먹었으나, 이를 알아챈 귀족들이 재빨리 타일러를 붙잡아 죽이고 군대를 동원하여 농민들을 공격했다.

이때, 지방에 있는 영주들까지 런던으로 사병을 이끌고 오는 바람에 농민들은 뿔뿔이 흩어지게 되었고, 지방에서 일어나는 반란도 곧 영주들의 사병에 의해 가라앉았다.

농민 반란이 가라앉은 뒤에도 도시 근로자의 임금을 묶어 두고, 백년 전쟁의 비용을 마련하기 위해 인두세를 새로 만들어 가난한 사람들에게까지 거두었기 때문에 반란은 그치지 않았다.

이러한 농민 반란은 결국 목적을 이루지 못했는데, 왜냐하면 앞날에 대한 뚜렷한 목표보다는 비참한 생활과 시달림에서 비롯된 순간적인 폭발이었기 때문이다.

중세기 말에 유럽 사회를 혼란에 빠뜨렸던 농민 반란은 따지고 보면 유럽이 봉건 사회의 탈을 벗고 근대 사회로 발전하기 위한 하나의 몸부림이었다.

자본가들이 나타나다

변화의 바람은 거세게 농촌뿐만 아니라 도시에도 불었다.

처음으로 도시가 생겼을 때에는 평등했던 시민들이 12, 13세기에 상업과 공업이 발달함으로써 신분과 소득에 따라 계급이 나타났다.

이들 계급을 살펴보면 먼저 자본가 계급과 중산 계급, 임금을 받는 근로자와 막노동을 하는 하층 계급이다.

중세의 시장

자본가 계급은 주로 외국과의 무역이나 도매상을 해서 부자가 된 대상인들로 이루어졌는데, 13세기 후반에는 도시 귀족으로 변하여 도시의

베네치아의 은행가

행정권을 쥐고, 이를 이용해 보다 많은 재산을 모았다.

이러한 대상인들은 물건을 팔기도 하고 만들기도 했으며, 이탈리아에서는 은행가를 비롯하여 대금융업자가 주로 이 계급에 속했다.

그뿐만 아니라 그들은 땅을 사두었다가 값이 오르면 팔아서 많은 돈을 벌기도 하고, 귀족 집안과 혼인하여 귀족 생활을 하는 사람도 상당히 많았다.

그들의 수는 도시 전체 인구에 비해 극히 적은 편이었으나 많은 재산을 가지고 있었고, 이러한 재산을 이용해 국왕과 쉽게 손을 잡을 수가 있었다.

그 무렵, 유럽의 각 왕들은 봉건 영주들의 세력을 약하게 하고, 통일 국가로서 왕권을 강화하기 위해 군대가 필요했는데, 국왕에게 딸린 친위대를 키우기 위해서는 많은 자금이 필요했다. 그래서 어쩔 수 없이 도시의 자본가들에게서 자금을 빌려 오게 되었고, 그 대신 그들에게 많은 특권을 주었다.

그러나 자본가와 국왕의 사이가 모두 좋았던 것만은 아니었다. 전쟁 자금으로 많은 돈을 빌려 주었다가 전세가 기울어지면 돈을 떼이는 일이 많아 국왕과 자본가의 관계가 나빠지는 경우도 있었다.

한편, 이 무렵에는 많은 수의 임금 근로자들이 도시에 나타나게 되었다.

이탈리아처럼 모직물 공업 등이 발달한 도시에서는 일찍부터 임금 노동자들이 있었으며, 산업이 발달하여 공장이 커지고 그 수가 늘어나자 임금 노동자의 수도 점점 늘어났다.

임금 노동자들이 이처럼 크게 늘어나자 도시 근처의 농촌에 살던 농민이나 여성 노동자, 다른 도시에서 들어오는 노동자들이 늘어 일자리를 놓고 서로 경쟁했다.

그러다 보니 일자리를 잃은 노동자들이 가난에 허덕였으며, 이런 노동자의 수가 14세기에는 도시 전체 인구의 3분의 1에서 거의 절반 가까이나 차지했다.

또 자본가와 임금 노동자 사이에는 평민이 자리를 잡고 있었는데, 그들은 자본가들처럼 부자는 아니었으나 임금 노동자들처럼 가난하지도 않았다.

처음에는 소매상인들과 뛰어난 기술자들이 대부분이었으나, 나중에는 법관이나 공증인 같은 법률을 다루는 전문직업인과 공무원들까지 이 계층에 들어갔다.

이러한 중세 말기의 현상은 오래 계속되는 것이 아니라 어느 날 갑자기 부자가 되었거나 망하면 계층에는 자연히 변화가 올 수밖에 없다.

영주와 농민의 다툼이 심한 농촌처럼 도시에서도 자본가와 임금 노동자 사이의 다툼이 심했는데, 특히 도시 귀족으로 변한 자본가의 횡포가 심한 도시일수록 노동자들의 파업과 폭동이 지나칠 정도로 거칠게 일어났다.

결국, 자본가가 나타나고 근대적 성격을 띠는 계층이 계속 나타나면서 중세 유럽의 봉건 제도는 매우 빠른 속도로 무너지기 시작했고 그에 따라 자본주의의 현상이 조금씩 나타나게 되었다.

장미 전쟁

백년 전쟁의 무대였던 프랑스는 엄청난 재산 손실과 함께 인명 피해를 입었다.

그러나 프랑스는 이러한 피해 속에서도 근대적인 중앙 집권 국가를 이룰 수 있는 바탕을 마련할 수가 있었는데 그 중의 하나는 백년 전쟁으로 영국에게 빼앗겼던 영토를 되찾은 것이고, 다른 하나는 애국 소녀 잔 다르크의 활약으로 조국에 대한 사랑이 싹을 틔웠다는 것이다.

프랑스에는 중세 이후부터 신분제 의회인 삼부회가 있었고, 이 삼부회는 승려 · 귀족 · 서민의 세 신분들이 대표자로 이루어졌다.

삼부회는 지방 삼부회와 전국 삼부회로 나뉘고, 이 중 전국 삼부회는 1302년부터 열려 1614년까지 계속되다가 중단되었으며, 1789년에 다시 열려 프랑스 혁명의 불씨가 되었다.

장미 전쟁을 표현한 삽화

삼부회가 만들어지게 된 것은 국왕이 전 국민에게서 직접 세금을 거두기 위해서였다.

또한, 승려와 귀족들에게도 삼부회가 필요했는데, 그것은 그들보다 강해진 국왕의 권력을 조정하기 위해서였다.

승려와 귀족들은 삼부회를 통해 서

로 손을 잡고 그들의 수입원인 농민들을 다스려야 한다고 생각했으며, 이때 세금을 많이 내는 계층이 서민이었으므로 그들의 세금을 거두어들이기 위해서는 국왕으로부터 유리한 권리를 받아내려고 하였다.

한편, 영국에서는 프랑스의 잔 다르크 때문에 백년 전쟁에서 패한데다가 국왕 헨리 6세의 무능으로 인해 큰 혼란이 일어났다.

영국은 에드워드 3세 이후 14세기 말부터 랭커스터 집안과 요크 집안 사이에 세력 다툼이 일어나고 있었다.

랭커스터 집안에서는 헨리 4세에서 6세까지 3대째 국왕이 나오자, 이에 불만을 품은 요크 집안이 기회를 노리던 중 헨리 6세가 계속 무능한 정치를 일삼자 왕의 자리를 빼앗기 위해 장미 전쟁을 일으키게 되었다.

1455년부터 1485년까지 계속된 이 전쟁의 이름이 장미인 것은 랭커스터 집안에서는 붉은 장미를, 요크 집안에서는 흰 장미를 모자나 옷 등에 붙이고 싸웠기 때문이다.

이 싸움은 두 집안의 명예와 생사가 달린 것이었기 때문에 몹시 처참하였는데, 상대편 집안의 사람일 때에는 신분을 가리지 않고 잡히는 대로 무조건 처형했다.

장미 전쟁은 30년 동안이나 계속되었는데, 랭커스터 집안에 딸린 헨리 7세가 요크 집안의 리처드 3세를 물리치고 왕위에 오름으로써 막을 내렸다. 그런데다가 헨리 7세가 1486년에 요크 집안의 엘리자베스를 아내로 맞아들임으로써 두 집안의 다툼은 사라졌다.

장미 전쟁으로 인해 영국의 왕족과 영주들은 큰 타격을 받아 점점 무너지게 되었고, 튜더 왕조의 시조인 헨리 7세에 의해 왕권 강화의 길이 열려 중앙 집권제가 실시되었다.

그런데 이러한 변화 속에서도 가장 발달한 것은 의회 제도였다.

영국의 의회와 프랑스의 삼부회는 몇 가지 다른 점이 있었는데, 프랑스에서는 전국 삼부회와 지방 삼부회가 있었으나 영국에는 전국 의회만 있었고, 프랑스에서는 기사를 비롯한 하급 귀족의 대표가 삼부회에 참석할 수 없었으나, 영국 의회에서는 하급 귀족들이 활발하게 움직였다는 사실이다.

1376년, 에드워드 3세가 영국을 다스리던 말기에 열린 의회에서는 국왕이 한 번 발표한 법은 그대로 시행했고, 만일 고치거나 없앨 필요가 있을 때에는 반드시 의회의 승낙을 받아야 한다고 규정하였다.

영국 의회는 15세기에 들어서면서 크게 발전했는데, 의회의 승낙을 받지 않으면 세금을 거둘 수 없었고 의회 안에서는 토론의 자유가 있으며, 신체의 자유가 보장되는 등 획기적인 의회 제도가 마련되었다. 그리고 15세기 후반의 헨리 6세 때에는 하원이 직접 법안을 만들 수가 있었다.

298 | 한 권으로 읽는 인류의 역사 교양 세계사

Ⅶ_ 유럽의 근대화와 르네상스

유렵은 14세기경부터 교회를 중심으로 한 사회가 무너졌고, 르네상스 · 종교 개혁 · 신대륙 발견 · 과학 혁명 등이 일어났다.

르네상스는 이탈리아에서 일어났는데 처음에는 문학 · 미술 · 건축 등 예능 분야에서 시작되었고 이것은 유럽인의 사상과 생활 방식에도 큰 경향을 미쳤다.

르네상스는 중세의 신을 중심으로 한 세계관을 인간 중심으로 바꾸었다.

루터에 의한 종교 개혁은 가톨릭 교회의 권위를 부정하고 성경과 신앙이 우선이라는 운동으로부터 출발하였으나 이때 정치적 운동과 연관되어 많은 사람이 희생되었다.

유럽 여러 나라들의 신대륙의 발견은 해외로 진출하려는 근대 국가들의 뜻이 이룩한 큰 성과였다.

16~18세기는 왕이 나라를 다스리는 절대왕권의 시대였으나 유럽의 주도권은 신대륙을 제일 먼저 발견한 포르투갈, 에스파냐를 비롯하여 네덜란드 · 프랑스 · 영국 등으로 옮겨지게 되었고, 16세기에는 독일의 프로이센과 러시아 등이 새로운 강대국으로 부상하였다.

1. 르네상스 시대

이탈리아의 르네상스

인간들은 옛 문화를 받아들이면서 자신들의 머리와 손으로 새로운 문화를 이루기 시작했는데 이러한 새로운 문화의 움직임을 르네상스라고 한다.

르네상스란 본디는 재생 · 부활의 뜻으로 이것을 문예 부흥이라고 부르며 옛날의 잃어버린 찬란한 문화와 문명을 다시 살린다는 뜻이 들어 있다.

영국 근대 국민 문학의 시초가 된 《켄터베리 이야기》

르네상스를 위한 사람들의 의욕이 점점 높아지면서 유럽은 갑자기 활기에 찬 세계를 맞이하였다.

르네상스는 처음에는 문학 · 미술 · 건축 등 예능 분야에서 시작되었으나 나중에는 유럽 사람들의 모든 사상과 생활 방식도 커다란 영향을 미쳤다.

르네상스는 이탈리아에서 제일 먼저 시작되었는데, 이탈리아에는 옛날 그리스 · 로마 문화의 모습이 그때까지 남아 있었고, 십자군 전쟁을 치르려면 이탈리아의 항구를 이용해야 되었으므로 이곳을 통해서 동방의 문화가 들어올 수 있었고 이때에는 봉건 제도가 점점 쇠퇴하고 항구 도시가 많았기 때문에 상업이 발달했고 그와 더불어 경제적으로도 몹시 넉넉했다.

그 중에서도 베네치아 · 피렌체 · 제노아 등이 가장 발전했는데, 이런 항구들은 지리적으로 유리한 조건을 갖추고 있어서 동서양을 잇는 지중해 무역을 독차지했다.

이탈리아 르네상스의 특징은 주로 문예 부문으로서 그런 인물로는 시인인 단체와 페트라르카, 소설가 보카치오 등은 새로운 문학의 장을 열었고 미술과 건축, 조각 부문에서도 수많은 천재들이 태어났다. 화가이자 건축가로서 원근법을 새로 부각시킨 조토, 〈최후의 만찬〉과 〈모나리자〉등을 그린 레오나르도 다 빈치, 〈최후의 심판〉과 〈다비드상〉등을 만든 조각가 미켈란젤로 등이 있다.

보카치오의 소설 《데카메론》은 유럽 여러 나라의 문학에 큰 영향을 미쳤는데, 특히 영국 시인이었던 초서의 《켄터베리 이야기》에 직접적인 영향을 주었다.

레오나르도 다 빈치와 모나리자

르네상스 시대의 이탈리아 미술은 눈에 띄게 발전하는 가운데 천재적인 화가들이 속속 나타났다. 이들은 저마다 새로운 방법과 새로운 물감으로 저마다 독특한 빛깔을 만들어서 나름대로 훌륭한 작품들을 탄생시켰다.

그 중에서도 화가이면서 과학자였던 레오나르도 다 빈치는 여러 부문에 뛰어난 업적을 남겼는데, 그는 1452년 이탈리아 피렌체 근처 빈치라는 마을에서 공증인의 사생아로 태어났다.

그는 어려서부터 그림을 그리기를 좋아했고 조각도 어린아이답지 않게 멋진 솜씨를 나타내 어른들로부터 칭찬을 많이 들었다.

레오나르도는 13세 때 아버지를 따라 피렌체에서 유명한 화가인 베로키오를 찾아갔는데, 이때 베로키오는 금속 공예가이면서 훌륭한 화가였으므로 그에게서 배운 제자들이 매우 많았다.

모나리자

1503년의 어느 날, 피렌체의 관리인 프란체스코 조콘다가 그의 부인인 리자와 함께 레오나르도 다 빈치를 찾아와서 자기 부인의 초상화를 그려 달라고 부탁했다.

그때 리자의 나이는 24세로 매우 아름다웠다.

조콘다의 부탁을 받은 빈치는 그 날부터 리자의 초상화를 그리는 일에 온갖 정성을 기울였다. 그러나 마음먹은 대로 그려지지 않았는데, 그것은 이 세상의 무엇에도 비교할 수 없는 리자의 미소를 그림으로 나타내기가 무척 힘들었기 때문이다.

그러는 동안에 어느덧 3년이 지나자 리자의 초상화는 거의 완성될 단계에 이르렀다.

리자는 매일같이 다 빈치를 찾아와서 그림이 완성되어 가는 것을 보고 몹시 즐거워했다.

그러던 어느 날, 리자가 빈치를 찾아와서 남편인 조콘다와 함께 칼라브리아로 3개월 정도 여행을 떠난다면서 초상화의 제목을 물었다.

이때 다 빈치는 그녀에게 '모나리자'라는 제목을 붙이겠다고 하자, 그 말을 듣고는 부끄러운 듯이 미소를 지었다.

'모나' 란 말은 '마돈나' 즉 성모라는 뜻으로 여자를 높이는 말이었기 때문이다.

리자는 그 날 곧바로 여행을 떠났는데, 이로써 다 빈치의 〈모나리자〉 작업은 더 이상 계속할 수가 없게 되고 말았다.

왜냐하면 리자 부인이 남편과 함께 여행 도중 갑자기 병으로 죽었기 때문이다.

이리하여 미완성인 채로 〈모나리자〉가 세상에 태어나게 되었다.

리자의 본디 이름은 엘리자베스로 '모나리자' 란 '나의 엘리자베스' 라는 뜻이기도 하다.

다 빈치의 작품으로는 〈모나리자〉 외에도 〈최후의 만찬〉·〈성모 자와 성 안나〉·〈앙기아리의 회전〉·〈암굴의 성모〉 등이 있다.

빈치는 자신이 과학자이며 전술가라고도 했으며 그의 일기를 조사해 보면 오늘날의 탱크와 같은 무기를 발명하고 독가스도 연구했다는 기록이 있다.

그리고 더욱 놀랄 만한 일은 500여 년 전에 벌써 비행기에 대해서 연구한 사실로 그것은 새의 연구에서 시작되었다.

새 모양을 한 기계의 그림을 그리고 사람이 타면 하늘을 날 수 있다고 기록했으나 실제로 그것을 만들어 타보지는 못했다. 그는 망원경이나 사진기 같은 것까지 생각하여 스케치했다.

그리고 수학에 있어서도 플러스와 마이너스의 기호도 발명했다고 할 만큼 그가 남긴 노트에 수학의 공식이 많이 나온다. 이미 방정식 같은 것을 쓰고 있었던 것이다. 다 빈치는 또 원근법과 음영법을 처음으로 시작해 근대 미술의 기초를 닦아 놓았다.

그 밖에 르네상스를 대표하는 화가로는 아름다운 성모의 모습과 아테네의 학원을 그린 라파엘로와 〈최후의 심판〉을 그린 화가이면서 〈모세〉와 〈다윗 상〉 등을 조각한 조각가로도 이름이 높은 미켈란젤로 등이 있다.

미켈란젤로

미켈란젤로는 1475년 3월 6일에 이탈리아의 도시 피렌체에서 태어났으며, 얼마 후 피렌체에서 조금 떨어진 세띠니아노라는 마을에 사는 대리석공의 아내에게 맡겨져 자랐다.

미켈란젤로의 피에타

미켈란젤로는 피렌체 시내의 프란체스코 다 우트비도 학교에 다녔는데 그곳에서 라틴어를 배우고, 단테의 시를 즐겨 읽었으며 자신도 시를 쓰고 그림을 그렸다.

미켈란젤로는 5세나 위인 구라나치라는 그림을 그리는 친구와 사귀게 되었고, 13세 때에는 친구의 소개로 도메리코 교루란다이요라는 유명한 화가의 제자로 들어갔다.

그 후 얼마 동안 스승 밑에서 그림을 배웠으나 뜻하는 바 있어서 그곳을 나와 피렌체의 마르코 정원에 전시된 조각품을 보고 조각을 공부하려고 마음먹었다.

그리하여 15세 때에 정확한 솜씨로 〈층계 옆에 앉은 마돈나〉와 〈켄롤스의 싸움〉이라는 첫 조각품을 만들었다.

미켈란젤로는 예술에서 사실적인 기초를 굳게 세우려면 사람의 몸에 대해서 과학적으로 연구해야 한다는 것을 깨닫고 마침내 인체 해부를 시작했는데, 근대의 인체 해부는 예술가 미켈란젤로에 의해서 비롯된 것이다.

미켈란젤로는 1501년 8월, 피렌체를 대표하는 모직물업자 조합의 부탁으로 〈다윗의 거상〉을 만들기로 하였다.

흰 대리석으로 조각한 〈다윗의 거상〉은 2년 만에 완성되었으며 높이 6미터의 이 거대한 작품은 그의 최대 걸작이었다.

그 후 미켈란젤로는 피렌체의 시민정부 대회의실에 벽화를 그렸는데, 이 그림을 본 유명한 미술사가 마사리가 '미켈란젤로의 그림이 걸려 있는 대회의실은 세계의 미술 학교' 라면서 놀라움을 금하지 못했다는 기록이 남아 있다.

미켈란젤로는 1505년 3월 로마 교황 주리오 2세의 부름을 받아 그곳에 가서 일하게 되었다. 주리오 2세는 자신의 힘을 후세에까지 알리기 위해 미켈란젤로에게 자신의 묘를 화려하게 만들라고 하였다.

대부분의 조각가들은 조각할 때 진흙으로 모형을 만들고 그것을 본떠서 돌에 새기거나 모형에 쇳물을 부어 굳히는 식으로 작품을 완성했지만, 미켈란젤로는 모형 따위는 만들지 않고 처음부터 돌을 쪼아 작품을 만들었다.

그는 조각가들이 버린 대리석 조각을 주워 〈다윗의 거상〉을 완성했으며, 영혼이 깃들여 살아 있는 듯한 모습의 〈모세〉도 만들었다.

로마의 시스티나 성당 천장에 그려진 〈천지 창조〉의 장엄한 정경, 그리고 〈최후의 심판〉·〈성모자〉·〈노예〉 등이 모두 그가 남긴 불후의 걸작들이다.

미켈란젤로는 1564년에 89세로 세상을 떠났는데, 그는 일생 동안 아무도 사귀지 않고 오직 예술에만 정성을 쏟으면서 혼자 고독하게 살았다.

그는 화가이자 조각가이며 당시의 뛰어난 건축가와 시민으로서 레오나르도 다 빈치와 함께 르네상스를 대표하는 인물이었다.

르네상스의 대표적인 화가로는 라파엘로도 있었다. 라파엘로는 여러 가지 면에서 미켈란젤로와 대표적인 인물로 미켈란젤로는 혼자 있기를 좋아했지만 라파엘로는 늘 여러 사람들과 어울렸으며, 친구와 제자들이 많았다.

그는 아기 예수를 안고 있는 마리아의 모습을 여러 가지로 그렸으며, 그 중의 하나가 바로 대표작으로 꼽히는 〈시스틴의 성모〉이다.

라파엘로는 37세의 젊은 나이로 세상을 떠났으나, 짧은 생애에 비하여 전해지고 있는 작품이 많이 남아 있으며, 〈의자에 앉은 마돈나〉·〈목장의 성모〉 등이 유명하다.

마키아벨리의《군주론》

이탈리아의 정치 사상가이자 외교가이며 역사학자였던 마키아벨리는 피렌체의 관리로 오랫동안 일했고 1513년에 정치계를 물러난 뒤 오직 책을 쓰는 일에만 전념했다.

마키아벨리는 그 무렵에 정치적인 분열과 갈등으로 시달리는 이탈리아를 주위의 강대국들로부터 안전하게 지키려면 무엇보다도 강력한 지도자가 나와야 한다고 생각했다.

또한, 군주는 통일과 평화를 지탱하기 위해 도덕이나 종교에 얽매이지 말고, 온갖 방법을 연구하여 대책을 강구해야 한다고 주장했다.

이와 같은 생각을 담은 책이 바로 그의《군주론》이다.

마키아벨리는 1494년 이래 이탈리아가 프랑스와 스페인의 탄압을 받았던 원인은 이탈리아의 역대 군주들이 실현될 수 없는 헛된 정치 사상을 가지고

마키아벨리

나라를 다스렸기 때문이라고 주장했다.

그는 또 군주의 권력을 중요하게 여겼으며 그 권력을 위해서 돈을 주고 부리는 용병 대신에 프랑스처럼 시민군을 이용해 국력을 키워야 한다고 주장했다.

알프스를 넘은 르네상스

이탈리아는 르네상스가 한창일 때 오스트리아와 프랑스 등의 침입으로 시달림을 받았다. 이러한 여러 가지 복잡한 이유 때문에 결국 이탈리아의 르네상스는 점점 시들면서 알프스를 넘어 북유럽으로 옮겨지게 되었다.

북유럽에서 르네상스 운동을 이끈 이들은 인문주의자로 불리는 네덜란드의 에라스무스를 비롯하여 영국의 토머스 모어와 독일의 멜란히튼 등으로, 이들은 이탈리아처럼 고전 문화에 빠져들지 않았다.

그리고, 르네상스의 또 다른 특징은 유럽 각국의 국민 문학이 발전했다는 점이다.

에라스무스

에라스무스

에라스무스는 네덜란드의 인문주의자로서 영국으로 건너가 수도승과 학자를 빈정댄 《우신예찬》을 썼다.

그는 의사의 딸 마가레터의 사생아로 태어나 젊었을 때 신부가 되었으나 얼마 후 성직을 그만두었다. 그는 성직에 묶여 있기를 거부하고 자유인이 되기를 원했던 것이다.

그 후 라틴어 번역이 붙은 신약성서를 펴내서 세계에서 으뜸가는 대학자로 평가되었다. 그러나 만년에는 병으로 시달려 불우하게 지내다가 70세로 세상을 떠났으며, 《자유 의지론》·《평화의 호소》 등의 저서를 남겼다.

토마스 모어

토마스 모어는 에라스무스와 절친한 영국의 대법관이었다.

그는 영국이 가톨릭으로부터 독립하는 것과 헨리 8세의 재혼에 반대하다가 처형되었다.

그의 저서로는 《유토피아》와 《존피코의 일생》·《리처드 3세 시대사》 등이 있으며, 그 중 《유토피아》는 2부로 이루어진 공상 소설로 근대 소설의 시조라는 높은 평가를 받았다.

《유토피아》는 정치적인 이야기라고도 말할 수 있으나 그 구상과 구성에 있어서 충분히 소설이라고 할 만한 점이 많다. 18세기의 풍자 문학, 스위프트의 《걸리버 여행기》에 큰 영향을 끼쳤다. 《걸리버 여행기》는 당시 사회의 정치·경제·사회 제도를 풍자한 작품이다.

한편, 독일에서도 신학자 멜란히턴이 루터를 지지하여 그의 종교개혁 운동에 협력했으며, 저서 《신학 강요》에서 프로테스탄트 신학의 기초를 닦아 놓았다.

라블레

프랑스의 르네상스 때의 작가인 라블레는 그가 쓴 《가르강튀아에 팡타그뤼엘》이라는 소설에서 가르강튀아라는 거인과 그 아들이 벌이는 유쾌한 모험 이야기를 써서 자유로운 인간의 모험심을 나타냈다.

그는 약 7년 동안 퐁트네르 콩트의 수도원에서 생활하다가 이단자로 낙인이 찍혀 쫓겨나고 말았다.

그 후, 리용 병원의 의사가 되기도 했고, 히포크라테스의 《잠언집》을 출판하기도 했다.

라블레는 이 작품을 통하여 그 당시 종교의 딱딱하고 너그럽지 못한 면을 풍자하려고 했고, 인간의 자유를 선언한 르네상스 정신을 예찬했으며, 자유로운 생명력의 발휘를 북돋우려고 하였다.

세르반테스

스페인의 작가인 세르반테스는 17세기 초에 《돈키호테》라는 소설을 발표하여 중세의 기사들을 우스꽝스럽게 표현했다.

그는 20세 때 전쟁에 나가 왼팔을 잃었고, 귀국하다가 해적에게 사로잡혀 5년 동안 노예 생활을 하였다.

그 후 무사히 구출되어 시인이 되었고 극본도 몇 편 썼지만 빛을 보지 못하였다.

세르반테스는 해군의 밀을 사들이는 직원과 세금을 받는 관리 등 여러 직업을 거쳤으나 몹시 가난했고, 거둔 세금을 예금해 두었던 은행이 망해서 감옥 생활도 하였다.

세르반테스의 소설 《돈키호테》는 1605년에 간행되었고 1615년에 속편이 간행되었는데, 내용은 주인공인 돈키호테가 기사 이야기를 다룬 책을 읽고 망상에 빠져 로시난테라는 여윈 말을 타고, 그를 따르는 산초 판사라는 무사와 함께 기사 수업을 떠나 여러 가지 익살스러운 일과 모험을 한다는 줄거리이다.

《돈키호테》는 인간이 지니고 있는 두 면, 즉 이상적인 면과 현실적인 면을 돈키호테와 산초 판사를 통하여 멋있게 표현했다는 평을 받았다.

셰익스피어

영국에서는 시인인 초서가 《켄터베리 이야기》를 발표하여 영시의 아버지라 불리었다.

이 작품은 캔터베리 성당에 순례하러 가는 기사 · 의사 · 수도사 · 상인 · 면죄부팔이 · 학생 등 29명의 무리들이 이야기하는 형식으로 다루었으며, 중세 문학이 최대 걸작 중 하나이다.

《켄터베리 이야기》는 본디 58편의 이야기로 계획했으나, 집필 도중에 초서가 세상을 떠남으로써 24편의 미완성 작품으로 끝나고 말았다.

또한, 엘리자베스 1세 때에는 초서의 뒤를 이어 국민 문학의 위대한 극작가 셰익스피어가 《햄릿》 · 《리어 왕》 · 《로미오와 줄리엣》 등을 발표하면서 세상에 이름을 떨쳤다.

셰익스피어는 1564년에 잉글랜드에서 태어났는데 반은 농사를 짓고 반은 장사를 하는 집안이었으므로 어린 시절에는 별로 고생을 하지 않고 자랐다.

그러다가 아버지가 사업에 실패하고 또 빚을 갚지 못하여 감옥살이까지 한 뒤부터는 14세의 어린 나이로 그가 집안일을 돌보지 않으면 안 되었다.

셰익스피어는 수업료를 내지 않는 문법 학교에서 중등 교육을 받다가 예술과는 달리 문법에 흥미를 느끼지 못하고 도중에 학교를 그만두고 말았다.

학교에 다니는 동안에는 라틴어와 그리스어를 열심히 공부하면서 예술에도 관심을 갖기 시작했다.

18세가 되자 8세나 위인 여자와 결혼하여 자매를 두었으나, 시골 생활에 만족을 느끼지 못한 셰익스피어는 기회만 있으면 런던으로 가서 새 삶을 누릴 뜻을 버리지 않았다.

그리고 21세가 되자 그는 마침내 큰 마음을 먹고 집을 뛰쳐나와 런던으로 갔다.

하지만 런던에는 아는 사람이 하나도 없었으므로 여러 가지 일을 닥치는 대로 하다가 마침내 극장에서 말을 지키는 일을 맡아 보게 되었는데, 이것이 셰익스피어가 극장에 관계하게 된 계기가 되었다. 셰익스피어는 극장에서 열심히 일한 끝에 웃사람의 인정을 받아 연극 배우를 소개하는 일도 맡았고, 마침내는 그가 바라던 배우가 되었다.

그리하여 23세 때에는 관중들의 마음을 사로잡는 연기로 이름이 알려지기 시작했을 뿐만 아니라 26세부터 희곡 작품을 쓰기 시작하여 세상을 깜짝 놀라게 하였다. 그 후, 런던에서의 생활을 끝내고 고향으로 돌아와 지내다가 1616년 4월 23일에 52세로 세상을 떠났다.

그는 장시 2편, 소네트 154편과 함께 4대 비극인 《햄릿》·《리어왕》·《맥베드》·《오델로》 등을 남겼고, 그 밖에도 《베니스의 상인》 등 37편의 희곡을 남겼다.

화약 · 나침반 · 금속활자 발명

르네상스 시대에는 모든 사람들이 자연을 올바르게 보며, 배움을 소중히 여길 줄 알았기 때문에 과학이나 기술이 빠르게 발전했다.

동방 여행에서 마르코 폴로가 돌아오던 무렵 유럽 사람들 사이에는 흥미로운 이야기가 한창 퍼지고 있었다.

그것은 바늘과 마법의 불에 관한 이야기로 바늘은 나침반이고 마법의 불은 화약인데, 두 가지 물건을 처음 보는 사람들이 신기하게 생각하며 이런 이름을 붙인 것이다.

그들은 마르코 폴로가 중국에서 가지고 왔다고 믿었으며, 이런 신기한 물건들이 유럽으로 들어왔다는 것은 그 무렵의 유럽인들에게는 굉장한 사건이었다.

그리고 이러한 물건들은 유럽의 역사를 바꾸는 데 있어 매우 중요한 구실을 하였다.

유럽에서 동방으로 갈 수 있는 길은 오직 바다뿐이었기에 그들은 새로운 항로를 발견하기 위해서 애를 많이 썼다. 그러나 새로운 항로의 발견은 돈이 많이 들었고, 배와 선원들이 필요했으며, 나침반과 대포 등을 갖추어야 했다.

그때까지 유럽의 모든 선원들은 어림짐작으로 배의 방향을 정해 항해했다.

그들은 해나 별을 보고 방향을 알아내는 방법도 이용했으나 날씨가 나쁠 경우에는 불가능했다.

그러나 바이킹 같은 해적들은 용감해서 온갖 악조건 속에서도 바다를 휘젓고 다녔다.

이때 뱃사람들에게 구세주처럼 나타난 것이 나침반으로, 나침반이 가리키는 방향에 따라 항해하면 어디든지 안전하게 갈 수가 있었다.

이러한 나침반은 200년경부터 중국에서 이미 사용했다고 전해진다.

화약이 만들어지기 전까지 유럽인들에게는 총이나 대포 같은 무기가 없었기 때문에 전장에서는 활과 창으로 싸워야 했는데, 화약을 만들면서 사정이 달라졌다.

화약의 발명에 대해서는, 동서양인들의 주장이 서로 달랐다.

서양인들은 마르코 폴로가 중국에서 화약을 만드는 기술을 알아오기 전에 이미 영국의 수도사가 화약을 만드는 법과 나침반을 만드는 법을 알고 있었다고 주장했다. 그러나 동양인들의 생각은 서양인과 달랐다.

화약은 중국의 삼국 시대에 이미 사용되었다. 실제로 900년경의 중국 역사를 살펴보면 화약을 이용한 갖가지 무기들이 전쟁에 사용되었음을 증명하고 있었다.

화약이 처음에는 단순히 불을 붙이기 위해서 사용되었다가 폭발성을 가진 폭탄으로 개발되었고, 13세기경에는 이슬람 세계로 건너가 화교들의 손을 거쳐 유럽으로 전해졌다는 주장이 있다.

그러나 화약은 끔찍한 전쟁의 소용돌이로 몰아 넣었다.

또 하나의 발명품은 금속 활자이다.

유럽에서 1440년 이전까지 활자로 인쇄하여 펴낸 책이 한 권도 없었다.

사람이 일일이 손으로 베낀 이른바 필사본은 있었으나 값이 매우 비싸서 일부 특권 계급만이 사서 읽을 수 있었으며 성경 같은 책은 웬만한 집 한 채를 팔아도 살 수 없었다.

1452년에 독일의 구텐베르크가 서양에서는 최초로 활자를 발명하여 많은 책을 찍어 내는 기술을 보급시켰는데, 글자를 새겨 만든 판 위에 잉크를 칠하고, 거기에다 종이나 천을 덮어 눌러 복사판을 찍어 내는 방법이었다.

이러한 기술은 우리나라보다 약 200년쯤 뒤떨어진 것으로 우리나라는 1200년대 고려 시대부터 구텐베르크의 활자보다 훨씬 더 과학적인 방법으로 금속 활자를 발명하여 실제로 널리 사용하고 있었다.

구텐베르크의 활자 발명은 나침반과 화약의 발명과 함께 유럽 사회를 변화시키는 데 중요한 구실을 했으며, 활자 인쇄 기술이 맨 먼저 이룩한 업적은 라틴어로 된 성경책이었다.

이리하여 호메로스의 《일리아드》가 출간되었고, 헤로도투스의 《세계사》가 책으로 엮어져 사람들에게 보급되었는데 마르코 폴로의 《동방견문록》도 이때 출간되었다.

갈릴레이

중세의 유럽인들은 지구를 중심으로 그 둘레를 태양과 달과 별들이 있다고 천동설을 믿고 있었다.

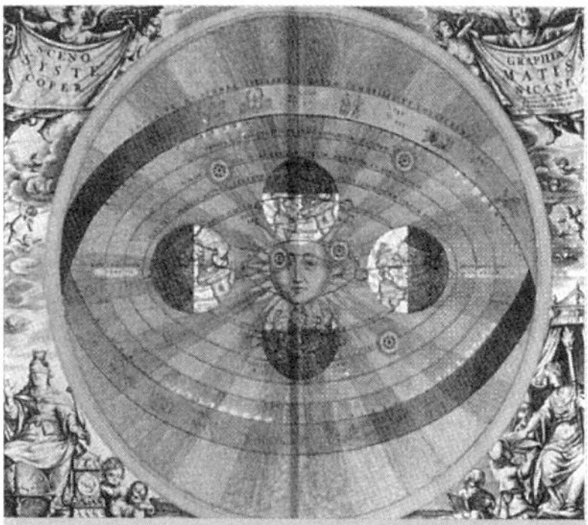
코페르니쿠스 지동설의 체계

이 천동설은 교회에서 인정한 것으로 중세에서는 교회의 말이 마치 법과 같았으므로 이에 반대하는 사람은 그에 따른 엄한 벌을 받아야 했다.

16세기에 폴란드의 천문학자인 코페르니쿠스는 이러한 믿음에 의심을 품고 연구를 거듭한 끝에 태양과 달과 별들이 지구의 둘레를 도는 것이 아니라 지구가 태양의 둘레를 돌고 있다는 사실을 발견했다.

이러한 사실은 그리스 철학자와 과학자들이 이미 생각하고 있었으나, 천동설을 인정하는 교회의 세력이 겁이 나서 감히 말을 할 수 없었던 것이다.

코페르니쿠스는 이런 사실을 잘 알고 있었기 때문에 지동설이 옳다는 확신을 가지고 있으면서도 발표하지 않았고 세상을 뜨기 직전인 1543년에야 친구의 권유로 《천구의 회전에 관하여》를 출판했다.

코페르니쿠스는 교회로부터 아무 처벌도 받지 않고 세상을 떠났는데, 그의 주장은 독일의 천문학자인 케플러에 의하여 실제로 증명되었고 더 자세해졌다. 그리고 이탈리아의 갈릴레이가 지동설을 다시 주장했다.

갈릴레이는 1564년 2월 15일, 이탈리아의 피사에서 옷장수의 맏아들로 태어났다. 갈릴레이는 아버지가 좋아하던 음악과 수학에 재능이 뛰어났으며, 대학에 입학한 후에 처음에는 아버지의 뜻에 따라 의학을 공부하다가 도중에 수학과 물리학을 공부하게 되었다.

이때부터 갈릴레이는 자신이 연구하고자 하는 욕구와 그의 사상이 뚜렷하게 나타나기 시작했다.

그는 피사의 탑에 걸려 있는 램프가 흔들리는 것을 자신의 맥박으로 재어 보고 시간의 간격이 같은 성질, 즉 흔들이(진자)의 등시성을 발견했다.

갈릴레이가 아리스토텔레스의 운동 물체의 이론에 대하여 다른 의견을 내놓은 것은 그가 피사 대학에서 수학을 배울 때인 1590년이었다.

갈릴레이는 〈운동에 대하여〉라는 그의 논문에서 '모든 물체는 같은 속도로 떨어진다. 곧 같은 높이에서 똑같이 떨어뜨린 물체는 동시에 땅에 떨어진다'고 밝혔다.

그는 피사의 사탑에서 모든 사람들이 지켜보는 가운데 이를 증명했으며, 운동 이론에 관한 아리스토텔레스 이후의 잘못을 바로잡으려는 그는 천체 운동까지 바라보게 되었다.

1592년부터 1610년까지 갈릴레이는 파두아 대학에 있었는데, 그 동안에 코페르니쿠스의 《천구의 회전에 관하여》를 읽고 큰 감동을 받았으며, 1608년에 망원경이 네덜란드인에 의하여 발명되자 한층 더 연구 의욕에 불탔다.

파두아 대학에서 보낸 18년은 갈릴레이의 생애에서 가장 훌륭한 시절이었다. 그의 빛나는 업적은 뜻있는 사람들로부터 높은 평가를 받았으며, 파두아는 종교적으로 베네치아 공화국 영토여서 교황청의 압박은 거의 없었다.

갈릴레이는 1610년에 다시 피사 대학으로 옮겼고, 순진한 기독교인이었기에 신자들로부터 명예와 생명을 위협받으리라고는 꿈에도 생각하지 않았다.

그런데 고집이 센 가톨릭 교도와 오만한 성직자들이 아리스토텔레스의 이론을 무시하고 지구가 움직인다고 주장한 갈릴레이를 그냥 둘리가 없었다.

갈릴레이는 1632년에 《천문학 대화》를 출판했으나 이 책도 판매가 금지되었고, 이어서 로마 종교 재판소에 출두하라는 명령을 받았다.

그리하여 1633년 4월부터 6월에 걸쳐 갈릴레이에 대한 종교 재판이 열렸다.

갈릴레이는 교황의 옛 친구였고 나이도 69세나 되어서 비교적 관대한 대우를 받았다고는 하지만, 때에 따라서는 모진 고문도 당했다.

이 재판에서 그는 코페르니쿠스의 지동설을 끝까지 두둔하다가 마지막에 가서는 어쩔 수 없이 자기의 주장을 없었던 것으로 끝내고 말았다.

갈릴레가 재판을 마치고 나오면서 비틀거리자 두 신부가 그를 부축했는데, 이때 그는 "그래도 지구는 돈다"고 중얼거렸다.

갈릴레이는 재판을 모두 끝내고 감옥에서 나왔으나 외출은 할 수가 없었다.

그는 1637년 7월에 오른쪽 눈이 멀었고, 《신과학 대화》를 출간했을 때는 왼쪽 눈까지 멀었다.

갈릴레이는 1642년 1월 8일에 78세로 세상을 떠났는데, 교회는 그의 유해를 묘지에 묻지 못하게 했을 뿐만 아니라 기념비를 세우는 것도 금했다.

2. 종교 개혁

종교 개혁의 발단

근세에 접어든 유럽에서 종교계에 새로운 움직임이 일고 있었는데, 그것은 중세부터 잘못되어 가는 기독교를 바로잡자는 이른바 종교 개혁이었다.

르네상스의 물결을 타고 맹렬하게 번져 나간 개혁은 교회와 그 권위에 대한 도전으로서 유럽 사회를 깜짝 놀라게 만들었다.

200여 년에 걸친 십자군 전쟁이 목적을 이루지 못하고 끝나자 사람들은 저마다 교황과 교회에 대하여 의심과 불만을 품게 되었다.

그 결과, 황제보다도 더 강했던 교황의 세력이 점점 약해져 갔고 일부 성직자들이 자신의 이익과 욕심을 채우고 타락까지 하는 바람에 신도들은 교회를 올바른 방향으로 돌려야 한다는 생각을 갖게 되었다.

교회 안에서 먼저 자신들의 부패를 문제 삼는 젊은 성직자들이 나타나기 시작했다.

영국의 성직자 위클리프를 비롯하여 보헤미아

화형당하는 후스

의 후스, 네덜란드의 에라스무스는 종교 개혁을 부르짖은 사람들로서 이들은 마르틴 루터의 종교 개혁을 미리 준비한 것이다.

이렇게 되자 교회 안에서도 반성하는 기운이 일었고, 마침내 교회의 개혁을 의논하고 잃어버린 권위를 되찾기 위해 가끔 종교 회의가 열렸다.

15세기 초에 콘스탄티노플에서 열린 종교 회의는 규모가 가장 커서 성직자뿐 아니라 여러 나라의 국왕과 많은 제후들이 참석했다.

이 회의에서는 로마 교황의 정통성이 인정되고 여러 갈래로 나뉘어진 교회가 통일되었으나, 교황의 정통성을 확인하기 위해서는 그 권위에 대한 비난과 공격을 이단으로 몰아 억누를 필요가 있었다.

그 이단의 표적이 된 사람이 위클리프와 후스였다.

위클리프는 성서를 신앙의 유일한 근본으로 보고 그 밖의 모든 것은 물리쳤다. 그의 주장에 따르면 교회란 영혼을 구원받기로 예정된 사람들만이 모이는 곳이라고 주장했다. 그의 주장을 구령 예정설이라고 일컫는데 위클리프와 같은 생각을 가진 후스도 첫째, 교회는 오직 하나이며 영혼을 구원받기로 예정된 사람들의 단체이며 둘째, 교황의 존엄성은 황제의 세속적인 권력에서 비롯된 것이고 셋째, 교회에 따르자는 것은 사제들이 만든 것이며 성서에 기록된 권위를 갖는 것은 아니라고 주장했다.

이러한 주장은 로마 가톨릭 교회에 정면으로 도전한 것이어서 가톨릭 교회가 강제로 억누른 것은 자신들을 지킨다는 뜻에서 당연한 일인지도 모른다.

가톨릭 교회로부터 이단으로 낙인이 찍힌 두 사람의 운명은 각기 달랐다.

위클리프는 교회의 온갖 박해를 견디면서도 영국에서 일생을 무사히 마칠 수 있었으나, 후스는 파문당해 뒷날 콘스탄츠 종교 회의에 소환되어 신문을 받은 다음 1415년 7월, 화형에 처해졌다.

1517년, 교황 레오 10세는 교회를 세우기 위해 자금을 마련한다는 명목으로 면죄부를 발행했는데, 면죄부란 죄를 지은 사람에게서 돈이나 재물을 받고 그 사람의 죄를 면한다는 뜻으로 주는 일종의 증명서였다.

면죄부는 13세기 스콜라 철학자들이 만든 '공덕의 보고'라는 교리에서 비롯되었다.

공덕의 보고란 예수와 성인들이 쌓은 큰 공덕 중의 일부를 교황이 떼어서 신도들을 위해 사용함으로써 그들이 받을 죄와 죄의 일부를 면할 수 있다는 것이었다.

처음에는 십자군에 들어간 병사나 자선가들에게 면죄부가 주어져 큰 문제를 일으키지 않았으나, 나중에는 교황의 모자라는 재정을 채우는 방법으로 이용되면서 타락했다.

영국이나 프랑스는 국왕의 힘이 막강해져서 교회가 함부로 면죄부를 팔 수가 없었기 때문에 독일을 상대로 팔기 시작했다.

이때 독일의 상업 자본가인 푸거 집안은 면죄부를 판매한 금액 중에서 3분의 1을 차지한다는 조건으로 교황을 대신하여 면죄부를 팔았는데, 푸거는 로마 교황청과 영방 제후들을 등에 업고 실력을 마음껏 떨쳤다.

그 후 푸거는 아들인 야콥에게 많은 재산을 물려주었고, 야콥은 동방의 무역에 손을 뻗쳐 남부 독일 일대에서 나오는 은과 구리를 동방의 여러 나라에 수출하여 큰 부자가 되었다.

루터의 종교 개혁 운동

마르틴 루터는 1483년 11월 1일에 독일 아이스레벤에서 태어났고, 아버지 한스 루터는 광산에서 일하는 가난한 광부였으나 하나님의 가르침을 무엇보다도 가장 소중히 여기는 진실한 크리스천이었다.

그러나 루터의 아버지는 그 무렵에 신부와 교회가 부패했기 때문에 무척 싫어했다.

루터도 아버지의 성품을 물려받아 마음이 강하고 곧게 자랐다. 1501년 봄에 18세로 독일의 명문인 에르푸르트 대학에 들어간 루터는 1년 반 만에 학위를 받았고, 1505년에 전교에서 2등으로 졸업하면서 석사학위를 받았다.

법학을 공부하여 관리가 되기로 결심한 루터는 어느 날 친구와 함께 시골길을 걷다가 갑자기 벼락이 떨어지는 바람에 친구를 잃고 말았다.

루터는 이때에 자기도 언제 어떤 불행을 당해 죽을지도 모른다는 생각이 들어 불안한 마음을 감출 수가 없었다. 루터는 자기처럼 죄가 많은 사람이 아직까지 죽지 않고 살아 있는 것은 하나님의 은혜로 용서를 받았음이 틀림없다고 생각한 나머지 그 길로 성 아우구스틴파에 속한 수도원으로 들어가 버렸다. 이때부터 그는 자기 자신과 피나는 싸움을 시작하게 되었다.

루터는 수도원 생활의 규칙을 성실하게 지키면서 스스로 고행을 무릅쓰고 마음의 평안을 얻으려고 밤낮으로 열심히 노력했으나 자꾸만 절망감에 싸이기만 하였다.

자신과의 처절한 투쟁 속에서도 수도원의 정해진 일과에 따라서 공부에 열중했던 루터는 1507년 초에 수도사로 임명되었고, 1511년에 로마를 다녀온 뒤 신학 박사 학위를 받았으며 1512년에 비텐베르크 대학의 교수

비텐베르크 교회 대문에 붙여진 루터의 〈95개조 항의문〉

마르틴 루터

가 되어 성서 강의를 시작했다.

아무 죄가 없는 예수가 어째서 신으로부터 버림을 받았는가 하는 것이 루터의 관심거리였다.

어느 날, 루터는 면죄부를 파는 행렬이 비텐베르크에 가까이 다가오는 것을 보고 화가 나서 참을 수가 없어서 면죄부에 대한 자신의 의견을 발표하기로 마음먹었다.

루터는 면죄부를 반박하는 95개조의 선언문을 써서 비텐베르크 교회의 문에 붙였는데 중요한 내용은 다음과 같다.

"제21조, 면죄부를 파는 사람들은 교황으로부터 모든 죄를 용서받는다고 주장하지만 죄를 용서하시는 이는 오직 하나님밖에 없다.

제27조, 금고에 돈이 들어가면 곧 영혼이 지옥에서 연옥으로 옮겨간다고 주장하는데 이를 믿는 사람은 바보다. 교황에게 천국과 연옥을 다스릴 권한은 없기 때문이다.

제36조, 기독교 신도는 누구나 죄를 뉘우치고 믿으며 구원을 받는다. 면죄부가 구원을 해 주는 것이 아니다."

루터는 인간이 구원을 받는 것은 오직 하나님의 은혜에 따른 것이며, 착한 일을 하는 것이 구원의 필수 조건이 아니라는 주장까지 발표했다.

루터는 다시 "기독교 신도는 믿음만으로 충분한 것이다. 그 밖에는 어떤 행동도 필요하지 않다. 모든 행동에 앞서서 믿음이 가득해야 한다. 그 다음에 행동으로 옮겨져야 하는 것이다"라고 주장했다.

루터가 1517년 10월 31일에 발표한 이 선언문은 오직 믿음을 중요하게 여긴다는 것과 로마 가톨릭의 면죄관에 대하여 새로운 뜻을 품고 있었다.

루터의 선언에 찬성하는 많은 수의 독일인들의 분노는 한꺼번에 터졌으며 독일뿐만 아니라 전 유럽에 이 소식이 전해졌다.

로마 교황은 루터에게 사람을 보내 타이르려고 했으나 그가 말을 듣지 않았으므로 대로하여, 60일 안에 그의 주장을 취소하지 않으면 파문을 시키겠다고 편지로 으름장을 놓았다.

그러나 루터는 자신의 신념을 버리지 않았고 가톨릭에 당당하게 맞서서 참된 믿음이란 성서에 따르는 믿음뿐이지 가톨릭의 형식적인 믿음이 아니라고 계속 주장했다.

루터는 1520년에 〈독일 국민의 기독교 귀족들에게 고함〉이라는 글을 발표하고 이 글에서, 독일 귀족들이 독일을 로마 교황청으로부터 해방시키고 교회의 토지와 재산을 압수하라고 권했다.

그의 생각은 독일의 귀족들에게 공감을 불러일으켰다.

이때 교황은 신성 로마 제국의 황제 카를 5세에게 루터를 처벌하라고 명령을 내렸으며, 황제는 교황의 명령에 따라 1521년, 루터에게 신성 로마 제국의 제국회의인 보름스 회의에 출두하라고 알렸다.

이윽고 그 날이 되자 회의장 안은 성직자와 귀족들, 그 밖의 사람들이 가득 찬 가운데 신문관이 루터에게 신문을 시작했다.

그는 루터가 쓴 책들을 신문대 위에 놓고, 그 책들의 내용이 이단설과 거짓으로 가득 차 있는 사실들을 인정하느냐고 루터에게 물었다.

이때 루터가 자기는 오직 하나님을 믿고 성서에 따라 행동하므로 그런 사실이 없다고 당당하게 밝히자, 회의장 안에 있던 모든 사람들이 루터를 지지하면서 수군거렸다.

사태가 루터에게 유리한 쪽으로 돌아가자 카를 5세는 루터를 처벌하지 못한 채 칙령을 내려 그가 신성 로마 제국법의 보호 밖에 있음을 밝혔다. 그런 다음 루터가 쓴 모든 책은 판매를 금지한다고 선언했다.

루터의 친구 프리드리히는 그를 보호하기 위해 바르트부르크 성에 가두어 버렸다. 그는 루터가 성에 갇혀 있는 동안에는 아무도 해치지 못할 것이라고 생각한 것이다.

루터는 성에 갇혀 있는 동안에 라틴어로 쓰여 있는 성경을 독일어로 번역했는데, 이것이 최초의 독일어판 성경이었다.

이때부터 많은 사람들이 루터를 지지하고 나섰고 가톨릭 교회의 사제들 중에서도 루터의 종교 개혁안에 찬성하여 교회와 수도원을 떠나는 이들이 점점 늘어갔다.

그들은 자신들의 교파를 프로테스탄트, 곧 '신교'라고 불렀고, 교황을 중심으로 한 가톨릭 교회를 '구교'라고 일컬었다.

한편, 카를 5세는 프랑스와 10년 동안이나 싸우느라 독일 안에서 진행되는 루터의 개혁 운동에 신경을 쓰지 못하고 있는 사이에, 가톨릭 신자들과 루터를 중심으로 한 신교 신도들은 하나님을 믿고 성경 말씀을 지키면서도 파가 다르다는 이유로 늘 충돌했다.

면죄부를 판매하는 성직자들

카를 5세는 나라 안에서 일어나는 신교와 구교 사이의 잦은 충돌로 크게 골치를 앓다가 독일 제후국들이 종교 때문에 갈라지는 것을 막기 위해 1529년 2월, 독일 제후국들에게 로마 가톨릭 식으로 예배를 드리라고 강요함으로써 루터의 종교 개혁은 어려움에 부딪혔다.

루터는 독일 제후국들에게 카를 5세의 강요에 따르지 말고 버틸 것을 격려하기 위해 《구약성서》〈시편〉 46편의 내용을 바탕으로 시를 지었다. 그리고 그 작품에 손수 곡을 붙여 신도들이 부르게 하였다.

이 찬송가는 위태로운 처지에 빠진 기독교 신도들에게 끝없는 힘과 용기를 심어 주었다.

루터를 따르는 교회는 독일의 북부 지방을 중심으로 덴마크 · 스웨덴 · 노르웨이 등으로 점점 더 퍼져갔으며, 기독교 역사상 가장 위대한 업적을 남긴 루터는 1546년 2월 18일에 세상을 떠났다.

루터의 종교 개혁이 독일에서는 교회를 국가에 종속시키는 결과를 가져왔다. 그뿐만 아니라 정치와 사회면에서도 가톨릭을 대신하는 독일의 독특한 국가주의를 성립시켰다.

루터의 종교 개혁 운동이 진행됨에 따라 나라 안에서는 여러 가지 사건이 계속 일어났는데, 그 중에서도 기사의 반란과 농민 전쟁을 들 수 있다.

기사의 계급은 처음에는 인문주의를 따랐으나 나중에 루터의 개혁 운동을 지지하기로 하였다.

독일의 기사인 지킴겐과 인문주의자이며 시인이던 후텐의 지도를 받으며 1522년에 반란을 일으킨 기사들은 트리엘 대주교의 영토를 공격했으나 실패하고 말았다.

후텐은 〈로마의 삼위일체〉라는 논문에서, 로마는 그리스도와 성직과 여자 등 세 가지를 팔고 있으며, 교회 회의와 교회의 개혁과 독일인의 자각을 미워하고 있다고 밝혔다. 그리고 자기는 로마를 위하여 세 가지가 이루어지기를 간절히 바라는데, 그것은 페스트의 유행과 굶주림과 전쟁이라고 하였다.

후텐이 간절히 바라고 있던 것은 로마로부터 독일을 해방시키는 것이며, 로마의 교회를 누르기 위해서는 국민의 단합이 절대 필요하다고 느꼈다.

그는 황제 막시밀리안에게 기대를 걸었으나 그는 죽었고, 마인츠의 알브레히트 공이 독일의 대주교가 되어 주기를 바랐으나, 그는 많은 것을 로마 교황청에 기대고 있었으므로 이 일을 맡아서 해낼 수 있는 것은 오직 기사 계급밖에 없다고 생각했다.

그리하여 후텐은 지킹겐과 손을 잡게 되었다.

그들이 트리엘 대주교 영토에 쳐들어갔을 때, 뜻밖에도 루터의 종교 개혁을 지지했던 헥센백 필리프가 지원군을 이끌고 트리엘 주교의 군사를 도와 기사군을 물리쳤다.

이 싸움에서 지킹겐은 죽었고 후텐은 쫓겨난 후 스위스의 취리히로 망명하여 그곳에서 죽었다. 이러한 기사의 반란이 있은 지 2년 후에 농민 전쟁이 일어났다.

루터의 종교 개혁을 가장 열렬히 지지한 것은 농민들이었다. 농민들은 루터를 지지할 뿐만 아니라 루터를 자신들의 대변자로 여겼다.

그러나 루터는 농민 전쟁에 대하여 악마와 같은 폭행이라고 반대했는데, 농민 전쟁의 결과 독일은 북부의 루터파와 남부의 가톨릭파로 나뉘어졌다.

그 후 1555년 9월 25일에 독일의 아우크스부르크에서 루터파와 가톨릭파가 평화 조약을 맺었는데 이를 아우크스부르크 화약이라고 하며, 이 화약에서 루터의 주장이 받아들여져 국민들은 어느 파를 선택해도 좋다고 결의했다.

칼뱅의 종교 개혁

루터와 거의 같은 때 스위스에서는 사제인 츠빙글리가 1519년에 가톨릭 교회를 부정하고 나섰다. 그러나 스위스의 가톨릭 세력은 군대를 동원하여 츠빙글리를 죽였고 그의 개혁 운동은 실패했다. 그 뒤 프랑스 신학자인 장 칼뱅이 루터의 개혁 사상에 영향을 받고 프랑스에서 활동하다가 이단으로 박해를 받아 스위스의 제네바로 몸을 피했다.

칼뱅

칼뱅은 1509년 7월 10일에 프랑스 북부 노아욘에서 태어났다.

그는 어려서 어머니를 여의고, 아버지의 도움으로 파리 대학에서 법학과 그리스 철학을 공부했다. 그러나 칼뱅의 목적은 오직 신학에 있었으므로 성서를 연구하면서 신부들과 친하게 지냈다. 그는 사드레 감독에게 보낸 편지에서 이렇게 고백했다.

"나는 교황청의 미신에 사로잡혔습니다. 이 깊은 못에서 나를 끌어내기란 결코 쉽지 않았으며, 혼란 속에 얼마나 있었는지 비로소 깨닫게 되었습니다."

1533년에 그의 친구 니콜라스 공이 대학의 학장으로 취임하면서 연설문을 부탁했으므로 써 주었는데, 연설문의 내용은 《신약성서》를 바탕으로 종교 개혁을 두둔하고, 가톨릭의 잘못을 공격하는 것이었다.

소르본 대학과 의회는 이를 교회에 대한 모독으로 받아들였고 연설문을 불살라 버리라고 명령했다. 그리고 300프랑의 현상금을 내걸고 칼뱅을 체포하라고 명령했다.

이 일로 칼뱅과 니콜라스는 프랑스를 떠날 수밖에 없었다.

칼뱅은 농부로 꾸미고 겨우 파리를 벗어나서 3년 동안 이탈리아 등을 떠돌아다녔다. 그의 유명한 《그리스도교 강요》라는 책은 1536년에 칼뱅이 바젤에 머무르고 있을 때에 쓴 것이다. 그의 나이 27세 때에 펴낸 이 책은 처음에는 라틴어로 집필하였고, 뒷날에 신교의 새로운 교리를 확립시킨 내용을 더 보태 프랑스어로 출판했다.

그의 주장은 예정설로서 예정설이란 신은 인간의 공덕이나 죄등과는 관계가 없이 인간의 구원과 벌을 미리 정해 놓고 있다는 설이다. 그러므로 하나님이 버리기로 정한 인간은 영원히 구원을 받을 수 없고, 구원하기로 미리 정해진 인간은 현재 살고 있는 세상과는 관계없이 천국에서 영원히 살 수 있다는 주장이었다.

신교에서는 이 책을 가장 옳은 것으로 받아들였고 가톨릭에서는 이단으로 다루었다. 그리하여 소르본을 비롯한 파리 그 밖의 여러 곳에서 이 책을 불태웠고, 갖은 방법으로 그를 공격했다.

1536년에 《그리스도교 강요》 첫 권을 출간한 칼뱅은 알프스를 넘어서 이탈리아로 가서 전도자로서 활동하던 중 종교 개혁을 없애는 운동이 일어나자 곧바로 스위스의 바젤로 돌아왔다.

이때 바젤로 곧장 가는 길이 전쟁으로 막혀서 제네바로 돌아서 가게 되었는데 제네바에서 파렐이라는 복음주의자에게 붙들리고 말았다. 칼뱅을 붙든 파렐은 자기와 함께 종교 개혁 사업을 하자면서 간청했으므로 할 수 없이 제네바 복음주의 교회의 목사로 취임했다.

칼뱅은 그 후 루터파와 손을 잡게 되었고, 유명한 〈아우크스부르크 신앙 고백〉을 만들어 서명자의 한 사람이 되었다. 이 신앙 고백은 오늘날에도 전 세계 장로 교회의 신조로 지켜지고 있다.

한편, 제네바에서는 시민들의 풍기가 어지러워져서 칼뱅이 아니면 이를 막을 수 없다는 여론이 높아지자, 그는 다시 초청을 받아 1541년 9월에 제네바로 갔다. 이로써 제네바는 그의 눈부신 활동의 중심지가 되었다.

칼뱅은 《신약성서》와 《구약성서》 전권을 주를 달아 이해하기 쉽게 풀이했는데, 오늘날 영어로 번역되어 널리 읽히고 있다.

가톨릭 교회의 개혁

유럽 여러 나라에서 종교 개혁 운동이 일어나자 로마 가톨릭 교회도 가만히 있을 수가 없었다.

이때 로마 교황도 면죄부의 판매를 그만두고, 성직 매매와 성직자의 타락 등 가톨릭의 부패한 부분을 없애기 위해 노력하는 한편, 신교도가 세력을 더 이상 넓히지 못하게 여러 가지 방법을 마련했다.

가톨릭 개혁의 선봉은 스페인의 군인 출신인 로욜라가 1534년에 처음으로 세운 예수회였다.

예수회는 가톨릭 교회의 남자 수도사로 이루어진 단체로 중세 수도원의 엄격한 계율을 지키고 신학의 연구와 복음 전도를 최대의 목적으로 삼았다.

예수회 활동 외에는 가톨릭은 종교 재판 제도를 강화하여 개신교가 커지는 것을 막았다.

트리엔트 공의회

1520년대의 가톨릭은 이단 교설을 퍼뜨리지 못하도록 검열 제도가 강화되고 출판과 판매를 금지하는 서적의 목록도 만들었는데, 이러한 목록은 1966년까지 로마 교황청에서 만들어져 사상을 통제했다.

정통 가톨릭 교회에서는 교리에 어긋나는 신비주의 운동이나 이단 교리를 버리지 않는 신자들은 악마로 인정하여 잔인하게 불에 태워 죽이는 화형이 많았으며, 가톨릭이 세력을 잡고 있는 지역에서는 어디에서나 행해졌다. 또한, 개신교도 자기의 세력권 안에서 가톨릭 교도를 무자비하게 처단했다.

이것이 곧 종교 전쟁으로서 십자군 전쟁을 비롯하여 기사 전쟁 · 네덜란드 독립 전쟁 · 위그노 전쟁 · 30년 전쟁 등이 있다. 이 전쟁은 처음에는 신앙 문제 때문에 발생했으나 전쟁이 계속되면서 각 나라들의 정치적인 욕심이 함께 끼어들었다.

3. 신대륙과 항로의 개척

콜럼버스의 신대륙 발견

1451년, 이탈리아의 북서부에 있는 항구 도시 제노바에서 태어난 크리스토퍼 콜러버스는 소년 시절부터 배를 타고 바다로 나아가 신대륙을 발견하겠다는 꿈을 품고 있었다.

그의 꿈 중에는 이탈리아의 여행자인 마르코 폴로의 《동방견문록》 속에 씌어 있는 황금의 섬 '지팡구'를 발견하는 것도 들어 있었다.

《동방견문록》 속에 나오는 지팡구에는 황금이 모래같이 흔하여 건물의 벽까지 황금으로 만들어졌다고 쓰여 있었다.

콜럼버스는 많은 사람을 찾아다니며 지팡구에 대해 설명하고, 배를 타고 나아갈 수 있게 도와 달라고 부탁했으나, 도와 줄 사람이 나타나기는커녕 오히려 그를 비웃었다.

콜럼버스는 생각 끝에 후원자를 만나기 위해 1478년에 포르투갈의 수도인 리스본으로 이주한 후에 포르투갈의 국왕을 찾아가서 자신의 계획을 설명하고 도움을 청했다.

그러나 국왕은 남아프리카의 항로 개척에 정신이 팔려서 콜럼버스의 말을 들으려고 하지 않았다.

포르투갈 국왕에게 거절당한 콜럼버스는 다시 스페인으로 가서 국왕과 여왕을 만났는데, 다행히도 그들은 콜럼버스의 계획을 듣고 돕겠다고 나섰다.

크리스토퍼 콜럼버스

콜럼버스는 이때 다음과 같은 특권을 여왕에게 요구했고, 여왕은 그의 요구를 받아들였다.

콜럼버스의 요구는 첫째, 새로 발견하는 섬과 육지 및 바다에 있어서 그가 여왕 다음가는 부왕 겸 총독이 되며 둘째, 그곳에서 얻은 보물과 그 밖에 모든 이익의 10분의 1은 그가 차지하고 셋째, 그가 새로운 영토의 재판권을 가지며 넷째, 이러한 세 가지 사항의 권리와 명예는 그의 자손 대대로 물려받는다는 것 등이었다.

1492년 8월 3일, 콜럼버스는 마침내 기함 산타 마리아 호를 비롯한 세 척의 배에 120명의 선원을 나누어 태우고 스페인의 팔로스 항구를 떠나 항해의 길에 올랐다.

선원의 대부분은 죄수들로서 그들은 스스로 지원했다.

그런데 이때에 콜럼버스는 착각을 하고 있었다.

지구의 둘레를 정확하게 계산했던 그리스의 천문 지리학자인 에라토스테네스의 계산은 틀렸다고 생각했으며, 그의 측정값보다는 4분의 1에서 6분의 1정도로 지구의 둘레를 작게 계산한 것이다.

콜럼버스는 지구의 반지름은 약 400해리로서 시속 3노트로 항해하면 한 달이면 동방에 다다를 수 있다고 생각한 것이다.

대서양의 너비를 실제보다 좁게 계산한 콜럼버스가, 대서양을 건너면 아메리카 대륙이 있고, 아메리카 대륙을 지나면 대서양보다 더 넓은 태평양이 있다는 사실을 알았더라면 그는 서쪽으로 항해하여 동방으로 갈 생각은 버렸을 것이다. 하지만 그의 착각 덕분에 오히려 신대륙이 발견되었다.

콜럼버스가 카나리아 제도에 이른 것은 8월 중순이었고, 9월 초 이곳을 떠나 10월 12일에 서인도 제도의 한 섬에 이르렀다.

콜럼버스는 이 섬을 '산살바도르' 라고 이름 짓고 1493년 3월에 리스본에 돌아와서 자신이 이룩한 성과를 발표했다. 이로써 콜럼버스는 명예를 얻었으나 그는 자기가 발견한 곳이 인도의 서쪽으로 굳게 믿었다. 그리고 이 땅에 살고 있는 원주민들을 인도사람으로 잘못 알고 인디언이라고 불렀다.

얼마 후, 이탈리아 항해가인 아메리고 베스푸치가 콜럼버스에 의해 발견된 땅이 서인도가 아닌 신대륙이라고 발표하자 사람들은 신대륙에 그의 이름을 본따서 아메리카라 부르게 되었다.

콜럼버스는 자신이 발견한 땅이 지팡구 근처라고 믿었고 그 후 세 번씩이나 탐험했으나 향료와 황금을 찾지는 못했다.

그리하여 그가 스페인으로 돌아왔을 때 사람들은 실망했고, 스페인 왕실도 콜럼버스의 탐험이 실패했다고 인정하고 후원을 그쳤다.

어느 날, 콜럼버스가 스페인 국왕의 신하들과 식사를 하고 있는데, 한 사람이 그에게 다가와서 누구나 배를 타고 서쪽으로 자꾸 항해하면 대륙을 발견할 수 있다고 하면서 비웃었다.

그러자 콜럼버스는 달걀 한 개를 집어 들고 사람들을 둘러보면서 "그렇다면 누구든지 나와서 이 달걀을 세워 보라"고 말했다.

이때 그 자리에 있던 사람들이 차례로 나와서 달걀을 식탁 위에 세워 보려고 했으나 실패하자, 콜럼버스가 나와서 달걀의 뾰족한 부분을 약간 찌그러뜨린 다음 똑바로 세웠다.

콜럼버스는 달걀을 세운 후에 여러 사람들을 향해 "누구에게나 가능한 일이라도 처음에 해내기란 무척 어렵듯이 나의 신대륙 발견도 이와 마찬가지다"라면서 그 자리를 떠났다.

결과적으로 콜럼버스는 신대륙 발견은, 1513년에 스페인의 탐험가 발보아로 하여금 파나마 지협을 건너 처음으로 태평양을 발견하게 했고, 이어서 포르투갈의 항해가 마젤란으로 하여금 세계 일주를 떠나게 하는 바탕을 마련하였다.

최초의 세계 일주

옛 사람들은 지구는 네모꼴이며 그 끝은 낭떠러지라고 믿었다. 그러나 포르투갈 항해가인 마젤란은 지구는 둥글다고 생각했으며, 한쪽 방향으로만 계속 항해하면 출발했던 자리로 되돌아온다고 믿었다.

마젤란은 1519년 8월 10일에 스페인 국왕의 도움으로 5척의 배를 이끌고 세계 일주에 나섰다.

유럽에는 콜럼버스 이후에 많은 사람들이 각각 신대륙의 뱃길을 지나거나 신대륙을 돌아서 태평양에 이르는 길을 찾으려고 하였다. 또 이와는 반대로 다른 뱃길을 찾으려고 나선 사람들도 있었다.

포르투갈의 항해가인 바스코 다 가마도 그 중의 한 사람으로 그는 서쪽으로 계속해서 항해하지 않고 곧장 아프리카 대륙을 따라 남쪽으로 내려갔다.

이런 모험은 가마 이전에도 많은 사람들이 해 보려고 하였으나 도중에 모두 포기하고 돌아와서는 허풍만 떨었다.

가마는 그런 헛소문에 전혀 귀를 기울이지 않고 계속 남쪽으로 항해하여 무사히 아프리카 대륙의 남쪽 희망봉을 돌아 인도에 이르렀

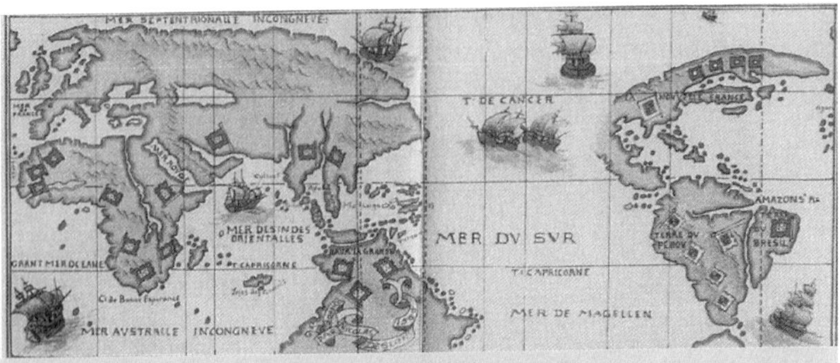

신대륙의 발견

다.

또한, 가마가 인도에 닿았을 무렵, 이탈리아의 탐험 항해가인 캐보토는 영국으로 이주한 후 헨리 7세의 허락을 받아 인도 항로를 발견하기 위해 항해를 떠났다. 그리하여 1497년에 케이프브레턴 섬을 발견하고 콜럼버스보다 앞서 아메리카에 이르렀다.

마젤란의 항해는 이들의 뒤를 이은 것으로 그를 도운 나라는 조국인 포르투갈이 아닌 스페인이었다.

마젤란이 5척의 배를 이끌고 남아메리카에 이르렀을 때 배 한 척이 난파되었으므로, 4척이 남아메리카의 해안을 따라 내려가던 중 지금의 케이프 혼에 이르렀을 때 또 한 척의 배가 선단을 탈출하여 돌아가 버리고 말았다.

그러나 마젤란은 절망하지 않고 선원들을 격려하며 계속 항해하여 남아메리카의 남쪽 끝과 푸에고 사이의 좁은 바다를 발견한 후 마젤란 해협이라고 불렀다.

이때 가지고 온 식량이 떨어진 지 오래되었으므로 선원들은 배에 있는 쥐까지 잡아먹었고 죽은 선원들도 많았다.

마젤란은 3개월이 지난 뒤에 태평양의 한복판인 필리핀 군도의 작은 섬에 이르러 식량을 구하기 위해 부하들과 함께 배에서 내렸다가 원주민과 싸움이 일어나 그들에게 살해되고 말았다.

마젤란

마젤란이 죽자 가까스로 섬을 탈출한 그의 부하들은 배에 올라 항해를 계속했으나, 도중에 폭풍을 만나 또 한 척의 배를 잃어 결국에는 빅토리아 호만 남게 되었다.

이때 마젤란 대신 지휘자가 된 엘 카노는 빅토리아 호의 선원들과 함께 항해를 계속하여 마침내 1522년 9월에 세계 일주를 완성했다.

카노 일행이 세계 일주를 끝내고 스페인의 항구 도시 세비야로 돌아왔을 때 살아남은 선원은 고작 18명뿐이었다.

유럽의 변화

콜럼버스와 마젤란에 의한 새로운 인도 항로의 개척과 신대륙의 발견은 유럽에 큰 영향을 미쳤다.

유럽인들이 사용했던 동양의 산물들이 인도 항로를 통해 많이 들어와서 값이 내렸으며, 솜과 차 등 유럽에 없던 새로운 물품이 소개되었고, 신대륙의 감자를 비롯하여 담배와 코코아 · 설탕 · 커피 등이 새로 들어와 유럽인의 일상 생활이 바뀌어졌다.

신대륙에서 금과 은도 유럽으로 많이 들어왔다. 포르투갈의 헨리는 아프리카 서해안 지방에서 금광을 발견했으며, 스페인의 코르테스나 피사로는 멕시코와 페루를 정복하여 많은 금과 은을 빼앗았고, 포르투갈과 스페인은 이 힘으로 유럽에서 가장 강한 나라가 되었다.

스페인의 국왕인 필리페 2세는 마침내 포르투갈까지 합쳐서 '해가 지지 않는 제국' 을 세웠다.

그러나 많은 금과 은이 쏟아지자 유럽 경제에 큰 영향을 끼쳐 물가가 오르고 돈의 값어치가 떨어지는 등 16세기 초에서 약 1세기 동안에 물가가 세 배까지 치솟았다. 이것이 바로 '가격 혁명' 으로서 가격 혁명은 유럽 사회를 온통 뒤흔들어 놓았다.

물가가 오르면 상인이나 생산업자들은 유리했고, 일정한 수입으로 살아야 하는 지주와 임금 노동자 및 봉급을 받아서 생활하는 사람들에게는 몹시 불리했다.

물가가 오르자 도시의 상공업자들은 많은 재산을 모으게 되었고, 반면에 대지주 같은 봉건 특권층들은 고정 수입이 줄어드는 형편에 놓이게 되었다.

그리하여 부자가 된 시민 계급과 봉건 체제를 지키려는 봉건 특권 계급의 대립은 날이 갈수록 더욱 심해지는 반면에 국왕의 권력은 점점 강해졌다.

신대륙과 인도 항로의 발견은 상인과 제조업자들을 자극했고, 이들의 경제 활동을 도와 주기 위한 금융 조직도 발전했는데, 이러한 일들은 18~19세기의 산업 혁명을 미리 준비한 것이다.

또한, 신항로 개척 이후 지리상의 발견은 유럽 전역에 커다란 변화를 가져왔으며 이탈리아의 도시와 아주 가까운 사이였던 남부 독일의 도시와 북부 독일의 '한자 도시' 들은 점점 쇠퇴하기 시작했고 이베리아 반도의 항구 도시들은 크게 성장했다.

이러한 변화는 세계 역사의 무대가 지중해에서 대서양으로 옮긴 것이며, 대서양을 중심으로 하여 세계 역사가 이루어짐은 유럽이 15~16세기 이후의 근대 세계를 주물렀다는 역사적인 사실과 맞아떨어진다.

4. 강성한 국왕의 권력

절대 왕정 시대

중세 말부터 영주들은 힘이 점점 약해지고 국왕의 세력은 점점 강해졌다.

봉건 영주들에 의해 여럿으로 나뉘어져 있던 나라가 국왕이 다스리는 하나의 나라로 통일되었는데, 이는 나라의 이익을 위해 무역이나 전쟁을 하는 데 필요했기 때문이다. 16, 17세기가 되자 왕의 세력이 매우 커져 마음대로 나라를 다스리는 절대 왕권 국가가 되었다.

서유럽에서 이 절대 왕권 국가를 이룬 나라는 스페인으로서, 필레페 2세가 국왕의 자리에 오를 무렵의 스페인은 세계에서 제일 부자 나라였고, 1588년에는 127척의 군함으로 이루어진 천하 무적 함대를 자랑하고 있었다.

필리페 2세는 무적 함대를 이용해 프랑스와 싸워 이겼고, 지중해의 여러 섬을 차지했다.

영국의 절대 왕정은 15세기 말 헨리 7세 때 시작되어 엘리자베스 1세 때에 가장 번성했다.

엘리자베스 1세는 훌륭한 정치가로서 그녀의 주위에는 능력이 뛰어나고 충성을 다하는 신하들이 많았다.

그녀는 나라 안의 산업을 일으키고 영국 국교회를 튼튼히 하여 나라를 안정시키는 한편, 군대를 일으켜 스페인의 무적 함대를 칼레 해전과 그라블리느 해전에서 무찔렀다.

영국은 해외 식민지 개척에도 힘을 기울여 동인도 회사를 세우는 등 나라 밖으로도 힘을 떨쳤다.

동인도 회사란 17세기 초 동양에 대한 무역권을 도맡기 위하여 동인도에 세운 회사로 후추 · 커피 · 사탕 · 면포 등 동인도의 특산품을 독차지했는데, 이 때문에 분쟁이 계속되어 나중에는 식민지 분쟁으로 번지기도 했다.

엘리자베스 1세

백년 전쟁으로 영국의 세력을 몰아낸 프랑스에서는 16세기에 들어서 르네상스의 꽃을 피웠으며, 17세기에 앙리 4세의 뒤를 이은 루이 14세는 왕권의 강화와 국력을 키우는 데 힘을 기울였다.

그는 파리 교외에 웅장한 베르사유 궁전을 짓고, 문학 · 과학 · 음악 · 미술 · 건축 등의 각종 아카데미를 세웠으며, 그의 보호를 받으며 많은 예술가들이 쏟아져 나와 유럽 문화의 중심지를 이루었다. 그리하여 프랑스 국민들은 그를 대왕 또는 태양왕이라는 별명으로 부르기도 하였다.

루이 14세는 무력으로 귀족들을 다스린 것이 아니라 교묘한 방법으로 그들을 다스렸다.

즉, 귀족들을 축제와 연회 · 연극 · 무도회 등에 자주 초대하였고, 그럴 때마다 그는 귀족들에게 새로운 복장이나 예절 형식을 갖출 것을 요구했다.

그러자 귀족들의 옷차림과 예절이 행사 때마다 바뀌고 국왕에게 잘 보이려고 예절을 배우고 화려한 옷을 마련하지 않으면 안 되었다.

이렇게 되자 귀족들은 돈 씀씀이가 헤퍼져서 점점 생활이 가난해졌다.

이리하여 지난날에는 국왕의 강력한 견제 세력이었던 귀족들이 이제는 국왕의 눈치를 살피며 그의 마음을 끌기 위해 애를 쓰는 비참한 처지에 놓이게 되었다.

또한, 국민들은 사치와 향락을 일삼는 절대 왕정으로부터 멀어져 가기 시작했다.

게다가 전염병 · 흉작, 수많은 세금 등은 국민들을 굶주림으로 몰아넣었고 그 결과 서서히 혁명의 싹이 자라기 시작했다.

프로이센과 30년 전쟁

1618년 5월, 독일의 황태자 페르디난트 2세가 보헤미아의 국왕이 되어 신교도를 몹시 탄압하자, 이에 몹시 화가 치민 투른 백작이 궁전에 들어가 국왕의 신하를 2층에서 창문 밖으로 던져 버렸다.

페르디난트 2세는 이 사건을 개신교가 가톨릭에게 도전하는 것이라고 생각하여 스페인 국왕에게 개신교 탄압을 도와 달라고 요청하자, 스페인의 국왕은 곧바로 군사를 보내 개신교의 제후 연합군을 무찔렀다. 이렇게 되자 개신교의 세력은 독일에서 결단날 형편에 놓이게 되었다.

이때 덴마크가 개신교를 도와서 독일의 전쟁에 끼어들자 신교와 구교의 싸움은 새로운 형태로 바뀌게 되었는데, 이러한 혼란 속에서 프랑스의 재상 리쉴리외가 스페인을 누르기 위해 개신교를 도왔으므로 이 싸움은 마침내 국제 전쟁이 되고 말았다.

이 국제 전쟁은 각 나라의 이해 관계가 얽히면서 1618년서부터 30년 동안이나 계속되었기 때문에 '30년 전쟁'이라고 한다. 30년 전쟁은 1648년에 독일의 베스트팔렌에서 신교와 구교가 서로 승인한다는 조약을 맺고 막을 내렸는데, 이 전쟁으로 독일은 폐허가 되었고 인구의 약 3분의 2를 잃어 유럽의 후진국으로 떨어졌다.

마리아 테레지아

베스트팔렌 조약으로 완전한 주권을 지닌 영방 중에서 가장 주목을 끄는 나라는 브란덴부르크 프로이센이었다.

독일의 동북쪽에 자리 잡은 프로이센은 30년 전쟁의 피해를 심하게 입었으나 프리드리히 빌헬름이 다스리는 동안에 절대 왕정 체제를 위한 터전을 세웠다.

프로이센의 절대 왕정 체제는 귀족과 국왕이 서로 돕는 데 기반을 두고 있었으며, 영국이 근대 국가 체제를 갖추는 동안 독일의 프로이센은 봉건 국가 체제를 다져서 주로 농업에 힘을 기울였다.

프리드리히 빌헬름 1세의 뒤를 이은 프리드리히 빌헬름 2세는 대왕 또는 대제라 일컬었고 많은 돈을 들여서 군사를 키웠으므로 프로이센의 군대는 18세기 중엽에 유럽 강대국의 대열에 들어서게 되었다.

프리드리히 빌헬름 2세는 그가 정성들여 기른 군사력을 바탕으로 세력을 넓히려고 하였다.

이때 이웃 나라인 오스트리아의 합스부르크 왕조가 뒤를 이을 아들이 없어 대가 끊기자 카를 6세의 딸인 마리아 테레지아가 왕위를 이었는데, 프리드리히 빌헬름 2세가 그것은 옳지 않다고 비난하면서,

군사를 이끌고 쳐들어가 섬유 공업이 발달하고 석탄과 철이 풍부하게 묻힌 공업 도시 슐레지엔을 빼앗았다.

오스트리아의 여왕에 오른 마리아 테레지아는 대로하여 1756년 러시아, 프랑스와 동맹을 맺고 프로이센을 공격했으며, 프로이센은 1759년에 수도 베를린까지 쫓기게 되었다.

그러나 러시아의 여왕이 갑자기 죽는 바람에 오스트리아 연합군이 약해지고, 영국이 프로이센을 돕게 되면서 오스트리아 연합군을 공격했다.

프로이센군에게 쫓긴 오스트리아 연합군은 사태가 불리해지자, 1763년에 후베르투스부르크 조약을 맺고 슐레지엔을 프로이센에게 내주고 말았다.

러시아의 출현

러시아는 프로이센과 거의 비슷한 때에 유럽 역사에 새롭게 나타나 강대국이 된 나라이다.

18세기 이전까지만 해도 러시아라는 이름은 세상에 잘 알려져 있지 않았다.

러시아의 땅은 무척 넓었으나 국민들이 아시아나 유럽의 다른 민족들에 비해 문화적으로 크게 뒤처져 있었다.

러시아의 원주민은 슬라브라는 아리안 계통의 인종인데 워낙 땅이 넓은 나라여서 국민들 중에는 황색 인종과 백색 인종이 모두 뒤섞여 있었다.

러시아가 뒤늦게나마 놀라울 정도로 발전을 하게 된 것은 표트르 1세가 황제에 오르고 나서부터였다.

표트르 1세는 교회나 궁정의 예식은 무시하고 오직 기술 분야에만 관심을 쏟았다.

표트르 1세는 그전에 자신의 신분을 속이고 네덜란드에 가서 조선소의 견습공으로 들어가 배를 만드는 기술을 익힐 정도로 모든 일에 적극적이었다.

표트르 1세는 25세 때에 250여 명의 사절단을 이끌고 서유럽의 여러 나라를 방문하였는데 친선 방문이었지만 사실은 선진 유럽의 군사 제도와 전쟁 무기 제조 기술을 배우는 데 있었다.

독일에서는 대포를 만드는 법과 포병의 훈련 과정을 배웠고, 네덜란드의 조선소에 갔을 때는 대장간 일과 신발 만드는 기술, 치아를 다루는 기술까지 배우고 익혔다.

표트르 1세가 러시아로 돌아와 제일 먼저 시작한 일은 조선소의 건설이었다. 러시아가 나라 밖으로 세력을 뻗기 위해서는 제일 먼저 바다를 차지하는 일이 중요하다고 생각했기 때문이다.

그는 네바 강 기슭에 있는 페테르스부르크의 조선소를 찾아가서 날마다 두 시간씩 직접 감독했다.

페테르스부르크는 스웨덴과 싸워서 빼앗은 도시인데 그때 이곳은 러시아의 수도였다.

표트르 1세는 러시아의 발전을 위해서는 생활 풍습까지도 과감하게 바꾸었다.

'러시아의 역사는 표트르와 함께 시작되었다' 고 할 만큼 표트르 1세는 러시아의 발전을 위해 일생을 바쳤다.

그의 서구화 정책은 마침내 보수파의 불만을 불러일으켰다. 그래서 두 계파를 만들어 냈는데 하나는 친슬라브파였고 또 하나는 서구파였는데, 표트르 1세는 계속 서구 정책을 추진해 나갔다.

그는 '서방으로의 창' 을 발트 해에서 마련하려고 했다.

이때 발트 해는 스웨덴이 차지하고 있었으므로 표트르 1세는 스웨덴과의 전쟁을 피할 수가 없었다.

그리하여 표트르 1세는 1700년에 덴마크 · 폴란드 · 프로이센 및 하

예카테리나 2세

노버와 손을 잡고, 스웨덴과 싸웠는데, 이를 북방 전쟁이라고 하며 21년 만에 끝을 맺었다. 이 싸움에서 러시아가 승리하여 발트 해를 손에 넣었다.

표트르 1세는 가난한 농부의 딸을 왕비로 맞아들였다. 이 때문에 왕이 하층 계급의 여자와 결혼했다고 하여 친슬라브파들이 불평했으나 그는 왕비가 세상을 떠날 때까지 사랑했고, 나라까지도 이 왕비에게 물려주었다.

표트르 1세가 세상을 떠난 후 뒤를 이어 러시아의 여자 황제가 된 그의 부인 예카테리나 1세는 고작 2년 동안 나라를 다스렸다.

그러다가 표트르 3세의 황후 예카테리나(1762~1796)가 황제에 올랐다. 그 후, 37년 동안에 6명의 황제가 바뀌었고, 궁정 혁명에 의해 표트르 3세 대신 그의 부인 예카테리나 2세가 즉위했다. 예카테리나 2세는 러시아를 강력하게 만들기 위하여 폴란드를 빼앗아 프로이센과 오스트리아 · 러시아가 나누어 가짐으로써 1795년에는 지구 위에서 사라진 나라가 되었다.

그 후 폴란드는 제1차 세계 대전이 끝나면서 1918년에 독립국이 될 때까지 계속해서 독립 운동을 일으켰으나 실패를 거듭했다. 그래서 유명한 작곡가이며 피아니스트인 쇼팽은 조국 폴란드를 떠나 파리로 옮겨 갈 때 사랑하는 조국의 흙을 담아 갔다고 한다.

예카테리나 2세는 폴란드를 빼앗는 것으로 끝내지 않았다. 다시 남하 정책을 펴서 지금의 흑해와 크림 반도의 일부분을 차지하고, 동방으로는 알래스카에까지 세력을 떨쳤다.

예카테리나 2세의 계속된 남하 정책은 1773년에 코사크 부족과 농민들이 손을 잡고 일으킨 푸가초프 반란으로 위기를 맞이했다.

푸가초프는 3만여 명의 반란군을 이끌고 농노들에게 자유와 토지를 나누어 줄 것을 주장하며 남동 러시아를 휩쓸고 모스크바로 쳐들어갔으나, 정부군에 의해 반란군은 무너지고 푸가초프는 처형되었다.

예카테리나 2세는 문학을 사랑하고 학문을 존중했으며 스스로도 훌륭한 책들을 많이 썼다. 러시아 과학 아카데미에서 펴낸 《예카테리나 전집》은 12권이 되며, 그 속에서 우리가 잘 아는 《플루타크 영웅전》의 번역 작품도 들어 있다.

예카테리나 2세가 나라를 다스리는 동안에도 지배 계층과 민중의 사이는 좀처럼 좁혀지지 않았고, 나라의 힘을 약하게 만들어 러시아는 계속 유럽의 후진국으로 남게 되었다.

영국의 청교도 혁명

1603년 3월 24일, 평생을 독신으로 살았던 영국 여왕 엘리자베스 1세가 뒤를 이을 자식이 없이 세상을 떠나자 튜더 왕조는 대가 끊어지고 말았다.

그리하여 왕가와 가장 가까운 혈통으로 뒤를 잇게 하려고 왕가의 사람들을 찾아 살핀 결과 스코틀랜드의 왕 제임스가 알맞았으므로 왕실은 그를 영국의 왕으로 삼았다.

그때 제임스는 37세였는데 위엄도 없었고 혀가 너무 길어 말이 분명하지 않았으며 게다가 수다쟁이였다.

제임스 1세가 국왕이 되면서 정치에 대한 추잡한 소문이 끊이지 않아, 정치 전문가를 신하로 뽑지 않고 미모로 신하를 뽑는다는 비판이 계속되었다.

그러나 그 중에서도 가장 잘못한 행동은 의회와의 마찰로서, 그는 왕의 권리는 신으로부터 직접 받은 것이라는 이른바 왕권 신수설을 내세웠다.

제임스 1세는 의회가 국민을 위해 법을 만드는 것은 왕에 대한 모욕이라 생각하고 이를 금지시키기도 하였다.

영국 의회는 국왕의 생각을 고치기 위해 찰스 왕자와 스페인 공주와의 혼인 문제를 기회로 "의회의 자유와 권한은 우리 국민이 대대로 물려받은 재산이며, 국왕 · 국가 · 국토 방위 · 영국 교회의 수호에 관한 모든 일들은 마땅히 의회가 토론해야 할 것"이라고 주장했다.

이러한 주장을 들은 국왕은 불같이 화를 내면서 의사록을 찢어 버리고 의원 7명을 체포했다. 그 중에는 하원의 지도자이며 찢어 버린 의사록을 쓴 존 핌도 있었다.

크롬웰과 찰스1세

제임스 1세의 독재에 대해 영국 국민들은 의회를 중심으로 들고 일어나 반항했으나 그는 들은 체도 하지 않았다.

한편 제임스 1세의 아들인 찰스 1세도 사태를 제대로 파악하는 지혜가 모자라서 자기 아버지처럼 왕권 신수설을 고집했다.

그러자 의회가 마침내 1628년에 국민의 권리를 주장하는 청원서를 국왕에게 제출했는데 이것이 권리 청원이다.

국왕은 의회를 해산하고 9명의 의원을 런던탑에 가둔 뒤에 의회의 간섭을 받지 않고 정치를 하기로 결심했다.

그 후 찰스 1세의 전제 정치는 11년 동안이나 계속되었고, 청교도에 대한 국교회의 압박도 더욱 심해졌다.

영국 상원도 찰스 1세에게 권리 청원을 보내자 그는 어쩔 수 없이 받아들였으나 의회를 무시하는 태도는 변하지 않았다.

1642년, 국왕과 의회의 사이가 나빠져 국왕을 중심으로 한 왕당파와 의회를 따르는 의회파 사이에 싸움이 벌여졌다. 처음 2년 동안은 왕당파에게 유리하여 의회파는 몇 차례에 걸쳐 패배를 맛보았으나, 열렬한 청교도였던 크롬웰이 청교도를 중심으로 철기병을 이끌고 왕당파를 물리쳤다.

1646년 초 전투가 끝나고 내란은 한때 가라앉았다. 그러나 절대권력을 군사력으로 무너뜨리고 정권을 잡은 의회파는 장로파 · 독립파 · 수평파로 각각 나뉘어져 부딪치게 되었다.

이때 크롬웰이 이끄는 독립파는 국왕을 체포한 후 장로파를 의회에서 몰아내고 수평파를 억눌러 권력을 잡았으며, 의회는 1649년에 국왕을 재판하여 처형한 후에 자유 공화국의 성립을 선언했다.

이것을 청교도 혁명이라 한다.

영국은 혁명군 사령관인 크롬웰에 의하여 다스려졌다.

1655년부터 크롬웰은 의회를 해산하고 스스로 호국경이 되어 왕과 똑같은 권력을 행사하며 군사 독재 정치를 폈다.

그가 나라를 다스리는 동안 음주 · 간음 · 도박 · 투기 등을 엄금하였고, 모든 사치와 낭비, 오락 등은 청교도의 생활 자세와 어긋나다며 멀리했다.

그 후 크롬웰이 죽자 영국은 왕정 체제로 돌아갔으나 절대적 왕권과는 거리가 먼 입헌 군주정치로 되돌려졌다.

17세기 초, 영국의 정치는 의회 만능주의였다. 의회는 '남자를 여자로 바꾸는 일만 빼고 모든 것이 다 가능하다'고 할 정도로 최고의 지위를 차지했다.

결국, 영국의 청교도 혁명은 의회 민주주의를 가능하게 만든 사건이었다.

크롬웰이 죽은 후 그의 아들이 뒤를 이었으나 무능하여 몇 달 만에 물러났다. 찰스 1세의 뒤를 이어 국왕이 된 찰스 2세는 방탕하고 매우 욕심이 많았으며 사치를 매우 좋아했다. 찰스 2세는 아버지인 찰스 1세의 원수를 갚기 위해 수단과 방법을 가리지 않고 나쁜 짓을 많이 저질렀다.

찰스 2세는 많은 사람들을 죽였는데 이미 죽은 사람이면 무덤을 파헤쳐서 시체의 목을 베기도 했다.

그가 나라를 다스리면서 가장 잘못한 것은 프랑스의 루이 14세와 1670년에 몰래 맺은 도버 조약이었다.

이 조약은 찰스 2세가 자신의 이익을 위하여 영국 번영의 기반이었던 상공업 분야의 이권을 적국인 프랑스에 몰래 팔아 버린 것이다.

찰스 2세의 뒤를 이은 제임스 2세는 가톨릭교를 다시 일으키는 한편 왕당파와 한통속이 되어 지난날의 국왕들처럼 전재 정치를 하며 청교도들을 탄압했다.

그러자 의회는 다시 국왕에 대항하여 1688년에 명예 혁명을 일으켜 제임스 2세를 나라 밖으로 내쫓고 그의 딸 메리의 남편인 윌리엄을 윌리엄 3세로 하여 왕위에 오르게 하였다.

영국에서는 명예 혁명 이후 국왕이 실제로 나라를 다스리지는 않았고 의회가 나라를 다스리게 되어 오늘날까지 의회 정치가 이어져 내려오고 있다.

Ⅷ_ 시민 혁명과 국가 통일

미국의 독립

프랑스 대혁명

빈 회의와 메테르니히

프랑스의 7월 혁명

1848년의 세 나라의 혁명

이탈리아의 통일

독일의 통일

유럽과 신대륙은 18세기 후반부터 19세기 초에 혁명의 시기를 맞이하게 되었다. 신대륙에서 미합중국의 독립 전쟁은 새 시대를 열기 위한 시민 혁명이었다.

프랑스 혁명으로 국민들의 나라의 주인이 되었고 사회에 커다란 힘을 미치게 되었으며 이때 나폴레옹이 혁명을 지지하면서 한때 세계 정복을 꿈꾸었으나 러시아와 싸움에서 패한 후 연합군의 공격으로 그의 시대는 끝났다.

프랑스는 나폴레옹이 물러난 뒤 절대왕정이 부활하였지만, 보수와 자유진영의 대립은 계속되었다.

1848년 2월 프랑스 파리에서 시작된 혁명은 마침내 유럽 전체로 번졌다. 독일 · 이탈리아 · 프로이센 등에서 부분적으로 민권을 확립하게 되었고, 1848년의 유럽 혁명은 지배 계층과 피지배 계층이 부딪혀 대화로 문제를 해결하려는 정신을 갖게 했다.

또한 각 나라에서 통일 운동이 계속 일어나 이탈리아와 독일이 통일하였다.

이때 자유주의와 민족주의는 동시에 성장하였고, 특히 독일에서 일어난 과열된 민족주의는 유대인의 탄압과 유색인종에 대한 차별대우를 빚었다.

1. 미국의 독립

희망의 땅

1620년 7월, 유럽의 어느 바닷가 부두에서 사람들은 모두 서둘러 배에 오르면서 가족을 찾으려고 외치는 소리로 부두는 몹시 시끄러웠다.

이 배를 탄 사람들은 청교도들로서 그 중에는 가족들도 많았지만 아직 결혼하지 않았거나 독신자들도 많았다.

사람들을 태운 배는 드디어 부두를 서서히 떠났는데, 이 배가 새로운 세계의 역사를 인류에게 안겨 준 메이 플라워 호였다.

이 배에 탄 사람들은 모두 청교도들로서 그들이 낯선 땅으로 떠나는 까닭은 종교의 자유를 얻기 위해서였다.

그들을 태운 두 척의 배는 신대륙으로 끝없는 항해를 계속했으나 60톤짜리 한 척은 낡은데다가 폭풍우를 이겨 내지 못해 항해 도중에 되돌아갔다.

그들이 항해를 계속하는 동안 몸이 아프거나 질병으로 고통을 받는 사람도 많았는데, 서로 위로하며 환자를 돌보아 주기도 하였다.

드디어 수많은 고난 끝에 애타게 기다리던 새로운 미래의 땅이 그들의 눈앞에 나타나자, 사람들은 모두 환호하면서 기쁨에 겨워 서로 얼싸안고 눈물을 흘리는 사람이 있는가 하면 무릎을 꿇고 하나님에게 감사의 기도를 올리는 사람도 있었다.

메이 플라워 호

하지만 그들이 다다른 새로운 땅은 그토록 그리던 행복한 곳이 아니었다.

사람을 잡아먹는 무서운 식인종들이 그들을 기다리고 있었고, 인디언들이 습격했으며, 추위와 굶주림과 온갖 질병에 계속 시달려야 했다.

이러한 고통으로 얼마 후 50여 명이 목숨을 잃었으며 그들이 가져갔던 약품도 다 떨어졌고, 농사를 지을 수도 없었다.

그러나 사람들은 희망을 버리지 않았고 얼마 후에는 추위와 굶주림과 싸우며 농사를 짓기 시작했고 인디언들과도 평화 협상을 맺었다.

그들은 비록 어려운 환경이었지만 종교의 자유를 누릴 수 있다는 것이 무엇보다 기쁘고 만족스러웠다.

그리하여 점점 농토가 늘어나고 옥수수 · 보리 · 밀 등 여러 가지 곡식들이 풍년을 이루었다.

그런데 사람들이 곡식을 거두어들일 무렵, 하늘에 난데없는 먹구름이 뒤덮이기 시작했는데, 그것은 먹구름이 아니라 헤아릴 수조차 없는 메뚜기 떼들이었다.

메뚜기 떼는 하늘의 해를 가린 채 풍년이 든 들판으로 시커멓게 날아들고 있었으므로 사람들은 모두 집으로 피하거나 교회에 모여 이 재난에서 벗어나게 해 달라고 기도를 올렸다.

바로 그때 갑자기 수천 마리의 새 떼가 날아오더니 곡식에 달려드는 메뚜기 떼들을 잡아먹기 시작했다. 그리하여 얼마 후에는 메뚜기 떼가 모두 사라졌고 하늘에서 눈부신 햇살이 쏟아지자 모두 감사의 눈물을 흘렸다.

며칠 후, 사람들은 정성껏 마련한 음식을 교회 안에 차려 놓고 찬송가를 부르며 하나님께 감사의 기도를 올렸다. 그들이 새로운 땅으로 건너온 뒤, 풍년을 맞아 베푼 최초의 추수감사제였다.

미국의 혁명

콜럼버스가 신대륙을 발견한 후로 약 150년이 지나면서 유럽인들은 새로운 꿈을 안고 신대륙을 찾았다.

청교도들은 종교의 자유를 위해 왔고, 다른 사람들은 정치적인 수난을 피하기 위해 왔으며, 새로운 땅에서 돈을 벌기 위해 온 사람이 있는가 하면 큰 죄를 짓고 쫓겨온 사람도 있었다.

영국이 아메리카에 세운 13개의 식민지에서는 넓은 땅을 그냥 얻을 수 있고 마음껏 자유를 누릴 수 있었기 때문에 유럽의 여러 곳에서 많은 사람들이 몰려들었다. 계급과 신분의 차이도 없고 인간으로서 누릴 수 있는 기본 권리도 가질 수 있어 신대륙이 유럽인들에게는 이상적인 나라이기도 했다.

아일랜드에서는 1769년부터 5년에 걸쳐 무려 4만 4천여 명이 신대륙으로 가는 배에 올랐다.

이러한 현상은 계속되어 영국 · 스코틀랜드를 비롯하여 대륙의 해안 국가에서도 해마다 수만 명이 신대륙으로 들어왔다.

새 땅으로 옮긴 이주민들은 끈기로 어려운 환경을 이겨 나갔고, 영국의 식민지 행정부도 그들의 어려운 사정을 잘 알고 있었으므로 모든 것을 도와 주려고 노력했다. 이러한 일들은 모두 초기 식민지 시대에 나타난 공통점이었다.

그러나 18세기 중엽 이후 영국 정부는 새로운 식민지에 대해 지난 날과는 다른 태도를 취하기 시작했다.

영국 정부가 식민지 사람들에게 모든 것을 맡기지 않고, 영국 정부가 직접 나서서 식민지의 정치 및 경제적으로 여러 가지 의무를 지도록 제도를 바꾸기로 했던 것이다.

영국 국왕 조지 3세는 나라를 다스리면서 식민지에 대해 전쟁 비용과 새로운 세금 등을 물게 했다.

그러자 영국 정부의 정책에 대한 식민지 사람들의 불만이 점점 커져서 영국 본토에서 만든 모든 물건을 사지 않기로 하였다.

이때 영국 정부는 식민지를 본격적으로 억누르고 다스릴 수 있는 '선언법'을 만들자, 영국 정부와 식민지 사람들 사이에 충돌과 마찰이 계속되었다.

1774년 9월, 북아메리카의 식민지 대표들은 미국 필라델피아에서 제1차 대륙회의를 열었고 이후부터 영국의회가 식민지에 대해서 만든 모든 법률을 지키지 않으면 무역도 하지 않기로 결정했다.

이처럼 식민지 대표들이 결정을 내리자 영국군과 식민지의 민병대 사이에 무기를 들고 싸우는 일까지 벌어졌다.

1775년 5월, 제2차 대륙 회의에서는 마침내 식민지들이 영국과 싸울 수밖에 없다는 결론을 내렸다.

조지 워싱턴

그들은 민간인들로 구성된 민병대를 정식 군대로 인정하고 그들에게 전쟁 준비를 시켰는데, 이것이 미국 독립 전쟁의 시작이었다.

미국은 전쟁 준비와 함께 이를 이끌어갈 총사령관으로 조지 워싱턴을 임명했다.

워싱턴은 전투 경험이 많은 군인

으로 영국을 위해 신대륙에서 프랑스군과 수많은 전투에 참가했고 큰 공도 많이 세웠다.

그는 이제 미국 독립군을 이끌고 영국과 싸워야 하는 처지로 바뀌게 되었다.

1776년 7월 4일, 북아메리카의 식민지 대표들은 그들이 왜 영국과 싸워야 하며 또 무엇을 이룩하려는지를 세계 여러 나라에 알렸는데 이것이 바로 미국의 '독립 선언문' 이었다.

독립 선언문은 미국의 자주 독립과 인권, 그리고 모든 국민들의 권리에 대한 정신을 담고 있으며 중요한 내용은 다음과 같다.

"인류 역사에 있어서 한 민족이 다른 민족과의 정치적인 관계를 끊고 세계의 여러 국가들과 더불어 자연법과 신이 내린 독립과 평등의 지위를 누리려는 것은 당연하고 필요한 일이라고 생각된다.

우리들은 이에 독립을 요청하는 여러 가지 이유를 세계에 선언하지 않을 수 없게 되었다.

모든 인간은 이 세상에 태어나면서부터 평등하고 하나님은 인간에게 저마다 귀중한 권리를 주었다.

그러한 권리 가운데는 생명과 자유와 행복을 누구나 누릴 수 있도록 하고 있는데 이것은 너무나 분명한 진리이다.

이 권리를 틀림없이 지키기 위해 인류는 저마다 정부를 조직했으며, 정부의 이러한 정당한 권리는 곧 국민들의 지지와 뜻에 따라 비롯되는 것이다.

어떠한 형태의 정부라도 근본 목적을 벗어났을 때는 그 정부를 바꾸거나 없애고 새로운 정부를 만든 것이 국민의 권리이다."

독립 전쟁이 시작되자 미국의 사회는 독립을 위해 싸우는 독립파와 영국 정부를 지지하는 충성파로 나뉘었다.

이것은 미국의 독립을 위해서는 매우 안타까운 일이었으나 생각이 다른 여러 사람들이 모여 사는 나라이므로 어쩔 수 없었다.

독립파는 최초의 전투에서 패하는 등 여러 가지 어려움을 겪었으나, 유럽 여러 나라들의 자유주의자들이 의용군으로 참전하여 독립파를 돕고 나섰다.

프랑스와 스페인 · 네덜란드 등도 독립파를 돕고 나섰으며, 국제 정세도 차차 독립파에게 유리한 방향으로 바뀌어 갔다.

독립파는 영국군과 싸워 곳곳에서 승리를 거둠으로써 영국도 결국 자신들의 실패를 인정하고 1783년 파리 조약에서 식민지 13개 주의 독립을 인정하고 이를 받아들였다.

그리고 13개 주의 영토는 이리 호 · 미시간 호 · 온타리아 호 · 슈피리어 호 · 휴런 호 등 5대호와 미시시피 강 · 조지아 경계 안의 지역으로 정해졌다.

전쟁에서 이겨 독립을 하게 된 13개 주의 식민지 사람들의 기쁨은 이루 말할 수 없을 만큼 컸고 가슴 벅찬 감격이었으나, 이들은 각각 다른 헌법을 가진 독립 국가로 천천히 바뀌어 갔다.

대륙 회의에서는 13개 주가 서로 독립된 국가로 나가는 것보다는 힘을 뭉쳐 하나로 통일하자고 강조했다.

그 결과 1781년에 연합 규약이라는 새로운 법이 만들어져 연합 의회가 만들어지는 등 통일 국가의 형태가 이루어졌다.

이어서 1788년에는 연방 헌법이 마련되면서 합중국의 형태를 갖추어 아메리카 합중국 또는 미국으로 불리게 되었다.

2. 프랑스 대혁명

강대국 프랑스

1778년 프랑스에 대혁명이 일어나기 전까지 프랑스는 유럽에서 가장 강한 나라였다.

그때 프랑스의 인구는 2천 6백만 명으로 대영 제국의 인구 1천 5백만 명에 비하면 많은 인구와 강력한 힘을 가지고 있었다.

그러나 프랑스 안에서는 나라를 다스리는 집권층이 국민들로부터 신뢰를 잃고, 지난날의 모든 제도가 쓸모없으며 온갖 모순으로 가득 차 있다고 하여 소란이 계속되고 있었다.

3신분의 풍자화

이때 프랑스 사회는 제1 신분인 성직자와 제2 신분인 귀족 및 제3 신분인 평민 등 세 가지로 이루어져 있었다.

그 중, 제1 신분인 성직자들은 넓은 땅을 가지고 있으면서도 세금을 적게 내는 혜택을 받고 있었으며, 제2 신분인 귀족들은 교회와 군대 및 행정 분야에서 높은 지위를 모두 차지하고 있었고, 제3 신분인 평민들은 시민과 노동자와 농민들로 이루어져 있었다.

따라서 평민들은 권세를 누리는 귀족들을 미워했고 비판하게 되었으며, 신분을 따지지 않고 개인의 능력에 따라 인간을 평가해 줄 것을 요구하고 나섰다.

특히, 미국 독립 전쟁에 참전하여 전쟁을 승리로 이끈 프랑스의 지원병들이 본국으로 돌아오면서 그때까지 행해졌던 사회의 온갖 모순이 더욱 뚜렷하게 드러나게 되었다.

성직자들 중에서도 사회 제도를 개선하자고 주장하여 그들 사이에서도 갈등이 끊이지 않았다.

2천만 명이 넘은 프랑스 농민들은 가까운 유럽 국가의 농민에 비하여 생활형편이 훨씬 나아졌으나 그들도 가난하기는 마찬가지였다.

1788년부터 이듬해까지 계속된 흉년은 농민들의 생활을 더욱 비참하게 만들었고 굶주림에 시달려야 했다.

생활고에 시달리던 농민들은 드디어 폭동을 일으켰다.

1780년대 이후의 국가 재정도 위험한 지경에 이르러 이것 역시 프랑스 혁명을 일으키게 한 또 하나의 중요한 원인이 되었다.

당시 나라의 살림은 몹시 위태로웠기 때문에 루이 16세는 왕위에 오르자 국가 재정에 대한 개혁안을 만들었다.

루이 16세는 국가 재정을 튼튼히 하기 위해 그때까지 세금을 내지 않는 특권을 누린 성직자와 귀족에게 세금을 매겨 나라의 살림을 알뜰하게 꾸려 가자는 내용의 개혁안을 만든 것이다. 그러자 모든 귀족들이 개혁안을 반대하고 나섰다.

이때 루이 16세는 새로운 세금 제도를 마련하기 위해 1614년 이후 소집하지 않았던 삼부회를 다시 소집했다.

그 무렵에는 사회와 경제 제도의 문제점에 대해서 귀족들까지도 불만을 품고 있었으므로 프랑스 대혁명은 결국 평민과 귀족들이 함께 일으킨 셈이다.

삼부회의 개최

프랑스 재정 분야의 전문가인 네케르는 1789년 1월 1일, 국왕이 삼부회를 소집할 때에는 제3 신분인 평민과 시민들의 정원을 보통 때보다 두 배로 늘릴 것을 허락했다고 발표했다.

이러한 발표대로 루이 16세는 제1 신분인 성직자 247명, 제2 신분인 귀족 188명, 제3 신분인 평민 500명을 삼부회의 대표로 각각 뽑게 하였다.

그러나 삼부회의 안건 결정에 대해서는 네케르가 투표 방법을 정하지 않았다.

예컨대 신분들끼리 따로 안건을 결정할 것인지, 아니면 대표자의 수에 의해 결정할 것인가 하는 것이 문제였다.

신분끼리 안건을 결정하는 것과 대표자의 수로 결정하는 것에 따라서 정책 방향이 크게 달라질 수 있기 때문이었다.

삼부회의 개최 모습

만약 대표자의 수에 의해 결정한다면 가장 많은 대표자를 가진 제3 신분이 유리하게 될 것이고, 반대로 신분끼리 결정한다면 제1 신분과 제2 신분이 짜고 제3 신분을 불리하게 만들 것이 뻔했기 때문이다.

이때 제3 신분인 평민들은 국왕에게 영주가 중심인 봉건적 권리와 특권을 없애고 과세에 대한 결의권과 검열 제도의 폐지 등을 강력하게 요구했다.

1789년 5월 5일. 루이 16세가 참석한 가운데 베르사유 궁전에서 역사적인 삼부회의가 열렸다.

제3 신분의 대표들은 검은옷을 입고 별실에 들어갔으며 제1 신분과 제2 신분은 화려한 법의를 입고 국왕과 함께 참석했다.

이윽고 시간이 되어 루이 16세가 과세를 어떤 방법으로 결정하는 것이 좋은가를 묻자 신분별로 각각 다른 의견들이 나왔다.

이때 제3 신분의 대표들은 숫자가 많은 자기네들이 결정할 것을 요구하면서 삼부회의를 포기하고 얼마 후에 국민 의회를 따로 만들었다. 그들이 만든 국민 의회는 법적으로 보장받을 수 있는 조직이 아니었으므로 강제로 해산당할 것으로 각오했으나 무사했기 때문에 점점 더 크게 뭉쳤다.

그러자 특권 신분을 가진 반대파들이 그들을 억누르라고 루이 16세에게 요구했으며 국왕은 이들의 끈질긴 요구를 받아들여 국민 의회가 사용하던 의사당을 강제로 막아 버렸다.

국민 의회 대표들은 그곳에서 쫓겨나 실내 테니스장에 모여서 자기들을 아무리 억누르더라도 국민 의회는 결코 해산하지 않을 것이며, 헌법의 기초가 단단해질 때까지 국민 의회는 필요에 따라 언제든지 소집할 것이라는 이른바 '테니스 코트의 서약'을 결의했다.

루이 16세는 6월 23일 다시 의회에 나타나 삼부회의는 신분별로 모여 의안을 심의하고, 세금에 대해서 토론을 하되 특권층에 대해서는 문제를 삼지 말라고 타일렀다.

이 무렵, 루이 16세는 제3 신분을 자기의 적이라고 생각했으며, 얼마 후에는 군사를 불러들여 자유주의 개혁가인 네케르를 파면했다.

국왕의 무력 행사에 두려움을 느낀 파리 시민과 국민 의회 위원들은 서둘러 자치위원회를 만들어 시의 행정을 맡았고 민병대를 조직했다.

그리고 젊은 변호사인 데물랭이 파리 시민들에게 무장하라고 권유했고, 민병대와 시민은 그들의 상징으로 모자에 마로니에 잎을 녹색 장식으로 달았다.

이때부터 녹색 장식이 없는 사람들은 곳곳에서 욕설과 폭행을 당하기도 했고, 시민들은 이를 피하기 위해서 녹색 장식을 모자에 달았다.

이리하여 프랑스에서는 마침내 대혁명의 불길이 오르기 시작했다.

바스티유 감옥

1789년 7월 14일, 민병대와 시민들은 무장을 하기 위해 무기 판매점을 빼앗고 무기 창고를 습격하여 소총 2만 8천 자루와 대포 5문을 손에 넣었다.

군중들은 바스티유 감옥에 화약이 저장되어 있다는 말을 듣고 모두 그곳으로 몰려갔다.

그들에게는 화약이 절대적으로 필요했기 때문이다.

바스티유는 파리 중심가에 있는 요새인 동시에 감옥으로 많은 사람들이 그곳에 억울하게 갇혔으며 온갖 고문을 하는 악마의 소굴로 모든 사람들이 두려워했던 곳이었다.

바스티유 감옥은 귀족들까지도 공포에 떨어 다른 곳으로 옮기거나 건물을 없애 달라고 정부에 진정서를 냈을 정도였다.

무장한 시민과 민병대들은 바스티유에서 요새를 지키는 수비대와 치열하게 싸워 많은 사람들이 목숨을 잃었으나, 결국은 군중들이 점령했으며 수비대들은 모두 죽임을 당했다.

7월 15일, 이 소식을 들은 루이 16세는 깜짝 놀랐다.

루이 16세는 혁명을 반란으로 잘못 알고 이를 가라앉히려고 군대를 보냈는데 신하로부터 혁명이라는 보고를 받았기 때문에 놀랄 수밖에 없었던 것이다.

이에 루이 16세는 군중들에게 군대를 거두겠다고 약속하고 7월 16일에 파리로 들어와 혁명을 나타내는 3색의 모자 장식을 받았다.

이로써 국왕은 국민들이 일으킨 혁명을 공식적으로 인정하게 된 것이다. 그러나 지방과 농촌에서는 폭동을 일으켜 귀족들의 집을 습격하여 집과 중요한 문서들을 불태우고 물건들을 강제로 빼앗아 갔다.

그 중에서도 농민들의 행동이 더욱 심했던 것은 귀족들이 외국 군대를 불러들여 자신들을 모두 죽이려고 한다는 소문이 나돌았기 때문이었다.

사태가 점점 악화되자 마침내 젊은 귀족들이 모여 농민들을 달랠 방법을 의논한 끝에 귀족들이 봉건적인 특권을 포기하기로 의견을 모으고 이러한 뜻을 발표하게 되었다.

8월 4일, 젊은 귀족들의 이 같은 발표가 나가자 제3 신분의 대표들

바스티유를 습격하는 시민들

로 구성된 국민 의회 의원들은 크게 감격했으며, 귀족들은 그 순간부터 수렵권과 강제 사용권 등 그들이 독차지했던 모든 특권들을 포기했다.

프랑스 혁명과 인권 선언

군중들이 일으킨 혁명이 전국적으로 번지자 국민 의회는 혁명의 참뜻을 널리 알릴 필요를 느끼게 되었다. 8월 26일, '인간과 시민의 권리 선언'을 마련했다.

모두 17조로 된 이 선언문은 인간의 존엄성과 인간이 인간답게 누릴 수 있는 권리, 그리고 과거의 낡은 제도에 대한 개선의 정신이 가득 담긴 뜻깊은 것이었다.

그러나 당시 모든 국민이 주권을 가지고 있었으나 정부는 여전히 국왕 중심의 군주 체제를 굳게 지키고 있었다.

국민들은 국왕이 나서서 여러 가지 일들을 처리하기를 간절히 바랐다. 그러나 루이 16세는 혁명이 그처럼 번진 상태였는데도 이를 인정하지 않은 채 지켜보고 있었다. 뿐만 아니라 국민 의회도 혁명이 진행되면서 나타난 문제점을 처리하는 과정에서 서로 의견이 맞지 않아 갈라지게 되었고, 농촌에 흉년이 들어 식량이 부족하자 10월 5일에는 곳곳에서 폭동이 일어났다.

이때의 폭동에 참가한 사람은 대부분 여성들이었다.

약 6,000명의 여성들이 모두 길거리로 쏟아져 나와 빵을 달라고 외치며 베르사유로 향했고 군중과 민병대들이 그들의 뒤를 따랐다. 그러자 국왕은 물론 국민 의회 의원들마저도 그들로부터 몹시 시달림을 받게 되었다.

이러한 상황에 처하자 국왕과 국민 의회는 군중들의 압력에 의해 베르사유에서 파리로 끌려와 파리 시민의 감시를 받았다. 그리고 귀족들은 나라 밖으로 달아나기에 바빴으며 프랑스는 앞을 내다볼 수 없는 혼란 속으로 빠져들고 있었다.

이때 사회의 혼란을 가라앉히고 국민들의 생활에 어려움이 없도록 해 주기 위해 나선 것은 국민 의회였다.

국민 의회는 사회가 혼란 상태에 놓여 있어서 세금을 거둘 수가 없게 되자 교회의 재산을 모두 거두어들여 은행에 맡기고 화폐를 발행했다. 그러나 사회가 몹시 혼란해서 화폐의 가치는 크게 떨어져 정부나 국민은 계속해서 경제적인 어려움을 겪어야 했으며 노동자들은 일자리를 잃게 되었고, 농민들은 자기 땅을 마련할 기회를 점점 잃게 되었다.

이런 가운데 국민 의회가 해야 할 가장 중요한 과제는 새로운 헌법을 만드는 일이었는데, 마침내 1791년 9월 3일에 새 헌법이 확정되어 선포되었다.

새 헌법은 국민들이 피를 흘린 대가에 의해 얻어진 것이었으나 모든 국민에게 결코 평등한 것은 아니었다.

왜냐하면 세금으로 많은 돈을 내놓은 자들만이 선거권과 피선거권을 갖게 되었기 때문이다. 그 숫자는 약 400만 명에 지나지 않았지만 평등한 법은 아니었다.

400만 명은 1차 선거에만 참여할 자격이 있었고 관리와 법관, 의원을 뽑는 2차 선거에는 참여할 수 없었는데, 2차 선거에 참여할 수 있는 사람은 고작 5만 명이었다.

새 헌법에는 새로운 내용이 많았으나 모든 국민에게 똑같은 주권이 주어지지 않았고 국민 모두의 헌법은 되지 못했다. 혁명은 군중이 흘린 피로 인해 이루어진 것이었으나 그 대가는 부유한 사람들이 차지하게 된 것이다. 한편, 루이 16세는 신앙 문제의 처리에 대해서 고민하고 있었다.

교회의 재산을 국가에서 강제로 모두 거두어들인 이후, 성직자들도 국가로부터 봉급을 받는 공무원이 되었다.

그리고 국민 의회는 계몽주의자들의 요구에 따라 성직자들도 선출에 의해 뽑도록 결정했다.

루이 16세는 국민 의회가 신앙 문제에 대해 지나치게 간섭하자 왕위와 신앙 중 한 쪽을 택하기 위해 오랫동안 생각하다가 결국 신앙을 택한 끝에 왕위를 버리기로 하였다.

국왕의 도피

루이 16세 일가가 바렌으로 도피하는 모습

1791년 6월 21일, 루이 16세는 양심을 지키기 위해서는 파리를 떠나야 한다고 생각하고 왕비 마리 앙투아네트와 왕자를 데리고 한밤중에 달아났다.

국왕이 달아났다는 사실이 곧 파리에 알려지자 시민들은 구름같이 모여들어 국왕을 비난하고 군주 정치를 정지하라고 외쳤다.

한편, 루이 16세는 달아나다가 바렌에서 붙잡혀 파리로 끌려와 인민의 적이라는 낙인이 찍힌 채 이듬해인 1793년 1월 21일에 단두대에서 처형당했다.

이때, 국왕의 처형 문제를 둘러싸고 찬반 투표를 실시한 결과 처형에 찬성한 표가 387표, 반대 344표로 거의 비슷하게 나왔으나, 처형을 찬성하는 표가 더 많았으므로 결국 루이 16세는 처형되고 말았다.

이 같은 사실이 알려지자 일부 지방에서는 국왕을 죽이자고 강력하

루이 16세의 처형

게 주장했던 과격파에 맞서는 반란이 일어났다.

영국은 프랑스의 혁명이 너무 지나치면 자기 나라에까지 불안을 미칠 것으로 판단하고 프랑스에 전쟁을 선포했다. 나라 안팎으로부터 압력을 받은 프랑스 혁명의 지도자들은 어떤 방법을 써서라도 우선 나라 안의 사태를 막아야 했기 때문에 혁명 재판소와 공안위원회를 베풀어 두고 국민을 다루는 공포 정치를 하게 되었다.

1793년 4월에 국민 의회가 마련한 공안위원회는 로베스피에르가 권력을 잡고 있었는데, 그는 혁명 재판소를 통해 1793년 6월부터 없어질 때까지 약 50일 동안에 무려 1천여 명을 단두대로 보냈다.

이렇듯 공포 정치를 행했던 로베스피에르도 결국 1794년에 독재자로 몰려 단두대의 이슬로 사라지고 말았다. 사회적 혼란에 이어서 영국과 전쟁을 벌이는 군대가 사회에 끼친 영향도 커서 그들의 강한 힘을 이용하여 정치에까지 나서는 결과를 가져왔다.

일부 국민들 또한 나라의 혼란을 막기 위해서는 군대가 나서기를 바란 것도 사실이었다.

그 결과, 1799년 11월에 프랑스 정부는 나폴레옹에 의해 무너지면서 나폴레옹의 시대가 열리게 되었다.

나폴레옹의 등장

베르나르 고개를 넘는 나폴레옹

나폴레옹이 영웅으로 빛나게 된 것은 모두 프랑스 혁명 덕분이었다. 프랑스 혁명으로 나라 안팎이 몹시 혼란에 휩싸이게 되자, 국민들에게 인기가 있고 야망을 가진 군인이 권력을 잡게 될 좋은 기회가 찾아온 것이다.

프랑스 혁명이 없었다면 나폴레옹은 아마도 세계사에 이름을 남기지 못한 채, 프랑스 식민지인 코르시카 섬 출신의 키가 작고 보잘것없는 군인으로 일생을 마쳤을지도 모른다.

프랑스 혁명은 그의 뛰어난 군사적 재능을 발휘하여 나라 안의 혼란을 가라앉히는 데 큰 성공을 거두게 만들었다.

나폴레옹이 군인의 길을 택하게 된 것은 부모들의 소망에서 비롯되었다.

나폴레옹은 육군 사관 학교에 입학하여 포병 장교의 훈련을 받았는데, 본디 그의 고향이 코르시카 섬이어서 할 수 없이 육군 장교가 된 것이다. 그가 포병을 선택할 수밖에 없었던 것은 보병이나 기병 장교는 훌륭한 집안의 아들만 될 수 있었기 때문이다.

혁명이 일어나서 개인의 능력에 따라 성공이 결정되는 사회가 되자 나폴레옹은 생각을 고쳐먹고 프랑스에 대한 미움을 버리고 혁명을 적극적으로 두둔하였다.

그는 혁명을 반대하는 프랑스의 왕당파나 외국의 세력들에 대해 자신의 재능을 마음껏 떨칠 기회를 얻게 되었다.

1793년 12월, 나폴레옹은 프랑스의 툴롱 항구에서 벌어진 전투에서 파리 폭동을 가라앉혔고 영국과 왕당파를 전멸시켜 국민들로부터 인기를 얻었으며, 이어서 27세의 젊은 나이에 이탈리아 원정군의 사령관이 되었다.

나폴레옹은 이탈리아의 전투에서도 뛰어난 전술로 승리하여 맺은 캄포 포리미오 조약으로 오스트리아와 이탈리아 두 나라는 벨기에와 롬바르디아를 프랑스에 넘겨주게 되었다.

나폴레옹은 싸울 때마다 늘 앞장서서 공격을 지휘했고 부하 병사들을 아꼈으며, 함께 지내기를 좋아해서 그것이 모든 싸움에서 이길 수 있는 힘이 되었다.

병사들에게는 나폴레옹의 친절함이 큰 용기가 되곤 했는데, 그는 단순한 군인이 아니었다.

나폴레옹은 이탈리아와 이집트 원정에서도 많은 학자와 기술자 및 문화재 연구가 등을 데리고 가서 프랑스 박물관에 보존할 만한 가치 있는 고전 예술품과 두 나라의 귀중한 유물을 모아 프랑스로 보냈다.

이때 나폴레옹은 세계 정복의 꿈을 꾸고 있었다.

나폴레옹은 야망이 가득 찬 사람으로서 그는 고작 5년 만에 프랑스의 황제가 되었다. 이것은 물론 그때에 프랑스의 형편이 혁명으로 몹시 혼란했고 그 기회를 이용하여 군대를 이끌고 권력을 잡았기 때문이었다.

1799년 11월 18일과 19일까지 2일 동안이 나폴레옹에게는 운명의 날이었다. 쿠데타가 성공하면 정권을 손아귀에 쥘 것이고, 실패하면 반란군의 두목으로 처형되는 갈림길이었기 때문이다.

이때 나폴레옹을 따르는 군인들은 무력으로 정권을 빼앗자고 강경하게 나왔으나, 나폴레옹은 무력을 쓰지 않고 모든 것을 신중하게 판단하려고 했다.

황제 나폴레옹

나폴레옹은 총칼로 권력을 잡은 사람은 반드시 총칼에 의해 망한다는 사실을 지난날의 역사를 통하여 잘 알고 있었고, 또 앞으로도 그렇게 될 것으로 믿고 있었기 때문이다.

나폴레옹은 쿠데타를 일으키기 전에 근위대를 이끌고 의회로 갔는데, 그것은 의회에서 그가 쿠데타를 일으키게 된 목적을 설명하고, 의회에서 이를 법에 따라 인정받기 위해서였다.

나폴레옹이 의회에 나타나자 수많은 의원들이 들고 일어나 그를 향해 비난과 욕설을 퍼부었다.

의원들의 비난과 욕설이 너무나 강해서 그와 함께 간 근위대도 의원들을 체포해야 할 것인지, 나폴레옹을 체포해야 할 것인지 판단을 내리지 못했다.

이때 의장이 나서서 의사 진행을 방해하는 의원은 군대의 힘으로 다스릴 수 있다고 말하면서 나폴레옹 군대가 의사당에 들어와 의원들을 내쫓을 수 있게 하였다.

의장의 허락이 있자 나폴레옹은 근위대로 하여금 모든 의원들을 의사당에서 쫓아냄으로써 그의 쿠데타가 성공하여 정권을 잡게 되었다.

이리하여 총재가 다스리던 정부는 무너졌고 나폴레옹을 비롯하여 뒤코와 시에예스 등 3명이 나라를 공동으로 다스리는 3인의 통령정부가 세워졌는데, 이 중에서 나폴레옹에게 국민들은 관심을 쏟았다.

나폴레옹은 현실을 보는 눈이 매우 날카로웠다.

그는 오랫동안 나라를 다스리려면 혁명에 의해 일어난 여러 가지 문제와 프랑스의 국민 계급 사이에서 빚어지는 서로 다른 이해 관계를 해결하고 조절해야 된다고 생각했다.

나폴레옹이 남긴 업적 가운데 가장 뛰어난 것은 강력한 중앙 집권 정부를 이룬 것으로 모든 권력과 통치의 기능을 중앙 정부를 중심으로 해서 다스린 것이었다.

지방과 지방 사이에 생긴 두터운 벽과 국가의 이익보다 개인의 이익을 더 중요하게 여겼던 과거의 낡은 제도나 생각을 뜯어고쳐 놓았다. 이러한 정책 가운데 가장 중요한 것은 국민 교육 제도를 바꾼 것이다.

나폴레옹은 출신을 따르지 않고 학업의 성적에 따라 자유롭게 평가받을 수 있도록 했다.

나폴레옹은 국민들에게 희망을 심어 주는 데 노력을 아끼지 않았으며, 종교의 힘을 이해하고 있었기 때문에 1801년에 가톨릭과 화해 협정을 맺었다.

가톨릭을 국가의 종교로 받아들였고 새로운 법도 만들었다.

그것은 바로 《나폴레옹 법전》으로서 이 법전은 민법 · 상법 · 형법 · 민사소송법 · 형사소송법 등 다섯 가지 법전으로 되어 있다.

나폴레옹은 법 앞에서는 누구나 평등하고 종교의 자유를 누릴 수 있으며 재산을 보호하고 농사를 위한 노예 제도를 없애야 한다고 믿어 이것을 법전의 내용에 넣었다. 그러나 나폴레옹의 법은 국민들 사이에 불만도 있었다.

즉, 노동자와 그들을 부리는 주인, 남자와 여자의 불평등, 아버지와 자식 사이의 불평등 등이 그것이다.

하지만 《나폴레옹 법전》은 근대적인 법전의 모범이 되어 근대 여러 나라 법전의 본보기가 되었다.

나폴레옹의 몰락

나폴레옹은 전쟁의 영웅으로서 가는 곳마다 승리를 거두었고 정복된 나라의 국민들한테도 열렬한 환영을 받았다.

나폴레옹은 전쟁을 하면서 병사들의 사기를 계속해서 북돋우어 주었으며, 싸우면 이긴다는 정신력도 심어 주었다.

1806년에 프로이센을 무너뜨린 나폴레옹은 중부 유럽을 순식간에 정복했고 이어서 북이탈리아와 오스트리아의 지배권을 단단히 했다.

그러는 한편, 러시아를 억누르면서 스페인과 스웨덴을 프랑스에 복종하도록 만들었다. 그러나 영국은 나폴레옹과 끈질기게 맞섰다.

영국은 강한 해군력을 바탕으로 바다를 안전하게 지키면서 나폴레옹의 프랑스군과 싸워 승리를 차지했다.

1805년, 스페인의 트라팔가르 해전은 넬슨의 지휘 아래 영국 해군이 프랑스와 스페인의 연합 함대를 크게 무찌른 유명한 싸움이었다.

이 싸움에서 넬슨은 전사했으나 승리를 거둔 영국은 프랑스의 해상권을 차지하였다.

나폴레옹은 영국을 외롭게 만들기 위해 대륙과 통하는 것을 막고 물자 공급도 막으려고 했으나 쉽게 이루어지지 않았다.

또한, 나폴레옹에게 정복당한 많은 나라들도 처음에는 그를 환영했으나 시간이 흐를수록 불만이 쌓여서 이들 나라에서는 해방을 위한 전쟁이 끊이지 않았다.

나폴레옹은 러시아에게 영국과 무역을 하지 말라고 했으나, 러시아는 그의 요구를 거절하고 영국과 무역을 계속했다.

이때 분노한 나폴레옹은 1812년 6월에 60만 명의 군사와 전쟁 물자를 운반할 20만 마리의 동물을 이끌고 러시아로 쳐들어갔다.

그리하여 9월에 러시아의 수도 모스크바까지 쳐들어간 나폴레옹은 러시아가 항복하기를 기다리고 있었다.

그러나 추위에 강한 러시아군은 겨울을 기다리면서 꿈쩍도 하지 않았다.

러시아군의 태도에 화가 치밀어 오른 나폴레옹은 러시아 대륙으로 깊숙이 쳐들어가려고 했으나 겨울의 매서운 추위가 그의 발목을 붙잡았다.

그래서 나폴레옹은 겨울이 되기 전에 빨리 물러나기로 결심하고, 1812년 10월 19일에 러시아의 항복을 받지 못한 채 군사를 이끌고 후퇴를 시작하였다.

그런데 11월 초에 눈이 내려 도로는 진흙탕으로 변해 버렸고, 질병과 굶주림으로 나폴레옹의 군사들은 계속해서 죽어 갔다.

12월 중순에 러시아를 가까스로 벗어난 나폴레옹은 곧 자기에게 다가올 운명을 깨닫게 되었다.

오스트리아 · 프로이센 · 스웨덴 등의 연합군이 전쟁에 패배한 나폴레옹을 기다리고 있었기 때문이었다.

그러나 배고픔과 추위에 지친 나폴레옹의 군사들은 완전히 사기가 떨어져 연합군과 싸울 수 없게 되었고, 프랑스의 수도 파리는 연합군에게 점령되었다.

또 전쟁의 패배로 인해 황제의 자리에서 쫓겨나 1814년에 죄수의 몸이 되어 엘바 섬으로 귀양 가는 비참한 신세가 되고 말았다.

그 후 나폴레옹은 엘바 섬을 탈출하여 1815년 3월 20일에 파리에 들어가 다시 황제가 되었다. 그러나 이 해 6월 18일에 있은 워털루 해전에서 패하여 세인트 헬레나 섬으로 귀양 갔다가 그곳에서 죽음으로써 그의 황금 시대는 막을 내렸다.

3. 빈 회의와 메테르니히

먼로주의

나폴레옹이 사라지자 유럽에는 새로운 변화의 물결이 일렁거리기 시작했다.

그 대표적인 것이 프랑스의 혁명과 나폴레옹 전쟁으로 인해 어수선해진 유럽의 질서를 되찾기 위해 1814년에 오스트리아의 빈에서 열린 '빈 회의' 였다.

유럽의 각국 대표들은 프랑스 혁명이 결국은 공포와 전쟁과 재앙을 가져왔다면서 이것이 널리 퍼지는 것을 막기 위해, 즉 프랑스 혁명 정신을 없애기 위해 모인 것이다.

이 회의를 처음으로 열고 이끌어 간 사람은 오스트리아의 정치가이자 재상인 메테르니히였는데, 그는 혁명이야말로 안정된 사회나 국가를 깨뜨리는 것으로 굳게 믿고 있었다.

이런 점에서 볼 때 오스트리아는 폴란드 · 체코슬로바키아 · 마쟈르 · 북이탈리아 · 남슬라브 · 루마니아 · 게르만족으로 합스부르크 제국을 이루었으며 혁명이 일어날 가능성이 충분했다.

이 회의에서 프랑스 혁명의 기세를 결정적으로 꺾었다고 믿은 러시아의 황제 알렉산드르 1세는 빈 회의서 "요즈음의 위험한 분위기를 가라앉힐 수 있는 단 하나의 방법은 기독교의 신앙과 그 신비의 힘을 얻는 것뿐이다"라고 주장했다.

메테르니히

그의 주장은 남의 죄를 용서하고 남을 사랑한다는 기독교 신앙 정신을 나타낸 것이다.

그러나 빈 회의는 국왕과 귀족들만의 이익을 앞세운 채 국민의 이익은 무시하고 역사의 흐름을 옛날로 되돌려 놓아 많은 비판을 받게 되었다.

한 마디로 말하면 빈 회의에서 결정된 것은 그때까지 자유주의적 운동을 모두 없애고 유럽을 하나로 보아야 한다는 생각을 굳게 만들어 준 것이었다.

이러한 빈 회의의 결정은 1820년에 스페인에서 처음으로 반발을 당하게 되었다. 그 무렵에 적은 봉급과 비참한 생활을 견디면서 어렵게 지내는 스페인의 라틴 아메리카 원정군들이 이를 개선해 달라면서 반란을 일으킨 것이다.

그러자 스페인의 국왕은 나폴레옹과 맞서는 동안에 만들었다가 2년 뒤에 없앤 자유주의 헌법을 되살려 반란군들의 뜻을 모두 받아들이려고 했다.

하지만 빈 회의를 이끌어 온 메테르니히는 반대하고 나서자, 옛 제도와 법률을 지키고 싶어하는 지배층의 환영을 받았으며, 그들은 프랑스에서 스페인의 반란을 가라앉혀 달라고 부탁했다.

이때 프랑스는 1823년에 10만 명의 군사를 보내 스페인의 헌법을 쓰지 못하게 했는데, 2년 후에는 러시아에서도 자유주의를 원하는 비밀 조직이 관리들을 중심으로 반란을 일으켰으나 군인들이 외면하여 실패하고 말았다.

그 후, 1829년에 그리스가 영국과 러시아의 도움으로 터키로부터 독립하자 메테르니히가 세웠던 반자유주의와 민족주의라는 빈 회의의 약정은 각 나라의 이익에 밀려 무너지게 되었다.

이리하여 메테르니히 자신도 그가 공들여 가꾼 복고주의 체제가 얼마나 더 계속될 것인가에 대해서 의문을 가지고 있었는데, 그의 의문이 현실로 나타난 것은 1823년에 미국 대통령 먼로가 선언했던 먼로주의에서였다.

먼로주의란 미국은 유럽 여러 나라의 간섭을 받지 않을 것이며, 미국을 식민지로 만들려는 행동을 금하는 것과 함께 미국도 유럽에 대해 간섭하지 않겠다는 것이었다.

4. 프랑스의 7월 혁명

자유주의 물결

나폴레옹이 무너지고 부르봉 가의 루이 18세가 프랑스의 왕이 되면서 정치는 왕정으로 되돌아왔다.

그러나 자기 욕심대로는 될 수 없다고 판단한 루이 18세는 국민들을 위해 기본이 되는 제도를 마련하여 실천하려고 했다.

프랑스의 정치가 왕정으로 되돌아오자 혁명을 피해 외국으로 달아났던 귀족들이 다시 돌아오기 시작했으며, 그들은 모이기만 하면 자신들의 잃어버린 재산을 되돌려 달라고 끈질기게 요구했다.

루이 18세의 뒤를 이은 샤를 10세는 귀족들의 요구대로 그들의 이익을 먼저 챙겨주는 어리석은 정치를 펼쳤다.

7월 혁명

샤를 10세는 혁명을 피해 외국으로 달아났다가 돌아온 귀족들의 재산에 대해 피해를 갚아 주고, 모든 신문과 출판물에 대해 검열을 실시하는 등 국민의 권리를 억누르자

1830년의 의회 선거에서 많은 수의 시민 출신 의원들이 당선되었다.

이에 분노한 샤를 10세는 '7월 칙령' 을 선포하여 의회를 해산시키고 시민들의 참정권을 빼앗았으며, 언론을 탄압했다.

그러자 대혁명으로 많은 것을 겪었던 프랑스 국민들은 시민 · 학생 · 노동자를 중심으로 혁명군을 조직하여 샤를 10세와 맞서 싸웠는데, 이때 프랑스 정부군과 혁명군의 전투로 2,000여 명의 파리 시민이 목숨을 잃었다.

그러나 이 7월 혁명으로 인해 샤를 10세는 국왕의 자리에서 쫓겨났고, 필리프가 뒤를 이었다.

프랑스 혁명은 이웃 자유주의 국가에 큰 영향을 끼쳤고 그들에게 혁명을 일으킬 수 있는 큰 용기를 북돋우어 주었다.

그 중 벨기에 · 폴란드 · 이탈리아에서 자유주의의 물결이 일게 되었는데 벨기에의 경우가 가장 성공적이었다.

5. 1848년의 세 나라의 혁명

자유를 위한 혁명

1846년에 전 유럽에는 큰 흉년이 2년이나 계속되어 농촌에서는 굶어 죽는 사람들이 많아서 도시와 농촌에서는 긴장과 불안감이 나돌았다. 또 일반 민중들은 정부가 자신들의 비참함과 곤궁을 외면한다면서 불만을 털어놓았다. 그 후 1848년에 유럽 일대에서는 경제와 사회적인 혼란과 함께 정치적인 자유를 위한 혁명이 끊임없이 일어났다.

프랑스의 2월 혁명

이 무렵, 세계의 모든 유행이 파리에서 비롯되어 유럽인들에게 파리는 성스러운 곳으로까지 생각되었다.

1830년의 7월 혁명으로 부르봉 왕조를 무너뜨리고 필리프를 국왕으로 세운 사람들은 부르주아였다.

그런데 1846년에는 성년 남자들 중에서 투표권을 가진 사람은 3퍼센트에 지나지 않았으므로 필리프의 정부에서는 이들만 정치에 참여했고, 나머지 97퍼센트는 정치에 참여할 수 있는 권리를 빼앗겼다.

투표권을 가진 사람들은 주로 돈이 많은 은행가 · 큰 사업가 · 대학교수 · 법률가와 국왕의 정치에 불만을 품은 일부 자유주의 귀족들뿐이었다. 이들은 법 앞에서는 모두가 평등하며 재능이 있는 시민에게는 성공할 수 있는 기회를 주자고 외쳤다.

1848년 2월 혁명

그러나 당시 수상이었던 기조는 이와 같은 그들의 외침을 받아들이지 않았을 뿐더러 비웃기까지 하였다.

정부의 이 같은 태도에 대해 특히 지식인들을 중심으로 한 반대파들은 필리프를 암살하려고 음모를 꾸몄으나 빈번이 실패하였으며, 정부는 반대파들이 만든 여러 단체들을 모두 없애 버렸다.

그러자 민족주의자들은 필리프가 장사꾼만을 위하고, 프랑스를 세계 강국으로 만들기 위해 노력하지 않는다면서 그가 국왕의 자격이 없다고 비난하고 나섰다.

그 중에서도 특히 가난한 노동자들은 국왕의 정치에 반대하면서 올바른 사회를 만들어야 한다고 외치다가 1830년에 혁명이 일어나자 정부군에 맞서 싸우는 데 앞장을 섰으며 노동자 · 농민 · 시민들은 정부를 비난하는 모임을 갖게 되었으나, 정부는 이를 무력으로 해산시켰다.

이처럼 사회의 불안이 계속되던 중 1848년 2월에 학생과 노동자들이 파리 시내에 바라게이트를 치고 정부군과 맞서 싸울 것을 다짐하자, 필리프는 국민들을 달래기 위해 기조를 물러나게 했다.

그러나 국민들은 정부에 반대하는 구호를 계속 외치며 거리로 쏟아져 나왔다.

이때 이들을 막기 위해 출동한 군대가 실수로 총을 쏘는 사고를 일으켰는데 이 총소리가 시민들을 흥분하게 만들어 군대와 충돌한 끝에 52명의 시민들이 죽거나 다쳤다.

이 사건은 2월 혁명을 일으키게 한 원인이 되어 흥분한 시민들은 날마다 구호를 외치며 거리를 누비자, 필리프는 결국 국왕의 자리에서 물러나고 말았다.

노동자와 농민들은 한결같이 그들도 잘 사는 사회가 올 것을 믿고 바랐으나 그들의 바람은 이루어지지 않았다.

새 정부는 왕정을 계속하면서 귀족들이 부모로부터 물려받은 재산은 그대로 귀족들에게 넘겨주었다.

귀족들의 경제적인 특권만은 누리도록 해준 것이다.

이 때문에 노동자 · 농민 · 시민들이 경제적으로 큰 어려움을 겪었으며, 걸인과 범죄자들이 거리를 누볐다.

새 정부의 지식인들은 정부가 가난한 사람들을 위하여 의료 · 주택 · 교육 · 실업 문제를 해결해 주고, 우편 · 광산 · 보험 등을 국가가 운영하여 일자리를 늘려야 한다고 주장했다.

정부는 이 주장에 따라 하층민을 위해 몇 가지 조치를 취하고 임시 작업장을 마련해 실업문제를 얼마쯤 해결했으나, 부유한 지배층이 '그들은 작업장에서 과격한 사상이나 배우고 사유 재산권을 넘볼 위험이 있다' 면서 작업장을 막아 버렸다.

그러자 1848년 6월, 노동자들은 재산의 평등한 소유를 부르짖으며 또 길거리로 쏟아져 나왔으나 군대에 의해 해산되고 말았으며, 1천 4백여 명의 시민이 목숨을 잃었다.

이 사태는 1848년 12월에 나폴레옹 3세, 즉 나폴레옹 황제의 조카가 제 2공화국의 대통령으로 당선되면서 막을 내렸다.

독일의 시민 혁명

빈 회의를 통해 새로운 유럽의 형태가 이루어지면서 독일은 39개의 주권 국가들이 모인 연방을 만들었다.

그 중에서 가장 강한 나라는 오스트리아와 프로이센이었다.

오스트리아는 메테르니히를 중심으로 모든 자유주의적인 움직임을 억눌렀는데, 이러한 지배층의 억누름은 프로이센에서도 매우 심했다.

그 밖의 독일 연방을 이루는 작은 나라에서도 마찬가지였다.

빌헬름 4세

프랑스 혁명에서 독일로 번진 민족주의는 나폴레옹의 독일 점령 기간 중 자연스럽게 그리고 아주 강하게 타올랐다.

그 후 나폴레옹이 러시아 원정에서 실패하여 물러난 후에도 독일의 민족주의자들은 독일인들이 한데 뭉쳐 통일 국가를 만들어야 한다고 주장했다.

그러나 그들의 노력에도 불구하고 뜻을 같이 하는 사람은 아주 적었는데, 그것은 자신들이 살고 있는 지방의 군주들에게만 오직 충성을 바치고 있었기 때문이다.

1840년대의 독일 경제는 밑바닥을 맴돌았다.

농민들과 물론 도시인들은 끼니를 걱정할 정도로 극심한 어려움을 겪게 되었으며, 이들의 불만은 결국 혁명을 일으키게 되었다.

이러한 움직임은 프랑스의 2월 혁명에서 큰 영향을 받은 것이었다.

독일 혁명에서 거리로 쏟아져 나온 시민들은 프랑스와 마찬가지로 가난한 계층들이었다.

1848년 4월, 바덴 · 뷔르템베르크 · 바이에른 · 작센 · 하노버 등에서 과거의 정치인들이 모두 물러났고 이제 자유주의 정치인들이 나서게 되었다.

그들은 검열을 크게 줄이고 새 헌법을 만들었으며 의회의 구성 등을 비롯하여 농민들을 위한 정치를 베풀었다.

그러나 프로이센의 빌헬름 4세는 새로운 제도를 못마땅하게 여기고 군대를 불러 베를린시에서 벌어진 시민들의 데모를 막으려 했으나, 시민들은 이를 조금도 두려워하지 않고 힘으로 맞서려고 하였다.

이에 빌헬름 4세는 할 수 없이 1848년 3월 18일에 나라의 모든 제도를 새로 마련하고 새로운 정치로 올바른 나라를 만들겠다고 시민들에게 약속했다.

그러나 갑자기 총기 오발 사건이 생기는 바람에 정부군과 시민들 사이에 싸움이 일어났고, 이를 다스리기 위해 군대가 베를린시를 공격했다.

하지만 베를린 시민들은 군대의 공격에도 물러서지 않음을 본 빌헬름 4세는 크게 놀라서 시민들이 요구한 자유주의적인 개혁을 실천하겠다고 약속했다.

1848년 3월에 혁명의 목표를 의회 제도의 수립과 헌법 제정에 두었던 시민 등 자유주의자들은 통일된 독일 국가를 탄생시키기 위해 노력을 거듭했다.

그리하여 마침내 프랑크푸르트 암마인에 의회가 마련되고 독일 국가들의 모든 대표들이 모였는데, 이것이 '프랑크푸르트 국민 의회'로서 의원들은 대부분 교육을 받은 중산층들이었으며, 하층 출신은 거의 없었다.

국민 의회에서는 오랜 회의 끝에 독일 연방 국가를 세울 것에 뜻을 같이 하고 프로이센 국왕의 주도권을 인정하기로 합의했다.

한편, 혁명으로 충격을 받았던 제후들은 프랑크푸르트 국민 의회에서 별다른 성과도 없었을 뿐만 아니라 개혁의 요구 내용도 공화정이 아님을 알고 국민 의회를 반격하기로 했다.

그리하여 프로이센의 빌헬름 4세가 다시 군대를 이끌고 베를린시를 에워싸자, 시민들은 이에 맞서 싸웠으나 수공업자들이 외면하는 바람에 1848년 11월에 국왕은 베를린의 시민 혁명을 쉽게 가라앉히게 되었다. 결과적으로 시민 혁명의 실패는 프랑스의 정치를 왕정으로 되돌아가게 하였고, 독일에서의 자유 · 민주 · 의회 제도의 발전을 어렵게 만들었다.

오스트리아의 혁명

유럽에서 메테르니히가 반동적인 정책을 강하게 실행하면 할수록 비판이 커졌고 성과도 거두지 못했다.

오스트리아에서 메테르니히의 억압적인 정책이 실패한 부문은 대학 문제였다.

대학들은 정부의 감독과 처벌을 받으면서도 메테르니히의 억압에 무릎을 꿇지 않으면서 모든 수단과 방법을 써가며 자유주의 실천을 위해 있는 힘을 다 쏟았다.

1848년에 오스트리아에서도 혁명이 일어나면서 오스트리아의 수도 빈에서는 독일 출신의 자유주의자들이 헌법의 제정을 요구하고 나서는가 하면 체코의 민족주의자들은 학교에서 체코어를 가르칠 것을 요구했다.

헝가리와 이탈리아 북부 지역에서는 마자르족과 이탈리아인들이 합스부르크 제국과 독립 전쟁을 일으켰다.

한편, 빈에서는 프랑스의 국왕 필리프가 물러난 것에 자극을 받아 합스부르크 제국의 절대주의를 없앨 것과 헌법의 제정 등을 요구하는 사태가 벌여졌다.

시민들이 빈의 중요 기관을 차지하자 국왕은 국민들에게 미움을 받던 메테르니히를 물러나게 하고 새로운 헌법을 만들겠다고 약속했으며, 그 해 8월에 헌법을 제정하기 위한 제헌 의회가 소집되고 농노제가 없어지게 되었다.

빈 대학에서 자유주의자들의 거친 소요가 일어났다

그러나 합스부르크 제국의 옛 지배층은 자신감을 가지고 또다시 국민들을 억눌러 옛날로 돌아갈 계획을 세우고 보헤미아에서 체코슬로바키아인들의 민족주의 요구를 강제로 막았다.

코주트

합스부르크 제국에는 군대의 강한 힘으로 국민들을 짓누르고 지배층에 의해 보헤미아에 새 질서가 세워졌으며, 1848년 10월에 합스부르크 정부는 반란의 중심지였던 빈을 포위한 뒤 학생과 가난한 시민 등 반정부 세력들을 무력으로 눌렀다.

이 과정에서 많은 사람들이 죽었고 개혁을 위해 앞장섰던 지도자들은 거의 처형되었고, 처형을 면한 사람도 국외로 피하거나 행방을 감추었기 때문에 개혁을 꾀했던 그들의 희망은 사라지고 말았다.

1849년 3월, 합스부르크 정부는 개혁 세력에 의해 만들어졌던 헌법을 없애고 보수적인 헌법을 새로 만들어 선포했다.

이 무렵, 합스부르크 제국의 골칫거리는 헝가리 문제였다.

19세기 중엽 헝가리 인구는 약 1천 2백만 명이었는데 그 중에서 마쟈르족은 5백만 명이었고 나머지는 남슬라브계인 크로아티아인과 루마니아인으로 이루어져 있었다.

당시 마쟈르의 부유한 귀족들이 헝가리의 정치를 마음대로 주무르고 있었는데, 이들은 합스부르크 제국에 세금을 내지 않는 특권을 누리고 있었으며, 토지를 많이 가진 대지주들은 자유주의나 민족주의를 싫어했다.

이에 비해 재산이 적은 중소 지주들은 새로운 자유주의와 민족주의를 받아들여 농노제와 특수층의 세금 면제 혜택을 없애라고 주장했다.

특히, 하급 귀족 출신인 코주트는 사회의 새로운 변화와 민족주의를 내걸고 헝가리의 독립 운동을 이끈 대표적인 인물이었다.

헝가리의 독립 운동이 점점 무르익어 가자, 합스부르크 정부는 군대로 하여금 이를 막게 했고 나중에는 러시아와 손을 잡고 군대를 요청했다.

이때 러시아 황제 니콜라이 1세는 합스부르크 정부의 요청을 기꺼이 받아들였는데, 그것은 자신들이 다스리고 있는 폴란드에서 혁명이 일어나는 것을 미리 막기 위해서였다.

이러한 조치로 헝가리의 독립 운동이 실패로 끝나고 있을 때 북부 이탈리아 지방의 밀라노 시민들이 중부와 남부 이탈리아에서 부는 자유주의 바람을 타고 마침내 오스트리아의 합스부르크 제국에 맞서 싸우게 되었다.

밀라노 시민들은 오스트리아군과 5일 동안 치열하게 싸워서 물리쳤으며, 밀라노시가 자유를 얻게 되자 시민들은 1848년 3월 18일부터 22일까지를 '영광의 5일' 로 정하고 이를 기념했다.

베네치아에서도 밀라노의 영향을 받아 오스트리아에 대해 독립을 선언하고 공화국을 세웠다.

그러나 오스트리아가 군대를 일으켜 밀라노시를 다시 점령하자, 독립 운동을 이끌었던 지도자들은 로마로 들어가서 교황 피우스 9세를 쫓아내고 로마 공화국을 선언하며 자유주의 운동을 계속했다.

그러자 교황은 프랑스의 대통령인 나폴레옹 3세에게 구원을 요청했고, 나폴레옹 3세는 교황의 요청을 받아들여 혁명을 일으킨 시민들을 총과 칼로 다스린 후 교황을 다시 로마의 지배자로 세웠다.

이로써 자유주의 혁명군이 마지막으로 끝까지 버틴 곳은 베네치아뿐이었으며, 베네치아 시민은 6주 동안 용감하게 싸웠으나 오스트리아군의 공격과 식량 부족, 콜레라 발생 등으로 더 이상 버티지 못하고 항복했다.

6. 이탈리아의 통일

민족의 자부심

19세기 초 이탈리아는 여러 국가들로 나뉘어져 있었다.

남쪽은 부르봉 가의 왕이 12세기에 세운 시칠리아 왕국을 다스렸고, 중부에는 교황이 그의 영토를 다스리고 있었다.

또 북부는 합스부르크 제국이 롬바르디와 베네치아 지방을 다스리고 있었고, 그 밖에도 토스카나 · 파르마 · 모데나는 오스트리아에 딸려 있던 귀족들이 다스렸으며, 사르데냐 섬은 이탈리아계인 사부아 왕조가 다스리고 있었다.

이탈리아의 가장 큰 문제점은 이렇게 정치적으로 국토가 나뉜 것보다 문화와 경제가 나뉜 것이었다.

주세페 마치니

이탈리아인들은 통일보다 서로 자기 지방의 전통만을 중요하게 여기고 살았다.

이 때문에 북쪽 도시인들은 남쪽 시칠리아인들에 대하여 같은 민족으로서 친밀감이나 동포라는 의식이 없었고, 경제적으로도 서로 가깝게 지낼 생각을 갖지 않았다. 이탈리아인들 중에서 도시의 상인과지식인과 일부의 관리를 제외한 중산층은 이탈리아의 사회 질서가 신에 의하여 지탱된다고 생각했다.

그래서 국왕이나 교황이 다스리는 것이 정당하다고 믿었으며, 프랑스 혁명의 정신이나 의회 정부 · 평등 · 자유 등에는 전혀 관심을 두지 않았다.

프랑스 혁명 기간 동안에 나폴레옹이 이탈리아를 점령한 후 프랑스와 이탈리아에 있는 여러 나라들 사이의 장벽을 허물었다. 즉, 각 지역을 잇는 도로를 만들고 이탈리아의 모든 나라에 똑같은 법을 행하였다.

그러나 이탈리아의 중산층은 외국인 지배자를 물리치고 통일을 이루어야 경제적으로 강한 나라가 될 것으로 굳게 믿고 있었다. 상인과 제조업자들은 이탈리아가 여러 나라로 나뉜 상태에서는 상품을 보낼 때 각 나라에서 요구하는 물품세도 다르고 여행을 하지 못하는 곳도 있어 몹시 불편했다.

나폴레옹이 점령한 뒤 관리 생활을 하던 중산층도 이탈리아의 통일을 위해 노력을 아끼지 않았다.

이탈리아인들은 지난날에 로마 제국을 세웠던 민족이라는 자부심을 국민들의 가슴에 새겨 주기 위해 노력했다. 그리하여 이탈리아 민족의 영광을 담은 소설 · 희곡 · 시 · 역사 등을 널리 퍼뜨렸다.

혁명의 실패

1815년, 나폴레옹이 사라진 후에 이탈리아에서는 독립과 자유를 찾기 위한 비밀 조직이 만들어져 곳곳에서 활발하게 움직였는데, 대표적인 것이 카르보나리당이었다.

카르보나리당은 중산층과 군인들로 이루어졌으며 1820년에 시칠리아 왕국에서 한동안 자유주의적인 개혁을 이루었고, 페르디난트 국왕에게서 헌법의 제정과 의회 수립의 약속을 받아 냈다.

그러나 메테르니히가 가로막는 바람에 그들의 계획은 실패했다.

1831년에서 1832년에 걸쳐 비밀 조직인 카르보나리당이 교황의 영토에서 다시 자유주의 운동을 일으켰으나 오스트리아가 나서는 바람에 성공하지 못했다.

이 사건 때에도 농민들은 카르보나리당에 무관심했을 뿐만 아니라 오히려 전통적인 지배 계층을 두둔하고 보호했다.

이러한 거듭된 실패 속에서도 이탈리아의 독립을 위해 자신의 생애를 바친 지도자가 있었는데 그는 주세페 마치니였다.

마치니는 자유주의자이자 민족주의였다.

마치니는 로마가 자유를 누리는 민족이 되며 개인의 자유와 평등을 꽃피우는 새로운 유럽의 중심지가 되기를 진심으로 바랐다.

그는 1831년의 카르보나리당 사건 관련자로 감옥에 갇혔다가 풀려나 프랑스의 마르세유로 망명했는데, 이때 그는 카르보나리당을 대신하여 청년 이탈리아당을 만들었다.

이탈리아당은 대학생들을 중심으로 이루어졌는데 이들은 혁명을 위하여 자기들의 젊음을 마음껏 불살랐다.

마치니는 참다운 혁명이란 같은 민족 사이에 깊은 사랑이 없이는 혁명이 어렵다고 생각했다.

1834년 마치니를 따르는 적은 무리들이 스위스에서 사부아를 공격했다가 실패했고, 다른 곳에서도 1837년, 1841년, 1843년, 1844년에도 꾀했으나 모두 실패했다.

마치니는 그 후 1848년의 혁명 때에 재빨리 손을 써서 로마 공화국의 제1집정관으로 선출되었으나 나폴레옹 3세가 이끄는 군대에 의해 교황이 다시 정권을 잡자 쫓겨나고 말았다.

그 후 이탈리아는 여전히 나뉘어진 상태로 북부는 오스트리아가 다스렸다.

카보우르 백작

이탈리아의 민족주의자들은 사르데냐 왕국을 비롯하여 북부의 오스트리아 세력을 모두 몰아내야만 통일이 가능할 것으로 믿었다.

이때 정치가인 카보우르가 나타났는데, 그는 사르데냐 왕국의 수상으로서 오스트리아를 물리치고 이탈리아의 통일을 완성할 임무를 맡았다.

자유주의자였던 마치니와는 달리 카보우르는 결코 꿈을 앞세우지 않았고 말솜씨로 일반 대중들을 휘어잡지도 못했다. 그러나 카보우르는 조심성이 많고 현실을 꼼꼼하게 따지면서 행동했다.

그는 이탈리아의 통일을 위해서는 국민들이 무장을 하고 일어나야 한다는 마치니의 뜻은 현실성이 없는 헛된 것이라고 강렬하게 비판했다. 그러나 카보우르도 이탈리아의 통일을 위한 새로운 계획은 마련하지 못했다.

그의 희망은 북부 이탈리아에서 오스트리아를 내쫓고 롬바르디아와 베네치아를 사르데냐 왕국의 영토로 만들자는 것에 지나지 않았다.

하지만 이탈리아의 힘만으로는 오스트리아를 내쫓을 수가 없었으므로 영국과 프랑스의 도움을 받기로 했다.

1855년, 러시아의 남하 정책을 막기 위하여 영국과 프랑스가 힘을 합쳐 크림 전쟁을 일으켰을 때 카보우르는 러시아를 비난하면서 영국·프랑스와 손을 잡았다. 이것은 그가 영국과 프랑스의 관심을 끌어내기 위한 계산된 계획이었다.

이때 카보우르는 나폴레옹 3세의 도움을 청했고, 나폴레옹 3세는 북부 이탈리아를 오스트리아의 손에서 벗어나게 하여 프랑스가 다스리려는 야심을 품게 되었다.

나폴레옹 3세는 이와 같은 치밀한 계산으로 이탈리아의 통일을 거들게 되었다.

프랑스의 도움을 받게 된 사르데냐는 그전처럼 오스트리아에게 힘없이 무너지게 될 것으로는 생각되지 않았다.

그러나 나폴레옹 3세는 이같이 중요한 때에 카보우르와의 약속을 지키지 않았다.

카보우르는 남의 나라의 힘을 빌려 자신의 계획을 실천하는 것이 얼마나 위험하고 어려운가를 깨닫게 되었다.

결국 사르데냐는 롬바르디아를 얻은 것만으로 만족해야 했고, 프랑스에게는 약속한 대로 니스와 사부아를 넘겨줄 형편에 놓이게 되자 카보우르는 몹시 실망했다.

그러나 카보우르는 파르마 · 모데나 · 토스카나에서 일어난 혁명 세력들이 스스로 사르데냐에 통합되기를 바랐고 그 바람은 결국 이루어졌다.

그 후 사르데냐 국왕인 에마누엘레는 1861년 3월 17일에 자신이 이탈리아의 유일한 국왕임을 선포하고 가리발디가 바친 남이탈리아와 시칠리아 섬을 이탈리아 왕국의 영토로 만들어 버렸다.

그러나 오스트리아가 차지하고 있던 베네치아 지역과 프랑스가 지키고 있던 로마는 새로운 이탈리아의 영토가 아니었다.

이탈리아는 베네치아를 얻기 위해 프로이센과 손을 잡고 1866년 보어 전쟁에서 오스트리아를 무너뜨리고 그 대가로 베네치아를 얻었다.

그 후 1870년의 보불 전쟁 때에는 프랑스군이 로마에서 떠나게 되었고, 이탈리아는 로마에서 교황의 세력들을 누른 다음 로마를 이탈리아의 수도로 정하여 마침내 통일을 이루었다.

7. 독일의 통일

반봉건적 지주들

1848년에 일어났던 유럽 국가들의 혁명이 모두 실패하는 바람에 독일의 자유주의자들은 뿌리를 잃게 되었다.

독일의 민족주의자들이 조국의 통일을 위해 희망을 걸고 있었던 프로이센은 17세기 말에서부터 100년 동안 역대 국왕들이 강한 군대를 키우기 위해 온갖 노력을 기울였다.

프로이센 사회에서는 계급이 높은 장교들이 특권을 누렸는데, 국왕들도 공식적인 자리에서는 군복을 즐겨 입을 정도였다.

사회의 모든 분야에서 군대 조직과 군인 정신이 스며들도록 만들었고 국민들은 엄격한 군인의 생활과 태도가 익숙해지도록 교육을 받아야 했다.

이와 같이 프로이센 사회를 군대 정신으로 가득 차게 만든 사람은 융커들이었다.

융커란 동부 프로이센의 반봉건적인 지주 귀족을 가리키는 말로 그들은 많은 땅을 가지고 있으면서 그들의 땅에 살고 있는 농민들을 다스리고 있었다. 18세기 프로이센은 농업이 중심이 되어 있었고 상업이나 공업은 발전이 안 된 상태였으므로 사회에서 성공할 수 있는 방법은 계급이 높은 장교가 되거나 외교관이나 장관이 되는 것 외에는 뾰족한 수가 없었다.

그러나 융커는 군대의 높은 장교직과 높은 관리직을 한꺼번에 독차지하고 있었다.

이 때문에 융커는 만약 국왕의 권력이 약해질 경우에 그 동안 자신들이 누려온 모든 특권을 빼앗기고 프랑스의 대혁명과 같은 화를 당하지나 않을까 하고 항상 염려하였다.

그리하여 융커는 어떤 일이 있더라도 국왕의 세력이 강하도록 도왔고, 국왕은 그 대가로 이들에게 여러 가지 특권을 주었으므로 프로이센은 국왕과 지주들이 하나로 뭉치게 되었으며, 사회 제도도 옛것을 그대로 지키려고 하였다.

철혈 재상 비스마르크

1848년의 혁명이 실패하면서 독일의 통일 사업은 보수 진영이 주도권을 잡게 되었는데, 이때 나타난 사람이 비스마르크였다.

1815년에 융커 집안에서 태어난 비스마르크는 자신이 귀족의 입장이었지만 독일의 통일을 간절하게 바랐다.

비스마르크는 젊은 시절에 귀족 출신답게 무려 28회 걸쳐 목숨을 걸고 결투하는 등 거친 성격을 지녔다.

그는 조국의 통일에 대해서 적극성을 가졌고, 주위의 친구들이 자기와는 달리 통일 문제에 대해 무관심하자 그들을 몹시 못마땅하게 여겼다.

비스마르크는 32세에 프로이센 의회의 의원으로 당선되어 정치계에 몸을 담았으며, 오직 황제에 의

비스마르크를 풍자한 그림

해서만 국민들이 행복과 권리를 누릴 수 있다고 굳게 믿었다.

그의 이와 같은 행동은 국왕의 마음에 들어 36세에 독일 연방 의회의 프로이센 대표로 뽑았다.

이 무렵, 연방 의회의 각국 대표들은 외교관의 직책을 가지고 있었으며 프로이센의 대표가 되는 일은 무척 어려웠으나, 비스마르크는 7년 동안 대표가 되었고 그 후에는 러시아 대사가 되는 등 계속 발전했다.

그 후 1861년에는 다시 프랑스 대사가 되어 유럽의 정치 · 외교계에서 주목을 끌었으며, 이듬해에는 마침내 국왕 빌헬름 1세에 의해 수상에 임명되었다.

비스마르크는 자신이 해야 할 가장 시급한 일은 독일을 하나로 통일하는 문제라고 여기는 한편, 통일은 오직 철(쇠)과 피에 의해서만 이루어진다고 굳게 믿었다.

여기에서 철은 곧 쇠로 만든 무기를 뜻하며 무기는 곧 군대의 힘을 뜻하며, 피(혈)는 전쟁에서 희생되는 사람의 목숨을 나타낸다. 말하자면 전쟁에서 이기려면 군대의 강한 힘과 희생이 뒤따를 수밖에 없다는 것이 그의 철학이었다.

이것이 비스마르크의 유명한 철혈 정책이며, 그를 철혈 재상이라고 부르게 되었다.

이때 비스마르크는 오스트리아와의 전쟁을 치를 수밖에 없다고 판단했다.

그가 이같이 생각한 것은 오스트리아가 여러 민족이 섞인 제국의 형태를 계속하기 위해 노력하고 있었으므로, 오스트리아를 포함하는 독일의 통일이란 사실상 어렵다고 믿었기 때문이었다.

따라서 오스트리아를 빼놓고 나머지 독일의 여러 나라들만으로라도 통일을 이룩해야겠다고 생각했는데, 이것이 소독일주의이다.

그러나 비스마르크는 오스트리아가 이것을 반대할 것이라고 판단하여 비밀리에 전쟁을 준비했다.

이 기간 동안 비스마르크는 몇 차례 목숨을 잃을 뻔한 고비를 겪기도 했으나 암살자가 쏜 총탄이 빗나가는 바람에 무사했다.

그는 자신의 철혈 정책이 국내외의 많은 사람들의 불만을 사고 있다는 사실도 잘 알고 있었다.

그러나 조금도 당황하지 않고 자신의 생각대로 모든 일들을 잘 처리했고, 자신을 죽이려는 정적들을 감옥으로 보내는 데 유리한 구실로 삼았다.

1866년에 오스트리아와 프로이센이 전쟁을 벌이자 프랑스의 나폴레옹 3세는 오랫동안 전쟁이 계속될 것으로 예상했으나 놀랍게도 7주 만에 오스트리아가 항복하는 바람에 나폴레옹 3세는 프로이센에 대해 신경을 곤두세우게 되었다.

나폴레옹 3세는 프로이센이 다음에 싸울 나라는 프랑스라는 사실을 깨닫고 전쟁 준비를 하였다.

1870년 7월 19일, 마침내 프랑스와 프로이센의 전쟁이 벌어지자, 프로이센은 8월에 프랑스군의 본거지인 메츠를 빼앗고, 9월에 세당을 점령하면서 나폴레옹 3세를 포로로 붙잡았다.

오스트리아와 프랑스를 무너뜨린 프로이센은 이때에야 비로소 서부 유럽의 강대국 대열에 끼게 되었다.

그러나 이보다 더 중요한 사실은 프로이센이 승리함으로써 비스마르크가 그토록 바라던 독일의 통일이 이루어졌다는 것이다.

1871년 프로이센의 빌헬름 1세는 프랑스의 파리에 있는 베르사유 궁전의 '거울의 방'에서 독일 여러 나라 군주들에 의하여 독일 제국의 황제가 되었다.

그러나 독일은 통일을 이루었지만 통일이 되기까지 비스마르크의 철혈 정책이 독일 국민들에게 안겨 준 상처는 매우 컸다.

탄압받는 유대인들

독일의 민족주의자들은 새로운 유럽을 만든 사람들이 자기 민족이었음을 큰 자랑으로 여겼다. 또 그들은 다른 민족들과 자기들을 비교할 때 신체 · 언어 · 풍습 등에서 뛰어날 뿐만 아니라 도덕과 윤리, 정신적인 면에서도 매우 우수한 민족이라고 여겼다.

또한, 민족주의자들은 지난날의 전통을 중요하게 생각하고 새롭게 변하는 사회가 전통을 없애거나 약하게 만들지나 않을까 염려하기도 했다.

나라 안에서 민족주의 운동이 일어나면서 인종 차별은 마치 당연한 것처럼 여기며 노란 머리카락, 푸른 눈동자, 흰 피부를 가진 게르만족은 하나님이 만든 최고의 걸작품이라고 생각했다.

이 때문에 게르만족의 혈통은 반드시 지켜야 하며, 다른 인종과 섞이는 것을 절대로 막아야 한다고 주장했는데, 이러한 주장을 내세운 대표적인 인물이 영국의 정치가인 체임벌린이었다.

그는 자신의 쓴 저서 《19세기의 기초들》에서 한 민족의 정신적인 힘은 인간의 신체에 있는 뇌의 분량과 직접적인 관계가 있다면서, 게르만족은 우수한 신체적 장점을 갖고 있으므로 어느 나라든지 다스릴 수 있는 능력을 가지고 있다고 밝혔다.

그의 이러한 주장에 대해 다른 민족들은 관심을 보이지 않았으나, 독일인들은 그의 주장을 받아들였다. 그리하여 체임벌린을 독일 시민으로 여겼으며, 황제는 황태자에게 체임벌린의 글을 자주 읽혔다.

이러한 사회의 분위기 속에서 독일의 인종주의자들은 독일 민족의 영원한 적으로 유대 민족을 꼽게 되었다.

19세기에 유럽 세계의 곳곳에서 유행하던 반유대주의의 바람은 유럽인들의 냉정한 판단에 따른 것이 아니라 흥분한 감정에 따른 신비적인 사회 운동이었다.

그리하여 유럽의 반유대주의 조직과 정치 단체들은 유대인의 시민권과 재산을 빼앗아야 한다고 부추겼으며, 유대인들을 모두 나쁜 민족이고, 돈만 탐내는 더럽고 탐욕에 가득 찬 민족이며, 예수를 죽인 악한 민족으로 보았다.

이와 같은 반유대주의 감정은 19세기에 민족주의 바람이 거세게 일기 전의 중세에서도 유대인들은 예수를 죽인 민족이며 죄를 깨닫지 못하는 나쁜 민족으로 여기고 있었다.

유대인들은 종교 행사를 치르기 위해 기독교를 믿는 어린이들을 잡아가서 신체적 고통을 준 뒤에 피를 빼어 악마에게 제사를 지낸다는 전설이 유럽인들 사이에 전해 내려왔다.

1215년에 열린 제4회 라테란 공의회는 유대인들을 구별하기 위해 그들에게 특별한 표지를 옷에 달고 다니라는 명령을 내리기도 했다.

이 때문에 중세 이래로 사회가 어지러울 동안 유대인들은 재산을 빼앗기고 목숨을 잃는 경우도 계속되었으며, 모든 사람들이 유대인을 피하게 되었고 유대인들은 모든 사람들이 꺼리는 직업을 택하여 어렵게 살았다.

16세기에 이르러서는 유대인들만 따로 모여 사는 특수 지역을 정하게 되었는데 이들이 모여 사는 곳을 게토라고 불렀다.

하지만 19세기 초에 프랑스 대혁명의 영향을 받아 유대인들은 법적으로 평등한 권리를 얻게 되어 그들은 살고 싶은 곳을 택하여 마음대로 이사할 수 있게 되었다. 또 그때까지 금지되었던 존경받는 직업도 가질 수 있게 되었다.

유대인들은 온 힘을 기울여 자식들을 훌륭하게 교육시켜 기업가 · 은행가 · 법률가 · 의사 · 과학자 · 교수 · 음악가 · 신문 기자 등의 직업을 가지게 하였다.

그러나 대부분의 유대인들은 매우 가난하게 살았으며 오스트리아와 헝가리에서 해마다 굶주림으로 죽는 유대인들은 무려 6,000여 명에 이르렀을 뿐만 아니라 러시아에서도 유대인들은 몹시 비참한 생활을 하였다.

반유대주의자들은 유대인들의 영향력이 커질까 두려워한 나머지 그들을 계속 억눌렀는데, 그들은 유대인들을 가리켜 '기생충과 닮았으며 콜레라균이다' 라고 표현했다.

1900년경, 독일의 전체 인구 5천 62만 명 가운데 고작 1.95퍼센트인 49만 7천 명의 유대인들은 그들이 살고 있는 독일에 충성을 맹세하고 모두 봉사를 한 일도 있었으나 그들에 대한 나쁜 인상은 결코 씻을 수가 없었다.

IX_ 제국주의와 산업 혁명

산업 혁명은, 18세기 후반부터 약 100년 동안 유럽에서 증기기관 등의 발달로 눈부신 생산 기술에 의한 생산량의 증대를 가져온 새로운 변화로 최초로 영국에서 일어나 유럽과 미국으로 건너가 그 영향력이 널리 퍼지게 되었고 아시아까지 퍼졌다.

산업화가 미친 영향은 값싸고, 질 좋은 상품을 대량으로 생산하여 사람들의 생활수준을 향상시켰고, 사람들이 집단으로 모여 자신들의 요구를 정치에 반영시키기도 했으며, 자본주의 체제에서 사회주의로 나아가는 여러 가지 목표들을 제시하기도 했다.

19세기의 서구인들은 아시아 · 아프리카 등으로 점차 그들의 영향력을 넓혀 갔고, 유럽의 경제적 팽창은 아시아 · 아프리카인들의 저항을 제압하기 위해 군사력을 사용했다.

선진 산업국가와 후발 산업 국가들은 아시아 · 아프리카 등지에서 식민지 쟁탈전이 벌어졌는데 이것은 원료 공급과 제품시장의 확보를 위한 것이었다.

이러한 다툼이 곧 제국주의인데 제국주의는 마침내 다른 민족을 제압하는 결과를 가져왔다.

1. 새로운 변화의 물결

산업 혁명

유럽에는 18세기 후반에 들어서면서 경제와 사회에 엄청난 변화의 물결이 일었다.

그 결과 농업 분야에서는 눈부신 과학 기술의 발달로 생산량이 크게 늘어났고, 제조업 분야에서는 노동력과 자본을 새로운 형태로 묶어 생산량을 몇 갑절씩 늘리게 되었다.

이러한 변화를 1820년의 프랑스 평론가들은 산업주의 또는 산업 혁명이라고 불렀다.

새로운 변화를 꾀한 나라는 영국이었으나 그 영향은 곧 유럽 전체와 미국으로 널리 퍼지게 되었다.

산업 혁명이란 농업 및 수공업적인 생산이 도시 지역의 공장에서 기계에 의한 대량 생산으로 바뀌는 것을 뜻한다.

산업 혁명을 통한 기계 기술의 발달은 대량 생산을 가져왔고, 고되고 힘든 육체 노동으로부터 벗어날 수 있는 가능성을 높였으며, 인간의 능력이 우수하다는 것을 사람들에게 새롭게 일깨워 주었다.

이러한 산업화의 과정은 영국에서 18세기 후반에 이루어지기 시작했으며, 프랑스는 19세기 초에 나폴레옹이 나라를 다스리면서부터 일기 시작했다.

중부 유럽에서는 1840년대에 활기를 띠게 되었고 특히 기계 문명의

영국의 방직 공장

발달로 큰 공장들이 곳곳에 들어서고, 생산량이 몰라보게 늘어나자 손에 의존하던 수공업자들은 이를 크게 반대하고 나섰다.

수공업자들은 모든 면에서 큰 산업체를 당해 낼 방법이 없었으므로 산업의 발전을 악으로 생각하고 심지어 이를 방해하는 운동까지 벌이기도 했다.

이 밖에 이탈리아와 독일에서는 산업화의 과정에서 많은 어려움을 겪었는데, 특히 동유럽의 경우는 19세기 말에 산업화의 물결을 맞이하였다.

영국의 산업 혁명

서유럽에서 산업 혁명이 맨 처음으로 일어나게 된 것은 첫째, 산업화가 시작되기 이전에 서유럽은 전 세계에서 가장 잘 사는 나라로서 첫째, 16세기에서 17세기에 해외의 식민지와 대륙 사이에 이루어진 무역으로 국가 경제가 튼튼해졌고 둘째, 농업 기술이 발달하여 많은 사람이 필요하지 않았으므로, 남는 사람들이 농업 이외의 분야에서 일할 수 있었으며 셋째, 중앙 집권적인 국가가 이루어지고 시장과 영토를 늘리려는 국가가 많아지면서 경제가 빠른 속도로 발전했고 넷째, 유럽 인구가 18세기 후반에 집중적으로 늘어났음을 들 수 있다.

그 무렵에 정확한 인구 조사를 실시한 국가는 없었지만, 1750년 무렵에 약 1억 9천만 명으로 늘었다.

인구가 늘어나면 시장도 커지고 노동력이 많아지면서 물건을 대량으로 생산할 수 있게 되었다.

그러나 한편으로는 인구가 많이 늘어나게 되면 그에 의해 식량 부족과 이에 따른 굶주림으로 허덕이게 되고, 전염병이 발생하여 많은 사람이 죽게 된다.

유럽은 19세기에 들어서면서 전통적인 농사 방법이 차츰 사라지고 자본주의에 의한 변화가 찾아왔다.

농토를 자유롭게 사거나 팔고 소유권을 다른 사람에 넘길 수 있게 되자, 토지에 얽매여 살던 농민들이 토지를 떠나 농촌 지도자가 되거나 도시로 나가 노동자가 되었다.

이러한 현상은 산업이 발달하는 밑거름이 되었다.

영국은 유럽 국가 중에서 가장 먼저 산업 혁명을 일으켜 이웃 대륙은 물론 미국 그리고 아시아에까지 큰 영향을 끼쳤다.

18세기에 영국은 유럽 전체에서 가장 큰 힘을 가진 강대국이 되기 위해 프랑스와 경쟁을 벌였다.

프랑스는 인구도 영국보다 많았고 국력도 영국에 결코 뒤지지 않았으며 기술도 발달하여 산업 혁명을 일으키는 데 부족함이 없었다.

그러나 프랑스는 전통적인 농업 방식을 고집했고 제조업체에서는 일반인들이 쓰는 물건을 만들기보다는 사치품을 만드는 데 많은 노력을 기울였다.

프랑스가 영국보다 산업 혁명이 뒤진 까닭은 국내 관세 때문이었는데, 국내에서 물건을 사고 팔 때에도 지역 사이에 세금을 매기는 제도가 남아 있었으므로 프랑스 대혁명으로 이 제도가 없어질 때까지 무역이 활발하지 못했다.

그러나 영국은 1707년에 스코틀랜드를 영국 영토로 합치면서 국관세 제도를 없앴다. 프랑스에 비해 80여 년 전에 이 제도를 없앴기 때문에 무역이 활발하게 이루어졌다.

프랑스 대혁명은 정치적인 자유와 평등을 가져다주기는 했으나 전통적인 농업과 상업을 그대로 고집했기 때문에 산업화의 길이 몹시 늦었다.

프랑스의 농업은 옛날의 농사법을 따랐고, 대량 생산보다는 필요한 만큼의 생산에 그쳤다.

따라서 농사 기술이 발달하기 어려웠고 농토를 늘리거나 씨앗의 품종을 개량하는 일도 영국에 비해 뒤떨어질 수밖에 없었다.

이에 비해 영국은 모든 조건을 갖추고 있었다. 영국은 석탄과 철광 등 지하자원을 풍부하게 가지고 있었으므로 이러한 지하자원을 캐내는 시설과 운반하는 시설들을 두루 갖추고 있었다.

영국에서도 농업 기술의 발달로 인해 농촌에서 일자리를 얻지 못하고 도시로 나와 노동자가 된 사람이 많았는데, 이들은 산업 예비군으로 불리며 영국의 산업화에 이바지했다.

이로써 영국은 유럽 국가 중에서 제일 먼저 산업 혁명을 일으킬 수 있었다.

눈부신 기술의 발전

산업 혁명이란 손으로 물건을 만드는 방법에서 벗어나 기계로 만들고 사람이나 동물의 힘을 이용하는 대신에 증기나 내연기관으로 물건을 만드는 방법으로 변하는 것을 뜻한다.

산업 혁명의 발전 과정을 살펴보면 어떤 분야의 조그만 생각과 그 생각을 통해 방법을 새로 만들어 내고 고치면서 비롯되었다.

제임스 와트

그리고 그 변화를 가져오게 한 사람들은 기술자나 과학자들이 아닌 단순한 노동자들이었다. 그들은 자신들이 일을 하는 과정에서 좀 더 편한 방법이 없을까 하고 항상 궁리하는 가운데 실마리가 풀리게 된 것이다.

이처럼 산업 현장에서 일하는 노동자들의 머릿속에서 산업 혁명의 싹이 트기 시작했다.

영국은 오랫동안 모직물을 생산했기 때문에 면직물 생산도 빠르게 발전하여 1760년부터 1825년에 이르는 동안 생산량이 그전보다 무려 20배나 더 늘어났다.

유럽에 산업 혁명의 물결이 일기 전인 1733년에는 영국의 발명가인 케이가 방직기의 새로운 북인 '나는 베틀 북'을 발명하여 폭이 넓은 옷감을 빠르게 짤 수 있었다.

나는 베틀 북은 베틀 북의 움직이는 모양을 따서 붙인 것으로서 그것은 아주 조그맣고 간단한 기술이기도 했다.

그 뒤 제임스 하그리브스가 1768년 제니 방적기를 만들었고, 이듬해에는 아크라이트가 수력 방적기를 개발했으며, 1779년에는 크럼프턴이 물 방적기를 만들면서 사람의 힘 대신에 동물과 물의 힘을 이용하게 되었다.

이들은 대개 옷감을 짜는 공장의 노동자들로서 예전에 사용했던 기계를 응용한 것이 많았다.

1760년대 제임스 와트가 만든 증기 기관이 직물 공업에 사용되면서 생산량이 크게 늘어나는 것과 함께 실을 잣고 옷감을 만들어 내는 작업을 사람이 하는 대신에 기계가 하게 되었다.

철강 산업은 다른 분야에 비해 천천히 발전했으나 산업 전체에 미치는 영향은 아주 컸으며, 1709년에는 다비가 코크스로 아주 뛰어난 품질의 무쇠를 최초로 만들어 냄으로써 철강 산업에 크게 이바지하게 되었다.

18세기 중엽에 이르러서는 철의 질이 상당히 좋아져서 건설 분야에서 나무 대신 철을 사용하게 되었으며, 이와 함께 쇠를 녹이는 용광로의 연료로 석탄의 소비량도 크게 늘어났다.

또 증기 기관의 발명으로 석탄을 캐는 광산의 골칫거리인 배수 문제를 해결하게 되었으므로, 광부들은 깊은 갱도에서도 안전하게 일할 수가 있었다.

18세기 중엽에는 석탄의 생산량이 한 해에 6천 5백만 톤이나 되어 영국의 산업 혁명에 크게 이바지했는데, 석탄은 열차와 증기선의 중요한 연료로 쓰였을 뿐만 아니라 철강과 더불어 모든 산업 분야에 큰 몫을 차지했다.

특히 도로 건설 · 운하 개설 · 철소의 보급은 산업 혁명에 미치는 영향이 매우 컸다.

영국은 1840년에 우편 제도를 전국적으로 실시하여 누구나 1페니짜리 우표만 붙이면 전국 어느 곳으로든지 편지를 보낼 수가 있었다.

이 무렵에 새로운 통신 방법으로 전보가 발명되었는데 전보는 내용을 짧게 적을 수밖에 없는 단점이 있었으나, 상대방에게 전달되는 속도가 편지의 수십 배의 효과가 있어서 특히 기업가들이 이것을 크게 활용했다.

1844년에는 미국 볼티모어와 워싱턴 사이에 처음으로 오고 간 전보는 7년 후 영국 해협에 바다 밑으로 해저 전신이 깔리면서 대륙과 영국은 1일 생활권이 되었다. 1866년에는 미국과 유럽 사이의 대서양에도 해저 전선이 깔려 두 나라의 거리가 무척 가까워지게 되었다.

산업 사회의 눈부신 변화

산업 사회가 발전하려면 무엇보다 먼저 식량 문제가 해결되어야 하는데 그러기 위해서는 농업이 발전해야 한다.

18세기 중엽 이후의 농업은 농기구의 발달과 보다 좋은 씨앗의 개량, 효과적인 농업 경영 등으로 큰 발전을 거듭했으며, 이때 주로 생산되었던 생산물들은 곡식과 돈으로 쉽게 바꿀 수 있는 채소와 유제품들이었다.

산업화의 과정에서 가장 앞장선 분야는 옷감을 만드는 직물 공업으로 이 부분에서도 많은 생산 공장들이 곳곳에 세워졌고 발전이 계속되었다.

농업과 직물 공업이 산업화의 바람을 일으킨 기초적인 분야로 자리를 잡으면서 이 분야의 자본 형태도 차츰 달라지기 시작했다.

세계는 하루가 다르게 변화되었고, 사람들의 생각에도 커다란 변화가 일어났다. 산업화가 시작되기 전의 유럽의 사회는 집안이나 친척 등 혈연관계에 의해 이루어졌으나 이것도 차츰 사라지게 되었다.

산업화 이전에는 가문이나 마을이 개인에게 큰 영향력을 가지고 있었고 때때로 개인의 자유를 제한할 수도 있었으며 질병에 걸렸거나 먹을 것이 없어 굶주리게 되면 함께 걱정하고 도와 주기도 했다.

그러나 산업화 이후에는 이러한 관계가 점점 사라지게 되었고, 모든 책임과 성공이 오직 개인에게 달려 있는 세상이 되었다.

그렇다고 산업 사회가 되면서 모두가 다 잘 살고 부자가 된 것은 아니었다.

그때에도 가난한 사람들이 많았는데, 가난에 대한 근본적인 대책을 마련하기에는 어려운 상태였다.

1800년 이전의 유럽 인구 가운데 도시에 사는 인구가 10만 명을 넘는 곳은 전 유럽에서 모두 45곳뿐이었다.

그러나 19세기에 들어서면서 영국의 도시 인구는 전체 인구의 절반을 차지하게 되었다.

또 20세기에 들어와서는 도시 인구가 점점 늘어나면서 유럽과 미국의 농촌 인구는 고작 20퍼센트밖에 안 되었다.

그 중에서 영국의 산업 도시들은 19세기 동안에 아무런 계획이 없이 커지고 늘어났으나 영국 정부는 도시 문제를 해결하지 못한 반면에 대륙의 도시들은 이에 대한 계획을 세워 해결했다.

이에 비해 영국은 아무런 준비도 못한 채 도시 인구만 빠르게 늘어났으므로 보건 위생 시설을 비롯하여 전기 · 가로등과 주택 사정이 좋지 않았다.

또한 도로가 몹시 좁아 교통이 혼잡했고, 치안도 형편없어서 온갖 범죄가 판을 치고 전염병이 유행했으며, 많은 실업자가 거리를 돌아다녔다.

하지만 영국 정부는 이를 해결하기 위해 노력하지 않고 그대로 두어도 언제인가는 누가 나서서 해결해 줄 것으로 믿고 있었다.

이런 형편인데도 도시에는 공장이 늘어나고 농촌을 떠난 노동자들이 몰려들었으나, 기계와 기술의 발달로 일자리는 점차 줄어들었는데, 그것은 새로운 기술의 발달로 뛰어난 능력을 가진 기계가 많은 사람을 쓸 필요가 없게 만들었기 때문이다.

이때 규모가 작은 공장을 운영하는 사람들은 대규모 공장의 건설을 반대했는데, 규모가 작은 공장들은 큰 공장들과의 생산 경쟁에서 이길 수가 없었기 때문이었다.

공장의 노동자들은 대부분 가족을 농촌에 두고 혼자 도시에 나왔으므로 도시 생활이 무척 힘들었다. 또한, 하루에 15시간씩 기계처럼 열심히 일해야 가까스로 먹고 살 수 있었으며 농촌보다 물가도 비싸고 쉴 틈도 없는 고된 생활을 할 수밖에 없었으나 산업화가 꾸준히 이루어지면서 그들은 서서히 도시 생활에 뿌리를 내리게 되었다.

어린이 노동 보호법 제정

지식인들이나 정치인들은 산업화의 과정에서 생겨난 여러 가지 문제들을 해결하기 위해 많은 노력을 기울였다.

낙관론자들은 산업화로 문제가 많이 생긴 것은 사실이지만 산업화가 계속되다 보면 결국 문제들이 자연히 해결될 것이라고 믿었다.

그러나 지식인들의 생각은 달라서 사람들이 해결 방법을 찾는다면 빈민을 비롯한 많은 문제를 해결할 수 있다고 믿었다.

따라서 정부는 경제와 사회 분야에 직접 나서서 조절하는 역할을 맡아야 한다고 주장했으나, 자본가들은 정부가 나서서 도울 경우에 일시적으로는 효과를 볼 수 있을지도 모르나 결국 경제의 질서를 흐릴 염려가 있다고 반대했다.

한편, 인간을 존중해야 한다고 주장하는 인도주의자들은 정치적 권리가 없는 부녀자와 어린이들에게 특별히 뒷받침이 있어야 한다면서 강력하게 나왔다.

그들은 연약한 부녀자와 어린이들이 긴 시간 동안 일하고도 낮은 임금을 받는 열악한 환경에서 벗어나게 하는 것은 당연하다고 주장하여 마침내 1802년과 1819년에 어린이 보호법이 만들어졌다.

이 법은 형식만 갖추었을 뿐 어린이에게 도움이 되는 내용은 별로 없었으며, 그나마 성인 노동자들은 어린이 노동 보호법을 반대했다.

왜냐하면 어린이들도 돈을 벌어 집안 생활에 도움을 주었으므로 어린이 노동 보호법은 집안의 수입과 자기 식구들의 직업을 빼앗는 것으로 받아들였기 때문이다.

그러나 1824년에 어린이와 부녀자의 광산 노동이 금지되었고 이를 어긴 사람은 처벌을 받게 되었으며, 광산업 분야 이외의 다른 산업 분야에서도 널리 실시되었다.

어린이 노동 보호법에는 그 뒤에 '의무 교육제'가 포함되면서 어린이들은 의무적으로 학교에 다녀야 했고, 10시간 이상의 노동은 할 수가 없었다.

이리하여 어린이들은 의무 교육을 통하여 읽기와 쓰기 및 셈하는 방법 등 기본적인 내용을 익히게 되었고, 성인 노동자들만 일하게 됨으로써 노동의 질도 높아졌다.

산업 혁명이 남긴 것들

산업 혁명은 농업 · 산업 · 노동 · 기술 등 사회 전체에 걸쳐 커다란 변화를 가져왔다.

산업 혁명으로 노동자들에게도 지난날에 비해 많은 정치적 권리가 주어졌고 상당한 사회적 특권도 갖게 되었으며, 경제적인 면에서도 보다 나은 생활을 누리게 되었다. 노동자들은 정치에 참여할 수 있는 참정권을 갖게 되었으나 노동자 계층이 지배권을 쥐게 된 것은 아니었다.

그러나 지난날과는 달리 지배층들은 산업 혁명을 통해 노동자들의 권리와 이익에 대해 여러 가지로 관심을 쏟게 되었다.

지배층들이 노동자들에게 관심을 쏟게 되면서 노동자들은 자기들의 세력을 부지런히 키웠고 정치적 자유뿐만 아니라 경제적 평등도 어느 정도 이룩할 수 있었다.

산업화의 물결은 또 지난날의 전통적인 관습이나 종교적 또는 혈연에 의해 묶여 있던 사람들을 공동체로부터 벗어나게 만들었고, 성직자와 마을 단위의 공동체 역할이 크게 줄어들었으며, 가족 단위에서도 개인의 역할이 바뀌게 되었다.

따라서 모든 개인은 오직 개인으로서만 살아가게 되었고, 이 때문에 사람들은 서로 동떨어져 사는 느낌을 가지게 되었다.

그리하여 민족 · 계급 · 남녀 · 부모와 자식 사이의 관계도 많이 바뀌었다. 한편, 서유럽의 여러 나라들은 산업화의 성공으로 세계를 다스렸고, 세계를 다스리기 위해 저마다 경쟁을 벌였으며 국가 사이에 적대감이 생겨 마침내는 전쟁을 일으키기도 했다.

2. 아일랜드의 비극

비밀 조직 페니안

19세기 중엽에 들어서면서 영국은 눈부신 발전을 거듭했다.

1873년, 독일의 계속된 도전과 함께 미국의 경쟁이 산업 분야에서 두드러지게 나타나자, 영국의 노동자들은 정치와 경제 문제에 대해 자신들의 요구를 주장하게 되었다.

이에 따라 영국은 아일랜드의 비극을 맞이하게 되었으며, 아일랜드 사태가 혼란해지면서 빅토리아 여왕의 정치도 빛을 잃게 되었다.

아일랜드는 영국에 딸린 작은 섬나라였지만 영국의 정치적인 영향에서 벗어나 독립하려고 몸부림을 치고 있었다.

1846년서부터 이듬해 사이에 전 유럽에는 감자 뿌리 마름병이 퍼져 감자가 뿌리를 채 뻗기도 전에 말라 죽어 아일랜드에서만 거의 100만 명이 굶어 죽는 불행한 사태가 일어났다.

이렇게 어려운 현실 속에서도 아일랜드인들은 영국과 싸웠는데, 영국인들은 아일랜드인들을 억누르기 위해 이때 총칼을 사용했다.

아일랜드인들의 굶주림에 의한 죽음에 대해 영국 정부와 국민들은 관심을 보이지 않았기 때문에 많은 아일랜드인들이 굶주림을 피해 영국의 식민지나 미국으로 이민을 떠나게 되었다.

아일랜드인들은 영국과 싸우기 위해 비밀 조직을 만들었고 그들의 분노는 곧 독립을 위한 투쟁으로 이어져 폭력을 휘둘렀다.

아일랜드의 비밀 조직은 페니안으로서 영국인에 비해 심한 차별을 받고 직장을 가질 기회도 없던 아일랜드의 청년들에게 페니안은 큰 자랑거리였다.

이들 비밀 조직에게는 영국과 싸워 독립을 얻기 위한 자금이 필요했는데, 다행히도 미국에 살고 있는 아일랜드인들이 거두어 준 자금으로 조직을 이끌었다.

아일랜드인들의 독립 정신은 끈질기게 이어졌기 때문에 영국 사회는 하루도 조용할 날이 없었다.

1911년, 아일랜드의 자치 문제를 둘러싸고 소동이 벌어졌다. 영국 의회에서 상원이 아일랜드 자치법의 효력 발휘를 법으로 막자, 북아일랜드의 신교도와 남아일랜드의 가톨릭 교도 사이에 더블린과 벨파스트에서 총격전이 자주 벌어졌다. 또한 흥분한 군중들이 무장을 하고 나서자 군대가 이들에게 총을 쏘아 사태는 날로 험악하게 되었다.

이러한 아일랜드의 사태는 1914년 제1차 세계 대전이 일어나기 직전까지 계속되었으나, 전쟁이 일어나자 수그러들었다.

신교도와 가톨릭 교도들은 전쟁이 계속되는 동안은 휴전하여 영국 국왕에게 충성을 바치기로 합의하고 영국에 대한 미움과 분노를 잠시 접고 군대에 들어가 영국의 승리를 위해 용감하게 싸웠다.

그러나 영국의 의회에서 아일랜드 자치법이 통과되지 않자, 이에 불만을 터뜨린 군중들이 1916년의 부활절 기간 동안에 거리로 쏟아져 나와 데모를 벌였다.

영국 정부는 독일과 전쟁을 벌이는 상황 속에서도 이들의 데모를 막으려고 애썼으며, 제1차 세계 대전이 끝나자 영국 정부는 아일랜드 문제를 해결하기 위해 나섰다.

그리하여 영국은 아일랜드를 남과 북으로 나누어 남부는 가톨릭이 공화국을 세우도록 했고, 북부는 6개 주로 나누어 영국이 다스리기로 했으나, 이 같은 영국 정부의 결정을 신교도들이나 가톨릭 교도들은 반가워하지 않았다.

영국은 아일랜드 문제를 이렇게라도 해결하지 않으면 안 되었지만 아일랜드인들이 그토록 바랐던 독립은 결국 남북으로 나누어지는 결과를 낳게 되었다.

3. 산업 혁명 속의 프랑스

나폴레옹 3세

1848년의 혁명으로 필리프의 프랑스 정권이 무너지자 국민들의 절대적인 환영과 지지를 받으면서 나폴레옹 3세가 프랑스의 초대 대통령으로 당선되었다.

그는 나폴레옹 1세의 조카였으므로 프랑스 국민들은 그가 다시 한번 프랑스의 영광을 되찾아 줄 것으로 잔뜩 기대했다. 그런데 나폴레옹 1세는 수많은 전투에서 승리를 거두어 황제로서 위대한 업적을 이룬 반면, 나폴레옹 3세는 1851년에 쿠데타를 일으켜 대통령의 임기를 늘렸다.

그리고 이듬해에는 자신이 불법으로 일으킨 쿠데타를 정당화하기 위해 국민 투표를 강요하였다. 국민 투표에서 쿠데타를 찬성하는 표가 단 한 표라도 더 많으면 나폴레옹 3세의 행동은 정당하다는 평가가 내려질 수밖에 없었다.

국민 투표 결과 쿠데타를 찬성하는 표가 더 많았기 때문에 나폴레옹 3세는 1852년에 제2제정을 실시하여 대통령 제도를 없애고 황제로 즉위했다.

이렇게 되자 프랑스의 지식인들은 제2제정을 반대했고, 노동자와 급진 사상가들도 반대하며 거리로 뛰쳐나왔으나 나폴레옹 3세는 군대를 보내 가라앉혔다.

루이 나폴레옹

프랑스의 황제가 된 나폴레옹 3세는 평화를 부르짖으면서도 1852년부터 1879년 사이에 두 번이나 전쟁을 일으켜 한 번은 오스트리아를 굴복하게 만들었고, 또 한 번은 크림 전쟁에서 마침내 러시아의 양보를 얻어냈다.

이러한 과정에서 프랑스는 영국과 우호 관계를 맺게 되었고, 강한 나라들의 간섭을 받지 않고 그런대로 성공을 거둘 수 있었다.

그는 국내에서도 정치적으로 좋은 기회를 많이 얻어 황제로서의 위치를 굳게 다졌으며, 알래스카와 캘리포니아에서 엄청난 금광이 발견되자 이에 자극을 받아 경제 활동에 활기를 불어넣게 되었다.

이리하여 19세기 중엽에 프랑스는 자신감과 함께 정치에 대한 무관심이 특징으로 나타났다.

1789년의 대혁명이 일어난 지 50년이 지난 후 나폴레옹 3세는 체제에 대하여 많은 비판을 받았으나, 그때마다 강압 정책을 써서 모든 비판을 억눌렀다.

물론 나폴레옹 3세의 편에 서서 그를 두둔하는 세력이 없었던 것은 아니나, 소규모로 농사를 짓는 농부와 가톨릭계와 기업인들은 국내의 안정과 해외 원정의 승리 및 경제 발전에 노력한 나폴레옹 3세에 큰 기대를 걸고 있었다.

나폴레옹 3세는 나라를 다스리는 동안 국민 투표를 실시하고 국민들을 위해 많은 노력을 기울여 성과를 거두었으나, 그것은 오직 개인과 권위주의에 의해 인간을 다스렸을 뿐이다.

나폴레옹 3세는 1859년을 고비에 부닥쳐서 1860년 이후 국내외적으로 그가 지난 10여 년 동안 지탱하려고 애썼던 기본틀이 무너지기 시작했다.

노동자들의 문제를 자세하게 도와 주던 황제가 당시 런던에서 열린 만국 박람회에 노동자 관광단을 보냈으나, 그들은 영국에서 노동조합 운동의 방법만을 배워 가지고 돌아와 프랑스에서 이용했으며, 국제 노동자 연맹에 들어감으로써 나폴레옹 3세에게 실망을 안겨 주었다.

이와 때를 같이하여 기업인들도 영국과의 경쟁에서 프랑스를 돕지 않고, 오히려 영국을 이롭게 만들었다고 비난했다. 또한, 언론의 자유가 일부분 허용된 1860년대에는 나폴레옹 3세에 관한 나쁜 소문이 퍼져 그의 인기가 떨어지게 되었다.

나폴레옹 3세는 1864년에 노동자들에게 파업을 할 수 있는 권한을 주고, 1868년에는 노동조합을 만들 수 있도록 하는 등 노동자들의 믿음을 얻으려고 노력했다.

그런 가운데 1870년에는 프로이센의 꾐에 빠져 보불 전쟁이 일어났고, 이 전쟁에서 나폴레옹 3세는 크게 패배하여 파리 코뮌 사태를 맞게 되었다.

파리 코뮌 결성

파리 코뮌

나폴레옹 3세가 보불 전쟁 중 프로이센군에게 포로로 잡히자 결국은 항복하게 되었고, 이로써 프랑스의 제2제정은 무너지고 말았다.

나폴레옹 3세는 항복을 했지만 파리 시민들은 그대로 앉아서 당할 수는 없었다. 그리하여 파리 시민은 헌법에 따라 제3공화정을 세우고 계속해서 프로이센군과 싸웠다.

하지만 프로이센의 강한 군사력 앞에서는 당해 낼 도리가 없어 결국은 이듬해인 1871년 1월에 프로이센에 항복하여 무너졌고, 곧이어 임시 정부가 세워진 후 국민 의회가 만들어져 프로이센과 휴전 협정을 맺었다.

이때 프로이센은 임시 정부에게 프랑스의 알자스와 로렌 지방을 그들에게 넘기고 50억 프랑을 배상하라고 요구했다.

그러자 임시 정부와 국민 의회의 무능함에 분노한 파리의 소시민과 노동자들은 그들의 혁명 정권인 파리 코뮌을 선포하고 프로이센과 맺은 휴전 협정은 무효라고 선언했다.

파리 코뮌은 프로이센에 대항하는 파리 시민의 애국심에서 비롯된 것으로서 노동자와 시민들의 운동 성격을 띠게 되었다. 이렇게 된 이유는 임시 정부가 프로이센과의 전쟁 중에는 빚과 집세의 지불을 연기해 주었던 제도를 없애 버려 가난한 노동자와 시민들의 짐을 더 무겁게 해 주었기 때문이었다.

파리 코뮌은 위원회를 베풀어 두고 프랑스 혁명의 옛 역사를 되새기며 혁명 정권으로서의 기틀을 갖추었는데, 약 2개월 정도 운영되는 과정에서 이를 해산시키려는 임시 정부와 싸우게 되었으며, 이 싸움은 프랑스 역사에 또 하나의 비극을 낳게 되었다.

이 비극은 엄청난 것으로서 프랑스인끼리 파리 코뮌을 지지하는 쪽과 임시 정부를 지지하는 쪽이 서로 싸워 서로 다른 쪽을 지지하는 시민 2만여 명이 재판도 받지 않고 무참히 죽은 끝에 결국에는 임시 정부에 의해 파리 코뮌은 없어졌다.

이러한 비극은 프랑스 시민과 자유주의의 지식인들에게 큰 충격을 안겨 주었고, 유럽 전 지역에서도 자기 나라에 파리 코뮌과 같은 조직이 나타날 것 같은 두려움에 휩싸여 자유주의 대신에 보수주의를 택하였다.

그러나 파리 코뮌은 사상이 서로 맞지 않아 생긴 것이라기보다는 임시 정부가 가난한 시민들을 경제적으로 돕지 않고 더욱 심하게 다루었기 때문이다.

파리 코뮌에 참여한 시민들은 모두 애국심에 불탔으며, 그들이 바라는 것은 삶과 직접적으로 연결된 문제의 해결이었다.

임시 정부는 파리 코뮌을 잔인하게 탄압함으로써 시민들을 흥분하게 만들었고, 그들로 하여금 폭력을 휘두르도록 만든 원인이 되었다. 그리고 재배 계층에 대한 나쁜 감정과 미움과 분노를 품게 하여 조직의 힘을 강하게 만들고 폭력을 잔인하게 휘두를 준비를 갖추게 하였다.

제3공화정 출현

프랑스는 파리 코뮌으로 인해 나라가 몹시 어지럽게 되고 정치적으로도 위험한 사태를 겪자, 나라를 안정시키기 위해 여러 가지 방법을 찾게 되었다.

프랑스 국민들은 파리 코뮌으로 인해 비극을 겪었으므로 공화정이 되면 반드시 정치적인 혼란이 온다고 생각했다.

그리하여 왕정을 희망했는데, 국왕이 나라를 다스리더라도 어려운 문제는 있겠으나, 적어도 정치적으로는 안정될 수 있다고 믿었기 때문이다.

이러한 분위기 속에서 정치가이자 역사가이며 자본가 계급의 자유주의자인 티에르가 모습을 드러냈다.

티에르는 혼란스런 사회를 안정시키고 번영시킬 수 있는 사람은 오직 자신뿐이라고 강조하면서 아직 국가의 형태를 결정하지 못한 상태에서 임시 정부의 대통령에 취임했다.

왕당파들은 이에 분노하여 왕정에 필요한 법과 제도를 마련했으며,

국민들도 공화정보다 왕정을 좋아했으나 왕 노릇을 할 만한 사람을 찾지 못했다.

그래서 결국 국민들은 공화정을 받아들이기로 하였고, 제3공화정은 임시 정부의 기간까지를 포함하면 프랑스 역사상 가장 오랫동안 지탱한 셈이었다.

제3공화정은 1879년에 이미 법적으로나 제도적으로 기반을 다졌으나 나라를 이끌어 갈 힘이 있는 정당이 없이, 크고 작은 여러 개의 정당으로 나뉘어 끊임없이 혼란이 계속되었다.

그래서 국가의 지도자인 수상이 자주 바뀌게 되었으며, 국회가 해산되고 선거가 잦아서 국민들은 정치를 믿지 않았고 관심을 두지 않게 되었다.

이런 가운데 제3공화정은 가까스로 버티고 있었으나, 파나마 운하 건설을 둘러싸고 국가의 지도층들이 부정을 저지르고, 그들끼리 싸움을 계속하는 바람에 나라는 안정을 잃게 되었으며, 1894년에 일어난 드레퓌스 사건도 정치를 불안하게 만들었다.

프랑스의 유대계 포병 대위인 드레퓌스가 참모 본부에 근무하면서 군사 기밀을 독일에 팔았다는 혐의로 재판을 받게 되자 지식인들은 크게 분노했다. 죄 없는 사람을 유대인이라는 이유로 종신 징역을 선고한 데 대해 프랑스 지식인들이 반대하고 나선 것이다.

그들은 프랑스의 소설가인 졸라와 스랑스 및 정치가인 클레망소 등 자유주의적인 지식인들로 대학생들과 힘을 합쳐 드레퓌스를 구하는 일에 앞장섰다. 이들은 12년 동안의 끈질긴 노력 끝에 마침내 드레퓌스를 감옥에서 석방시켰는데, 그때까지 프랑스에서는 유대인을 미워하고 탄압하는 반유대인들과 그렇지 않은 자유주의자들이 격렬하게 맞섰다.

이 무렵 공화주의자들은 가톨릭에 대해 날카로운 공격을 계속했다. 그 결과 국가로부터 특별 혜택을 누리던 교회 계통의 학교와 교회에 관한 법률과 교회의 수많은 재산 등이 없어지거나 국가에게 빼앗겼다.

따라서 과거와 달리 국가와 교회가 완전히 따로 나뉘었고, 프랑스 사회는 교회를 대중화시켰다.

그러나 전통적으로 오랫동안 가톨릭을 믿는 농촌 중심의 사회에서는 교회에 대한 이 같은 대중화 움직임에 크게 반대했다.

4. 독일의 제국 의회

비스마르크

강력한 지도력으로 독일 제국을 세운 비스마르크에 대해 보수주의자들이나 자유주의자들 역시 모두가 존경했으나, 비스마르크 제국으로도 불리는 1871년 독일 제국의 헌법은 자유주의적 성격을 갖지 못했다.

독일 제국의 헌법은 제국이 연방으로 이루어지며 각 연방에게 상당한 자치권이 주어진다고 정했지만, 나라의 살림을 꾸려 가기 위한 예산을 심의할 수 있는 권한 이외에 제국 의회는 어떤 권한도 갖지 못했고, 또 제국의 행정을 이끈다거나 각 장관들을 해임시킬 수 있는 권한도 없었다.

제국 의회의 의원은 영국의 경우와 비교한다면 매우 민주적인 방법으로서 성인 남자가 보통 · 평등 · 비밀 선거에 의해 의원을 뽑았다.

제국 의회는 이렇게 민주적인 방식으로 이루어졌으나 정부가 의회에 대해 아무런 책임을 지지 않았기 때문에 제국 의회는 사실상 이름뿐이었다.

그래서 자유주의적인 지식인들이나 정치가들은 이 같은 제국의 헌법에 대해 다른 의견을 내어놓았지만 비스마르크의 업적이 매우 컸기 때문에 이들의 의견이 먹혀들지 않았다.

그 정도로 비스마르크는 독일이 낳은 영웅으로 국민들의 마음 속에

비스마르크

자리를 잡고 있었던 것이다.

독일 제국의 또 다른 특징은 관리와 군대의 제도였다. 관리들은 성실과 정직으로 무장한 훌륭한 공무원 자격을 지녔으나 국민들을 밟고 올라서려는 단점이 있었다.

하루가 다르게 변하는 산업 사회에서 이러한 공무원들의 자세는 민주주의를 실천하는 데 있어 문제가 많았다. 이 때문에 사회 개혁과 정부 개혁 사이에는 큰 차이가 생겼고, 국민들을 업신여기는 권위주의 자세도 바뀌지 않았다.

군대의 경우는 관리들보다 더 비민주적인 데가 많았다. 군대는 의회로부터 간섭을 받지 않았고 철혈 재상 비스마르크가 나라를 다스리는 가운데서도 자유로운 독립 집단을 이루고 있었다.

그러나 군인은 계급이 높은 사람의 명령에는 무조건 복종한다는 비민주적인 군대 정신을 철저하게 지켰다.

또한 1866년에 오스트리아, 1870년에 프랑스와 벌인 전쟁에서는 독일이 모두 이겼기 때문에 독일에 군대가 끼치는 영향은 대단했다.

독일의 사회주의

독일 제국의 인구 가운데 약 40퍼센트가 가톨릭 신도들이었으나 프로이센이 다스리는 독일 제국에서는 외국인으로 다루어졌다.

가톨릭 신도들은 독일 제국의 황제에게 충성을 맹세하면서도 독일 제국에 끊임없이 불만을 나타냈다.

비스마르크는 가톨릭 신도들의 이러한 태도가 몹시 못마땅했고, 이들이 독일 제국을 흩어지게 하려는 존재들처럼 여기게 되었다.

그리하여 비스마르크는 1873년에 가톨릭을 억누르는 정책을 쓰는 한편 '5월 법'을 만들었다.

이 법에는 교회가 국가의 다스림을 받도록 하는 것과 예수회는 차별을 받는다는 항목이 들어 있었다. 그리고 교회는 국가로부터 감독을 받으며 모든 성직자는 국가가 감독하는 교육 기관에서 교육을 받은 다음에 성직자로서 활동할 수 있게 했다.

비스마르크는 또 국가에서 가톨릭 신도들의 결혼 문제도 간섭할 수 있도록 하는 등 가톨릭을 탄압할 수 있는 법적 근거를 마련하여 가톨릭 신도들을 독일 제국의 적으로 보았다.

이렇게 되자 가톨릭 신도들은 기를 펴지 못했고 법을 위반하면 엄한 처벌을 받았다.

비스마르크의 가톨릭에 대한 탄압에 대항하기 위해 가톨릭 신도들은 중앙당이란 조직을 만들어 비스마르크의 정책에 맞서 싸웠으며, 탄압이 심해질수록 신앙심은 더욱 강해지고 열렬해졌다.

가톨릭뿐만 아니라 개신교 신도들도 가톨릭 신도들과 함께 뭉치게 되자, 비스마르크는 결국 1878년에 로마 교황 레오 13세가 즉위하는 것을 기회로 삼아 가톨릭 신도들과 화해한 것처럼 꾸며서 가톨릭 신도들에 대한 탄압을 슬그머니 끝내 버렸다.

1870년대 말에 비스마르크는 또 다른 적과 싸우기로 결심을 했다. 그가 싸우기로 결심한 적은 라살이라는 지도자로 라살은 노동자들에게 존경받는 인물이며, 그의 영향력은 노동 운동과 조합 운동은 물론 비스마르크에게까지 영향을 미치고 있었다.

라살이 만든 독일 노동자 연맹은 사회주의 성격을 띠고 있었지만 자신은 열렬한 민족주의자였으므로 정부가 노동자들을 도울 것으로 믿었다. 하지만 그의 뜻대로 되지 않자 1875년에 독일의 고타시에서 그가 이끄는 가운데 독일 사회주의 노동당을 만들고 고타 강령을 발표했다.

그런데 1878년에 국왕인 빌헬름 1세를 살해하려는 사건이 두 번씩이나 일어나자 비스마르크는 이 사건에 사회주의자들이 관련되어 있는 것으로 꾸며 그들을 탄압하기 시작했다.

비스마르크는 사회주의자들이 정부를 무너뜨리려고 한다면서 그들을 탄압하기 위한 법을 만들자 사회주의를 반대하는 사람들은 그의 정책을 지지했다.

그러나 비스마르크의 강력한 탄압에도 아랑곳하지 않고 노동자들의 편에 서 있던 사회주의 정당은 더 단단하게 뭉쳤으며, 제국 의회에도 사회주의 정당 출신의 의원들을 더 많이 내보내기에 이르렀다.

비스마르크는 이처럼 산업 사회의 변화로 인해 노동자 문제가 점점 더 어려워지고 있음을 깨닫고 사회주의 노동자들을 위해 두 가지 새로운 정책을 펼쳤다.

그는 노동자들이 위험한 사회주의 사상에 물드는 것을 막기 위해 '사회주의자 법' 을 만들어서 사회주의 정당 활동을 금지하고 투쟁에 앞장서는 노동자들을 감옥에 가두거나 해외로 쫓아내는 등 강력한 방법을 택했으나 그의 방법은 오히려 사회주의자들의 반발만 가져왔다. 그리하여 노동자들을 달래기 위해 여러 가지 법적인 혜택을 마련하여 일자리를 구해 주고, 노년의 생활보장과 질병으로부터의 보호 등을 베풀었다.

비스마르크는 가톨릭과 사회주의를 독일 제국의 두 가지 적으로 보고 이들을 억누르기 위해 문화 투쟁과 사회주의자 법, 사회보장정책을 펼쳤다.

비스마르크는 전통적인 옛 제도를 그대로 이으려고 했는데, 독일 제국을 다스리고 있던 프로이센이 독일을 이끄는 국가라고 굳게 믿고 있었다는 데서도 그 이유를 찾아볼 수 있다.

비스마르크가 1873년 이후에 세계적인 불황으로 인해 자유주의자들의 반대를 무릅쓰고 경제 정책으로 보호 관세를 실시한 것만 가지고 그를 보수주의자라고 할 수는 없을 것이다.

보호 관세란 국내 산업을 보호하고 키우기 위해 수입품에 매기는 세금을 말한다.

비스마르크는 독일 제국을 세운 이후 해외에 식민지를 가지고 있는 것이 경제적으로 따져 볼 때 큰 이익이 없는 것으로 생각하고 멀리했다.

그 이유는 식민지를 운영하면 물건을 파는 시장과 원료를 사들일 공급마저 필요한데, 이를 지탱하려면 군대가 필요하고 경쟁하는 국가도 경계해야 되기 때문이었다.

그러나 1880년대에 이르러 세계 경제가 계속 위기에 빠지게 되자 경제적인 어려움은 독일에서도 큰 문제가 되었지만, 바다의 지배권도 문제가 되었다.

비스마르크는 국내의 경제가 점점 나빠지자 식민지를 이용하여 국내의 경제 문제를 풀어나가야 되겠다고 생각했는데, 이는 뒤늦은 식민지를 이용할 가치와 중요성을 깨닫게 된 것이었다. 비스마르크는 경제적인 이익은 없지만 아시아 · 태평양 · 아프리카에서 식민지 활동을 펼치면서 이익을 얻을 수 있는 것부터 시작했다.

배를 만드는 조선 공업, 군대에 필요한 물자를 대는 군납업체, 군수기업 등에 먼저 손을 써야 식민지 정책에 도움이 되는 것이다.

비스마르크에 의해 독일 제국이 해외로 세력을 넓히려고 하자 영국은 긴장하지 않을 수 없었다.

영국은 이미 오래전부터 식민지 정책을 통해 많은 이익을 얻고 있었는데, 여기에 독일이 갑자기 끼어들기 때문이었다.

그리고 프랑스도 독일이 강대한 나라가 되면 대륙을 주름잡는 세력이 뒤바뀔지도 모른다고 염려하는 등 독일 제국의 이웃 나라들은 독일에 대해 나름대로 점차 경계심을 갖게 되었다.

빌헬름 2세가 독일 제국의 황제가 되면서 그와 같은 경계심은 커지게 되었다. 빌헬름 2세는 29세의 젊은 나이에 용기도 있었으며 독일의 황제뿐만 아니라 세계의 황제가 되고 싶은 욕망에 가득 찬 사람이었다.

그러나 황제는 경험이 부족하고 신중하지 못하여 비스마르크가 모든 면에서 자신과 맞지 않는다고 불평했다.

재상인 비스마르크가 황제의 마음에 들지 않으면 물러날 수밖에 없었으므로 그는 황제를 이해시키려고 계속 노력하다가 결국 미움만 사고 재상 자리에서 물러나고 말았다.

빌헬름 2세가 비스마르크의 뒤를 이을 재상으로 자신의 말을 잘 듣는 카프리비를 임명하자, 영국과 프랑스는 한창 세력을 뻗고 있는 독일을 경계하기 위해 군사 동맹을 맺었고, 나아가 러시아를 동맹국으로 받아들였다.

한편, 독일은 독일대로 이들의 위협으로부터 벗어나기 위해 이탈리아와 오스트리아를 끌어들임으로써 유럽은 영국을 중심으로 프랑스와 러시아의 3국 동맹과 독일을 중심으로 한 이탈리아와 오스트리아의 3국 동맹으로 팽팽하게 맞서게 되었다.

5. 이탈리아의 현실

해외 식민지 정책

이탈리아가 통일을 이루자 국내의 민족주의자들은 저마다 큰 기대에 부풀어 있었다.

그러나 기대가 너무 컸기 때문인지 실망 또한 커서 오랫동안 가난과 굶주림, 독재에 시달려 온 이탈리아 국민들은 대부분 글자를 모르는 문맹자들이었다.

또 오랫동안 가난에 시달렸기 때문에 경제와 정치적인 발전을 쉽게 이룩하기가 어려웠으며, 종교 문제도 이탈리아를 발전시키는 데 있어 커다란 장애가 되었다.

국민의 대부분이 가톨릭교를 믿는 이탈리아에서 자유주의자들은 교황이 가진 땅을 모두 거두어들여 이탈리아가 발전할 수 있는 기회로 삼자고 주장했으나 교황인 피우스 9세는 그들의 주장을 딱 잘라 거절했다.

교황은 신도들에게 신앙심을 길러 그 힘으로 국가와 종교 두 가지를 함께 꾸려 나갈 것을 주장했으므로 민족 국가로 발전하는 데 필요한 자유주의 시민 정신은 전통적인 종교 의식에 의하여 장애를 받게 되었다.

그리고 각 지방의 전통적인 정신과 풍습, 역사도 민족 국가로 발전하는 데 그 속도를 더디게 했다.

통일한 지 10년이 지난 뒤에 선거법을 고쳐 정치에 참여할 수 있는 참정권을 크게 늘렸는데, 부유층의 자유주의자들은 문맹자를 제외하고는 모든 국민들에게 참정권이 주어졌다고 생각했으나 거기에도 문제가 있었다.

국민들은 그 당시 정치란 자기의 일이 아닌 것처럼 생각했기 때문이었다.

이러한 문제점은 국민들뿐만 아니라 나라를 다스리는 지도층들도 마찬가지였고, 국민들은 정치에 대해 관심도 갖지 않았지만, 시간이 흘러가면서 정치에 대한 불신만 쌓여 갔다.

한편, 의식이 있는 사람들은 이러한 정치적 현실에 분노하여 자신들의 울분을 이기지 못한 채 폭력을 사용하면서 정부와 맞섰고, 노동자들도 현실을 비웃으며 폭력을 일삼았다.

그리하여 타협과 양보, 조금씩 나아가는 개혁은 남을 속이는 것이 되었고, 민주적인 온건주의자들은 설 자리가 없게 되었다.

정부는 국내의 경제와 사회 분야의 어지러운 사태를 해결하기 위한 구체적인 방법으로 해외에 눈을 돌리게 되었다. 즉, 해외에 식민 정책 활동을 벌이게 된 것이다.

이탈리아가 아프리카와 지중해 지역으로 군대를 내보낸 것은 이탈리아의 강력한 힘을 뽐내려는 것이 아니라 국내의 사회 문제를 해결하기 위해서였다.

6. 19세기의 러시아

농노 해방령

19세기의 러시아는 여러 민족들로 이루어졌고, 러시아의 로마노프 왕조는 대서양에서 태평양에 이르는 넓은 영토를 가지고 있었다.

이렇게 엄청난 영토와 여러 민족으로 이루어진 국민들을 다스리기 위해 군주 제도가 일찍이 뿌리를 내리고 있었는데, 이러한 정치 제도에서는 자유주의 사상이나 중산층의 시민 계급이 발전해 나갈 가능성은 도저히 기대할 수 없었다.

러시아의 귀족들은 국왕의 눈치만 살피고 살았기 때문에 국왕들은 귀족 계급을 억누르기 위해 일부러 시민 계급을 키울 필요가 없었다.

따라서 자유로운 사상과 자유로운 경제 활동, 자유로운 경쟁 등 시민 사회에서 보장받아야 할 중요한 일들이 러시아에서는 찾아볼 수가 없었다. 그 대신 옛날의 전통 · 풍속 · 권위 · 복종 등 옛 봉건 사회의 뿌리들이 그대로 이어져 19세기까지 영향을 미쳤다.

19세기의 러시아 사회 구조는 오직 군주에게 봉사하는 것만이 중요했고, 군주에게 있는 힘을 다해 봉사하여 생활과 특권을 누리는 봉사 계층, 즉 군대의 장교와 관리 및 지주 귀족과 농사를 짓는 노예들로 이루어졌다.

상인과 소규모의 공장을 경영하는 수공업자들은 귀족들에게 업신여김을 받으며 가난하게 살았다.

러시아의 귀족들은 봉사 계급의 시민들로 이루어져 있었으면서도 대중들과는 아무런 협력을 이루지 못하여 귀족과 일반 대중들 사이에는 교육 · 문화 · 삶 등에 있어서 차이가 많았다.

러시아의 황제는 유럽과 아시아와 맞닿은 국경에 대하여 언제나 불안해했고, 대지주인 귀족의 밑에서 농사를 짓는 대가로 생활하고 있는 농노들도 황제에게는 두려운 존재들이었다. 농노들은 억압 속에서 살고 있었으므로 언제 어디서 반란을 일으킬지도 모르는 형편이었다.

따라서 러시아를 지탱할 수 있었던 것은 황제의 권력 덕분이었다.

한편, 러시아가 프랑스의 나폴레옹을 패배시킨 후에 귀족들은 러시아를 자랑스럽게 생각하였으나, 문화와 경제적으로는 다른 나라에 비해 후진국임을 부끄럽게 여겼다.

러시아의 황제는 외국에서 들어오는 새로운 사상이나 자유주의 정신을 매우 위험스럽게 여기고, 러시아 고유의 전통을 강조하면서 서유럽의 문화와 비교해서 조금도 뒤떨어질 것이 없다고 자랑했다.

황제의 말은 외국을 한 번도 가 보지 못한 농노들에게는 어느 정도 이해될 수 있었으나 서유럽을 여행한 귀족들에게는 거짓말에 지나지 않았다. 1825년 12월에 러시아의 청년 귀족들이 농노제의 폐지와 입헌 정치의 실현을 부르짖으며 '데카브리스트 반란' 을 일으켰으나 실패하여 지도자는 사형되거나 귀양을 갔다.

19세기 중엽에 니콜라이 1세는 통치자의 권력이 강화되어야 모든 문제가 해결될 수 있다고 생각한 끝에 비밀 경찰 제도를 만들어 사회를 마치 군대와 같은 조직으로 이끌어 간다면 모든 문제가 풀릴 것으로 믿었다.

하지만 비밀 경찰 제도는 사회를 몹시 어둡게 만들었고 국민들이 스스로 협조하는 것을 가로막는 결과를 가져왔으며, 비밀 경찰은 국민들의 행동을 몰래 감시했기 때문에 비밀 경찰이 혹시 자기의 행동을 감시하거나 뒤쫓지는 않을까 하고 항상 불안하였다.

이처럼 사회가 어둡게 닫혀 있던 러시아가 결정적으로 문제를 드러낸 것은 서유럽과 맞붙은 크림 전쟁에서였다. 이 전쟁에서 러시아군은 영국 및 프랑스군과 싸움을 벌였으나 그들에게 크게 패하고 말았다.

크림 전쟁에서 패한 후 니콜라이 1세의 뒤를 이은 알렉산드르 2세는 러시아의 전통적인 제도를 벗어나 새로운 정치를 하게 되었다.

그는 통치의 목표를 서유럽의 나라처럼 만든다는 데 두었고 1861년에 농노 해방령을 선포했다.

7. 제국주의의 등장

식민지 쟁탈전

19세기에 서유럽인들은 아시아와 아프리카 등 세계로 자신들의 힘과 영향력을 넓혀 나갔는데, 그 중에서도 미국을 비롯하여 오스트레일리아와 뉴질랜드 등으로 이민의 행렬이 줄기차게 이어졌다.

유럽에서도 산업화의 물결이 각국으로 빠르게 퍼져나감에 따라 선진 산업 국가와 후진 국가 사이에 아시아와 아프리카를 놓고 식민지 쟁탈전이 벌어졌다.

제품의 원료를 공급할 나라와 생산된 제품을 팔아야 하는 시장을 서로 차지하기 위해 나라마다 치열한 세력 다툼을 벌였는데 이것이 곧 제국주의이다.

제국주의는 민족 국가들 사이에 곧 민족 경쟁이라는 성격을 띠게 되었으므로 온갖 수단을 동원하여 한 나라의 민족이 다른 민족과 싸워서 반드시 이겨야 했다.

겉으로는 자유와 믿음, 인간의 존엄성과 권리를 외치면서도 속으로는 승리를 위한 잔인한 정신이 도사리고 있었으므로 겉과 속이 다른 상태에서 저마다 식민지를 차지하려는 욕망이 가득 차 있었다. 그런데도 유럽인들은 자신들의 행동에 대해 아무런 죄의식을 갖지 않았는데, 이것이 유럽에 제국주의가 나타나게 된 배경이다.

제국주의에는 두 가지가 있는데 16세기 이후 18세기까지 유럽인들이 세계로 나아간 것을 '구제국주의' 라고 부르며 19세기의 해외 진출은 '신제국주의' 라고 일컫는다.

이러한 제국주의가 19세기 후반에 서유럽 국가들 사이에 일어난 까닭은 산업화에 필요한 원료 확보와 제품을 팔기 위한 시장의 필요성 등 몇 가지 이유로 식민지가 요구되었다는 데에 있다.

19세기의 유럽은 기술 개발에 성공하여 아시아와 아프리카의 여러 나라들과 힘을 겨루었고 그 결과 식민지를 차지했으며, 식민지가 된 나라들은 유럽 국가들의 원료 공급이나 물건을 파는 시장의 역할에 그쳤다. 그리고 식민지가 된 나라들은 경제적으로 자립할 수 없는 비극을 겪어야 했다.

또한, 식민지인들은 정복한 국가의 언어를 익혀야만 생활에 불편을 겪지 않게 훈련되었으며, 식민지를 차지한 나라들은 우상 숭배에 빠진 미개인들에게 기독교를 믿게 함으로써 각국 식민지인들이 가졌던 전통 신앙을 차츰 기독교 신앙으로 바꾸게 되었다.

그 결과 전통과 문화 수준이 낮은 식민지에서는 기독교가 차츰 그들의 신앙으로 바뀌게 되었다.

아프리카 탐험가들

아프리카는 19세기에 유럽 제국주의 침략이 가장 심하게 드러난 곳으로서 1880년대까지만 해도 유럽의 아프리카 식민지 정복은 아프리카 대륙의 10분의 1밖에 안 되었다.

그러나 1914년에 이르러 자유를 찾은 미국의 흑인 노예들이 고향으로 돌아와 세운 라이베리아와 에티오피아를 빼고는 모든 지역이 유럽인들의 손에 들어가게 되었다.

1830년대에 프랑스는 이미 북아프리카의 알제리에 나아갔으며 영국은 나폴레옹과의 전쟁 때에 남아프리카의 중요한 곳인 케이프타운을 정복하여 인도와 극동 지역 무역의 근거지로 삼았다.

17세기 이후 이 지역에서 살던 네덜란드의 농부들은 영국의 압력으로 약간 북쪽으로 옮겨 가게 되었으나 이들은 1880년대에 영국의 압력에 맞서 자치권을 얻어냈다.

아프리카의 프랑스군

이처럼 1870년대까지는 서유럽의 강대국들이 아프리카에 대해 관심을 별로 쏟지 않았으나 벨기에의 국왕 레오폴드 2세에 의해 갑자기 변했다.

레오폴드 2세는 1876년에 '국제 중앙 아프리카 탐험 및 문명 협의회'를 만들고 영국의 탐험가였던 스탠리를 아프리카의 콩고에 보냈다.

그는 1871년에 리빙스턴을 구출하기 위하여 중앙 아프리카를 탐험한 적이 있었으며 1861년에는 미국의 남북 전쟁에도 참전했던 인물이다.

스탠리는 레오폴드 2세의 지원을 받아 콩고를 탐험한 뒤에 그곳의 원주민 추장과 협정을 맺었다.

한편, 벨기에가 아프리카로 나아가게 되었다는 소식이 전해지면서 유럽의 국가들은 탐험가를 아프리카로 보내기 시작했다.

아프리카의 기후와 외부인들이 가까이 하기 힘든 자연적으로 이루어진 지형, 특히 강줄기의 급경사 때문에 그 동안 아프리카의 정복이 매우 어려웠으나 유럽인들은 정복의 욕심을 결코 버리지 않았으므로 경제적으로 이익이 없더라도 서로 식민지를 차지하려고 애썼다.

이런 가운데 1884년, 영국을 비롯하여 프랑스와 독일의 고위 정치인들이 베를린에 모여 사하라 사막 이남 지역에서 각국들이 식민 사업을 벌일 때 부닥치는 문제들에 관하여 몇 가지 원칙을 세웠다.

이 원칙에 따르면 자기 나라의 식민지로 인정받기 위해서는 그 식민지를 실제로 다스릴 수 있는 능력을 보여 주어야 했으므로, 각국은 군대와 탐험대를 계속해서 식민지에 보내 머무르게 해야만 되었다.

한편, 벨기에의 레오폴드 2세는 개인 자격으로서 콩고를 다스리는 통치자가 되어 콩고를 자유 무역 지역으로 선포하고 모든 나라의 상인들이 자유롭게 활동할 수 있도록 뒷받침해 주었다.

유럽 국가들은 아프리카를 식민지로 삼는 과정에서 주민들을 노예로 사고 파는 등 노예 무역을 했는데, 베를린의 회의에서는 노예 무역을 하지 못하도록 규정했으나 아프리카에 많은 돈을 들인 자본가들을 위한다는 구실로 노예 무역을 하도록 내버려 두었다.

영국의 아프리카 진출

영국은 남아프리카 케이프타운을 빼놓으면 오직 서부 바닷가에 몇 군데의 근거지를 갖고 있었는데, 아프리카 이외에서도 막강한 군사력을 바탕으로 경제를 발전시킬 수 있었으므로 아프리카에 대한 관심은 그리 높지 않았다. 그러나 이집트가 혼란스러운 국내 사정으로 인해 영국의 힘을 빌리게 되자, 이때 영국의 아프리카에 대한 정책이 바뀌기 시작했다.

그때 이집트는 터키에서 보낸 키디브가 모든 권한을 쥐고 있었는데, 그는 이집트가 터키에서 독립하기를 원했으므로 영국과 프랑스에게

수에즈 운하

도움을 요청하자, 영국은 그의 요청을 받아들인 후에 이집트에 많은 자본을 들여 대화를 꾀하게 되었다. 이러한 상황에서 1858년에 지중해와 홍해를 잇는 수에즈 운하 건설 공사가 시작되었는데, 영국과 프랑스 자본과 함께 이집트의 국내 자본이 들어간 이 건설 공사에 대해서 아무도 반대하지 않았다.

그때 이집트는 국내의 모든 경제력을 여기에 집중시켰으나 여기에서 이익을 얻는 기간이 길었기 때문에 이집트 국내의 경제 사정이 매우 나빠졌다.

영국은 수에즈 운하가 개통되면 인도양과 아시아 지역으로의 항로가 크게 줄어들기 때문에 이 사업이 하루 빨리 끝나기를 바라면서도 자기 나라의 자본으로는 이처럼 거대한 건설 사업의 비용을 마련할 수 없었으므로 프랑스에 자본을 투자할 것을 요청했다.

그러나 프랑스는 영국이 이집트를 소유하게 되면 손해만 보게 될 뿐이라고 생각하여 망설이자, 영국 수상 글래드스턴은 영국이 이집트 안에서 군사적인 영향력을 행사하지 않겠다고 약속함으로써 프랑스는 수에즈 운하 건설 사업에 자본을 투자했다.

이때 이집트 국민들은 영국이 자기 나라의 후원자로 행세하는 것을 매우 못마땅하게 여기면서 영국이 하루 속히 이집트에서 물러갈 것을 요청했지만 영국은 이집트의 요청을 무시하고 오히려 남아프리카 지역으로 계속 영향력을 넓혀 수단까지 나아갔다.

그러자 이집트 국민들의 불만이 더욱 커져 폭력 사태로 번졌으나 영국은 이러한 폭력 사태가 일어나면 힘으로 곧장 눌러 버렸다.

1883년, 수단의 이슬람 교도들은 이집트인들이 그들의 종교를 배신하고 이교도를 받아들인다면서 비난하고 이를 뒤에서 조종하는 영국에 대하여 거룩한 전쟁을 선언했다. 이에 영국은 카디브에 있는 군사 1만여 명을 동원하여 영국의 힉스 장군에게 지휘를 맡겨 수단을 정복하려고 했으나 이때 이집트군의 전멸로 끝나고 말았다.

그러자 영국에서는 지식인들을 중심으로 영국의 카디브 지원은 잘못되었다는 비판이 거세게 일었고 프랑스도 영국이 약속을 어기고 군사를 끌어들인 것을 비난하고 나섰다.

또한, 자본을 댄 기업인들도 전쟁이 커져서 경제적으로 혼란만 겪게 되었다고 수상 글래드스턴을 공격했다.

그러나 글래드스턴은 국내외의 비난과 사회적 혼란에 꺾이지 않고 1885년에 새로운 수단 정복 계획을 세웠는데, 이 계획에 따르면 고든을 정복 책임자로 정하여 수단의 구세주로 불리는 마흐디를 물리친다는 것이었다.

마흐디는 수단에서 이 세상이 끝날 무렵에 인간을 구해 주기 위해 나타난다는 구세주로 불린 인물이었다.

그러나 고든은 마흐디에게 패배하여 목을 잘리고 말았으며 영국은 또 한 번의 싸움에서 패배했다.

1898년, 영국군은 옴두르만에서 수단군과 싸워 크게 승리를 거두었는데 이 전투에서 영국군은 이슬람 교도 1만 1천 명을 학살했고 영국군은 고작 28명이 전사했다.

영국과 보어인은 평소에 몹시 사이가 좋지 않았으며 보어인들의 지역에서 엄청난 양의 보석과 금광이 발견되면서 더욱 사이가 나빠지게 되었다.

그러던 중 남아프리카 트란스발의 크루거 대통령이 보어인들을 위해 바다에서의 활동을 넓히고 독립을 꾀하면서 보석과 금을 탐내어 보어로 몰려오는 외부의 사람들을 들어오지 못하게 하자 말썽이 일어났다.

이때 로디지아에서 다이아몬드와 금광을 발견하여 하루아침에 벼락부자가 된 영국의 식민지 정치가인 로즈는 이때 카이로에서부터 케이프타운에 이르기까지 영국 국기가 펄럭이면 얼마나 멋이 있을까 하고 상상했다.

그리하여 1895년에 로즈는 그의 계획을 친구인 제임슨에게 알리고 트란스발에서 소란을 일으킬 임무를 띤 600여 명의 군인을 일반인으로 꾸며 보냈다.

이들이 트란스발에서 소란을 일으키면 이 소란을 가라앉힌다는 구실로 영국군이 들어가 쿠루거 정권을 무너뜨릴 작정이었다.

그러나 이들의 계획은 실패했고 로즈와 제임슨은 망신만 당하고 말았다.

그 후 영국은 1899년에 보어 전쟁을 일으켜 결국 트란스발을 남아프리카의 영국 연방으로 만들었다.

유럽의 아시아 진출

인도와 중국은 그 당시 강력한 왕의 통치 아래 있었다.

또 오랜 문화 전통과 힌두교 · 불교 등 종교적인 힘에 의해 문화적인 공동체를 이루고 있었다.

유럽인들이 처음으로 아시아에 발을 들여놓았을 때에는 아시아인들이 그들을 마치 적이라도 되는 것처럼 보았으며 중국인과 일본인들이 더욱 심했다.

그래서 영국 · 프랑스 · 러시아 · 미국의 아시아 진출은 여러 가지 어려움을 많이 겪게 되었고 그 나라의 강한 독립성을 쉽게 꺾을 수가 없었다.

인도의 경우, 힌두교와 이슬람교가 서로 나누어진 상태에서 서로 다른 언어를 쓰는 등 국가 내부적으로 통합이 잘 안 되어서, 17세기 이후 영국 · 프랑스 · 포르투갈 · 스페인 세력들이 밀고 들어가 서로 세력을 키우는 전쟁터가 되었다.

산업 혁명을 일으킨 영국이 이곳 인도에서도 먼저 세력을 잡고 민주주의를 심기에 노력한 것은 동인도 회사의 인도인 용병이었던 세포

아편 전쟁

이가 1857년에 일으킨 반란에서 힌두교와 이슬람의 세력을 다스린 이후부터였다.

인도는 겉으로 영국에 의해 민주주의적인 나라가 되는 것처럼 보였으나 이는 인도인들의 무관심 때문이지 인도인들의 적극적인 협조나 지지 때문은 아니었다.

중국의 청나라는 1839년에 일어난 아편 전쟁에서 영국에 무릎을 꿇기 전까지는 서유럽과 본격적인 무역을 하지 않았다.

이 무렵의 영국은 인도에서 생산되는 아편이 청나라인들의 체질에 잘 맞는다는 사실을 알고 청나라 정부에 정식으로 아편 무역을 요청했으나 청나라는 이를 딱 잘라 거절했다.

그러자 영국은 군사력을 이용하여 청나라와 무역을 하는 수밖에 없다고 생각하여 청나라의 항구를 순식간에 빼앗아 전쟁을 시작했다.

영국은 이 아편 전쟁에서 승리하자 청나라가 뜻밖에도 약하다는 사실을 알게 되었고 그 결과 영국이 바라던 아편 무역이 시작되었다.

아편 전쟁에서 패한 중국의 황제는 사회의 개혁에 대한 필요성을 절실하게 느끼게 되어 마침내 청나라의 오랜 전통과 제도에 새로운 변화가 일어났다.

이 과정에서 '태평 천국의 난'이 일어나 사회가 혼란의 소용돌이에 휩싸이기도 했는데 이러한 청나라의 혼란을 이용하여 서유럽의 침략은 더욱 심해졌다.

그 후 1894년에 청 · 일 전쟁에서 청나라가 일본에 항복하게 되자 영국 · 프랑스 · 러시아 · 독일 등은 마치 청나라의 후원자인 것처럼 일본의 청나라 진출을 가로막고 나섰다. 이때 서유럽의 강대국들은 일본의 침략을 막아 주는 대가로 청나라에 영토나 특권의 허가 등을 요구했다.

청나라는 영국에 항복한 후 나라 안에서 서유럽인들이 서로 싸우게 하고 그 틈에 이익을 챙기려고 프랑스와 독일 및 러시아 등을 불러들였으나 그것도 뜻대로 되지 않아 세 나라가 서로 짜고 청나라에 요구사항만 들이댔다.

그 무렵, 미국은 서부를 본격적으로 개척하면서 식민지를 차지하려고 바쁘게 움직이는 가운데 "교역은 모든 국가 사이에 이루어져야 하며, 청나라의 영토를 서유럽의 국가가 탐내서는 안 된다"고 주장했다.

서유럽의 강대국들은 청나라 정부의 뜻은 무시한 채 자기 나라의 마음대로 일방적인 외교 선언을 하여 결국은 청나라가 반식민지 상태로 되어 가고 있었다.

일본을 개항시킨 페리 제독

이렇게 되자 청나라의 민족주의자들은 비밀 조직인 의화단을 만들어 외국인들 중에서 기독교 선교사를 가장 미워하고 죽이는 것을 일삼았으며, 기독교를 받아들인 동족들도 습격했다.
그들은 기독교가 겉으로는 사랑을 내세우고 있지만 속으로는 청나라 침략에 앞장서는 가장 나쁜 수단으로 이용되고 있다고 생각했다.
이러한 사건이 계속되자 유럽과 미국은 힘을 합쳐 자신들의 이익을 꾀하는 한편, 선교사들의 희생에 대한 엄청난 배상금을 청나라에 요구했다.
그리고 청나라 민족주의자들로 이루어진 의화단의 뿌리를 뽑는다는 핑계로 수도인 베이징을 불태워 귀중한 문화재들이 파손되거나 불에 타 사라졌다.

서양과 일본의 세력 다툼

일본도 중국과 마찬가지로 서양 세력의 무력 앞에 무릎을 꿇고 무역 등 모든 분야를 개방하지 않을 수 없었다.
1853년, 미국 함대의 총사령관인 페리 제독은 해군을 이끌고 일본으로 가서 무력으로 항구를 개항시켰다. 그리하여 일본에 서양 세력이 밀려오자 일본의 전통 무사 귀족인 사무라이들은 외국인들과 외국인에 협조하는 관리들을 서슴지 않고 죽였다.
그러자 미국과 유럽의 연합 함대는 사무라이들의 근거지인 성과 요새를 공격하여 파괴했으나 그들의 저항은 계속되었다.
그 후 1867년, 일본은 봉건 사회를 근대 국가로 발전하기 위해 '명치 유신'을 시작하여 국력을 키우기 위해 독일과 프랑스처럼 군사를 훈련시키고 인원을 크게 늘렸다.
일본은 이러한 과정을 거쳐 국력과 군사력에 자신이 서자 1894년에 한반도를 차지하려고 청나라와 전쟁을 시작했는데, 이것이 청·일 전쟁이다. 이때 주위 국가들은 청나라가 승리할 것으로 내다보았으나 결과는 일본의 승리로 끝나고 말았다.

청 · 일 전쟁에서 승리한 일본은 1895년 4월에 청나라와 시모노세키 조약을 맺고 청나라에게서 요동 반도와 대만 · 팽호도 등을 넘겨받았다.

이때 독일과 러시아가 나서서 일본이 요구한 더 많은 주요 지역을 빼앗자, 일본은 대로하여 1904년에 만주를 차지하기 위해 러시아와 전쟁을 벌여 승리했다.

영국의 식민지 인도

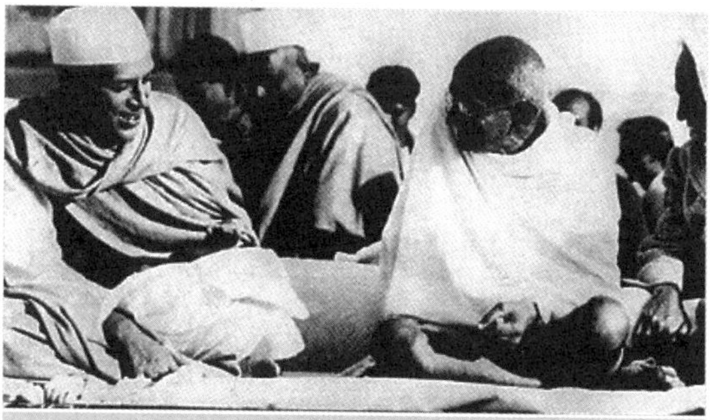

네루와 간디

세포이의 반란이 있은 후에 무굴 황제가 다스리던 인도 제국은 사라지고 영국이 인도를 직접 다스리게 되었다.

영국은 인도를 식민지로 다스리기 위해 행정 · 사법 · 군사 조직 등을 인도에서 실시하여 인도인 중에서 능력이 우수한 사람을 뽑아 영어를 가르치고 하급 관리나 하급 장교로 이용했다.

그 무렵의 인도 인구는 약 3억 명으로 서로 다른 언어 · 종교 · 인종으로 갈라진 채 옛 전통을 지키고 있었다.

하지만 영국은 식민지를 편하게 다스리기 위한 방법으로 통일된 법령과 공통으로 쓰이는 언어를 강제로 사용하게 했다.

영국은 그들의 이익을 위하여 인도에 철도를 건설하고 전신 · 전화 등 통신 시설을 설치했으며 농업과 산업도 개발했다.

또 사회 질서를 바로잡기 위해 각 민족 사이에 일어나는 소규모의 전쟁을 모두 끝내도록 했고, 지역 사이의 교류가 활발하게 이루어지도록 하였다.

그러나 영국의 이러한 정책은 인도인들에게 오히려 불만과 미움을 사게 만들었다.

영국은 인도인들에게 차별대우를 하는 등 신분 정책을 실시하였으므로 신분이 낮은 인도인들은 영국의 식민지인 인도에서 성공하기가 어려웠다.

교육을 받은 인도인들은 평등과 자치를 요구하며 1880년대에 힌두 인도 국민 회의를 조직했는데 이 조직은 신분이 높은 힌두교도를 중심으로 제한된 조직이었으나 제2차 세계 대전 이후에는 인도 독립의 중심 세력으로 크게 활약했다.

1912년에 인도의 회교도들은 회교 연맹이라는 단체를 만들어 인도의 통일과 서로 힘을 모아 돕는 것이 필요하다고 외쳤으나, 대다수의 인도인들은 여전히 종교 · 인종 · 계급 등의 차이에 대해서만 관심을 보일 뿐이었다.

제1차 세계 대전 이후에 인도인들은 하나로 뭉치기 시작했다.

인도의 지식인들은 영국에 불만을 품고 계속 대항하면서 독립을 향한 준비에 노력했다.

영국은 1919년에 결국 인도인들의 입법 의회를 승인했으며, 인도의 민족주의자들은 오랜 투쟁 끝에 영국으로부터 이 정도의 양보를 얻어낸 것만으로도 만족했다.

그런데 이때에 인도 펀자브 지방의 암리차르에서 영국의 한 장교가 인도인 데모대들을 해산시키기 위해 병사들에게 총알이 없어질 때까지 총을 쏘라고 명령한 사건이 일어나서 3백79명이 죽었고 1천2백여 명의 중상자가 발생했다.

제1차 세계 대전이 끝난 후 미국의 윌슨 대통령의 민족자결주의가 선언된 때에 일어난 이 사건은 인도인들의 애국심과 분노에 불을 붙였다.

이로써 영국에 대한 나쁜 감정이 인도인들에게 민족의 단결을 가져오게 하였고, 그들을 이끌어 갈 지도자가 필요하게 되었는데, 이때에 국민들의 요구에 의해 모한다스 간디가 민족의 지도자로 떠올랐다.

간디는 폭력을 사용하지 않는 비폭력 · 무저항 · 비협조를 지도 목표로 삼았으며 인도인들 중에 일부 사람들에게만 주어지는 특권이나 높은 관리직, 또는 고등 교육의 기회를 거절하라고 강조했고 영국의 제품을 사지 말자고 외쳤다. 간디는 또 모범적인 생활을 하여 모든 인도인들로부터 존경을 받았다.

간디는 인도인을 불리하게 만든 종교에 대한 감정도 풀 수 있도록 노력했는데, 힌두교와 이슬람교가 서로 미워하게 된 것도 영국인이 인도인들을 갈라 놓기 위한 계획이었다.

간디는 그것을 잘 알고 있었기 때문에 종교로 인해 갈라진 인도인들의 단결을 호소했다.

이러한 간디의 행동을 그대로 둘 수 없었던 영국은 간디가 인도인들을 부추겨 영국에게 반항하도록 만든다는 이유로 그를 감옥에 가두어 버렸다.

간디는 감옥 안에서도 늠름했으며 곧바로 단식 투쟁에 들어가자, 당황한 영국은 간디가 감옥에서 숨지게 되면 더 시끄럽게 되기 때문에 감옥에 의사를 보내 그의 건강을 살피도록 하였다.

한편, 간디의 행동으로 자신감을 찾은 인도인들은 영국인을 무너뜨리는 데 용기를 갖게 되었고, 영국을 물리칠 수 있다는 확실한 믿음을 키워 나갔다.

그 무렵, 유럽인들은 아시아에서 차차 세력을 넓혀 아시아의 거의 모든 지역을 정복했고, 동남 아시아 지역에서 청나라와 가까이 있던 나라들은 유럽인의 다스림을 받게 되었다.

유럽의 국가들 가운데 프랑스가 제국주의를 내세운 대표적인 나라로서 프랑스는 1883년에서 1885년까지 청나라와 싸워서 이기자 인도차이나 지역을 요구하여 차지한 후 인도차이나에서 오늘날의 타이인 시암까지 세력을 넓혔다.

그러나 영국이 오늘날의 미얀마인 버마로 나아가 프랑스와 전쟁을 벌이게 되자 두 나라는 직접적인 충돌을 피하기로 약속하고 시암을 두 나라가 아무도 넘보지 않도록 협정을 맺었다.

그 결과 시암은 영국과 프랑스 사이에 있는 중간 지역으로서 전쟁의 피해를 면할 수 있었다.

영국은 이 협정의 대가로 싱가포르와 말레이시아에 대한 영토 소유권을 가지게 되었으며, 프랑스는 시암의 일부 지역을 차지하게 되었다.

영국과 프랑스가 동남 아시아에서 세력을 넓히는 동안에 미국과 독일은 호시 탐탐 기회를 엿보고 있던 중 미국은 스페인과 전쟁을 벌여 아시아 지역으로 나아가기 위한 발판으로 필리핀을 차지했다.

또 네덜란드는 17세기 이후 인도네시아를 계속 다스리고 있었다.

그러나 동북 및 중앙 아시아에서 유럽 제국주의자들의 침략은 동남 아시아의 경우와는 약간 달라서 러시아는 활동 무대를 넓히기 위해서 남쪽으로 밀고 내려왔고, 몽골을 빼앗은 후 티베트와 아프가니스탄을 넘보는 러시아에 대하여 영국은 날카로운 눈초리로 지켜보고 있었다.

극동 지역에서 러시아가 만주와 한반도로 나오자 일본은 영국의 도움을 받아 러시아와 싸울 준비를 하면서 러시아가 남쪽으로 내려오는 것을 막는 데 앞장서게 되었다.

영국을 대신해서 러시아와 싸우겠다고 나선 일본에 대해 영국은 고맙게 생각했고, 일본은 영국이 묵인하는 가운데 한반도와 만주를 쉽게 차지하게 되었다.

동북 아시아에서 실패한 러시아는 아프가니스탄과 오늘날의 이란인 페르시아로 방향을 돌려 1889년부터 페르시아에서 철도 건설을 위한 자본을 둘러싸고 영국과 경쟁을 벌였고, 겨울에도 얼지 않는 항구를 차지하려고 애썼다.

러시아의 움직임에 위협을 느낀 영국이 인도 북부의 아프가니스탄과 티베트에 대해서 간섭을 하였다. 그러자 러시아는 티베트의 영토를 침범하지 않도록 영국과 약속했다.

티베트에 대해서 영국과 협정을 맺은 러시아는 영국의 양보를 얻어 페르시아의 북부를 차지했으며, 이때 페르시아를 3개 지역으로 나누어 북부는 러시아가 다스리고, 중부는 분리 지역이며, 남부는 영국이 다스리게 되었다.

그러자 페르시아의 민족주의자들이 외국 세력의 간섭에 반대하여 1909년에 국왕을 폐위시키자 국왕은 이 반란을 다스리기 위해 러시아의 힘을 빌려 1925년까지 민족주의자와 맞서서 싸웠다.

1920년대의 페르시아는 국내의 어려움을 벗어나기 위해 팔레비 가문의 리자를 국왕으로 내세우자 리자는 그때까지 동맹국이었던 영국과 관계를 끊고 미국을 새로운 동맹국으로 삼았다.

왜냐하면 영국은 경제와 영토에 욕심을 가지고 있는데 비해 미국은 경제에만 욕심을 가지고 있다고 생각했기 때문이다.

라틴 아메리카

아메리카 대륙의 남쪽은 남아메리카 또는 라틴 아메리카로 불리기도 했는데, 미국과 마찬가지로 유럽에 의해 정복된 뒤 해외에서 건너온 이민들로 가득 차게 되었다.

19세기 동안 아르헨티나를 비롯하여 칠레 및 브라질에는 미국처럼 아일랜드인 · 독일인 · 이탈리아인 · 스페인인 등이 고향을 떠나 이곳에서 살고 있었다.

이들은 19세기 전반에 스페인의 간섭에서 벗어나 자유로운 국가를 세우기 위해 혁명을 계속해서 일으켜 미국과 영국의 도움을 받은 끝에 마침내 독립 국가를 세우는 데 성공했다.

이때 영국은 자유 무역과 세계 시장을 늘리기 위해 이들을 도왔고, 미국 대통령인 먼로는 신대륙에서 미국이 차지한 윗자리를 굳게 다지기 위해 유럽의 라틴 아메리카 식민 정책에 정면으로 맞섰다.

영국의 경제적 지원은 아르헨티나와 브라질과 칠레의 경제에 활기를 불어넣게 되었고 프랑스의 진출도 무시할 수 없게 되었다.

경제와 함께 들어온 유럽의 문화는 그곳의 일부 부유층만 누릴 수 있게 되었다.

그 한 예로 브라질의 아마존 강 언저리에 있는 마나우스에 이탈리아 밀라노의 유명한 오페라 극장인 라 스칼라를 본딴 극장이 세워지기도 했다.

이 극장은 고무 농장에서 노예처럼 일해 온 원주민 인디언들의 노동력을 이용함으로써 가능했던 것이다.

부에노스아이레스 · 리우데자네이루 · 산티아고 등 라틴 아메리카의 도시에는 상인들이 유럽 사회의 움직임과 유행을 전하게 되었다.

1898년, 미국은 스페인과의 전쟁에서 승리를 거둔 뒤, 중남미에 대한 욕심을 계속 버리지 않았다.

쿠바와 푸에르토리코를 합병한 미국은 라틴 아메리카에 영향력을 계속 넓혔으며 특히 도미니카 공화국 · 아이티 · 니카라과에 대한 미국의 간섭은 매우 심했다.

미국의 힘은 이 지역에서 법이자 질서였으며, 모든 것을 자기들의 뜻대로 실천했고 소유하게 되었다. 외국에 돈을 빌려 주고 그 나라에 압력을 넣는 달러 외교도 라틴 아메리카 지역에서 미국의 중요한 외교 수단이었으므로 멕시코를 비롯하여 중남미 국가의 상당수가 미국의 입김에 따라 움직였다.

그러던 중 풍부한 석유를 가진 멕시코가 영국의 도움을 약속받고 미국의 그늘에서 벗어나기 위해 1911년에 혁명을 일으켰다.

사파타와 빌라 등 멕시코의 혁명가들은 농민을 위한 토지 개혁과 미국인 살해 등을 목표로 하여 폭력을 행사하며 민족주의 운동을 벌였으며 미국 대통령 윌슨은 멕시코의 반란을 가라앉히고 빌라를 없애기 위해 군대를 보내기도 하였다.

8. 세계의 사상가들

실증주의

19세기에 들어서자 유럽의 과학과 기술은 눈부신 발전을 이룩하면서 이러한 발전과 함께 유럽인들은 자신들이 놀라운 진보를 하고 있다는 믿음을 가지게 되었다.

실증주의는 과학적인 방법, 즉 과학을 숭배하고 생각과 판단을 중요하게 여기는 이성신뢰의 사상이다. 모든 사물과 현상을 보고 판단하는 데는 반드시 깊은 생각이 필요하고 이성을 믿는 사상이 곧 실증주의이다.

실증주의는 또 자연에 대한 인간의 지식이 모자란다고 믿어 이러한 문제를 풀기 위해 사회연구에 있어서는 경험적인 자료를 모으고 정리한 뒤에 나누어 지식 체계를 세워야 한다고 생각했다.

콩트

따라서 실증주의자들은 모두 추상적인 이론을 물리치고 오직 관찰에 의하여 얻어진 자료를 이용할 뿐이었다.

실증주의 사상은 프랑스의 철학자이자 사회학자인 콩트가 이끌었다. 그는 프랑스의 사회 사상가였던 생 시몽의 비서로 일한 적이 있어 그로부터 많은 영향을 받기도 했다.

인간의 모든 일을 꿰뚫어 보는 과학의 법칙을 바르게 이해해야 하며, 그렇게 함으로써 사회가 합리적으로 다시 짜여질 수 있다는 게 콩트의 설명이었다.

콩트는 인류의 발전을 3단계로 나누어서 나름대로 풀이했는데, 1단계는 종교적인 성격에서 찾았으며 성직자들이 이 단계에서 지배자가 되었고, 2단계에서는 형이상학적인 단계로서 계몽주의가 주된 사상이며, 3단계는 경험적인 사실의 관찰이나 실험에 의해 적극적으로 증명되는 사회의 이치를 설명하는 단계이다.

이러한 콩트의 주장은 인간 사회를 과학적으로 연구할 토대를 마련했기 때문에 그를 사회학의 시조 또는 실증주의의 시조라고 일컫는다.

콩트는 사회학 분야뿐만 아니라 역사학에도 많은 영향을 미쳤다.

진화론

다윈

19세기에 활발하게 발전한 과학 중에서 가장 큰 영향을 끼친 것은 영국의 생물학자인 다윈이 주장한 진화론이다.

다윈의 진화론은 실제로 사회에 더 큰 영향을 끼쳤다.

다윈은 영국의 뉴턴이 물리학에서 이룩한 것을 생물학에서 이루었는데, 그는 생물학을 과학적인 학문으로 만들면서 지식의 혁명을 꾀했다.

이때, 모든 생명은 신으로부터 주어졌고 만물은 하나님이 창조한 것으로 이해되었다.

그리고 1830년 초에 영국의 지질학자인 라이엘이 그의 저서 ≪지질학 원리≫에서 '지구 위의 변화는 갑자기 생기는 것이 아니라, 현재 지구 위에서 천천히 변하는 현상이 쌓이고 쌓인 현상'이라면서 다윈의 진화론을 거들고 나섰다.

또 다윈의 할아버지이자 영국의 의사이며 박물학자였던 에라스무스 다윈은 그의 저서 ≪유기적 생명의 법칙≫에서 "지구는 인류가 나타나기 수백만 년 전에 이미 있었으며 동물들이 진화해서 현재와 같이 되었을 것"이라고 주장했으나 그의 주장은 증거가 없었으므로 사람들로부터 별다른 관심을 끌지 못했다.

그러나 1859년에 다윈의 저서 ≪종의 기원≫에 이어 1871년에 출판한 ≪인류의 혈통≫이라는 저서는 사회에 커다란 충격을 던졌다.

다윈은 수많은 증거를 내놓으면서 원시적인 상태의 동식물이 고등한 동식물로 변하는 것은 수백만 년 동안 진화한 결과라고 이해하기 쉽게 설명했다.

다윈은 영국의 경제학자인 맬서스의 저서 ≪인구론≫을 이용하여 자신의 주장을 폈는데, 그것은 식량의 증가가 인류의 증가를 감당하지 못하므로 결국 생존 경쟁의 현상이 틀림없이 나타난다는 것이었다.

다윈의 이러한 주장은 종교계와 정면으로 충돌했는데, 왜냐하면 약 6,000년 전에 신이 만물을 창조했다고 믿고 있던 종교인들이 다윈의 주장을 받아들이지 않았기 때문이다.

그러나 종교계의 일부 성직자들은 다윈의 진화론을 받아들여 신의 창조설을 넓은 범위로 이해하려고 노력했다.

다윈의 진화론은 과학의 문제에 있어 판단의 기준으로 삼아 왔던 갈릴레이 이후의 종교적 권위를 무너뜨려 마침내 자연과 인간을 종교로부터 멀어지게 만들었다.

이때 급진적인 성향을 띤 일부 사상가들은 신은 죽었다고 떳떳하게 주장하면서 인간은 창조주와 특별한 관계가 없으며, 자연이 진화하는 과정 중에 우연히 나타난 것에 지나지 않는다고 생각했다.

이리하여 지구가 태양계에 속한 하나의 혹성에 지나지 않는다는 사실을 밝혔던 폴란드의 천문학자 코페르니쿠스의 주장을 떠올린 사람들은 지금까지 종교적으로만 믿어 왔던 우주의 신비로움이 모두 깨어졌기 때문에 불안을 떨칠 수가 없게 되었다.

그러나 다윈은 조금도 흔들리지 않고 인간은 신의 창조물이 아니라 원숭이로부터 진화한 것에 지나지 않는다고 주장하여 사람들을 어리둥절하게 만들었다.

다윈의 진화론은 생물에 대해서만 관심을 불러일으켰던 것은 아니었으며, 그의 생물학적 이론은 정치를 비롯하여 경제와 사회 등 모든 분야로 넓혔기 때문에 사회 사상가들도 그의 이론을 받아들여 '사회적 다윈주의'로 발전시켰다.

다윈의 영향력은 여기에서 그친 것이 아니고 유럽인들은 다윈의 이론을 여러 가지 분야에 이용했다.

또한, 다윈의 진화론을 내세워 자신들이 정복 민족임을 오히려 자랑스럽게 여기는 나라도 많았다.

영국과 미국인들, 게르만 계통의 독일인들은 다른 민족보다 뛰어났다고 여기며 그들이 아시아 · 아프리카 · 슬라브족을 정복하고 다스릴 임무를 지녔다고 외쳤다.

니체

독일의 철학자인 니체가 선언한 "신은 죽었다"라는 말은 신에 대한 그의 생각을 잘 나타내고 있다.

니체는 신이 인간을 만든 것이 아니라 인간이 신을 만든 것이라고 비웃었다.

즉, 있지도 않은 신을 만들어 인간이 받들고 있다고 날카롭게 비판했고 신은 있지도 않는데 있는 것처럼 믿고 있다고 비판했으며, 사람이 죽은 후의 세계란 있지 않다는 것이었다.

니체

니체는 신과 기독교의 윤리를 없애야 인간은 자유로울 수 있다고 주장했는데, 그의 이러한 생각은 인간에게 신이 가지고 있는 모든 위치를 대신 물려주기 위한 것이었다.

니체는 또 인간은 자기 자신이 곧 주인이 되어야만 지금까지 상상도 할 수 없었던 새로운 세계를 만들어 낼 능력을 가지게 된다고 강력하게 주장했다.

그의 주장은 현실 속에서는 이루어지기가 힘들고 어려운 것들이었으나 사상과 철학의 세계에서는 새로운 질서를 마련했다.

니체는 유럽이 구원을 받기 위해서는 평범한 인간의 세계를 뛰어넘은 초인이 나타나야 가능하다고 믿었다.

니체의 철학은 특히 젊은이들에게 큰 영향을 끼쳤다.

현대 서양 문명의 그릇된 문제점들을 날카롭게 비판한 니체의 철학은 그 업적과 잘못에 대해 논쟁이 뒤따르기는 했으나, 모든 사회 복지 정책을 무시하고, 전통 유럽의 제도와 가치관을 무시했기 때문에 독일 나치 집단의 등장에 도움을 준 셈이 되었다.

니체는 서양 문명의 잘못된 점을 날카롭게 비판했는데, 바로 이 점이 새로운 유럽을 세우려는 히틀러에게 유리하도록 도왔다.

베르그송

베르그송은 프랑스의 대표적인 철학자로 그 무렵에 널리 뿌리를 내리고 있던 실증주의를 강력하게 반대하면서 합리주의의 문제점을 날카롭게 비판했다.

베르그송은 실증주의와 합리주의만으로 이 세상의 모든 진리와 이치를 설명하는 데는 한계가 있다고 주장하면서 과학의 힘만으로는 이 세상의 모든 것을 설명할 수가 없다고 주장하였다.

그는 과학적인 방법만으로는 인간의 본바탕을 제대로 이해할 수 없다고 주장하면서 대상과 직관에 의한 통찰력을 사용해야 인간은 비로소 진실에 이를 수 있다고 믿었다.

베르그송은 자연 과학의 만능 시대를 결코 인정하지 않은 채 종교적인 신비주의로 자신의 철학을 내세웠다.

소렐

프랑스의 철학자이면서 사회주의자이기도 한 소렐은 니체처럼 부유층 사회의 거짓됨에 실망하고 부유층의 무질서와 타락을 비판했다.

소렐은 마르크스의 경제학에 베르그송의 철학을 끌어들여 이용한 사회문제의 연구가로서 니체가 사회를 구할 수 있는 것은 초인의 힘에 의해 가능하다고 한 대신, 그는 가난한 민중에 의해 사회를 구할 수 있다고 믿었다.

가난한 민중들은 부유층이 이끄는 사회 속에서는 어쩔 수 없이 용감하고 꿋꿋하게 되며, 이들이 바로 새로운 사회를 세우게 될 것으로 그는 기대했다.

또한, 가난한 민중은 파업을 통해 정부의 모든 기능을 중지시킬 수 있으며 권력이 민중에게 주어질 수 있을 것이라면서 생산 공장의 총파업에 커다란 뜻과 가치를 두었다.

소렐은 파업을 통해 단결된 민중의 정신과 자신들의 숨어 있는 능력을 깨닫게 하고 또 그들이 큰 힘을 떨칠 수 있도록 하는 데 큰 가치를 두었던 것이다.

소렐의 철학과 사상은 제1차 세계 대전 이후 대중을 동원하여 권력을 잡게 된 독재주의자들에게 이용되었다.

프로이트

프로이트

오스트리아의 정신 의학자이자 정신 분석을 처음으로 내세운 프로이트는 과학이야말로 참된 지식에 이르는 오직 하나뿐인 길이라고 생각했다.

프로이트는 인간의 모든 행동은 깊은 생각과 판단에 의해 조절되는 것이 아니라 잠재의식에 의해서 조절된다고 보고 이것을 과학적으로 증명했다.

그는 인간이란 처음부터 생각에 의해서만 판단하고 생각하는 존재는 아니었고, 인간의 행동은 자신의 마음과 정신 속에 숨겨진 어떤 힘에 의해 억눌림을 당해 온 것이며, 이처럼 본능이 인간의 행동과 마음을 사실상 다스리고 있었으므로 인간을 제대로 이해하기 위해서는 잠재 의식을 알아내는 것이 무엇보다 가장 중요하다고 보았다.

프로이트는 이 잠재 의식을 과학적으로 설명하려고 노력한 끝에 잠재 의식을 과학적으로 이해하는 데 매우 중요한 열쇠를 찾아냈는데, 그것은 바로 '꿈의 세계' 였다.

프로이트는 인간의 본능과 욕망은 가족 · 교회 · 학교 · 경찰 등 여러 사회 제도에 의해 다스려지고 있으나 본능이 지나치게 억눌리면 인간에게 불안감을 안겨 주게 되며 이것이 곧 신경 질환인 노이로제라고 하였다.

프로이트는 문명이 발달할수록 인간의 본능이 그만큼 억눌림을 받게 되며, 본능이 억눌림을 받을수록 불만과 절망은 점점 커지고 사람들은 적당한 수단으로 이를 앙갚음하게 된다고 하였다.

9. 현대 사회 사상

뒤르켐

유대계 출신의 프랑스 사회학자인 뒤르켐은 실증주의에 사회학을 끌어들여 오늘의 인간과 사회 문제를 오직 과학적인 방법으로 풀어야 한다고 주장했다.

그는 전통 사회에서 개인의 사회적인 위치는 인간이 태어날 때 이미 결정되었으나 현대 사회는 출생의 신분에 따라 결정되지는 않는다고 강조했다.

인간이 세상에 태어난 후 비록 가난하고 힘이 없다고 하더라도 자신의 노력에 의하여 능력을 인정받을 수 있고 사회적인 위치도 변할 수 있다는 것이다.

뒤르켐은 세상의 누구에게나 이러한 기회가 똑같이 주어져야 한다고 요구하면서 치열한 경쟁 사회에서 자신의 기대가 무너지면 사람들은 때때로 삶을 버리거나 포기하는 예가 많다고 지적했다.

그러므로 이러한 문제를 해결하기 위해서는 반드시 인간이 욕심을 억누를 줄 알아야 하는데, 과거에는 종교가 이러한 역할을 맡았으나 오늘날에는 종교에도 기대할 수 없다는 것이 그의 주장이다.

파레토

파레토는 이탈리아의 경제학자이며 사회학자인데, 그는 인간이 생각과 판단에 의해 움직이는 것이 아니라 오직 본능과 감정에 의해 움직인다고 보았다.

어떤 사람이 다른 사람에게 영향을 끼치게 되는 것은 이상적인 근거에서 비롯된 것이 아니라 자신의 감정에 호소함으로써 가능하게 된다는 것이다.

사람들은 순간적인 충동이나 감정에 따라 먼저 행동한 뒤에, 자신의 행동이 정당한 것처럼 자신의 행동을 평가한다는 것이다.

그의 주장은 이탈리아의 무솔리니 같은 독재자가 국민을 속여 정권을 잡는 기회를 도와 준 결과가 되었다.

베버

베버

현대의 사상가 가운데서 가장 큰 영향력을 끼친 사람은 독일의 생리학자이자 심리학자인 베버로서 그는 서양 과학은 이성을 수단으로 삼아 자연을 이해하고 정복을 꾀한다고 주장했다.

그리고 서양의 여러 나라들이 헌법과 제도, 정부 관리 조직을 바탕으로 이루어진 원인을 찾아내기 위해 각 지역의 종교가 지역인들에게 어떤 영향을 미쳤는가를 살펴보았다. 또 자연과 경제에 대해 사람들이 어떤 자세를 가져왔는가를 깊이 연구했다.

그 결과 인도와 중국의 종교가 합리적이지 못한 데 비해 서양의 종교는 무척 합리적임을 밝혀냈다.

아인슈타인의 상대성 이론

17세기 이후에 물리학의 기초를 이룬 것은 영국의 물리학자이자 천문학자이기도 한 뉴턴의 고전 물리학이었다.

우주의 모든 만물은 반드시 원인이 있으며 결과가 있게 마련이라는 인과 법칙에 의해 존재되고 움직인다는 것이었다.

그러나 독일의 플랑크와 하이젠베르크, 미국의 아인슈타인 등 유명한 이론 물리학자들은 우주가 하나의 거대한 기계라는 고전 물리학의 주장을 믿지 않았다.

이들은 현대 물리학을 이룩하여 고전 물리학에서 사용되던 물질 · 운동 · 빛 · 공간 · 시간 · 원인과 결과, 영향 · 과학적인 진리 등 모든 이치를 변화시키거나 받아들이지 않아 세상에 큰 충격을 주었다.

인간 세계는 알 수 없어도 자연의 세계는 틀림없다고 믿어 왔던 서양인들에게 이들의 주장은 큰 충격이었다.

그들이 이룩한 현대 물리학에 따르면 원인이 있으면 반드시 결과가 있게 된다는 법칙이 아주 작은 전자의 세계에서는 적용되지 않으며, 지금까지 관심을 끌어 왔던 고전 물리학은 극히 부분적인 진리에 지나지 않는다는 것이었다.

즉 전자의 특성은 전자의 위치와 속도를 동시에 알아낼 수 없고 전자의 속도를 정확히 계산한다고 하더라도 그 순간의 전자 위치를 알아낼 수 없다고 분자 물리학자들은 주장했다.

그 중에서도 아인슈타인의 업적은 더욱 큰 충격을 안겨 주었으며, 1905년에는 유명한 〈상대성 이론〉을 발표했다.

아인슈타인은 이 발표에서 뉴턴의 이론은 빛처럼 빠른 속도로 움직이는 물체에 있어서는 들어맞지 않는다고 설명했다.

그는 우주의 만물을 운동과 정지로 구분할 수 없다고 하면서 시간조차도 일정하게 고정되고 또 일정한 간격으로 잴 수 있는 것이 아니고 다른 속도로 움직이는 물체에서는 다르게 지나간다고 주장했다.

아인슈타인의 이론에 따라 지금까지 틀림없는 것으로 여겨 왔던 자연의 모습은 풀 수 없는 의문으로 남게 되었으며, 물리학은 20세기를 살아가는 인류에게 불안과 두려움을 안겨 주었고 자신감을 잃어버리게 하였다.

X_ 세계 대전

제1차 세계 대전
러시아 혁명
이탈리아의 무솔리니
제2차 세계 대전

19세기에 접어들자 유럽의 민족주의는 전 유럽 국가의 주체가 되어 마치 다른 민족국가들을 경쟁자나 적으로 생각했다.

이때 유럽은 크게 둘로 나누어져 그 두 세력이 충돌하면서 유럽을 전쟁의 도가니로 몰아넣었다. 이때 각 나라들은 자기들의 세력을 넓히려고 혈안이 되었다.

독일과 영국을 주축으로 3국 동맹과 3국 협상을 맺어 자신들의 이익을 꾀하였다.

오스트리아의 황태자 부부가 암살되자 제1차 세계 대전이 시작되었고 이 전쟁은 오스트리아와 세르비아 간의 싸움이었으나 오스트리아가 동맹국인 독일에게 전쟁을 하게 해 달라고 요청하자 이때 독일은 전쟁을 부추겼다.

이렇게 시작된 전쟁은 독일이 오스트리아를 도와 러시아에 선전 포고를 하고, 프랑스는 러시아를 지원하며 독일에 선전 포고했으며, 영국은 독일의 벨기에 침입을 구실로 독일에 선전 포고하여 유럽 전체가 전쟁에 빠져들었다.

1919년 6월 28일 독일이 베르사유 조약에 서명하면서 1차 대전은 끝났다.

일본은 1931년 아시아에서 큰 전쟁을 일으켰으나 미국에 의해 히로시마에 신무기인 원자폭탄이 투하되어 패배로 끝났고, 독일의 히틀러도 노르망디 상륙작전으로 패배했다. 이로써 2차 대전도 끝이 났으나 두 번에 걸친 세계 전쟁으로 많은 사람들이 희생되었다.

1. 제1차 세계 대전

사라예보의 비극

1914년 6월 28일, 유고슬라비아의 사라예보에서 오스트리아의 황태자 페르디난트 부부가 세르비아의 민족주의적 비밀 결사 대원에게 암살된 사건이 일어났다.

이 사건으로 오스트리아—헝가리 제국은 큰 충격을 받았을 뿐만 아니라 유럽 각국에게도 충격을 안겨 주었다.

그리하여 이 사건이 발생한 지 6주일 뒤에 유럽 각국의 군대들은 경쟁적으로 전쟁을 시작함으로써 제1차 세계 대전이 일어나게 되었다.

이 폭발은 오스트리아—헝가리 제국의 민족 문제에서 비롯되었고, 오랫동안 쌓인 험악한 유럽의 사회 분위기가 언젠가는 발칸 반도에서 터질 것으로 예상되었는데, 그 동안 시끄러웠던 민족 문제가 마침내 폭발한 것이다.

오스트리아—헝가리 제국은 대부분이 게르만 민족이었고 체코 및 남슬라브계의 크로아티아 · 슬로베니아 · 세르비아인이 소수를 이룬 복합 민족 국가로서 19세기 후반에 민족 문제로 골치를 앓고 있었다.

소수 민족의 일부 지도자들은 오스트리아—헝가리 제국으로부터 자기 민족을 떼어 놓으려고 하지 않았다. 그러나 1914년에 민족주의 정신으로 소수 민족들이 계속 들고 일어나자 오스트리아—헝가리 제국 지도자들의 불안은 더욱 커졌다.

그래서 지배층들은 소수 민족을 힘으로 억누르지 않으면 안 되겠다는 생각을 갖게 되었다.

세르비아는 1878년에 오스만 제국으로부터 독립했으나 오스트리아—헝가리 제국에 딸려 있으면서 불만이 많았던 세르비아에서는 민족주의 열기가 가장 높았다. 이 때문에 오스트리아—헝가리 제국에 대한 세르비아인의 저항도 거셀 수밖에 없었다.

그 무렵, 오스트리아—헝가리 제국의 영토 안에 살고 있던 세르비아인은 약 700만 명이었는데, 이들이 투쟁을 계속하게 되자 제국의 지배 계층은 세르비아인을 꺾기 위해 그들을 억눌러야 한다고 강력하게 주장했다.

이때 지배 계층에게는 또 한 가지 어려움이 겹치게 되었다.

그것은 러시아를 중심으로 서서히 일어나고 있는 '범슬라브주의' 운동으로서, 폴란드를 비롯하여 체코 · 슬로바키아 · 남슬라브 · 불가리아인들로 이루어진 동유럽의 슬라브인들이 이들 민족들을 한데 뭉치게 하려고 벌인 운동이었다. 따라서 슬라브 문명이 서유럽의 문명보다 뛰어난데 이러한 문명을 지닌 슬라브인이 자기들보다 못한 서유럽인들에게 억눌림을 받는다는 것은 말도 안 된다는 것이었다.

터키와 합스부르크 제국의 지배를 받지 않으려고 몸부림치는 슬라브 민족 운동이 합스부르크 제국을 해산시키기 위해 노력하자 위험을 느낀 합스부르크 제국은 슬라브 민족 운동을 철저히 억눌러 다스리기로 결정했다.

페르디난트 황태자가 세르비아 민족에 의해 목숨을 잃게 되자, 오스트리아—헝가리 제국의 앞날을 걱정한 세력은 가장 강력한 방법을 쓰기로 하고 전쟁을 선언했다.

3국 동맹

3국 동맹

페르디난트 황태자 부부 암살 사건은 오스트리아—헝가리 제국의 국민들을 흥분하게 만들었으나, 오스트리아와 세르비아 사이의 문제였으므로 전쟁도 두 나라가 벌여야 했다.

하지만 20세기 초 유럽의 사정은 두 나라의 싸움을 내버려 두지 않았다. 유럽은 이미 19세기 말부터 두 진영으로 나뉘어 있었는데, 이들 두 진영은 황태자 암살 사건을 기회로 모든 힘을 쏟아 서로 상대방을 누르려고 하였다.

따라서 유럽이 두 진영으로 나뉘어 있다는 자체가 이미 위험을 안고 있었고, 어느 진영이든 동맹국을 많이 가진 쪽이 먼저 전쟁을 일으킬 것이 분명했다.

그러나 상대 진영도 동맹국이 있을 경우에는 그들 또한 뭉치게 마련이었는데, 바로 이러한 일이 사라예보 사건 이후 현실로 나타나게 되어 유럽 전체를 전쟁의 도가니로 휩싸이게 만들었다.

유럽이 두 개의 진영으로 갈라지게 된 것은 독일이 민족 국가를 세운 1871년 이후부터로서 독일은 뒤늦게 민족 국가를 세웠지만 전 세계에 그들의 힘을 마음껏 떨쳤다.

19세기 말에 이르러서는 독일의 민족주의 바람은 강력한 해군을 이끌고 식민지를 늘렸으며, 세계 시장에서 독일의 몫을 늘리라고 외쳤고 이어서 '범게르만주의' 운동이 일어나게 되었다.

이 운동은 독일의 정치인과 지식인 · 언론인 등의 지지를 받으며 빠르게 퍼져 갔다.

독일인들은 1886년의 보어 전쟁과 1871년의 보불 전쟁에서 승리하고 산업화에 성공하여 기술을 개발한 후에 독일 민족이 세계에서 가장 뛰어난 민족이라고 믿었다.

그러나 독일인들의 이러한 믿음은 다른 민족들을 매우 불쾌하게 만들어 미움을 받게 되었다.

1871년 이후 독일의 비스마르크는 프랑스를 고립되게 만드는 데 중점을 두었는데, 그 까닭은 프랑스가 강대국이 되면 독일에게 위험한 상대가 되었기 때문이었다.

또 비스마르크는 러시아와 오스트리아—헝가리 제국이 서로 싸우게 되면 독일은 게르만 민족이 대부분을 차지하는 오스트리아를 도와야 하고 그렇게 되면 러시아가 프랑스와 동맹을 맺어 독일을 위협할 것이 분명했기 때문에 전쟁이 일어나지 않기를 바랐다.

그리하여 비스마르크는 1882년에 독일 · 이탈리아 · 오스트리아 사이에 '3국 동맹'을 맺은 후 러시아와도 동맹 관계를 맺었다.

그러나 1888년에 빌헬름 2세가 왕위에 오르면서 사정이 갑자기 변하여 그는 비스마르크를 쫓아내고 영국을 위협하는 제국주의를 선택했으며, 독일을 강대국으로 만들기 위해 주변의 다른 나라들과 맞서는 것을 조금도 두려워하지 않았다.

또한, 빌헬름 2세는 게르만 민족이 슬라브족보다 훨씬 뛰어나다는 점을 비교시키면서 독일과 오스트리아의 관계만 중요하게 여기고 러시아와 맺은 동맹을 깨뜨려 버렸다.

이 때문에 유럽의 평화는 갑자기 깨어져 버린 대신 전쟁의 불씨만 점점 커지게 되었다.

3국 협상

1890년에 독일과 러시아의 동맹이 깨어지자 프랑스는 이 기회를 이용하여 러시아와 동맹을 맺기 위해 프랑스의 자본을 러시아의 발전에 쓰도록 지원했고, 무기도 보내는 등 많은 노력을 쏟았다.

그 결과 1894년에 프랑스와 러시아는 마침내 동맹을 맺게 되었으며, 이 무렵에 영국도 독일이 급성장하는 것을 매우 못마땅하게 여기고 있었으므로 산업화에 성장한 독일과 경쟁하게 되었다.

3국 협상을 풍자한 그림

독일이 눈부시게 발전하면서 강한 해군을 만들려고 하자 영국이 긴장하게 되었다.

영국은 세계에서 가장 강한 해군을 가진 것을 자랑해 왔기 때문에 독일과 경쟁하기 위해서는 프랑스와 손을 잡지 않으면 안 되었다.

영국은 독일이 강한 해군을 만들고 함정을 건조하려는 것은 자기 나라에 대한 도전으로 생각하고 독일의 세력을 꺾기 위해 오랫동안 경쟁자였던 프랑스와 동맹을 맺었다.

프랑스도 영국과 오랫동안 경쟁 관계에 있었으나 그들도 영국의 도움이 필요하다고 판단하여 동맹을 맺게 되었으며, 두 나라는 동맹국이 되면서부터 식민지를 더 많이 차지하기 위한 싸움을 그치고 가까워지게 되었다.

러시아는 1904년에 일본과 싸워서 패배한 후 노동자 혁명이 일어나자 국제 사회에서 갑자기 부드러운 나라로 변했는데, 우선 국내의 복잡한 문제를 먼저 해결하기 위해 국제적인 문제는 조금씩 양보를 하고 있었던 것이다.

러시아가 아프가니스탄 · 페르시아 · 티베트 문제에서 영국에게 무릎을 꿇은 것은 여기에서 비롯되었다.

러시아는 일본과 전쟁을 할 때 영국이 일본을 도우는 바람에 패배했던 분노를 참기가 어려웠으나, 국내의 소란을 다스려야 하고 또 국제 사회가 그들을 돕고 있다는 사실을 그대로 모른 체할 수는 없었다.

그리하여 러시아는 1904년에 프랑스와 협상을 맺었으며, 1907년에는 영국과 협상을 맺어 '3국 협상'이 이루어지자 독일은 3국 협상이 자기네들을 무너뜨리려는 것으로 판단한 끝에 마침내 이 협상을 깨뜨리고 그들의 세력을 없애야겠다고 마음먹었다.

그러나 3국 협상은 독일을 공격하는 것이 아니라 독일의 공격을 막자는 것이었으며, 독일이 생각했던 것처럼 서로 친밀한 상태에서 맺어진 것도 아니었다.

러시아는 20세기 초까지에는 국제 사회에서 보잘것없는 나라로서 일본과의 전쟁에서 패했고 국내는 노동자 혁명이 일어날 수 있는 후진국에 지나지 않았다.

러시아의 외무 장관인 이즈볼스키는 터키를 윽박질러 러시아의 군함이 다르다넬스 해협을 지나 지중해로 나가려는 오랜 꿈을 실현하려고 했다.

러시아는 그 동안 세력을 남쪽으로 차차 넓히려고 했으나 영국 때문에 꿈을 펼치지 못하고 있다가 영국과 동맹을 맺었으므로 영국이 이를 모른 체할 것으로 생각했다.

이즈볼스키가 이런 계획을 세운 것은 영국을 믿었기 때문이었으나 뜻밖에도 이때 오스트리아가 러시아의 지중해 진출을 막고 나섰다.

이에 러시아는 다르다넬스 해협의 통과권을 얻어 내기 위하여 오스트리아의 보스니아 합병을 승인하는 대신에 오스트리아는 러시아 함대가 다르다넬스 해협을 지날 수 있는 항해권을 인정하기로 두 나라가 합의했다.

그런데 러시아와 오스트리아가 협상을 맺자 영국이 이를 가로막고 나서는 바람에 러시아는 다르다넬스 해협의 항해권을 얻지 못한 채 또 다시 외교적인 굴욕을 당하게 되었다.

이 사건으로 분노한 나라는 세르비아였다.

세르비아는 오스트리아가 보스니아를 합병하자 적으로 여기고 보스니아를 해방시킨 후 오스트리아를 무너뜨리기 위하여 남슬라브인들의 단결을 외쳤다.

그러자 오스트리아인들의 반항도 격렬하여 오스트리아의 수도 빈에서는 세르비아를 멸망시키지 않으면 오스트리아—헝가리 제국이 위험하게 된다고 맞섰다.

오스트리아와 세르비아의 사태가 악화되자 이때 독일은 오스트리아를 지지한다고 선언했다.

비스마르크가 독일을 다스릴 때는 전쟁을 좋아하는 오스트리아를 가능한 한 억눌러서 유럽의 평화를 지키려고 노력했으나, 그가 물러난 후에는 독일의 외교 정책이 변하여 전쟁을 원하고 있었다.

발칸 전쟁

보스니아의 사태로 독일과 오스트리아가 더욱 가까운 사이로 되어 가고 있을 때 오스트리아와 세르비아는 전쟁을 시작할 정도로 사태가 악화되었다.

이런 가운데 1912년, 발칸 반도의 국가들인 몬테네그로 · 세르비아 · 불가리아 · 그리스 등이 오스만 제국을 공격한 발칸 전쟁이 일어났으며, 이 전쟁에서 발칸 국가들은 오스만 제국의 유럽 지역을 차지할 수 있었다.

발칸 전쟁에서 승리한 국가 중의 하나인 세르비아가 오랫동안 꿈꾸어 왔던 바다로의 길을 얻게 되자, 오스트리아는 동맹국인 독일의 세력을 믿고 세르비아가 알바니아로 진출하는 것을 무효로 만들 계획을 꾸몄다.

오스트리아는 세르비아가 계속 세력을 넓히는 것이 매우 못마땅했기 때문에 세르비아의 압박을 받고 있는 알바니아를 독립시켜 그들의 세력을 다시 몰아내려고 계획했다.

이 소문이 퍼지자 세르비아 민족은 오스트리아의 계획에 큰 분노를 품게 되었으나, 러시아의 도움을 받을 수 없게 된 세르비아는 오스트리아와 전쟁을 하고 싶었지만 포기하고 알바니아를 내놓고 말았다.

이때 러시아는 세르비아를 도와 줄 만한 군사력이 없는데다가 다른 국가의 눈치도 보아야 할 형편이었으므로 오스트리아한테서 수모를 당하는 것을 보고 있을 수밖에 없었다.

독일과 오스트리아는 계속 승리를 거두어 러시아나 세르비아는 맥을 추지 못하게 되었다.

오스트리아는 독일의 세력을 믿고 대단한 자만심을 갖게 되었으며, 승리감에 젖은 나머지 세르비아를 아예 멸망시켜 버리기로 작정했다.

그렇게 되면 러시아가 세르비아를 도울 것이라는 생각도 해보았지만 걱정하지는 않았다.

이것이 1914년 6월 28일에 일어난 오스트리아의 황태자 부부 암살 사건이 일어나기 직전까지의 유럽 사정이었다.

황태자 부부의 암살

1914년 6월에 오스트리아의 황태자 페르디난트가 부인과 함께 군사적인 문제로 유고슬라비아의 한 지방인 보스니아의 수도 사라예보를 방문하고 있었다.

이때 오스트리아를 적으로 여기고 있던 세르비아의 민족 단체인 '검은 손' 과 군사 정보부가 비밀리에 계획을 세웠다.

이 기회에 황태자를 암살하여 합스부르크 제국 안에 긴장감과 공포감을 퍼뜨린 뒤에 혁명을 일으키자는 것이었다.

이 계획의 책임은 세르비아 민족 단체의 젊은 청년인 프린시프가 맡게 되었다.

오스트리아 황태자 부부가 암살되기 직전의 모습

드디어 그 날이 되어 황태자의 행렬이 지나가기를 기다리고 있던 프린시프는 황태자 부부가 탄 마차가 자기 앞을 지나갈 때 갑자기 황태자의 마차에 뛰어 올라 두 사람을 향해 총을 쏘아 살해했다.

그 순간, 황태자의 행렬은 엉망이 되었고 사람들은 황태자의 마차를 향해 모두 몰려들었으며, 살해 현장은 아수라장으로 변했다.

이 비극적인 소식이 오스트리아에 전해지자 나라 안은 놀라움으로 가득 찼으며, 정부는 이 사건을 기회로 전쟁을 계획했다.

오스트리아는 곧바로 동맹국인 독일에게 이 사건의 내용을 알리고, 세르비아와 전쟁을 하게 해 달라고 요청하여 빌헬름 2세의 허락을 받았으며, 빌헬름 2세는 이때 전쟁을 빨리 끝내서 러시아나 영국이 간섭할 기회를 주지 말아야 하다고 강조했다.

이에 오스트리아는 세르비아에 전쟁을 선언했는데, 오스트리아 황태자 부부의 암살은 세르비아에 책임이 있기 때문에 변명할 길이 없었으므로 오스트리아의 전쟁 선언을 인정하면서도 사건을 좋게 해결하자는 뜻을 넌지시 비쳤다.

그러자 오스트리아는 자기 나라의 관리가 세르비아로 들어가 암살 사건을 직접 조사해야 한다고 주장했으나 세르비아가 거절했으므로 오스트리아는 이 사건의 해결을 위해서는 군사적인 방법을 쓰지 않을 수 없다고 결론지었다.

오스트리아는 자기들이 마지막으로 요구하는 사항에서 단 하나라도 어기면 전쟁을 할 수밖에 없다고 세르비아에 알리고 군대를 동원하기 시작했다.

오스트리아의 이와 같은 행동을 지켜보던 러시아는 그 동안 게르만 민족에게 당했던 모욕을 더 이상 겪지 않고, 오스트리아가 발칸 반도로 나오면 러시아 국경의 위협을 받게 되므로 세르비아를 도와 전쟁에 참전하겠다고 선언했다.

이에 사건 해결의 열쇠를 쥐고 있던 독일은 전쟁이나 화해 중 하나를 선택할 수 있었고, 오스트리아만 상대하여 싸우거나 러시아와 프랑스도 상대하여 싸우는 것을 결정할 수 있었다.

독일의 정부나 정치가들은 러시아와 독일의 관계를 생각한 끝에 지금은 전쟁을 피할 수 있으나, 앞으로 러시아가 군사력을 키우면 싸움을 피할 수 없으니 지금 러시아와 싸우는 것이 좋다고 우겼다.

1914년 7월 28일, 오스트리아의 황태자 암살 사건이 발생한 지 꼭 한 달이 지난 뒤에 오스트리아는 세르비아에게 전쟁을 선포했고 러시아도 곧바로 오스트리아에 선전 포고를 했다.

또한, 독일은 오스트리아를 도와 러시아에 선전 포고를 하고, 프랑스는 러시아를 도와 독일에 선전 포고를 했으며, 영국도 독일의 벨기에 침입을 구실로 내세워 독일에 선전 포고를 하게 되었다.

이로써 인류 역사에 오점을 남기는 제1차 세계 대전이 시작되었다.

독일의 패배

제1차 세계 대전은 니체의 예언을 현실로 만든 것이었다.

발전된 현대 과학 기술은 새로운 무기를 만들어 인간의 생명을 없애는 데 뛰어난 역할을 하게 되었다.

또 국민들은 자기 나라를 지탱하기 위해 적을 완전히 쓰러뜨릴 때까지 계속 싸우겠다는 다짐을 게을리하지 않았다.

1914년 8월 4일, 독일군은 벨기에를 공격했다.

이것은 전쟁이 일어나기 이전에 독일이 세운 작전 계획에 따른 것으로서 이 작전은 슐리펜 장군에 의해 이루어져 '슐리펜 작전' 이라고 이름을 붙였다.

베를린에서 싸우는 국방군과 의용군

이 작전의 성공과 실패는 서부 전선의 공격 부대가 얼마나 빨리 동부 전선으로 움직일 수 있느냐에 달려 있었다.

독일은 이 작전에 따라 프랑스를 단숨에 항복시킬 수 있도록 모든 군사력을 총동원했으며, 러시아의 강력한 힘을 꺾기 위해서는 그들이 전쟁 준비를 갖추기 전에 전쟁을 끝내야 했다.

한편, 프랑스도 독일이 공격해 올 것이란 사실을 잘 알고 있었으므로 전쟁 계획을 마련해 놓고 있었다.

프랑스의 작전도 공격에 목표를 두었는데, 용감하게 전쟁에 나섰던 프랑스군들은 적의 얼굴도 보지도 못한 채 독일군의 현대식 기관총 사격에 맥없이 쓰러졌다.

그런데도 프랑스군의 지휘관들은 승리를 위해서는 그 정도의 피해는 참고 견딜 수밖에 없다는 생각을 가지고 있었다.

독일군의 작전도 결코 성공한 것은 아니었다. 러시아군이 생각보다 훨씬 빠르게 전선에 투입되었고 독일군의 작전은 마음대로 되지 않았으며, 프랑스를 공격하려던 계획은 결국 늦추어지게 되었다.

9월 초, 독일군은 파리로부터 약 65킬로미터 떨어진 마른 강에 이르렀고, 프랑스군은 영국의 지원을 받아 파리를 지키기 위해 강력한 군대를 배치했다.

이때 독일군은 파리를 점령하려고 성급하게 진격 작전을 펼치다가 다른 곳의 수비를 제대로 못하여 영국군의 공격을 받았고, 파리 공격에 나선 독일군과 그들을 돕던 부대 사이에 틈이 생겨 영국과 프랑스 연합군이 자리를 잡게 되었다.

이리하여 독일군의 파리 점령 계획은 일단 실패하여 물러났으므로 파리는 무사하게 되었으며, 그 이후부터 전쟁의 상황은 크게 달라졌다.

프랑스와 독일은 서부 전선에 600킬로미터에 이르는 참호를 파고 서로 버텼으며 적의 공격을 막는 철조망과 방공호도 계속 만들어서 두 나라 군대 사이에는 아무도 들어서지 못했다.

따라서 양군의 중간 지대에는 서로 공격하다 희생된 병사들의 주검만 쌓였을 뿐 한 치의 땅도 차지할 수가 없었다.

1915년에 프랑스는 1백 43만 명의 젊은 병사들이 전쟁으로 희생되었으나 그 대가로 되찾은 땅은 5킬로미터도 안 되었다.

독일은 1916년 2월에 프랑스의 베르됭 공격 작전을 펼쳤으나 페탱 장군이 이끄는 프랑스군이 이를 맡았고, 이 싸움에서 두 나라 병사들은 약 1백만 명이 죽거나 다쳤다.

1915년 4월에 영국과 프랑스, 영국 연방의 오스트레일리아와 뉴질랜드 연합군은 다르다넬스 해협의 유럽 쪽 영토인 갈리폴리 반도를 공격했으나 연합군은 25만여 명의 사상자를 낸 채로 끝나고 말았다.

그 후 이탈리아가 연합군에 들어와 1916년에 오스트리아군과 독일군을 상대로 싸웠으나 이탈리아군은 두 나라의 군사력을 이기지 못하여 1917년 가을의 카포레트 전투에서 27만여 명을 포로로 빼앗기고 말았다.

연합군이 계속해서 패하자 그때까지 중립적인 위치를 지키던 미국이 1917년 4월에 독일에 선전 포고를 하고 이 전쟁에 끼어들었다.

미국이 나섬으로써 연합군은 큰 힘을 얻게 되었고 반대로 독일은 불리하게 되어 독일의 사령관 루덴도르프 장군은 독일이 승리할 수 없다는 것을 깨달았다.

그리하여 1918년 11월 11일에 독일은 연합군에게 무릎을 꿇었고, 1919년 1월에는 연합국의 대표들이 파리에 모여 평화 조약을 맺기 위한 절차를 밟았으며, 이어서 6월 28일에는 베르사유 조약에 독일이 서명했다.

2. 러시아 혁명

로마노프 왕조

1914년 봄 러시아 전 내무대신이었던 두르노보는 러시아가 참전하면 러·일 전쟁의 패배보다 더 큰 위험을 초래할 것이라고 강력하게 경고했다. 그는 러시아의 산업화가 다른 나라에 비해 몹시 뒤처졌고 철도와 그리고 행정 조직에 허점이 많으니 참전을 포기하라고 강력하게 주장했다.

그는 러시아에 당장 필요한 것은 개혁과 평화이며 전쟁 개입은 오직 패배를 가져올 뿐이며 혁명을 발생시킨다고 예상했다. 두르노보는 독일의 강성한 군사력에 비해 러시아의 모든 전략은 아무 쓸모가 없다고 생각했다.

전쟁에서 패배하고 돌아온 병사들이 법과 질서를 지킬 리 없고 그렇게 되면 러시아는 무정부 상태로 빠지게 될 것은 뻔하다는 것이었다. 그는 무정부 상태에서 로마노프 왕조가 없어질 것을 확신하며 러시아의 전쟁 개입을 적극적으로 반대했다.

두르노보의 예상은 적중했다. 전쟁에 참전한 러시아군은 낙후된 장비, 저하된 사기, 지휘관의 무능력, 기동력 부재 등으로 계속해서 패배했고, 내륙 깊숙이 후퇴했다. 이때 독일은 연전연승하여 러시아 제국의 해체 계획까지 마련했다.

1916년에 전·후방이 분리되었고, 나라 안의 상점들은 모두 문을

닫고, 화폐가치는 크게 떨어졌다. 도시의 노동자들은 굶주림으로 인하여 분노와 불만이 몹시 높아졌다. 이때 차르 니콜라이 2세는 사회 변화를 이끌 어떤 개혁안도 내놓지 않았다.

러시아 국민들은 전쟁 초기에는 조국을 지킬 것과 황제를 숭배하였으나 1917년 1월에 이르러 전제 군주제를 증오하기에 이르렀고, 특히 병사들이 많은 불만을 품었고 이러한 분위기는 순식간에 확산되었다.

1917년 3월 초 페트로그라드에서 식량 배급을 기다리던 사람들이 갑자기 대규모 시위대로 변해 혁명으로 돌변했고, 이때 진압하던 병사들도 가세했다. 이리하여 300여 년간 지속했던 러시아의 로마노프 왕조는 하루아침에 붕괴되었다.

로마노프 왕조의 후계자로 두 세력이 경쟁했는데, 하나는 시위에 참가하여 투쟁한 노동자와 병사가 주축을 이룬 평의회이고, 다른 하나는 혁명과 평의회를 두려워한 자유세력 연합이었다. 그들은 새로운 헌법을 제정하기 이전까지 임시 정부 수립을 강력하게 주장하며 소비에트와 함께 강력한 민주화의 개혁을 추진했다.

러시아의 민주화는 수백 년 동안 정치 · 사회적 긴장 등 어느 곳 하나 해결하지도 못한 채 20세기 초에 갑자기 진행되었다. 나라 안에 민주화가 정착되려면 반드시 시간, 그리고 준비하는 과정이 필요했는데 러시아에는 이때 아무것도 없었다.

1917년 3월부터 11월까지 러시아의 정세는 겉으로는 자유, 민주 체제의 서구식 민주 국가를 모방했지만, 나라 안의 여러 가지 문제들이 엉켜 질서는 사라지고 무정부 상태의 혼란이 계속되었다. 이때 러시아는 안정된 체제를 만들 능력이 없었다.

1860년대 이후 개혁의 과정에서 법률가 · 전문직업인 · 지식인 · 언론인 · 기업가 · 관료의 일부 등은 이미 반전 체제의 기수로 명성을 떨치고 있었다. 이때 그들은 밀류코프의 지도 아래 '인민자유당' 을 결성하고 의회 민주주의로의 발전을 도모했다.

자유주의 세력은 '3월 혁명' 때 직접 참여하지 않았으나 자신들이 무너뜨린 로마로프 왕조를 이어 집권하기를 은근히 기대하였고, 이들은 소비에트 세력의 사회 혁명을 몹시 두려워하였다. 또한 입헌 왕정제를 기도하는 자유주의 세력은 전쟁을 계속하는 방법을 검토했다. 그러나 이때 식량 보급이 어려워지자 병사 200만 명이 전선에서 도망쳤는데 레닌은 이들을 가리켜 "다리를 가지고 평화를 선택한 사람들"이라고 말했다.

자유주의 세력은 표트르 대제 재위부터 러시아 국민이 몹시 미워하고 거부했던 서구파의 뒤를 이어받았다. 그래서 임시 정부는 전제 체제의 낡은 잔재를 없애고 자유로운 사법 체제 등을 수립했으나 효과적인 관료 체제의 정비를 하지 못했기 때문에 행정 조직과 질서유지는 더 이상 제대로 기능하지 않았다. 그러자 모든 일은 오직 동원되는 '힘'에 의해 결정되었고, 혼란을 극복하려는 국가 조직의 끈질긴 노력도 아무런 효과가 없었다. 이것이 당시의 러시아 현실이었다. 따라서 더 많은 노동자 · 병사 · 평의회가 조직되었고 농촌의 마을에서는 국가로부터 독립을 선언하는 일이 나타나자 자유주의 세력은 자유 러시아를 건설한다는 희망을 포기했다.

노동자 · 병사 · 평의회가 중심이 되어 정부 형태를 조직한 것은 페트로그라드 소비에트에서였다. 이때 농민 출신의 병사들은 러시아 국민을 대변했고, 잠시 임시 정부에 참여하여 자본주의와 사회주의의 협력 체제를 구성하기도 했다.

1917년 7월 급진 과격파이며 자유 진영과 밀접한 관계를 가진 케렌스키가 임시 정부의 지도자가 되었지만, 밀려오는 대세를 막아 낼 수는 없었다.

무장한 병사들이 탈영하여 농촌으로 돌아가 지주의 토지를 몰수했다. 이로써 도시에서는 생활필수품이 부족하게 되었고 도시로 공급

되는 식량조차 중단되었다. 이렇게 되자 도시 사람들은 굶주림에 허덕이었고 부르주아들을 증오했으며 부르주아들은 오직 고통을 모르는 삶을 즐길 뿐이었다. 끼니를 걱정하는 대중들과 달리 부르주아는 여전히 문화생활을 누렸기 때문에, 굶주림에 허덕이는 도시 대중의 적개심은 날이 갈수록 높아만 갔다.

1917년 7월에 이르러 질서를 유지한다는 일은 생각할 수 없었다. 그래서 8월 말과 9월 초에 코르니로프 장군은 군사 독재의 음모를 꾸몄다. 이때 무정부 상황에 질린 자유주의 세력인 군대의 장교 집단과 왕조의 잔재 세력들이 코르니로프를 지지했다.

이때, 케렌스키 임시 정부는 이 음모를 다스리지 못했지만, 페트로그라드의 노동자들의 사태는 진압했다.

이 사건은 대중이 우파의 독재를 지지하지 않았다는 것을 의미했고, 좌파는 케렌스키와 온건파들을 억누를 기회를 맞게 되었다. 이때, 볼셰비키가 나타났다. 레닌이 이끈 볼셰비키는 농민 · 노동자 · 병사 등 대중에 의한 독재를 내세우면서 나라의 권력을 잡았다.

레닌과 볼셰비키

19세기 초 유럽이 자유를 위한 투쟁으로 열광할 때 일부 러시아 사회개혁주의자들은 개혁 주장을 펼쳤다. 그러나 이때, 전제 군주가 그들을 탄압하며 비판을 금지하자 이들은 곧장 지하로 숨어들었고, 사회 개혁을 포기하고 혁명노선을 선택했다.

경찰의 탄압에 맞선 볼셰비키는 사회주의 혁명 이념이 자유 · 민주 이념보다 러시아의 전통에 맞는다고 판단하였다. 1870년에 이르러 그들은 전문적인 혁명가들을 양산하면서 혁명을 위해서는 수단과 방법을 가리지 않는 전술을 개발했고, 테러 · 암살 · 방화 등의 수단이 혁명을 위한 도구로 사용되었다.

시민을 선동하는 레닌

1890년대 이후 볼셰비키는 마르크스의 저서를 통해서 이론적 기초를 마련했다. 머지않아 공산주의가 도래한다고 주장한 마르크스의 논리는 이들의 생각과 들어맞았고 혁명을 강조한다는 점에서도 똑같았다. 이때 볼셰비키는 마르크스의 저서를 경전으로 숭배했다.

1900년에는 부유한 가정에서 태어나 교육을 받은 지식인들도 마르크스주의자가 되었다. 이 가운데 레닌도 들어 있었다.

그는 아버지가 교사여서 귀족에 올랐고 법률가가 되기 위한 교육을 받았지만, 혁명가로 사회에 첫 발을 내딛었다.

러시아 혁명에서 레닌의 공헌은 매우 컸었다. 그는 마르크스주의를 러시아 혁명에 알맞게 바꿔 전제 군주의 압제에 대응할 조직의 힘을 키워 혁명을 이끌었다.

그는 조직의 안전성을 고려하여 본부를 해외에 두었지만 긴밀하게 국내 대중과 협력을 모색했고, 그의 조직에 침투하려는 비밀경찰을 막기 위해 비밀스런 지도 체제를 선택했다.

레닌과 가까운 사람은 트로츠키와 스탈린이었다. 토르츠키는 유대계 러시아인으로서 문장에 뛰어났으며, 스탈린은 구두 수선공의 아들로 태어난 젊은이였다. 그는 혁명에 참여하면서 학업을 그만두었다. 세 명 모두 젊은 시절 전제 정치의 탄압을 받아 감옥에 갇혔거나 시베리아 유형을 겪었다.

레닌과 트로츠키가 해외에서 투쟁했던 것과 달리 스탈린은 시베리아에서 유형생활을 하였다.

1903년 러시아의 마르크스주의자들은 둘로 나뉘어졌다. 소수인 온건파 멘셰비키와 다수 과격파인 볼셰비키가 그것이었다. 하나는 정치적 승리를 위한다고 해도 도덕적인 원칙은 준수해야 한다는 '유학파', 그리고 하나는 멘셰비키와 정치적 승리를 위해서는 수단과 방법을 가리지 않는다는 '강경파' 볼셰비키로 나뉘었다.

레닌은 이때 볼셰비키 이론을 지지했고, 농민이 중심이 된 혁명 세력을 강조했다. 그는 마르크스가 말한 산업노동자 중심의 혁명 이론에서 과감히 벗어난 것이다.

레닌은 아시아 식민지 국가의 대중에게서 혁명의 가능성을 찾았다. 이 대중들은 러시아 프롤레타리아와 힘을 모아 자본주의 세계를 파멸시킬 큰 잠재력을 가졌다고 평가했다.

레닌은 자본주의가 패망하면 제국주의 전쟁이 일어나 다음에는 사회주의로 전환을 가져올 세계 혁명이 있을 것이라 예견했다. 그는 이 전환의 주체가 바로 볼셰비키라고 설명했으나 제국주의 전쟁에 대한 레닌의 생각은 빗나가고 말았다.

1917년 4월 16일 레닌은 독일 참모본부의 도움을 받아 페트로그라드로 몰래 들어갔다. 이때, 독일은 레닌이 러시아에서 혁명을 성공한 뒤 독일과의 전쟁을 포기하기를 바랐기 때문에 러시아의 혁명을 적극적으로 지원했다. 이때 레닌은 독일과의 전쟁보다 러시아에서 볼셰비키 혁명을 성공하는 것이 더 중요하다고 생각했기 때문에 독일의 도움을 받아들였다.

레닌은 임시 정부는 러시아의 문제를 해결할 수 없다고 믿었고 오직 국가가 경제를 통제해야 러시아를 구할 수 있을 것으로 믿었다. 레닌은 노동자 · 농민 · 병사, 그리고 소비에트의 지지를 받는 프롤레타리아의 독재만이 러시아의 문제를 해결할 수 있다고 주장했다.

레닌은 러시아 민족주의자이면서 국제 사회주의자였다. 세계의 모든 억압받는 국민들의 해방을 지원해 인류의 문명을 최고로 끌어올리자고 주장한 것은 장차 세계 시민주의자였다. 또 러시아는 '3월 혁명'을 통해 장차 세계를 주도할 것이며 국내 자원의 효율적인 통제를 통해 러시아의 경제를 부흥 발전시킬 것이라고 주장했는데 이러한 면에서는 그는 민족주의자였다.

이러한 레닌의 주장은 현실적으로 가능해 보였으나 러시아 전 지역의 평의회에서 볼셰비키가 주도권을 잡았고, 농민들 스스로 지주의 토지를 몰수하는 혁명 운동에 적극 동참했다. 이때 임시 정부의 통제력은 사실상 없었다. 게다가 트로츠키의 볼셰비키 혁명 선동은 몹시 뛰어났기 때문에 임시 정부를 뒤엎는 것은 무력이 거의 필요하지 않을 정도였다.

볼셰비키는 1917년 11월 6일부터 7일까지 권력을 잡았으며, 소비에트 정부 수립을 선포했고, 이어서 소비에트 민주주의 체제가 내외에 선포되었으나 이때 그들은 독재 권력을 본떴다. 그리고 오직 프롤레타리아 독재만이 정부의 권위를 되찾을 수 있다는 것이 소비에트 민주주의의 평결이었다.

레닌은 러시아의 온갖 굴욕과 국제질서가 무너지는 상황 속에서 20세기 최초의 단일 독재 체제를 확립했다.

볼셰비키의 다스림

레닌은 혁명이 성공하자 러시아 프롤레타리아를 지도했고, 서구 자본에 반대하는 인물이 되었다. 레닌은 1918년, 당의 이름을 공산당으로 바꾸었다. 레닌은 누구에게도 억압받지 않고 착취 없는 세계의 건설이야말로 인간의 고귀한 뜻을 실천하는 일이라 생각했다. 그는 이러한 신조를 바탕으로 윌슨의 '미국적 민주주의'를 부정하였고 '소비에트 민주주의' 세계관이 우월하다고 주장했는데 두 사람 모두 민주주의 체제를 표방했지만 미국식 민주주의와 러시아식 개념은 같을 수 없었다.

그가 집권한 이후의 국제 상황은 볼셰비키 정권을 어렵게 만들었다. 러시아는 계속 독일군과 대치했고, 1918년 3월 독일과 체결한 브레스토 리토프스크 조약은 러시아 소비에트의 체면을 크게 떨어뜨렸다. 독일과 강화 조약으로 러시아 북서 지방인 핀란드, 발트 부근, 폴란드가 러시아 영토에서 떨어져 나갔고, 러시아의 곡창 지대인 우크라이나도 잃어버렸다. 이때 레닌은 굴욕적인 독일의 강화 조건을 수락했다.

연설하는 트로츠키

한편 러시아의 반공 세력은 레닌이 브레스토 리토프스크 조약을 서둘러 체결하자 반혁명이 성공할 수 있다고 판단했다. 이때, 소비에트 정권에 저항하는 내전을 시작했다. 1917년 여름 로마노프 왕조의 장교들은 남부 러시아에서 반소비에트 세력을 모았고, 시베리아 및 발트 지방에서도 반소비에트 세력이 일어났다. 이때, 반소비에트 세력은 '백군'이라고 불렸는데 이는 소비에트 군대가 '적군'이라고 불린 것과 대비시키기 위한 것이었다.

백군의 세력은 온건파 사회주의자에서 반동 세력에 이르기까지 매우 다양했다. 이때 백군의 세력은 외국의 지원을 받았다. 영국 · 프랑스 · 미국 · 일본이 백군을 지원했는데, 이들은 세계 혁명을 내세우는 소비에트 정권에 강한 거부감을 느꼈고 자본주의 체제 유지를 위해 공산 세력을 없애야 한다고 믿었다.

1918년 7월 16일 공산주의자들은 폐위된 니콜라이 2세와 로마노프 왕족들을 모두 처형했다. 한편 트로츠키는 국민개병제의 실시와 엄격한 군사훈련을 통해 적군을 양성했는데 이때 트로츠키는 기혹한 군법을 적용해 적군을 훈련시켰고, 군대에 정치국원을 보내 그들의 사기를 높이는 일에 치열했다.

1918년 8월 레닌이 습격당하는 사건이 발생했고, 이어서 백군이 중앙 러시아에서 적군의 식량공급을 차단하는 사태가 일어나자 적군은 트로츠키와 스탈린의 지휘 아래 백군의 공격을 막기 위해 온갖 노력을 기울였다.

1919년 독일이 패망하면서 사태는 새로운 국면에 접어들었다. 외국의 개입으로 레닌의 지도 아래 코민테른이 결성되어 세계 혁명을 선언하게 되었다. 그리고 레닌은 소비에트 정권을 지키기 위해 각국의 공산주의자에게 러시아를 지원할 것을 요청하였다.

1919년 봄 시베리아의 백군은 서부로 진군하고, 다른 지역의 백군도 모스크바를 향하여 진군했다. 이 무렵 레닌은 수도를 페트로그라드에서 모스크바로 옮겼다. 그러나 백군의 지원 세력인 영국 · 프랑스 · 미국은 독일이 항복하자 전쟁이 끝났기 때문에 소비에트의 적군을 없애는 데 적극성을 띠지 않았다. 이때 트로츠키가 양성한 적군이 곳곳에서 승리하여 백군은 우세를 빼앗겼다.

1920년 11월 마침내 백군의 최후 거점인 크림 반도를 적군이 차지했고, 내란은 끝났다.

내란이 끝나기 전 소비에트 정권은 폴란드의 공격을 받았는데 1920년 4월 새로 수립한 자유 폴란드 공화국이 소비에트령 우크라이나를 침공했다. 처음에는 적군이 잠깐 승리했으나 곧 패배를 거듭하여 우크라이나로 깊숙이 후퇴했고, 새롭게 맺은 국경 협정은 폴란드에 매우 유리하게 되었다.

1921년 소비에트 러시아는 동부 유럽에서 추방당했으나 정치 체제는 공산주의자들이 다스리는 러시아로 확정되었다.

레닌은 러시아가 1917년 이래 겪은 고통이 너무 많았다고 판단해 혁명의 목표를 달성하려는 일을 포기했다. 급격한 사회적 변화는 국민들을 다시 긴장시킬 것이기 때문이었다.

볼셰비키의 독재 정치

레닌은 권력을 잡자 모든 정당과 언론을 불법화했는데, 1918년 1월에는 임시 정부의 제헌의회를 해산시켰고 체카라는 보안위원회를 만들어 반혁명 세력을 모두 없앴다. 체카는 비밀경찰로서 모든 러시아인들에게 공포의 대상이었다.

레닌은 게으른 자 10명 가운데 한 명을 시범적으로 현장에서 총살할 것을 명령하였다. 그리고 아홉 명의 사람은 체카가 운영하는 강제노동 수용소로 보내졌다. 이때 내란이 벌어지고 있었는데 공산주의자들은 권력을 유지하기 위해 적을 없앴다.

백군과 싸울 때도 공산주의자들은 대중의 지지를 얻기 위해 소비에트 러시아에 속한 비러시아 민족은 문화, 행정 부문에서 자치권을 부여받았으나 러시아 민족주의자를 달래기 위해 소수 민족의 정치적 독립을 허용하지 않았다.

이때 가장 의미 있는 일은 공산주의자들이 농민에게 토지를 무상 분배한 것이다. 지주가 소유한 모든 땅을 국가가 몰수한 뒤 농민들에게 나누어 주었다. 이 조치는 가난한 농민들로부터 절대적인 지지를 받았다. 그리고 공장도 공장의 노동자들에게 맡겨졌다.

국가와 교회는 완전히 분리되었으며, 문자는 쉽게 읽고 익힐 수 있게 만들었고, 달력도 신력으로 바뀌었다. 음악 · 미술 · 연극 등 소수 부유층이 향유한 예술 활동도 대중들의 접근이 가능해졌다. 이러한 변화는 관리 · 지식인 · 지주 · 산업자본가 등 기존의 세력들을 숙청하는 참극과 더불어 실시되었다.

소비에트 러시아는 무식한 농민 · 병사 · 노동자들의 지지를 바탕으로 건설되었으므로 서구 지배 계급이 지켜 온 가치관과는 거리가 먼 일들이 많이 발생했다.

여성의 해방이 그 대표적인 사례로 소비에트 정권은 여성들을 전통적인 가사와 양육에서 해방시켰다. 그러나 아시아 지역의 소비에트 러시아에서는 이러한 것이 제대로 시행되지 못했다.

소비에트 정권은 주택·식량·의복 등 생활필수품을 엄격한 배급제도를 실시했고, 전 국민에게 교육을 실시하여 문맹을 퇴치했다. 그리고 사적인 용도로 소유한 것은 국민 개인의 소유물로 인정되었으나 사치품 등은 국가가 모두 몰수했으며 국가가 모든 산업과 금융을 소유했고, 개인이 운영하는 모든 기업은 불법화됐다.

국가는 국민의 생활을 철저하고 완벽하게 통제하였다. 계획경제를 경제정책으로 삼은 소비에트 정권에서는 국력의 효율적 이용이 매우 독특했다.

그러나 노동자와 레닌의 생각은 항상 일치했던 것은 아니었다. 노동자들은 자신들의 방식으로 생산을 자유롭게 결정하는 민주주의를 원했지만, 레닌은 사회주의를 채택했다. 레닌은 재교육을 통해 국민의 자질을 높이고, 사회주의를 실현하고자 했다.

1918년 봄 러시아의 산업수준이 몹시 낙후되었다고 판단한 레닌은 국민들에게 경쟁심을 유발하기로 했다.

레닌의 생각은 소비에트 사회가 전쟁으로 몹시 피폐해져 서구의 발전된 산업화를 따라잡을 수 없을 경우 반드시 외세의 간섭을 받을 수 있다고 생각하고 외세의 간섭을 물리치기 위해 사회주의 노동윤리를 정립해야 할 필요성을 절실히 느꼈다. 사회주의 노동윤리란 노동자에게 헌신적인 희생을 강요하는 것이었다.

레닌의 이론에 의하면 볼셰비키 혁명은 두 개의 혁명이 합쳐져서 완성된다. 첫 번째 혁명은 아래로부터 혁명으로, 러시아 대중이 러시아의 주인이 되는 과정이고 두 번째 혁명은 러시아를 새로운 독재 체제하에 복속시키는 것으로 새로운 지도자는 강력한 권력을 행사하며 개인의 삶을 철저하게 통제한다.

독재 국가

소비에트 권력은 모두 공산당으로부터 나왔다. 당 지도부는 어떤 면에서 로마노프 왕조의 추밀기관과 비슷했고, 당의 조직은 옛 관료 조직의 특징을 그대로 따르는 듯하였다.

1921년 당을 지배하는 신진 엘리트의 수는 50만 명에 불과했으나 그들이 러시아 전 국민의 삶을 실제로 결정한다고 생각하였다.

당의 지도자들은 조국이 낙후와 패배로부터 벗어나야 한다고 굳게 믿은 민족주의자였다. 그들은 국가를 다스린 적이 없었으나 열심히 일했다. 이때 애국심과 민족적 자부심이 당 엘리트들을 굳게 결합하는 힘으로 작용했으며 이에 일반 대중과 구별되는 도덕적, 윤리적 기준들이 필요했다.

당의 권력은 당 정치국의 소수에게 맡겨졌다. 레닌 · 트로츠키 · 스탈린과 몇 명의 정치국원이 정책을 결정했고 그들이 중요한 인사권을 결정했다. 정치국의 정책 결정은 합의제가 원칙이었으나 정치국원은 모두 평등한 위치에 놓여 있었지만 처음에는 레닌이, 나중에는 스탈린이 지배했다.

레닌은 차츰 독재자로 변신했다. 그가 독재 권력을 원하였고 체제가 당 지도자의 결정에 따르는 구조로 발전했기 때문이었다. 레닌은 자신에게 도전하던 원로 혁명가들을 모두 없애 버렸고 공산당 이외에 어떤 정치 단체도 용납하지 않았으며 강력한 독재를 실시했다.

레닌은 국민들을 마르크스-레닌주의의 사상으로 지도하여 체제 통합을 추진했는데 국민들은 종교 · 철학 · 사상에서조차 자유를 누릴 수 없었고, 오직 마르크스-레닌주의가 요구하는 체제의 일원으로서

만 존재했다. 소비에트 러시아 국민들은 개인적인 삶은 그 어느 것도 허용되지 않았다.

마침내 레닌은 러시아의 실권을 잡았지만, 자신의 계획이 실현되는 것을 보지는 못했다. 1921년 크론슈타트 해군기지 수병들이 봉기하고 페트로그라드 근교 노동자들이 소요를 일으켜 레닌에게 계획의 수정을 강요했다. 소비에트 민주주의를 원하는 세력이 소요를 일으키자 트로츠키는 무력으로 이들을 진압했고 이때 당 지도부는 국민의 생활을 위해서 당의 계획이 수정되어야 한다는 것을 비로소 알게 되었다.

1921년 공산당 전당대회에서 1928년까지 지속할 신경제 정책을 채택했다. 이때 레닌이 주장한 국가 사회주의 체제를 일단 후퇴시키는 일이 불가피했던 것이다. 신경제 체제 아래서 농민들은 국가에 납부하는 세금을 제외하고 시장에서 자유롭게 농산물을 판매할 수 있었고, 소규모의 자본주의 체제도 도입되었다. 신경제 체제는 신구 러시아가 공존하는 시대를 낳았다.

신경제 체제가 실시되자 레닌은 권좌에서 사실상 물러나게 되었다. 평생을 혁명으로 보낸 레닌은 은퇴하여 러시아가 새로운 사회를 건설하는 데 얼마나 준비가 부족했던가를 절실히 깨달았다.

그의 유언은 "자본주의로부터 열심히 일하는 정신을 배우자"는 것이었다.

스탈린

레닌의 뒤를 이어 당을 이끈 사람은 스탈린이었다. 1917년 볼셰비키 혁명 때 주목을 받지 못하였기 때문에 그가 레닌의 후계자가 될 것이라고는 누구도 예측하지 못했다. 레닌의 자리를 놓고 트로츠키가 스탈린과 경쟁을 벌였으나 마침내 스탈린은 트로츠키와 그의 일파를 숙청하고 레닌의 뒤를 이었다.

스탈린은 당의 관료제를 통해 레닌이 남긴 모든 후유증을 정비했다.

그는 국민들이 자신을 부드럽고 소박한 지도자로 인식하기를 원했다. 그래서 스탈린의 선전 포스터들은 한결같이 그가 따스한 지도자임을 강조했다. 그러나 스탈린은 몹시 냉혹한 정치가였다. 그는 자신의 목적을 달성하기 위해서는 수단과 방법을 가리지 않는 무서운 정치인이었다.

스탈린

러시아의 근대화

스탈린은 러시아에서 가장 필요한 것은 산업화에 의한 근대화라고 주장했다. 그는 외국의 아무런 도움 없이 오직 볼셰비키가 러시아의 힘으로 산업화를 반드시 이룩할 것이라고 밝혔다.

그의 이러한 정책은 흔히 '일국 사회주의' 라 불렸다. 스탈린은 소비에트 러시아가 머지않은 장래에 선진국을 능가할 수 있는 모든 준비를 갖췄다고 판단했다. 그러나 소비에트인들의 스탈린은 이러한 주장을 받아들이지 않았다.

스탈린의 목표는 서구 선진 자본주의 국가를 따라잡는 것이었다. 그는 이것을 누구의 도움도 받지 않고 이룩하겠다는 것이었으므로 그 부담은 모든 국민들의 몫이었다. 서구화의 달성에 온 국력을 기울이는 스탈린은 러시아 국민들의 관심이 무엇인지 알려고 하지도 않고 오직 자신의 판단에 따라 국민을 강제로 동원해 서구의 산업화를 추진하는 양상은 레닌이나 스탈린 모두 비슷했다.

스탈린의 추진력은 1928년 '제1차 5개년 경제개발' 에서 나타났다.

그는 신경제 체제를 모두 없애고 국가의 산업화의 기반 조성사업을 시작했는데 중공업 · 철도 · 발전소 · 철강공장, · 군수산업 등 경제개발에 중점을 두었다.

국가는 생필품 생산을 최저 수준으로 줄였고 이때 국민들은 최대한의 내핍을 강요받았다. 신경제 체제하에서 승인받았던 소규모의 개인적인 물물교환은 금지되었고 국가에서 운영하는 상점이 생활필수품을 보급했는데 품질은 몹시 떨어졌으며 그나마도 물건이 몹시 귀하였다.

러시아인들은 경제개발이 무엇인지도 모른 채 물자 부족과 힘든 노동에 불만을 토로했다. 그러나 젊은이들은 조국건설에 자신들이 참여하고 있다는 자긍심을 갖고 저마다 희생을 감수했다.

1920년대 말 서구의 자본주의 세계는 대공황을 맞아 장래는 몹시 불안하였다. 그러나 소비에트 젊은이들은 스탈린이 제시한 장밋빛 미래가 다가오지 않더라도 실업자가 없고 경제발전이 성공함에 따라 나름대로 만족감을 느꼈다. 이 무렵 서구 자본주의 세계가 만약 파멸됐다면 소비에트 러시아는 새로운 세계의 국가로 부상될 수 있었다.

농업 부문의 변화는 큰 충격을 불러일으켰는데 농민들은 강제로 집단화되어 계획경제에 의해 집단화, 조직화란 생산력을 높이기 위해서 농경지 · 가축 · 인력을 배분하고 배열하는 것을 뜻한다. 이때 볼셰비키 지도자들은 러시아의 뒤떨어진 농업을 발전시키기 위해 농민을 조직화할 필요가 있다고 판단했다.

이때 러시아의 농민들은 완고했고 자신이 소유한 토지에 대한 애착이 강해 공장 생활을 거부할 수 있다고 우려한 볼셰비키 지도자들은 집단화를 실행할 것을 놓고 망설였다.

스탈린은 산업화를 이룩하려면 농민들이 희생을 감수해야 한다고 판단했다. 계획경제 분야는 식량 생산을 미리 계획하지 않으면 다른 모든 계획이 쓸모없기 때문에 소비에트 정권은 농민들의 강력한 반대를 무릅쓰고 농민 집단화를 실시했고, 그들을 철저하게 통제하였다.

그러나 농민의 집단화는 부유한 농민들이 집단화에 강력하게 저항했고, 가장 빈곤한 농민조차도 정부와 맞섰다.

농경과 가축 재배를 강제적으로 집단화하자 농민들은 들고 일어나 가축을 도살하고 곳곳에서 사육제를 즐겼다. 이리하여 전국의 가축의 숫자는 2분의 1로 줄어들었고, 가축이 없어지자 농민들의 농업생산량도 몹시 떨어졌다.

농사에 필요한 말의 숫자는 3분의 1로 감소했고 곡물은 파종되지도 않거나 심지어 수확을 포기하는 사태가 벌어졌다. 이러한 일로 5개년 계획은 좌절되었으며 1931~1933년 동안 수백만 명이 굶어 죽었다.

스탈린은 농민들의 저항을 가혹하게 처벌했다. 이때 주동자 수천 명이 살해되었고 농민들을 분리해 산업건설의 현장으로 이주시켰다.

정부는 마침내 농민들을 굴복시켰다. 1935년까지 전국의 농민이 집단화되었고 집단농장은 선출된 대표가 운영했지만 그들은 당에서 지시하는 내용을 전달하는 일을 맡았다. 이때 농민들은 새로운 농노제라고 불평했으나 함부로 비판하거나 저항하지는 못했다. 그러나 이들은 마음속으로 집단화를 강력하게 비판하였고 부정하였다.

3. 이탈리아의 무솔리니

무솔리니의 등장

이탈리아는 전쟁에 승리하였으나 제1차 세계 대전이 끝난 뒤의 상황은 마치 패전국이나 다름없었다. 식량 부족, 물가 폭등, 대규모 실업 발생, 노동자의 공장 검거 등 사회불안 현상이 나라 안 곳곳에서 나타나면서 상황은 날이 갈수록 어려웠다.

자유민주 체제는 종전 후 정당 간 극심한 분열로 혼미한 상태였고 이때 이탈리아의 암담한 상황을 개선할 지도자는 그 누구도 없었다.

이때 정부는 국민들에게 전쟁복구를 위해 무거운 세금을 부과했는데, 이 조세부담은 소농 · 중소기업가 · 사무원 등에게 돌아갔고 정부가 발행한 전쟁공채는 인플레이션으로 인해 마침내 휴지가 되어 버렸다.

대지주와 자본가들은 이탈리아에서도 러시아처럼 공산주의가 나타날 것이라고 몹시 두려워했다. 지주와 기업가들은 이탈리아의 사회주의자들이 실력이 없다는 것을 잘 알고 있었지만, 전국에서 계속 일어나는 소요와 선동은 불안감을 더욱 증폭시켰다.

이탈리아 정세를 가장 위기로 몰고 간 것은 전쟁이 끝난 뒤의 조약 결과였다. 제1차 세계 대전 때 50만 명이 죽었고 100만 명의 상이용사가 발생했지만 이탈리아에게는 그에 따른 아무런 대가가 없었다.

이때 아드리아 해 출구, 다르마니아 해안 지역, 아프리카 및 근동 지역의 식민지를 이탈리아 대표들이 요구했으나 평화 회담에서 모두 거부당했기 때문이다.

이때 이탈리아 민족주의자들은 회담 대표를 성토했고, 1919년 참전 용사들이 애국시인 다눈치오의 지휘 아래 피우메 항구를 점령하자 전폭적으로 지지했다. 다눈치오의 항구 점령은 1년간 계속되어 민족주의에 불을 붙였고 이때 자유주의 정부는 무력감을 드러냈다.

무솔리니

베니토 무솔리니는 초등학교 교사를 지낸 사회주의자였다. 그는 1912년 소요를 선동하여 감옥에 들어갔으나 그 덕택에 사회주의 계열의 신문 편집인이 되었다. 제1차 대전이 일어나자 이탈리아의 참전을 주장했기 때문에 사회주의자들로부터 쫓겨났다. 제1차 세계 대전에 이탈리아가 참전하자 자원 입대한 무솔리니는 사격 연습을 하다가 부상을 당해 한때병원에서 치료를 받았다.

그는 뛰어난 웅변 솜씨로 사람들을 감동시켰고, 점차 결단성이 있는 인물로 부각되기 시작했다. 그는 방황하는 사람들에게 희망을 불어넣었고, 자유민주 정부가 이루지 못한 일을 달성할 인물로 평가받았다. 전쟁이 끝나자 귀향한 참전 군인들은 시가행진을 통해 마음의 답답함을 풀어 버리고자 했다. 이때 이들은 곳곳에서 사회주의자들과 충돌하면서 활기를 되찾아 파시즘 운동의 기동 부대가 되었다.

파시스트 '검은 셔츠' 부대는 노동조합을 습격해 사회주의자들을 폭행하는 일이 잦았다. 그러자 사회주의 세력은 이에 대응하기 위해 '붉은 셔츠' 단을 조직해 검은 셔츠단에 대응했는데, 이때 이탈리아는 내란이 일어날 처지에 놓이게 되었다.

대지주와 자본가들은 무솔리니가 그들의 위협을 없앨 사람이라고 믿었기 때문에 그에게 자금을 마련해 주었고 중산층들 또한 무솔리니가 자신들의 지위와 재산을 보호할 것이라고 믿고 그들의 운동을 전폭적으로 지원했다. 이때 대학생들은 자유민주 체제를 비판하며 행동에 나섰다. 그리고 많은 지식인들이 파시즘 운동에서 이탈리아의 가능성을 발견했다. 이 모든 것은 합리적인 사유를 통해 나온 것이 아니었고 오직 일시적인 감정에 의해 결정된 일이었다.

1922년 10월 무솔리니는 대규모 군중집회를 열고 다음과 같이 선언했다.

"이제 그들이 우리들에게 정권을 넘기지 않으면 우리가 곧장 로마로 들어가서 정권을 인수하자, 이것은 시간 문제이다."

며칠 후 로마로 행군을 시작한 파시스트들은 소총으로 무장한 2만여 명에 불과했기 때문에 이때 정부는 언제든지 이들을 쉽게 제압할 수도 있었다.

그러나 국왕 비토리오 에마누엘레 3세는 그들을 제압할 아무런 조치도 취하지 않았다. 그 이유는 무솔리니를 존경한 왕의 측근이 국왕에게 파시스트 세력을 과장해 설명한 때문이었다. 이때 국왕은 무솔리니를 믿고 그를 수상으로 임명했다.

무솔리니는 자신의 힘으로 정권을 잡은 것이 아니라 연약한 입헌군주의 덕택에 권력을 차지했다.

파시스트 국가 건설

1922년 10월 이탈리아의 자유민주 체제가 파시스트에게 나라의 권력을 이양했으나 파시스트들이 모든 것을 장악한 것은 아니었다. 무솔리니 내각의 장관 14명 가운데 파시스트는 4명에 불과했다. 이때 무솔리니는 상황을 당장 바꿀 것을 요구하는 급진파들을 다독거리며 아직은 때가 되지 않았으니 조금 더 기다리자고 달래였고 자신을 온건, 중도파 지도자로 부각시켰다.

이때 무솔리니는 그들에게 헌법 체제 안에서 개혁하는 것처럼 행동했고 자신은 결코 독재 권력을 바라지 않는다고 말했다. 그러나 이탈리아는 차츰 독재 체제로 바뀌어 가고 있었다. 1923년 확정된 선거법은 다수당이 유권자 총득표의 25퍼센트 이상을 얻으면 의석의 3분의 2를 차지하여 나라를 다스리도록 규정했다. 1924년 선거에서 65퍼센트를 득표한 파시스트당은 무솔리니의 독재를 가능케 했다.

1924년 사회주의 지도자 마테오티가 파시스트의 테러 전술을 비난하자 파시스트는 마테오티를 암살했다. 이 사건이 발생하자 자유민주 체제의 세력은 무솔리니가 물러날 것을 강력하게 요구했다. 그러나 국왕 · 교황 · 지주 · 자본가들은 무솔리니가 나라 안의 혼란을 안정시킬 수 있는 유일한 사람이라 믿고 반파시스트의 비판을 선동이라고 매도했다. 이때 무솔리니는 반대 세력을 없애기 시작했다.

1925~1926년 무솔리니는 내각의 장관 중 파시스트가 아닌 사람들을 없애 버렸고 반대당을 해산시켰다. 그리고 노동조합을 강압하며 여론을 마음대로 조정했다. 그러자 파시스트 비판자들은 해외로 망명할 수밖에 없었다. 무솔리니는 권력을 장악하는 과정에서 지난날의 동료들을 모두 없애 버렸다. 나라 안 지역 파시즘을 이끌었던 그들은 무솔리니 독재에 사사건건 이의를 제기하고 불만을 표시했기 때문에 그에게 숙청당했다.

그러나 무솔리니의 독재 권력은 개인과 사회에 대한 통제는 몹시 허술했다. 이탈리아 국민들은 무솔리니를 열광적으로 지지했어도 그를 위해 자신의 목숨을 바칠 충성심은 없었다. 이때 파시즘은 대중매체를 철저하게 이용해 대중조작 기술을 발전시켰다. 이 기술에서 가장 중요한 것이 지도자 숭배였다.

마침내 무솔리니는 위대하고 신비스러운 인간으로 부각되었고 온갖 난관을 극복해 국민에게 평화와 행복을 선사할 인간으로 만들어졌다.

무솔리니는 대중에게 나타날 때 항상 강철 헬멧을 쓰고 군복을 입었다.

무솔리니의 정책

파시즘은 개인의 이기심을 강조해 민족 간의 분열을 최대한 야기시켰고, 사회주의란 노동자 계급을 민족으로부터 분리시키는 적이라 간주하고 이들을 몹시 배격했다.

파시즘은 독특한 '조합주의'를 개발했다. 국민경제의 각 부분은 고용주와 고용인이 조합을 조직해 그 조합 안에서 발생하는 모든 문제를 스스로 해결한다는 것으로 파시스트들은 이 조합주의가 바르게 실행되면 자본주의 및 사회주의의 폐단을 없애고, 가장 이상적인 파시스트 경제 체제를 구축한다고 적극적으로 선전했다.

이때 대기업들은 그들이 주장하는 것은 현실성이 없는 것으로 평가했다. 따라서 이탈리아 경제에서 조합을 바탕으로 한 경제 체제는 실현되지 못했다.

무솔리니의 주장은 농업 부문에서 뜻밖의 결과를 낳았다. 식량의 자급자족을 이루려고 곡물 위주로 농업을 개편했으나 밀의 생산을 급증시키는 데 성공한 것이다. 그러나 높은 생산성을 확보하고자 초지로 사용되던 토지를 밀의 경작지로 사용함으로써 국민들은 품질이 떨어지고 값이 비싼 물품만 사용해야 했다. 이것은 마침내 소농민, 노동자들의 생활수준을 크게 떨어뜨렸다. 이로써 그 동안 가난한 사람을 보호하는 무솔리니의 이미지는 한 순간에 바뀌게 되었다.

무솔리니는 가톨릭 신도가 많은 이탈리아에서 교회를 공산주의의 위협으로부터 보호하고 무신론적 자유주의자들로부터도 '교회 수호자'로 높이 평가되었다. 교황 피우스 11세는 파시스트가 교회를 반드시 지켜 줄 것을 기대했고 무솔리니는 이를 굳게 약속했다.

1929년 교황과 무솔리니가 맺은 '라테란 협정'은 바티칸의 독립을 인정하고 반종교법을 폐지하며 학교에서 종교 교육의 의무화를 실행하기로 되어 있었다. 이때 바티칸 교황청은 무솔리니에게 모든 지원을 아끼지 않았다. 1930년대까지 양측의 관계는 매우 우호적이었으며 무솔리니는 교회의 지지를 국민통합에 교묘하게 이용하였다.

이때 교황은 이탈리아의 이집트 침공을 옹호했으며, 그리고 스페인 내란에 개입하는 일에도 지원했다. 교황은 무솔리니가 히틀러와 접근하는 반유대인 입법을 시행하는 것에 대해 비판했지만 이 일로 양측이 대립하지 않도록 매우 조심스럽게 처신했다.

4. 제2차 세계 대전

히틀러의 등장

제2차 세계 대전은 독일의 통치자 히틀러가 일으킨 전쟁이라고 할 수 있다.

히틀러는 독일을 다스리기 이전부터 이미 거대한 독일 제국을 세우겠다는 꿈과 야심에 가득 차 있었다.

히틀러는 독일민족이 세계에서 가장 뛰어난 민족이기 때문에 그에 어울리는 생활공간과 영토가 필요하다고 생각했으며, 슬라브 민족의 영토라고 굳게 믿었다.

히틀러는 1889년에 오스트리아 하급 관리의 넷째아들로 태어났다.

그는 중·고등 학교 시절에 별다른 특징을 갖지 못한 학생이었으며, 1907년에 빈 예술학교에 입학을 신청했으나 거절당했고 혼자 그림을 그리면서 빈에서 지냈다.

어머니와 친척들이 남겨 준 재산으로 빈에서의 그의 생활은 어렵지 않았는데 히틀러는 이듬해에 빈 예술 학교에 다시 입학하려고 했으나 이번에도 실패하고 말았다.

히틀러는 두 번이나 입학에 실패한 후 실망하여 그림엽서를 그리면서 역사를 비롯하여 군사와 예술에 관계된 책을 읽었고, 독일의 가극 작곡가인 바그너의 오페라도 자주 감상했다. 그는 때때로 건축가의 꿈을 꾸기도 했으나 그가 가장 관심을 가졌던 것은 인종학이었다.

히틀러는 아리안족이 빼어난 인종이므로 더럽고 못난 다른 인종과 섞여서는 안 된다고 믿었고 특히 유대인과 피를 섞는다는 것은 아리안 민족의 비극일 뿐만 아니라 인류의 비극이라고 생각했다.

이때 오스트리아의 정치가인 쇠네러를 알게 되었는데 그는 히틀러에게 유대인이 나쁜 민족이라고 가르치면서 그 까닭은 유대인들이 그리스도를 거부하는 유대교를 믿고 있으며, 그들은 근본적으로 악한 인종이라고 일러 주었다.

히틀러와 나치 돌격대 대장

이에 히틀러는 그의 가르침에 깊이 감동하여 자신도 그런 생각을 갖게 되었으며, 자기를 무시하는 당시의 사회를 미워하면서 스스로 열등감에 빠져 있었다.

그런 가운데 제1차 세계 대전이 일어났다.

히틀러는 그 동안의 생활을 정리하고 스스로 독일군에 들어가 용감히 싸워 독일의 무공 훈장인 '철십자 훈장'을 두 번씩이나 받았다.

히틀러는 이때 전쟁을 통하여 여러 가지를 배웠는데, 이러한 것들은 통치자가 된 후 그의 기본원칙이 되었다.

히틀러는 독일이 전쟁에 패한 이유는 혁명을 이끈 공산주의자들과 유대인들 때문이라고 믿었고, 그들이야말로 전쟁의 범인들이라고 굳게 믿었다.

히틀러는 1919년에 독일 노동자당에 들어간 뒤에 뛰어난 웅변과 조직력을 발휘하여 독일 노동자당의 지도자가 되었으며, 제1차 세계 대전 이후 국내가 불안한 가운데 대중들을 잘 이끌어 나치당의 주목받는 지도자의 자리에 올랐다.

그는 대중들에게 강한 인상을 심어 주기 위하여 군복과 깃발, 휘장 등을 사용해 나치 당원임을 쉽게 알아보도록 하였고, 불끈 쥔 두 주먹과 뜨겁게 토해 내는 그의 연설, 부릅뜬 두 눈의 히틀러는 가는 곳마다 대중들을 끌어들이는 데 놀라운 실력을 나타냈다.

히틀러는 우수한 아리안인과 못난 유대인은 서로 섞일 수 없는 민족이므로 유대인들이 없어야 평화가 온다고 믿었다.

1933년 1월 30일, 히틀러는 마침내 독일의 수상이 됨으로써 나치 독일 국민들의 경제 생활은 어느 정도 좋아졌으나 그렇다고 크게 두드러진 것은 아니었다.

히틀러의 관심은 오직 독일을 세계의 최대 강국으로 만드는 것이었다.

히틀러는 독일의 모든 경쟁력을 모두 군사력을 키우는 데 쏟았고, 그가 이끄는 나치당은 기독교의 뿌리인 예수가 유대인이었으므로 기독교를 인정하지 않고 미워했다.

이 무렵에 나치는 예수가 유대인이 아니라 북유럽의 영웅으로 그의 출생지를 가짜로 만들기도 했으나 성직자들은 이 같은 나치의 거짓말에 항의하다가 강제 수용소로 끌려가 처형당하거나 쫓겨났다.

마지막 남은 영국

1931년 일본은 고의적으로 중국을 침략하여 만주 사변을 일으켰으나, 제1차 세계 대전이 끝난 직후 승전국들이 모여 세계 평화를 위해 만든 국제 연맹은 이에 대해 아무런 힘을 쓰지 못했다.

일본의 전쟁을 미리 막는다든가 전쟁이 난 후 더 이상 번지지 않도록 한다든가 그 어느 쪽에도 제대로 역할을 하지 못한 것이다.

일본이 만주 사변을 일으키자 국제 연맹은 곧바로 일본을 비난했으나 일본은 이를 무시하고, 그것도 모자랐던지 그들은 국제 연맹에서 빠져 버렸다.

또한, 나치 독일도 1933년에 스위스의 제네바에서 열린 군비 축소 회담에서 독일의 군사력을 제한하려고 하자 독일은 국제 연맹에서 빠지면서 군사력을 더 늘리겠다고 공식적으로 선언했다.

회담 중인 루스벨트와 처칠

독일의 행동에 국제 연맹은 아무런 조치도 취하지 않았기 때문에 독일은 비무장 지대로 선포된 라인란트까지 밀고 들어갔으나 국제 연맹으로부터 어떤 제재도 받지 않았다.

이탈리아의 무솔리니도 일본과 나치 독일의 침략을 국제 연맹이 그대로 보고만 있자 1935년 10월에 에티오피아로 쳐들어갔다.

국제 연맹은 이탈리아를 침략국으로 규정하고 이에 대한 특별 조치를 취했으나, 독일과 미국이 국제 연맹의 약속을 따르지 않아 이탈리아가 에티오피아를 합병하게 되었다.

이탈리아는 나치 독일의 협조에 고맙게 생각했고, 1936년에 스페인에서 내란이 일어나자 독일과 이탈리아는 더욱 가까운 관계가 되었으며, 이때 영국 · 프랑스 · 소련은 스페인 정부를 도왔으나 독일과 이탈리아는 내란을 일으킨 프랑코 장군을 도왔다.

그 후 일본은 나치 독일과 방공 협정을 맺음으로써 나치 독일과 이탈리아 · 일본 등 세 나라가 중심이 되었으며, 독일은 탱크와 장갑차 등 기계화 부대와 공군의 힘을 늘려 나갔다.

독일은 1938년에 피 한 방울 흘리지 않고 오스트리아를 차지한 뒤에 그 해 9월에는 수데텐에 있는 독일인을 구출한다는 구실로 체코슬로바키아에게 수데텐을 내놓으라고 요구했다.

이에 영국과 프랑스가 나치 독일에게 이러한 요구는 유럽을 긴장

속으로 몰아넣을 염려가 있다고 주의를 주자, 독일은 뮌헨 회담에서 더 이상 새로운 영토를 침범하지 않는다고 약속하고, 이 약속을 조건으로 수데텐을 차지했다.

1936년 8월, 나치 독일은 소비에트 러시아와 불가침 조약을 맺어 세계를 깜짝 놀라게 했는데, 공산주의를 반대해 왔던 독일이 소비에트 러시아와 조약을 맺은 것은 독일이 공산주의 반대를 포기한 것이 아닌가 하는 생각 때문이었다.

특히 독일이 소비에트 러시아와 맺은 조약은 두 나라 중 한 나라가 제3국과 전쟁을 할 경우에 상대방인 조약국은 중립을 지키기로 약속했기 때문에 세계는 더욱 놀라지 않을 수 없었다.

1939년 8월 31일, 히틀러는 폴란드에 선전 포고를 하고 그 해 9월 1일 군사력을 동원하여 폴란드를 정복했으며, 소비에트 러시아도 동쪽으로부터 폴란드를 공격하여 두 나라는 폴란드를 동 · 서로 나누어 차지했다. 영국과 프랑스는 자기 나라에 손해가 되지 않는다면 나치 독일과의 전쟁을 피하고 싶었으나 폴란드가 무너지자 영국은 나치 독일과 싸울 수밖에 없음을 깨닫게 되었다.

그리하여 영국의 수상 처칠은 곧장 나치 독일과의 전쟁 준비에 들어갔다.

이때 나치 독일군은 북쪽의 노르웨이서부터 남쪽의 벨기에와 네덜란드까지 물밀듯이 쳐들어갔다.

한편, 프랑스는 그들이 자랑하던 방어선인 마지노선이 무너졌고 1940년 6월에 파리가 독일군의 손에 들어가자, 프랑스의 드골 장군은 영국으로 망명했으며, 유럽의 대륙은 모두 나치 독일의 손아귀에 들어갔는데, 오직 영국만이 무사했다.

영국은 독일 공군의 맹렬한 폭격으로 한때 위험한 상태에 놓이게 되었으나 이때 처칠은 독일과 싸워 이겨야 한다고 부르짖었고, 영국인들의 자유와 민주주의를 위한 강한 정신은 히틀러의 계획을 빗나가게 만들었다.

히틀러는 공군을 사용하여 영국을 잿더미로 만들려고 했으나 영국 국민들에게 나치 독일에 대한 분노만 더욱 강하고 크게 만들어 그들의 저항만 불러일으켰다.

미국은 나치 독일이 유럽을 정복할 경우 다음 차례는 그들이 된다고 생각하여 1941년에 자유를 지킨다는 것을 밝히고 나치 독일에 선전 포고를 하였다.

나치 독일에 대한 미국의 선전 포고는 영국에게 커다란 희망을 주었으며, 나치 독일에게 정복당한 나라들에게도 저항할 수 있는 용기와 희망을 심어 주었다.

하지만 1941년 봄에는 소련을 제외한 유럽 대륙 전체가 나치 독일에게 지배당하였고, 히틀러가 바라던 제3국의 꿈이 이루어질 것처럼 보였다.

나치 독일이 유럽을 휩쓸고 있을 때 미국이 제2차 세계 대전에 참전하면서 여러 가지 변화가 일어났고, 또 한 가지 깜짝 놀라운 사건은 나치 독일이 조약을 맺은 소련을 공격한 일이었다.

나치 독일이 소비에트 러시아와 불가침 조약을 맺을 때부터 주위 국가들은 그들의 조약이 오래 계속되지 못할 것으로 내다보았는데 그 이유는 히틀러가 자신의 목적을 이루기 위해서는 어떤 수단과 방법을 가리지 않았기 때문이었다.

히틀러는 전쟁을 계속하기 위하여 우크라이나의 곡창 지대와 카프카스 지방의 유전을 손에 넣으려고 하던 중 소련이 일본과 중립 조약을 맺은 뒤에 유럽 쪽으로 군사력을 계속 늘리자 못마땅하게 여겼다.

이때 나치 독일은 자기 나라에서 휘발유와 폭약 등 전쟁에 필요한 물자를 생산하고 있었으나, 오랫동안 전쟁을 치르게 되자 점점 물자가 모자라게 되었다.

이에 나치 독일이 유럽을 모두 차지하기 위해서 소련을 공격하여 레닌그라드를 비롯하여 모스크바와 우크라이나 등에서 승리했으므로 소련의 항복이 눈앞에 다가선 듯했다.

그러나 소련은 결코 항복하지 않은 채 계속해서 버티고 있었다. 9월에 시작된 독일군의 공격은 추운 겨울이 다가오자 힘을 쓰지 못했는데, 소련은 바로 그 점을 노렸던 것이다.

소련의 작전 계획은 맞아떨어져 추위를 견디지 못한 독일군은 당황한 끝에 동부 전선의 규모를 줄이고 겨울이 지나기만을 기다릴 수밖에 없었다.

소련군은 독일과의 전쟁에서 2천만 명의 사상자를 냈기 때문에 겨울을 좋은 기회로 삼아 나치 독일군과 싸웠으나 영국이나 미국보다 훨씬 많은 피해를 입었다.

소련은 독일과 전투를 벌이면서 영국과 미국에게 함께 싸우자고 요청했으나, 미국과 영국은 전쟁할 준비가 덜 되었음을 알렸기 때문에 소련은 결국 전쟁의 마지막에 이르러 독일을 대대적으로 공격하게 되었다.

연합군의 승리

제2차 세계 대전에서 히틀러의 나치 독일군은 재빠른 공격을 펼쳤기 때문에 전쟁 초기에는 가장 강한 나라로 보였다. 그러나 미국이 뒤늦게 참전하고 소련도 겨울의 추위를 이용해 동부 전선에서 독일군을 크게 무찌르면서부터 독일의 패배가 확실해졌다.

1924년 봄부터 연합군들은 싸움이 끝날 날만을 기다리는 반면 독일군은 시간을 끌면서 몸부림을 치고 있었다.

일본이 태평양에서 벌인 전쟁도 유럽 대륙의 사정과 조금도 다르지 않았다.

태평양 전쟁에서 일본은 재빠른 공격을 펼쳐 처음에는 전쟁을 승리로 이끄는 듯했으나 중국 대륙은 생각한 것만큼 쉽게 넘어가지 않았으며, 전쟁의 마지막에 소련이 일본에게 선전포고를 함으로써 일본은 하루라도 항복을 늦추기 위해 버티는 꼴이 되었다.

히로시마에 투하된 원자폭탄

1944년 6월, 서부 전선에서 미국의 아이젠하워 장군이 이끄는 연합군이 프랑스 노르망디에 상륙하여 8월에 파리를 되찾았고, 1945년 초에는 연합군이 라인 강을 넘어 독일 영토로 들어갔으며, 소련군이 동부 전선으로 나아간 끝에 1945년 4월에 엘베 강에서 미군과 소련군은 승리의 기쁨을 나누었다.

같은 해 5월 1일에는 소련군이 독일의 수도 베를린으로 쳐들어가 승리의 깃발을 꽂자 5월 7일에 독일군이 연합군에 항복함으로써 피비린내 나던 제2차 세계 대전은 마침내 막을 내리게 되었다.

일본이 태평양에서 일으킨 전쟁은 실패로 끝났는데, 제2차 세계 대전이 끝난 때보다 조금 후였다. 미국의 맥아더 장군은 1945년 초에 필리핀과 유황도 및 오키나와를 차례로 점령하고 B-29 폭격기를 일본 도쿄로 출동시켜 폭탄을 계속 퍼부었다.

1945년 7월, 연합국은 포츠담에서 회의를 열고 일본에 무조건 항복하라고 권했으나, 일본은 포츠담 회담의 결과를 거부하고 최후의 순간까지 버티면서 전쟁을 계속했다.

이에 미국은 신무기인 원자폭탄을 1945년 8월 6일 일본 히로시마에 떨어뜨려 7만 8천여 명이 목숨을 잃었고 도시의 모든 시설은 잿더미로 변했다.

1945년 8월 8일, 소련이 일본에 선전 포고를 하고 일본의 북쪽 섬들과 만주를 공격한 데 이어 8월 9일에는 미국이 다시 일본의 나가사키에 두 번째로 원자폭탄을 떨어뜨리자 일본은 견디지 못하고 이 해 8월 15일, 연합국에 무조건 항복하여 1939년 9월 1일부터 계속된 제2차 세계 대전은 막을 내렸다.

제2차 세계 대전이 끝나자 유럽의 식민지로서 고통을 받아 온 아시아와 아프리카의 거의 모든 나라들이 독립하게 되었으며, 영국은 식민지였던 인도를 내놓았고, 프랑스는 레바논과 시리아를, 네덜란드는 인도네시아를 각각 포기했다.

XI _ 현대의 세계

국제 연합의 탄생
유럽과 미국의 변화
현대의 문화
미 · 소의 화해

제1 · 2차 세계 대전이 끝나자 여러 강대국들은 인류의 평화의 중요성을 느끼게 되었다.

이때 창설된 것이 국제 연합이었다. 국제 연합은 나라 간에 전쟁 없이 안전하게 나라를 유지하고 국제 간의 친선과 협조를 실천하는 데 목적을 두었다.

일본은 미국이 점령하였다. 1951년 샌프란시스코 회의에서, 독일은 국토를 두 개로 나누어 동독은 소련이 점령하고, 서독은 미국 · 영국 · 프랑스 3개국이 공동관리하기로 했다. 다만 베를린은 소련 · 미국 · 영국 · 프랑스 공동관리하기로 하였다.

그러나 세계는 미국을 중심으로 한 자유진영과 소련을 중심으로 한 공산주의가 확대되는 것을 막으려고 마셜정책을 썼고, 소련은 코민포름이란 조직을 만들었다.

1950년 한국 전쟁이 일어나자 미국은 국제 연합과 함께 남한을 도왔고, 소련과 중공은 북한을 도왔다. 이 전쟁으로 인하여 미국과 소련은 결별되었다..

제2차 세계 대전 후에는 원자 물리학의 발달로 핵분열에 성공하였으며, 그 결과 원자탄이 만들어졌다. 그리고 제트기관과 로켓의 발달은 인공위성과 우주 로켓 발사, 인간의 달 착륙을 성공 발전시켰다.

마침내 베를린 장벽이 무너진 뒤 소련과 미국의 두 지도자는 몰타에서 회담을 갖고 세계 평화에 이바지하기로 약속했다.

1. 국제 연합의 탄생

냉전 시대

국제 연합은 1945년 10월 24일에 창설되었고 본부를 미국의 뉴욕에 두었다.

국제 연합은 제2차 세계 대전 후, 세계의 여러 나라 사이에 안전을 유지하고 친하게 지내면서 국제 사회에서 일어나는 여러 가지 문제에 대하여 서로 협력하는 데 목적을 두고 창설되었다.

국제 연합은 이와 같은 목적을 실천하기 위해 1945년 4월, 미국 샌프란시스코에서 5개국의 연합국 대표들이 모여 국제 연합 헌장을 제정했다.

그 후 51개국으로부터 이 헌장에 대한 승인을 얻게 되었으며, 이 해 10월 24일 이를 세계에 알리고 이 날부터 국제 연합 헌장이 그 효력을 발휘하게 되었다.

국제 연합은 그 기구를 총회 · 안전 보장 이사회 · 경제 사회 이사회 · 신탁 통치 이사회 · 국제 사법 재판소 · 사무국 등으로 이루어졌고, 1947년에 파리 강화 회의를 열고 이 회의에서 이탈리아 · 헝가리 · 루마니아 · 불가리아의 강화 조약이 맺어졌다.

또한, 국제 연합은 제2차 세계 대전에서 패한 나라 가운데서 일본은 미국의 점령 아래 있다가 1951년 샌프란시스코 회의에서 소련을 제외한 48개국이 모인 가운데 강화 조약을 맺었고, 독일은 국토를 두 개로 나누어 동독일은 소련이 점령하고, 서독일은 미국 · 영국 · 프랑스가 각각 점령하도록 했다.

다만 베를린은 소련 · 미국 · 영국 · 프랑스 등 4개국이 공동 관리하기로 했다.

1954년에 서독에는 민주주의 국가로서 연방 공화국이 세워지고 동독에는 공산주의 정권이 세워졌으며, 오스트리아는 1955년에 중립을 지키는 조건으로 나라의 주권을 되찾게 되었다.

그런데 세계의 평화를 위해 국제 연합을 중심으로 각국이 노력해 왔으나 강대국 사이에는 점점 냉전이 시작되어 세계는 미국을 중심으로 한 자유 민주주의 진영과 소련을 중심으로 한 공산주의 진영으로 각각 나뉘게 되었다.

이렇게 냉전이 계속되는 중에 소련은 핀란드 · 폴란드 · 루마니아로부터 영토의 일부를 빼앗은데 이어 에스토니아 · 라트비아 · 리투아니아를 차례로 자기들 손아귀에 넣어 버렸다.

또 소련은 사할린의 남부와 쿠릴 열도를 일본으로부터 되찾았고 폴란드를 비롯하여 체코슬로바키아 · 루마니아 · 헝가리 · 불가리아 · 알바니아에 공산주의 정부를 세워 그들의 들러리로 만들었다.

이렇게 되자 자유 진영 국가들도 이를 그냥 보고만 있을 수는 없어서 1947년에 미국의 트루먼 대통령은 공산주의가 커지는 것을 막기 위해 그리스가 공산주의자들의 반란을 스스로 다스리도록 도와 주었다.

당시 트루먼 대통령은 '마셜 플랜' 을 발표했는데, 이것은 미국이 유럽의 각국을 원조하여 잘 살게 하도록 도와서 그들이 공산주의 위협을 막게 하는 데 목적이 있으며, 미국의 국무 장관인 마셜이 이 계획을 세웠기 때문에 그의 이름이 붙여졌다.

마셜 플랜은 1948년부터 실시되었고 유럽 각국은 이 계획을 받아들여 1948년 7월에 프랑스 파리에서 유럽 경제 협력 기구를 만들었으며, 이에 맞서 소련은 코민포름이란 조직을 만들었다.

닉슨 대통령과 중국의 주은래 총리

코민포름이란 소련을 비롯한 동유럽 여러 나라 프랑스 · 이탈리아 등 9개국의 공산당이 정보 교환과 조사 활동을 위한 목적으로 만든 조직이었다.

소련은 1948년에 군사력을 동원하여 체코슬로바키아에 공산 정권을 세웠는데, 이에 맞서기 위해 미국을 비롯한 유럽의 자유 국가들도 북대서양 조약 기구를 만들고 독일 연방 공화국을 세웠다.

그 후 1950년 6월 25일에는 한반도에서 북한의 김일성이 소련의 원조를 받아 남한을 그의 손에 넣으려고 남한으로 쳐들어온 한국 전쟁이 일어나게 되자 미국은 국제 연합과 함께 남한을 원조했고, 소련과 중공은 북한을 도왔다.

1953년 7월에 남북한 사이에 휴전 협정을 맺음으로써 오늘날까지 휴전인 상태로 남북한이 나뉘어 있으나 요즈음에는 남북한 관계가 조금씩 나아지고 있다.

국제 연합은 1948년의 제3차 총회에서 인간의 기본 권리를 규정한 세계 인권 선언을 발표하여 세계 평화를 지탱하기 위해 국제 연맹보다 훨씬 효과적인 기능을 떨쳤다.

즉, 국제 연합은 유엔군을 두고 있기 때문에 각국에서 전쟁이 일어났을 때에 평화 유지를 위해 큰 역할을 했으며, 후진국의 개발과 보건 위생 및 각종 교류 등에도 많은 활동을 했다.

1960년대에서 1970년대로 접어들면서 국제 연합의 구조와 성격이 많이 달라져서 아시아와 아프리카에 새로 세워진 나라들이 국제 연합

작전을 지휘하는 호치민

에 가입하여 회원 국가가 150여 개국으로 크게 늘어나게 되었다.

1971년에는 오늘날에는 중화 인민 공화국인 중공이 가입하여 자유 중국을 대신하여 안전 보장 이사회의 상임 이사국이 되었다.

그리고 소련의 수상이던 흐루시초프는 세계 평화를 위하는 체했고, 1961년에는 동 · 서 베를린의 경계선에 공산측이 높은 장벽을 만드는 등 1960년대에도 미국과 소련 사이에는 냉전이 계속되었다.

1970년대에 들어서면서 미국과 소련 등 동 · 서 진영은 서로 화해를 꾀하기 위해 노력하기 시작했는데, 소련과 중공 사이에 공산주의 사상을 둘러싸고 분쟁이 일어났고 소련의 지도력이 점차 약해지기에 이르렀다.

일찍이 유고슬라비아처럼 공산권 안에서도 여러 나라들이 자기들만의 길을 찾기 시작했으며 미국의 외교 정책도 1969년 7월 25일에 미국의 닉슨 대통령이 발표한 정책으로서 아시아 지역의 문제는 아시아인들에게 맡기고, 미국은 여기에 끼어들지 않으며 공산주의 국가에 대해서도 맞서지 않고 융통성 있게 대처한다는 것이었다.

이러한 닉슨 독트린에 따라 미국은 베트남에서 미국 군대를 철수시켰고 중공의 국제 연합 가입을 받아들였으며, 1971년 초에 닉슨 대통령이 중공을 방문해서 화해의 분위기를 만들기도 하였다.

2. 유럽과 미국의 변화

변화하는 세계

영국은 제2차 세계 대전이 끝난 뒤에 처칠 수상이 물러나고 애틀리의 노동당이 정권을 잡아 경제 발전에 힘썼다.

프랑스는 1944년에 드골이 대통령이 되어 국가 발전에 힘썼으나 그가 대통령에서 물러나자 나라가 어지럽게 되었으나 1958년에 다시 드골이 프랑스 대통령이 되면서 경제 발전과 독자적인 외교를 펴면서 위대한 프랑스를 건설하는 데 모든 힘을 쏟았다.

독일은 아데나워에 이어 에르하르트가 수상이 되면서 라인 강의 기적으로 널리 알려진 눈부신 경제 발전을 이룩했으며, 이탈리아도 1947년에 공화국의 헌법이 제정되고 경제도 발전하게 되었다.

한편, 미국은 제2차 세계 대전 후에도 계속 자유 민주주의 국가를 대표하여 공산주의를 막아내는 데 지도자격인 나라로 많은 이바지를 해나갔다.

트루먼 · 아이젠하워 · 케네디 대통령 등이 미국을 다스리는 동안 미국은 번영과 경제 발전을 가져왔고 자유 국가들을 경제적으로 도우는 한편 후진국들을 발전시키는 데 크게 이바지했다.

소련도 제2차 세계 대전 이후 세계에서 강대국으로 발전하여 전쟁이 끝난 직후부터 1960년대에 이르기까지 계속적인 경제 정책으로 국제 사회에서 두각을 나타냈다.

소련은 또 제2차 세계 대전 중에 점령한 동부 유럽의 국가들에 공산주의 정부를 세워 공산주의 세력을 지도하는 나라가 되었다.

오늘날 중국이 중화 인민 공화국과 자유 중국으로 나뉘게 된 것은 1946년의 내전에서 비롯되었는데, 장개석이 이끄는 국부군과 모택동이 이끄는 공산당이 만주에서 충돌하여 중국 안에서 국부군과 공산당 사이에 전쟁이 일어나 소련의 도움을 받은 공산당이 승리하여 중국은 공산당이 다스리게 되었다.

장개석의 국민당 정부는 1947년에 오늘의 대만으로 밀려간 뒤 국력을 키우고 경제를 발전시키는 데 온갖 노력을 기울였다.

이리하여 중국은 둘로 나뉘었으나 미국을 비롯하여 아시아의 여러 국가들도 점차 중국과 외교 관계를 맺어 나가고 있으며, 우리나라도 한국 전쟁 때 북한을 도왔던 중국과 외교관계를 맺고 외교 정책과 무역 등을 꾀하고 있다.

일본도 1946년에 새 헌법이 제정되고 군대가 해산되었고 일본을 계속 다스렸던 천황의 위치는 헌법 규정에서만 인정하게 되었다.

일본은 1951년에 미국의 샌프란시스코에서 연합국과 강화 조약을 맺은 뒤 7년 동안 계속되었던 연합군의 지배에서 벗어나게 되어 국제 연합에 가입했고 미국과는 안전 보장 조약을 맺었다.

1950년에 한국 전쟁이 일어나자 미국을 비롯한 자유 진영에서는 일본의 중요성을 인식하고 일본의 경제적인 발전과 군사력을 위해서 원조해 주었으며, 일본은 눈부신 경제 발전을 이룩하게 되고 자위대라는 이름의 군사력도 갖추게 되었다.

그 후 1965년에는 일본이 우리나라와 국교 관계를 정상화하는 등 세계의 정치 무대에 새로운 강대국으로 등장했다.

한편, 동남 아시아의 여러 국가들에서도 새로운 변화의 바람이 불었다. 인도차이나에서는 베트남 독립 연맹이 제2차 세계 대전이 끝난 뒤에 독립 국가가 되었는데, 베트남 독립 연맹을 이끌어 가던 호치민이 인도차이나의 대부분을 차지하자, 프랑스는 이를 못마땅하게 생각하고 베트남 황제인 바오다이를 내세워 이를 막게 했으며, 1954년에 휴전을 맺고 북위 17도선을 경계로 하여 베트남을 남북으로 나누었다.

그리하여 북부는 공산 정권이 차지하고, 남부에는 베트남 공화국이 1955년에 세워졌으나 그 후 1975년에는 모두 공산화가 되고 말았다.

또 필리핀은 1946년에 독립이 되었고, 인도네시아는 1946년 네덜란드부터 독립되었다.

말레이시아도 1957년에 영국 연방의 한 독립국이 되었으며 미얀마와 실론도 1948년에 독립했다. 인도는 영국으로부터 1946년에 독립되었으나 종교적, 민족적인 대립 때문에 인도와 파키스탄으로 나뉘어지게 되었으며 파키스탄은 1956년에 다시 동 · 서로 나뉘었다.

아프리카에서도 영국 · 프랑스 · 독일 · 포르투갈 · 이탈리아 · 스페인 · 벨기에 등의 식민지였던 국가들이 잇달아 독립했고 1956년에는 튀니지와 모로코, 1962년에는 알제리가 독립했다.

3. 현대의 문화

눈부신 과학의 발전

제2차 세계 대전이 막을 내린 후에 새로운 현대 문화의 물결도 크게 일어났는데, 먼저 원자 물리학의 발달을 꼽을 수 있다.

아인슈타인이 발표한 상대성 원리는 뉴턴 이래 우주에 관한 연구를 새롭게 발전시켰고, 원자 물리학의 발달로 핵분열에 성공했으며 그 결과 원자폭탄이 만들어지게 되었다.

제트 기관과 로켓의 발달은 항공기와 유도탄을 만들었으며 인공 위성과 우주 로켓을 쏘아 올리는 데까지 발전하여 1969년 7월 21일에는 미국의 아폴로 11호가 달 착륙에 성공했다.

최초로 달에 상륙한 암스트롱 선장

또한 화학 공업도 크게 발달하여 화학 섬유와 플라스틱 등을 제조하여 일상 생활에 혁명을 일으켰는데, 특히 생화학의 발달로 페니실린과 마이신 같은 의약품이 개발되었고, 전자 공학도 눈부시게 발전하여 트랜지스터 라디오 · 텔레비전 · 전파 탐지기가 개발되었고, 전자계산기까지 등장했다. 사회 과학과 철학 분야에 있어서도 눈부시게 발전하여 사회학 분야에서는 독일의 베버가 새 방향을 개척

했고, 경제학에서는 영국의 케인즈가 새로운 경제 이론을, 역사학에서는 영국의 토인비, 독일의 람프레히트와 베른하임 등의 학자들이 새로운 역사학을 각각 발전시켰다.

철학에서도 독일의 하이데거를 비롯하여 프랑스의 사르트르 · 카뮈 등이 실존주의라는 철학을 내놓았고 공산주의 사회에서는 마르크스의 이론을 내세우게 되었다.

문학과 예술에 있어서도 20세기에 들어 영국의 쇼, 프랑스의 롤랑 · 지드, 독일의 만 같은 작가들이 인도주의 문학 작품을 쓰기 시작했다. 또한 미국의 헤밍웨이와 스타인벡 등 행동주의 문학을 대표하는 작가들이 나타났다.

프랑스에서는 실존주의 문학이 나타나 사르트르와 카뮈 등이 대표적인 작가들로 꼽힌다.

미술 분야에서는 프랑스의 마티스와 루오 및 피카소 등이 대표적인 화가로, 음악에서는 러시아 출신인 미국의 스트라빈스키, 러시아의 차이코프스키, 핀란드의 시벨리우스, 독일의 스트라우스 등이 새로운 현대 음악의 선구자가 되었다.

4. 미 · 소의 화해

자유와 개방의 바람

소련을 다스렸던 고르바초프 대통령은 소련의 공산주의 틀을 깨면서 미국을 비롯한 자유 진영과 손을 잡고 나아가려고 노력했는데 이러한 새로운 변화와 함께 소련 안에서는 자유와 독립을 위해 엄청난 일들이 일어났다.

고르바초프의 자유 개방 정책의 바람을 타고 소련 안의 각 공화국에서 자치권 확대 및 열렬한 독립 요구 운동이 일어났으며, 1988년부터 고르바초프가 소련에 새로운 개혁 정책을 펴나가자 이 틈을 타서 그루지야 공화국을 비롯하여 우크라이나 · 몰다비아 · 백러시아 등 여러 공화국들이 독립 운동을 벌였다.

그 후 20세기에 이르러 소련이 해체되면서 러시아로 되돌아가자 이제는 새로운 변화와 자유 개방의 바람을 맞지 않을 수가 없게 되었다.

무너진 베를린 장벽

고르바초프가 소련을 다스리면서 개혁 정책을 서둘러 철의 장막을 서서히 개방하기 시작했고 그 영향이 동구권에까지 미치게 되었으며, 더 나아가 베를린 장벽까지 허물게 되었다.

제2차 세계 대전이 끝나자 연합국은 독일의 힘을 갈라 놓기 위해 독일을 미국과 소련이 나누어서 점령하게 되었고 1945년까지 독일의 수도였던 베를린은 미국 · 영국 · 프랑스 · 소련이 나누어 점령하게 되었다.

그 후 미국 · 영국 · 프랑스가 점령했던 서베를린 등이 서독에 속하고, 소련이 점령했던 동베를린은 동독의 수도가 되었다.

베를린을 동 · 서로 갈라 놓았던 베를린 장벽은 냉전 체제의 유물로 여겨져 왔다.

베를린 장벽은 1961년 8월 13일에 세워졌는데, 그때까지는 시민들의 통행이 자유로웠기 때문에 동독에서 서독으로 넘어오는 사람이 끊임없이 이어졌다.

이렇게 되자 동독은 갑자기 동 · 서 베를린 사이의 45.1킬로미터에 이르는 경계선을 콘크리트 벽과 철조망으로 막아 버렸다. 그런 다음에 동독 정부는 서방쪽의 간첩 활동을 막기 위해서 동 · 서 베를린 사이의 교통을 억제한다고 발표했다.

그러나 이러한 조치는 사실상 동독 안의 부족한 노동력을 더 이상 서독에 빼앗기지 않으려는 이유가 더 컸으며, 동독 정부는 탈출하다 붙잡힌 동독 시민에게 최고 8년형의 징역에 처했다.

그러나 이러한 제재에도 불구하고 자유를 애타게 바라는 동독인들의 탈출이 계속되던 중 1989년 11월 4일에 동베를린에서 약 100만 명이 시위를 벌이자 동독 정부는 이 해 4월 9일에 베를린 장벽을 모두 개방하였으며, 마침내 제2차 세계 대전의 유산인 베를린 장벽이 역사 속으로 사라졌다.

한 권으로 읽는
교양 세계사

초판 발행 – 2017년 2월 25일

엮은이 – 세계사편찬회
발행처 – 문지사
발행인 – 홍철부

등록일자 – 1978년 8월 11일
출판등록 – 제3-50호

주소 | 서울특별시 은평구 갈현로 312
전화 | 영업부 02)386-8451(대)
편집부 02)386-8452
팩 스 02)386-8453

정가 16,500 원